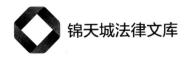

锦天城法律文库

Laws of Public-Private Partnership in BRICS Countries

金砖国家公私合作法

顾功耘　刘飞　主编

北京大学出版社
PEKING UNIVERSITY PRESS

图书在版编目(CIP)数据

金砖国家公私合作法/顾功耘,刘飞主编. —北京:北京大学出版社,2019.12
ISBN 978-7-301-30973-5

Ⅰ.①金… Ⅱ.①顾…②刘… Ⅲ.①政府投资—合作—社会资本—法规—研究—世界 Ⅳ.①D912.280.4

中国版本图书馆 CIP 数据核字(2019)第 260811 号

书　　　名	金砖国家公私合作法 JINZHUAN GUOJIA GONGSI HEZUO FA
著作责任者	顾功耘　刘　飞　主编
责 任 编 辑	刘秀芹　李小舟
标 准 书 号	ISBN 978-7-301-30973-5
出 版 发 行	北京大学出版社
地　　　址	北京市海淀区成府路 205 号　100871
网　　　址	http://www.pup.cn　新浪微博:@北京大学出版社
电 子 信 箱	sdyy_2005@126.com
电　　　话	邮购部 010-62752015　发行部 010-62750672　编辑部 021-62071998
印 刷 者	河北滦县鑫华书刊印刷厂
经 销 者	新华书店
	730 毫米×980 毫米　16 开本　28 印张　580 千字 2019 年 12 月第 1 版　2019 年 12 月第 1 次印刷
定　　　价	88.00 元

未经许可,不得以任何方式复制或抄袭本书之部分或全部内容。
版权所有,侵权必究
举报电话:010-62752024　电子信箱: fd@pup.pku.edu.cn
图书如有印装质量问题,请与出版部联系,电话:010-62756370

序

2017年9月4日,金砖国家领导人在厦门通过了《金砖国家领导人厦门宣言》(以下简称《宣言》)。《宣言》强调加强金砖国家财金合作的重要性,以更好地服务实体经济,满足金砖国家发展需要。《宣言》认可金砖国家财政部长和央行行长就政府和社会资本合作(PPP)达成的两项共识,包括分享 PPP 经验、开展金砖国家 PPP 框架良好实践等。金砖国家成立临时工作组,就通过多种途径开展 PPP 合作进行技术性讨论,包括如何根据各国经验利用多边开发银行现有资源、探讨成立一个新的 PPP 项目准备基金的可能性等。基于金砖各国 PPP 实践、双边合作和多边国际组织的成功经验,围绕政府支持、制度框架、机构建设、激励措施和项目管理五方面,金砖国家财长和央行行长会议还通过了《金砖国家政府和社会资本合作框架良好实践》(以下简称《良好实践》)。《良好实践》作为开放、非强制、参考性质的经验总结,可供新兴经济体和发展中国家借鉴,并将成为加强金砖各国 PPP 合作联动的平台,金砖各国未来可在进一步协商的基础上对其进行补充、更新。

2017年11月30日至12月1日,我作为中国代表团团长之一,率团出席在俄罗斯举行的第四届"金砖国家法律论坛"。在这一次论坛上,我根据《宣言》有关 PPP 合作精神发表了主题演讲《金砖五国 PPP 法律合作的可能性与前景》。个人认为,金砖国家之间的 PPP 合作要重视 PPP 法律的合作,要在了解金砖各国 PPP 立法内容的基础上进行比较借鉴。尽管各国的法律传统以及社会经济文化等有很大差别,但利用社会资本来帮助政府完成各类公共产品的提供必定有其共通和规律性的东西。在跨国投资进行 PPP 项目合作的时候,也一定需要寻求双方共同遵守的规则。从各国的 PPP 立法内容分析,有的已经相当健全与完善,但也有的相当简单与分散。这就需要相互学习和借鉴,尽量缩小各国在 PPP 立法方面的差距。同时,PPP 项目的合作涉及一系列合同的订立与履行,需要各国管理部门加强协调,提供合同的示范文本,以提高合同订立与履行的效率,这里也包括明确合同争议解决的机制和程序性问题。我们有必要为此而作出努力。

最近几年,我国政府致力于推行 PPP 项目,以解决公共产品严重短缺的问题。然而,适逢经济不断下行,政府与企业普遍缺少资金,各类 PPP 项目步履维艰。此外,我国 PPP 制度供给也相当不足,在政府支持、体制机制建设、激励措施以及项目管理等方面存在诸多短板,我们急需从其他金砖国家的法治经验中学到更多。为此,我们组织翻译了南非、印度、俄罗斯、巴西的相关法律与制度文件。同时,我们翻译了联合国贸易发展委员会出台的《提高政府与社会资本合作（PPP）善治的指南》，以供研究参考。

具体分工如下：

宋丽珏博士：联合国贸易发展委员会《提高政府与社会资本合作（PPP）善治的指南》；南非《1999年〈公共财政管理法〉第1号法案》《财政部关于〈公共财政管理法〉第16号令》。

甘翠平博士：印度《核心部门公私合作项目规划、评估及批准指南》（2013年版）、《对基础设施领域PPP项目提供金融支持的计划和指南》《公私合作伙伴关系资格要求》《关于公私合作伙伴关系的国家政策》。

李旭博士：《俄罗斯联邦特许协议法》《关于俄罗斯国家—私营合作、市政—私营合作与单独俄罗斯联邦法案的变更》。

赵懿先博士：巴西《政府与社会资本合作法》（2004年版）。

我要感谢上述各位老师的鼎力协助，没有她们的辛勤劳动和奉献，要完成这么多不同语言的翻译是完全不可能的。同时，我要感谢北京大学出版社各位编辑的辛勤付出，他们的认真工作保证了本书的高质量。

顾功耘
2019年10月6日

CONTENTS 目 录

联合国贸易发展委员会
提高政府与社会资本合作(PPP)善治的指南 　　　　　3

南非
1999年《公共财政管理法》第1号法案 　　　　　73
财政部关于《公共财政管理法》第16号令 　　　　　170

印度
核心部门公私合作项目规划、评估及批准指南 　　　　　177
对基础设施领域PPP项目提供金融支持的计划和
　指南 　　　　　204
公私合作伙伴关系资格要求 　　　　　239
关于公私合作伙伴关系的国家政策 　　　　　296

俄罗斯
俄罗斯联邦特许协议法 　　　　　315
关于俄罗斯国家—私营合作、市政—私营合作与单独
　俄罗斯联邦法案的变更 　　　　　372

巴西
政府与社会资本合作法 **411**
附 巴西PPP法简介 **423**

中国
财政部关于推进政府和社会资本合作规范发展的
实施意见 **429**
国家发展改革委关于开展政府和社会资本合作的
指导意见 **433**
政府投资条例 **438**

联合国贸易发展委员会

提高政府与社会资本合作(PPP)善治的指南

第一部分 背 景

1.1 新机遇、新特点和对善治的需求

什么是政府与社会资本合作(PPP)

政府与社会资本合作是指资助、规划、实现和运营公共设施及服务,这一模式主要包括以下特点:

(1) 提供长期服务(有超过 30 年的情况);
(2) 风险向私营部门转移;
(3) 法人和政府部门之间订立不同形式的长期合同。

政府与社会资本合作作为一种革新性的方法被公共部门用来与私营部门签订合同。私营部门负责提供资本、作出预算并按时交付项目;公共部门通过发放社会福利、加快经济发展和提升生活水平等方式提供公共服务。

政府与社会资本合作的不同类型

政府与社会资本合作的类型多样,根据不同目的和市场需求设立,能够反映政府对于基础设施服务的不同需求。政府与社会资本合作可以概括为两种类型:第一,制度化类型合作,即包括所有形式的公私合资公司;第二,合同类型合作。

近年来,包含了"用户支付"等特许权模式的合同类政府与社会资本合作正迅猛发展

特许权模式与公私合资有着最长的历史渊源,尤其是与政府与社会资本合作有着密切关联。通过加入私营部门的管理,私人资金和私营部门找到了进入公共部门的途径——特许权政策,这成为认可度最高的融资方式。

通过签订合同的方式,公共部门委托私营部门进行设施建设项目,即私营部门在一段时间内"特许"私营部门负责运营这一项目。很多时候,私营部门需负责建造和设计该设施。描述这类合同的标准化术语或多或少地涵盖了合同的不同功能,其中"特许权合同"和"设计、建造、资助及运营合同"中包含最多功能。这两类合同包含上述所有因素,即资助、设计、建造、管理和维护。这些项目通常由用户来支付水

电煤、公共交通等花费,但是不包括健康、监禁、诉讼、教育、城市道路、防御等社会公私合营开销。

另外,还有一种由"公共部门支付"的私人主动融资模式

这一模式是1992年在英国私人主动融资的基础上发展起来的。现在,加拿大、法国、荷兰、葡萄牙、爱尔兰、挪威、芬兰、澳大利亚、日本、马来西亚、美国、新加坡等国家普遍采用这一模式,作为提供公共服务的一项更深层、更广泛的改革项目。与特许权模式相比较,私人主动融资模式的融资方案截然不同。在私人主动融资模式下,尽管由私人为公共设施和公共工程融资的合同涵盖相同的内容,但由于一些现实因素,诸如公共照明设施、医疗、教育、养路费等费用都是由公共部门承担的。

围绕不同类型的合同和风险转移

现存的一系列政府与社会资本合作,在公共部门和私营部门之间以不同的方式分配责任与风险。以下是用来描述典型合伙协议的常用术语:

购买—建设—运营(BBO):即根据合同规定,将公共资产转移给私营或准私营实体,并交由后者在某段指定的期间内对该资产进行升级和运营。公共控制权在转移之际得到了行使。

建设—所有—运营(BOO):即由私营部门资助、建设并运营一项设施或服务。公共部门的限制只能在初始协议中以及通过继续管理机关规定。

建设—所有—运营—转移(BOOT):即在设施的所有权已从私营部门交还给公共部门之后的一段指定期间内,私营部门有权资助、设计、建设和运营一项设施(同时向用户收费)。

建设—运营—转移(BOT):即根据长期特许权合同,私营部门设计、资助并建设一项新的设施。在一项新的设施的所有权已经由私营部门交还给公共部门以后,如果该设施尚未完工,该私营部门仍可在特许权期内运营该设施。实际上,这种形式结合了建设—所有—运营—转移模式以及建设—租赁—运营—转移模式的特点,唯一的不同之处在于设施的所有权问题。

建租—租赁—运营—转移(BLOT):即私营部门有权自主设计、建设、在运营期内运营一项租赁设施(及向用户收费)。

设计—建设—融资—运营(DBFO):即私营部门按照长期租赁合同,设计、资助并建设一项新的设施,同时在租赁期内运营该设施。在租赁期届满之时,私营部门将该设施移交给公共部门。

项目融资:即私营部门(通常是金融服务公司)直接投资一个项目或者运用不同的机制,如长期租赁或者债券发行。

运营及维护合同(O&M):即根据合同,由私营部门在指定期间内运营公有资产,而资产的所有权仍归属于公共部门(许多人认为运营及维护合同不在公私合营的范围内，而将其视作服务合同）。

设计—建设（DB）：即私营部门设计和建造基础设施，以满足公共部门的业绩规范，通常以固定价格、交钥匙为基础，成本风险常超支转移到私营部门（许多人不认为DB是在公私合作范围内，并将其视为公共工程合同）。

运营执照：即在一段指定期间内，私营部门被颁布运营执照或被授权来运作一项公共服务。本政策经常用于信息技术项目。

可供选择的交付公共服务的方式包括从直接由军事或政府部门规定到完全私有化，政府将交付服务所有的责任、风险和回报转移给了私营部门。在这个范围内，可以将政府与社会资本合作根据公共部门和私营部门的参与及风险分担程度来分类。以下是一个包含上述政府与社会资本合作的简化范围：

政府与社会资本合作不能与私有化模式混淆

政府与社会资本合作不是私有化模式。在政府与社会资本合作中，虽然公共部门保有交付公共服务的责任，但在私有化模式中由私营部门承担责任（公共部门可能保留一些调整价格的控制权）。在政府与社会资本合作中，即便是没有所有权的转移，公共部门仍然需要担责。

政府与社会资本合作也不是政府采购

政府与社会资本合作也区别于政府采购。政府采购是指由国家及地方政府购买、出租、租用商品或服务。政府采购是由于商品或服务要求的简单性而被选择的，选择考虑的可能性因素从供应商人数的多寡到控制成本的愿望。政府与社会资本合作则更加复杂，它有更大的资金要求，并且是长期的合作模式，这一点不同于一次性的合作。政府与社会资本合作时常授权开发者在一段特许期间内向用户收费，同时承担设计、建设、资助、技术和商业运营、维护等主要责任。

但是，政府与社会资本合作与传统的政府采购还是有关联的，因为政府与社会资本合作的供应商（即私营部门）是以政府采购程序为基础而选出来的。

政府与社会资本合作已经成为解决基础设施不足的重要工具

世界上的很多人，尤其是正处于转型经济的国家民众，正面临着基础设施严重不足的情况，比如堵塞的道路、年久失修的运输系统和娱乐设施、退化的学校、医院、水质和水处理系统，以及其他一些要么不存在要么急需修理的基础设施。反过来看，这些问题导致社会为之付出巨大代价，从降低生产力和竞争力到事故频发、出现健康问题、生活预期降低各个方面。

政府逐渐意识到单凭税基已经无法填补基础设施巨大的资金需求。在一些国家，几十年前建造的基础设施正急需修复。此外，还有一个极其重要的挑战，那就是为所谓的"绿色开发区工程"筹集资金，具体而言就是由于经济的快速发展和人口老龄化而产生的大型社会工程。政府与社会资本合作就是应对这种挑战的选择之一。

政府与社会资本合作可以为公共部门提供的好处

更高的价值：政府之所以采取政府与社会资本合作，通常是基于分析之后确定该模式将会通过以下一种或多种方式使公众受益：

(1) 更低的成本；

(2) 更高的服务水准；

(3) 风险的降低。

获得资本：政府与社会资本合作允许政府获得另一种由私人提供的资本，从而使那些本不可能进行但又重要且紧急的工程得以继续进行。

结果的确定性：在"按时"交付（私营部门有强烈的动力尽早完成工程，以控制成本并启动支付流）和"预算内"交付（在工程建设之前就已经制定好了支付计划，这样就避免了公共部门遭遇超支的窘境）两方面的结果的确定性增加。

资产负债表外的借贷：资产负债表外的借贷是指不会被记录在资产负债表上的财政借贷。这就允许了一个国家在不影响它负债统计的情况下进行借贷。

创新与改革：在结合了公共以及私营部门的动力和经验，并且经过了富有挑战性的授予合同过程之后，将政府与社会资本合作运用于公共基础设施建设的革新性方法存在巨大潜力。

政府与社会资本合作提供了全新的融资模式

私营部门为政府与社会资本合作带来的专门融资不同于公共融资和企业融资。如上所述，政府与社会资本合作通常是由政府财政资助，但是也有可能部分或全部由享受服务的来承担费用（如收费公路）。工程融资几乎全部通过公私联合资助的方式进行。

采取工程融资来募集资金的目的是构建一项既能使投资者获益，又能通过将风险转移给能够处理好风险一方的方式来限制股东的风险。工程融资具有以下特征：

(1) "独立的"项目：一次融资只为了一个项目。

(2) 借款一方因特定目的而设立的项目公司：建立一个具有独立法人资格的项目公司是为工程筹集款项的。

(3) 高负债权益比率（负债与资本的杠杆比率）：新设立的项目公司通常有最低额的股本为合理的成本举债，该股本总体上为基础设施项目所需总资本的10%到30%。

(4) 基于项目而不是公司资产负债表的专门资金流动：项目公司从放贷人处借款，而放贷人指望项目未来的收益以及项目公司的资产来偿还借款。

(5) 资金担保：政府不会向放贷者提供资金担保。开发商可能在其股本范围内提供有限担保。私人投资者的回报来自工程收入或者政府。

每个国家的公私合营项目的发展都需要经过不同的阶段

正如表1、图1所示,每个国家在公私合营项目投入运营之前都要经过一系列不同的阶段。目前,大多数国家都还处于第一阶段,实际的工程发展规模还非常小。只有到了第三阶段,公私合营项目才真正变得重要,但目前只有相当少的国家已经达到这一水准。到了这一阶段的国家应该已经拥有发展所需要的,比如公私合营单位、资本市场、专门技能,这样才能把更多的注意力放在复杂的工程和融资筹备上。

表1 政府与社会资本合作发展的三个阶段

第一阶段	第二阶段	第三阶段
明确政策框架 测试法律的可行性 确定项目渠道 发展基本概念 从最早的交易和其他行业中吸取经验 开始建立市场	宣言立法改革 公布政策与实践指南 建立专门的公私合营单位 完善公私合营的交付模式 继续开发培育市场 扩大项目渠道并延伸至新的行业 利用新的基金来源	完全明确理解建立的"体系" 移除法律障碍 完善与推广政府与社会资本合作 分配复杂的风险 保障交易量 达成长期的政治共识 利用所有基金来源 大力发展基础设施投资市场,包括养老基金和私募股权基金 经过良好培训的公务员利用公私合营经历

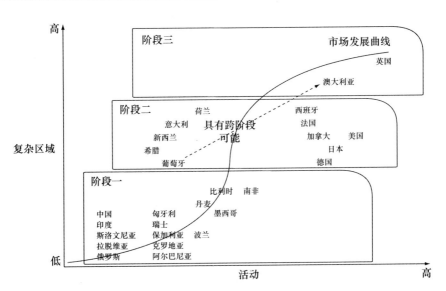

图1 各国政府与社会资本合作项目发展阶段

资料来源:德勤会计师事务所。

上述图表的一个目的是证明各个国家需要逐渐提升"成熟曲线",并且避免在没有充分准备的领域中开展项目。因为在政府与社会资本合作项目获得收益的同时,依然存在很高的风险。在公共部门没有作好充分的安全准备前,过快的私有化会对大众利益造成危害。毕竟政府需要提防那些没有作充分调研准备就开展的项目,否则将会重蹈之前很多国家的覆辙。

出现了制度性挑战

上述图表还显示,大多数国家的政府与社会资本合作还处于早期阶段,该模式的使用率还很低。事实上,曲线的上升并非必然。实践表明,政府与社会资本合作在一些国家难以实行,关键在于要发展组织机构和交付公私合营项目的程序。缺乏良好的组织机构在很多国家表现在多个方面,比如公私方谈判时间的拖延、推进过程的缓慢、风险分担灵活性的缺乏、取消项目造成的浪费等。

此外,制度的"确定性"也是成功的一大重要因素,因为私人投资者容易回避那种含有不可预知风险的项目机会。这些"制度"包含两种类型:"正式的",意味着法律与监管的框架和政策连贯性,是公私合营的"启用制度",如公私合营单位;而"不正式的",比如一些在特定领域的"论坛",就是公私两方澄清误会、解决分歧的途径。

因此,政府与社会资本合作的挑战是发展制度、措施和过程,以有效地运行政府与社会资本合作,这可以被明确为建立一种"治理"。如果政府想要提升"成熟曲线",就必须要投入相当大的努力去改善"治理"。

建立公共部门的专业性

这个挑战不只是创建新的制度,也是去开发公众的专业知识用以执行计划。政府与社会资本合作要求一个很强大的、可以接受新的角色和能力的公众部门。特别要强调的是,强大的公私合营系统需要经理们不仅能熟练地建立合作关系并在不同的合伙人中构建人脉网络,还需要有熟练的谈判技能、分析管理技能和风险分析能力。事实上,私营合作伙伴履行的行政服务更多的是公共部门人员的义务。

第二部分 政府与社会资本合作的善治

2.1 政府与社会资本合作的善治原则

治理的挑战

在发展政府与社会资本合作的项目的过程中,股东的利益并不总是被充分考虑在内。

善治事关紧要

正如背景部分中所言,如果要使政府与社会资本合作达到成熟的水准,政府的治理事关紧要。为了充分地从政府与社会资本合作中获益,这个过程需要投入被授权的且到位的机构,以及围绕这一合作模式展开的各项程序。这也意味着在此过程中,帮助政府起到关键作用,同时还会涉及公民与其他股东。许多政府以及区域性、国际性和非政府组织现在都意识到了政府治理对于经济发展的重要性,其中包括国际货币基金组织、世界银行、经济合作与发展组织、国际非营利性法律中心等。

即使善治并不是一个容易定义的概念

治理指的是政府行为如何在这一过程中发挥作用,而不仅仅是政府做了什么。它涵盖了组织机构的质量和解读政策成功执行的有效性。组织机构一般被理解为制定正式规则(如财产权和法律规则等)的实体,同时也是能够影响人际互动的非正式的强制性规定(如信仰、习惯和社会规范等)。

善治包括一些关键原则

善治可以有很多开放性解释,但是总的来说有六条被广泛承认的原则:

(1) 参与度:股东的参与度;

(2) 公序良俗:承担设立与管理的规则不会伤害民众或者对民众不公;

(3) 透明度:决策的清晰程度和开放程度;

(4) 问责:决策人对社会负责的程度;

(5) 公平:规则平等地适用于社会中每个人的程度;

(6) 效率:有限的人力资源和金融资源在不浪费、不延迟、不腐败或者不影响实体权利的前提下应用的程度。

> "必须将政治意志动员起来发展善治。"
> ——联合国秘书长潘基文

在不同的情境下发挥作用

在一些领域中也需要发挥管理作用:

(1) 政府:管理整个系统;

(2) 公共行政部门:实施政策的地方;

(3) 司法部门:解决争议;

(4) 经济社会:指国家市场、公共部门和私营部门;

(5) 政治社会:聚集社会利益的地方;

(6) 公民社会:公民意识到和解决政治问题的地方;

(7) 可持续发展:包括环境问题等。

同时应当考虑下列目标

政府与社会资本合作的善治目标应当包括以下几方面：

（1）一个公平和透明的政府开展甄选合作伙伴的程序；

（2）确保物有所值[①]；

（3）提高基础公共服务（尤其针对弱势群体的基础服务），确保新合作模式参与方得到足够的培训；

（4）根据所获得的商业回报，形成对各方公平的激励机制和对风险承担者公平的回报机制；

（5）对保证延期交付、防止项目破产和随之发生的公共资源浪费的纠纷的合理协商；

（6）在政府与社会资本合作的管理中，增强应对新威胁和提升服务安全性的保障措施。

观察这些因素和原则会带来经济利益

从经济的角度看政府与社会资本合作的善治：

（1）一种有效的采购制度是指政府机构可以低价购买高质量的货物和服务；

（2）能够保护善治项目的机制将提升社会对政府与社会资本合作的支持率，同时也会提升决策者为该合作过程提供必要政策支持的信心；

（3）计划好的又是基于各方充分协议的项目，也遵循了合理并仍在不断发展中的纠纷解决方式，崩溃的可能性甚微，从而避免了高成本的诉讼过程；

（4）行政部门以公开方式进行采购的方式有助于增强提供社会资本一方对行政管理的信任度；

（5）善治和高效的组织机构是与提升竞争力、促进经济发展紧密联系在一起的。

治理目标尚未得到充分实现

最初的政府与社会资本合作被认为是一种将部分公共事业的支出排除在政府财政支出外的金融机制。近年来，作为一个金融性兼技术性问题，它也有易于拒绝向公众和其他利益相关者征求意见。政府与社会资本合作的目的开始由纯金融合作向追求高效公共服务或者创造增值方面转变。事实上，随着"合乎经济效益"的目标逐渐得到共识，政府与社会资本合作能够促进社会、经济和环境发展的功能也日渐明朗。实践表明，政府部门尚未将优先实现善治作为主要目标，而只是出于某些

---

① "增值"也称"物有所值"，是指用相同的金钱换取较高质量的商品或服务，或者用较少的金钱换取同样质量的商品或服务。

财政原因才与社会资本合作。事实上,欧洲经济委员会下属的建设—运营—移交(BOT)部门在分析20世纪90年代的私人资助的经验时就曾指出,大部分人的建议易于忽视善治的重要性,具体而言就是政府与社会资本合作无须考虑利益相关者(如当地民众、非政府组织、雇员、工会、市民社会、媒体等)的需求。

在政府与社会资本合作的过程中需要一个新的倡议来整合善治的标准

基于上述观察,结合将利益相关者带入政府与社会资本合作项目中以最大化发挥其在社会、经济和环境中影响的迫切需要,联合国欧洲经济委员会提出以下倡议:

(1)组织一系列利益相关者协商关于政府与社会资本合作善治的问题,其中包括的工会和公司;

(2)通过研究有关政府与社会资本合作问题的案例,发现该合作模式中有涉及贪污腐化、利益相关者在协商中处于弱势地位、决策过程中民众参与度低等问题;

(3)讨论可以使政府与社会资本合作更责任分明的方式;

(4)准备旨在推动政府与社会资本合作善治的指南草案,并举办国际论坛对这些原则进行最后商定。

这促进了联合国欧洲经济委员会推动政府与社会资本合作的善治

除了上述程序,在许多不同论坛上的对话与广泛协商环节,联合国欧洲经济委员会已经为政府与社会资本合作善治的原则做好了准备,主要集中在以下方面:

- 政策
- 能力建设
- 法律框架
- 风险分担
- 采购
- 以人为本
- 环境

基于善治的原则①

在这些领域中,各国政府可以将以下善治的标准融入各自的国家政府与社会资

---

① 一整套关于政府与社会资本合作善治的议案已经由联合国欧洲经济委员会政府与社会资本合作小组对外进行解释,其草案已于2007年6月5日到8日,在以色列特拉维夫举行的国际会议复审后通过。上述政府与社会资本合作的善治原则在联合国全球协定中得以体现,该协定根据以下十个原则促进了实体意义上的诉讼。**人权:**(1)企业应该支持和尊重对国际人权的保护;(2)企业应确保其不侵犯人权。**劳工标准:**(3)企业要保证结社自由并认可劳资谈判的有效性;(4)企业应确定消除所有形式的强迫和强制劳动;(5)企业应确保有效废除童工;(6)企业应确保消除就业和职业歧视。**环境:**(7)企业应支持对环境问题的预防措施;(8)企业应采取措施以最大程度地承担环境责任;(9)企业应鼓励环境友好技术的发展和普及。**反腐败:**(10)企业应以各种形式打击腐败,包括敲诈勒索和行贿受贿。

本合作的实践中。
- 参与度
- 得体
- 透明度
- 问责
- 公平
- 效率
- 可持续发展

资料来源和更多信息：

(1) ECOSOC，Environmental Policy and International Competitiveness in a Globalizing World：Challenges for Low-Income Countries in the UNECE Region，2007.

(2) Hyden, G., Court, J. and Mease, K., (2004) Making Sense of Governance：Empirical Evidence from Sixteen Developing Countries，Boulder, CO.：Lynne Rienner.

(3) ODI Briefing Papers，Governance，Development And Aid Effectiveness：A Quick Guide to Complex Relationships，March 2006.

(4) OECD, Conference on Improving Governance and Fighting Corruption：New Frontiers in Public-Private Partnerships，14-15 March 2007，Brussels，Belgium.

(5) OECD, OECD Guidelines for Managing Conflict of Interest in the Public Service, 2005.

2.2 政　　策

目标、项目和沟通

政府管理所面临的挑战

一些政府在实践政府与社会资本合作的时候，没有制定关于这一合作模式的全面政策，这就导致了那些项目目标错误或面临更大的问题。

原则1 政府与社会资本合作的过程需要有条理的政策来制定清晰的目标和原则，以及鉴别项目、设定目标及实现目标的方法，最终目的是赢得人们对于这一合作模式的支持。

完成一项政府与社会资本合作的政策,需要设定一个"路线图"。如果没有这个"路线图",就无法推进项目的实现,即：

政府与社会资本合作政策应该首先明确经济目标

针对政府与社会资本合作,政府应该具备明确的目标,但什么是明确的目标呢？一些国家的政府往往认为,一项特定的服务应该由政府掌管抑或是移交给其他私人组织。这应该视实际情况而定,通常以"实用主义"的标准来判定,具体而言即谁能够让这项服务实现经济效益最大化就由谁来负责落实。

重大的社会目标

然而,仅仅是这样的效率标准也许不足以说服公众和其他利益相关者,让他们相信政府与社会资本合作是最合适提供诸如电力、供暖、照明、医疗和教育等关乎人民福祉的基础公共服务的方式。公共服务并非商业行为,因为它的实现相当依赖于纳税人缴纳的税款。此外,那些在公共服务行业工作的人往往会这样做是出于一种公共服务精神,那是其对所服务社区的承诺。尽管商业标准可以运用于公共服务,但是它不可以替代以人为本的公共服务目的。

以人为本的目标包括社会公平、包容、可操作性、透明度和责任感等。这些目标对于低收入国家尤其重要,既要提升服务效率,又要提高基本服务的可访问性为民众提供服务,尤其是那些经济和社会上的弱势群体。

与核心价值观和原则相关联

各国政府也需要将其政策与"核心价值观和原则"联系起来,并运用于目标的实现过程。在这里提到这些原则是很重要的,它们应当在政府与社会资本合作的方案中得到保护,这是公众的首要关注点。从启动到合作伙伴持续管理过程中的不同阶段,政府官员可能会提出如下基本问题：

- 政府需要保护的核心价值观是什么？
- 公职人员如何维持这些价值观的完整性？
- 有什么办法可以使政府与社会资本合作模式提供公正而可持续的利益？

回答这些问题将涉及许多重要问题,比如服务的准入规则、民众的费用负担、公正与公平、利益冲突、财政负担和服务的质量与可持续性。

> **实现目标的手段**
>
> 一旦目标和原则确定后,政府就需要审核其如何执行了。举例而言,政府应当把以下每一个方面都考虑在内:
> - 政府与社会资本合作的形式;
> - 准备接受的风险程度;
> - 如何应对风险;
> - 不准备接受风险;
> - 确定政府与社会资本合作是否为一种可行的提供服务方法的标准;
> - 关于利益相关者参与的政策。

政府与社会资本合作政策应纳入变化发生的可能性

政府与社会资本合作政策应当是灵活的,因为现实发展中一定会不可避免地发生错误,需要对其进行详尽的阐述。

英国是一个很好的范例。英国政府曾在吸取先前错误经验的基础上,修订了一个政府与社会资本合作政策,而没有选择放弃。该政策实施的过程成为一种有助于革新和应对合作新模式的延续性内在能力。

政府内部达成共识

政府与社会资本合作政策的阐述应当涉及所有相关的政府部门。有必要将不同部门的代表召集起来启动初步对话模式,如交通、财政、房屋、能源、卫生和教育等,针对政府与社会资本合作展开讨论,为该模式的执行找到各自的定位。政府内部的协调与合作是有效实施政策的良好基础。如果有专属于地方或者某行业的政策框架,那么应当小心矛盾和竞合。

政府外部

在筹备政策的过程中,有必要与利益相关者进行大量的磋商。鉴于政策可能会影响那些现

> **政府应该着眼于那些在其他国家已经发展得相当成功的领域**
>
> **英国**:学校、医院、监狱、国防设施和道路。
>
> **加拿大**:能源、交通、环境、水资源、可耕地或牧场的土地、娱乐、信息技术、卫生和教育。
>
> **希腊**:交通运输项目;航运和路运。
>
> **爱尔兰**:道路和城市交通系统。
>
> **澳大利亚**:交通和城市复兴。
>
> **荷兰**:社会福利住房和城市复兴。
>
> **西班牙**:收费公路和城市复兴。
>
> **美国**:环境保护、商业成就和城市复兴。

存的政策和安排,所以有必要确保会受新政策影响的利益相关者的参与权。

能够鉴别正确的政府与社会资本合作的项目是至关重要的

面临的挑战是选择合适的项目和可能取得成功的部门。基于以上考虑:

(1) 该项目必须有明显的社会和经济需要,同时它的实现被认定与大部分政治意见同等重要;

(2) 该项目应包括已知的和测试过的技术,同时为具有合作可能的潜在供应商创造有益的市场环境;

(3) 项目的支付流必须明确由主办部门承担(以及/或者由国家财政部承诺支持),应具备足够规模去吸引国际金融家和特许权公司;

(4) 该项目应当是一个能够充分使国际金融家和企业获益的项目,其支付流必须是可负担得起的,而且政府部门应当负责保证支付是有良好信誉的(或者适当的信誉增强机制已落实到位)。

一个有效模型

交通或者城市发展项目是可以用来发展政府与社会资本合作的模式。根据这样一个方案,政府可以将充分利用的诸如火车站等交通枢纽周围的土地转让给私营部门,并允许其通过开发商店、办公大楼和商业区域将这些土地商业化。这些私人开发者可以挖掘那些未被充分利用的资产的价值,利用它们来获得收益。政府将资产托付给开发者,从而使开发者负责重建、运营和维护这些资产。诸如此类的革新交易已经改造了西班牙许多的小城市。美国也用这种方式来修复城市内部老化的火车站,同时推进交通运输业的发展。

具有现实目标

鼓励政府为其政府与社会资本合作模式鉴别出优先实现目标是很重要的。政府应当从那些最可能成功并且是相当简单、直接的项目开始做起。国家可以从这一革新模式中获得丰厚利益。加快建设火车站、港口等将使促进经济更快的发展成为可能;长期维护的风险转移给了私营部门;国家在削减或无财政支出的情况下,从土地资产中开发出了比政府独享土地所有权时更多的价值。①

---

① 国家可以通过此创新模式得到很多切实好处:(1) 铁路、码头、港口等可以被很快建造,经济发展得比之前更快;(2) 长期风险转移给了私营部门;(3) 较之政府所有制下的经营模式,国家开发了更多的土地价值——税收支出降低或取消。

创设协商措施

由于误解甚至是冲突都可能在政府与私营部门之间发生,因此为公共与私营部门创设一项非正式的对话机制来缓和两者间的矛盾尤为重要。设立一个裁判机构供政府官员以及利益相关者开诚布公地讨论他们所关心的事项,就可以解决他们之间的矛盾,同时各方的摩擦也可以在事情进一步恶化前得到解决。比如,当年荷兰首次启动高速公路政府与社会资本合作时,就同时在公共与私营部门之间举行了多次联盟会议,以解决合作过程中产生的问题。这为开放式对话提供了一个非正式环境,甚至在双方矛盾成为严重忧患之前,就考虑到了矛盾双方关键团队的成员将问题升级的情况。①

需要传达政府与社会资本合作的好处

一个战略性的传达方案应当是阐释项目好处的政策的组成部分,并且能够阻止来自媒体或者其他渠道的批判性讨论与阐释。站在积极的角度看,政府与社会资本合作拥护者的关注话题会转向交通拥堵的缓和、经济发展的效益以及更优质的服务,尤其是对于那些社会和经济上的弱势群体。

创建市场收益

政府与社会资本合作的政策框架必须向投资者提供指南并使其建立信心。政府应当向投资者提供能够对其产生激励作用的信息。此外,市场上需要有适当数量的项目以确保施工方和设备管理企业有能力与财力跟上潜在项目的步伐。

争议解决方案

由于政府与社会资本合作是一种新的模式,因此目前还没有国际性争议解决机构可供政府与之合作,以有效地推进政府与社会资本合作政策。随着政府与社会资本合作日渐重要,政府应当推动国际性争议解决机构的早日建成,以使该模式更好地进行实践,并且针对这个话题进行政策讨论。

资料来源和更多信息:

(1) Croatian Government: Guidelines for Purely Contractual Public-Private

---

① 例如,当荷兰启动第一个基于PPP模式的高速公路项目时,公共和私营合作伙伴通过召开"合作会议"来解决合作问题。这些会议提供了非正式的开放对话模式,使得双方的项目核心成员得以在一些问题恶化之前解决它们。

Partnerships, September 2006.

（2）Deloitte and Touche, Closing the Infrastructure Gap, Global Addition, 2006.

（3）Lithuania: Workshop on Establishing Public-Private Partnerships (PPPs) in the Transport Sector, Vilnius, 30 June 2005.

（4）PriceWaterhouseCoopers LLP, Developing Public-Private Partnerships in New Europe, 17 May 2004.

（5）United Kingdom, HM Treasury, The Private Finance Initiative, Key Policy, March 2006.

2.3 能力建设

技术、机构和培训

> **治理挑战**
>
> 政府与社会资本合作的复杂模式需要新技能的支持，而私营部门拥有更多的技能支持。政府如何才能找到发展政府与社会资本合作的必要技能？

原则2 各国政府可以通过建立新机构或外聘专家培训公职人员的综合方法建设必要的政府功能。

发展技术向政府提出了一个重大挑战

政府与社会资本合作必须发展一些诸如协商机制、合同与财务等的新技能。其中一个关键的挑战是，政府与社会资本合作需要能够鉴别出项目产出的技术，而不是传统关注项目投入的技术。这包括私营部门合作伙伴必须达到的固定规格和目标，以此来确保报酬，监视合作伙伴的表现，并预测任何可能威胁到项目投标的风险。公务人员还需要进一步了解政府将要寻求合作伙伴的行业。但是，政府通常缺少这些技术，因此最好能将私营部门的专家引入政府。这些新的金融和法律技术可能是可得的，但也需要政府部门对私营部门运营国有资产所带来的附加价值的接受和承认。这反而是更困难的，因为这些新安排有可能被视为对政府部门员工工作保障的一大威胁。

必须寻求将技能引入新机构的方法

对于某一政府职能部门来说，一夜之间从通过传统采购获取资产的身份转变为通过管理涉及工程建设的多个机构部门组成的网络是非常困难的。

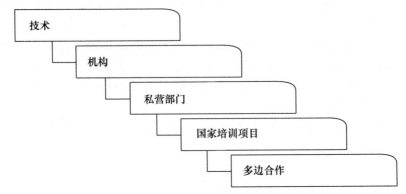

图 2　成功的政府与社会资本合作能力建设的程序

建立政府与社会资本合作机构/工作小组来接收新技能,并通过组建一个单位促进新技能的获取。①

必须通过建立一个项目运营管道进行

政府与社会资本合作机构的关键任务是智能化地帮助发展和支持项目准备过程中的管理工作,而多数政府恰恰缺乏熟悉这一过程的专家。精心地准备和发展政府社会资本合作项目是至关重要的,尤其在对于项目中许多具有长期合同性质的特定交易以及贷方信任委员会和公众对政府的监督方面。

支持区域性政府与社会资本合作机构

通常情况下,在较多国家,国家层面的政府与社会资本合作机构不承担项目,但负有整合项目的职责,并为地方政府提供政策、技术、法律等方面的支持。实际上,这可以帮助有关采购方(尤其是初次尝试政府与社会资本合作或者项目特别新颖或复杂的)更自信地管理从初期的项目设计到投标评估和财务结算的整个过程(包括外部咨询)。机构可以通过诸如为经验丰富的人员提供接触私人项目决策层的机会、在关键决策上给予政府部门支持等方法达成此目的。

促进政府与社会资本合作的过程

国家层面的政府与社会资本合作机构也应该减少招标时间和成本,在确保国家层面上一致性的同时,通过标准化的合同和程序提高政府与社会资本合作采购过程

---

① 政府与社会资本合作机构也可以应用于特殊的领域,如交通、医疗和教育等,但有时需要在财政部门的主持下与某一中央单位合作运行。例如,在英国,一些医疗领域的行政部门,都有自己的政府与社会资本合作机构。

的质量。同时,可以与投资者协商,并与各部门沟通对于政府与社会资本合作项目实施的法律和制度瓶颈的看法。这可以进一步发展政府与社会资本合作,在更大范围的项目内提供一个一致性的市场,从而限制私营部门可能会作为另一公共部门当事方的机会(例如,英国对与具体行业标准减损结合的标准合同的发展,在这里有显著帮助)。这也减少了私营部门投标人学习或接受各个分离管理市场新规定的时间和成本(这是标准化的另一大好处)。

领导政府与社会资本合作项目

国家层面的政府社会资本合作机构需要从正面领导这些项目,同时也要有自己对项目管理的清晰目标。它还必须发展对(项目)顾问的管理方法,从而与承包商、服务供应商、长期债务和股权融资的供应商进行接洽。为了提供这种领导能力,重要的是能够招到高素质的员工并采取必要措施来留住他们,因为私营部门提供的更高工资足以让公共部门的优秀人员"眼红"。因此,为确保政府社会资本合作机构处于领导地位,政府需要设计相应机制来应对内部人才外流的风险,并且确保政府与社会资本合作项目可以获得资源的合理运行。在缺乏准备和良好管理的项目中,如果不这样做,会使成本会更加昂贵。

开发市场的能力也必不可少

政府与社会资本合作机构应与所有市场参与者保持强有力的相互对话。起初,这通常作为政府与社会资本合作需要的一个纯粹的技术联络,给私营部门提供信息。这种对话的开展通常只是单纯为私营部门提供相关信息,即政府与社会资本合作的技术联络需求。然而,这个角色通常会逐渐发展变化,因为给同事和部长的机构报告除了是对市场态度以及企业们对政府部门行动和声明的反应的主要发现,还包括有关私营部门能力的详细信息和观点。

此外,政府与社会资本合作还可以为商业顾问举行定期研讨会,探讨法律、技术和财政等方面的问题。顾问在项目中扮演着核心角色,他们可以根据政府的政策和技术指导来促进公私伙伴间的对话。他们还非正式地为机构提供重要的支持和建议。

政府与社会资本合作机构将被邀请在由各参与者发起的会议上发言,内容包括建筑公司、银行等。关键的一点是,相对于私营部门来说,政府往往会发现很难招聘到和留住政府与社会资本合作人才,具体原因有:

(1) 严格或正式的招聘制度(限制来自私营部门的借调,且横向进入公务员职位的机会有限);

(2) 部门内部的频繁调动和缺乏专家;

(3) 与私营部门的工资差异(这不仅阻碍了对专家的招聘,而且导致了具有政府与社会资本合作宝贵经验和专长的政府官员离职到私营部门去)。

政府与社会资本合作机构必然会邀请所有的主要参与者参加讨论其战略计划

的一对一会议。

要在适宜范围内

然而,尽管政府与社会资本合作机构建立与商界的合作关系很重要,但保持政府与社会资本合作机构相对于私营部门的中立和独立,保证其产生公共利益以及按照公共部门的原则和价值运行,也是十分重要的。

保证方案对其业绩负责

机构基础设施要求该机构能独立审查其已签署项目的部门,以此来判断是否达到了政策目标。这不是政府与社会资本合作机构的职责,但作为一个项目独立和技术审查的来源,可用于对政策和指导进一步发展提供反馈意见。

英国合伙关系(PUK)

英国合伙关系是政府与社会资本合作机构包含多种上述原则的一个例子。PUK成立于2000年,由财政部工作组提供部门范围内的集中支持。这使得财政部得以集中发展PFI政策,并建立一个独立的技术中心来帮助解决采购部门更具体的交易相关的日常问题。因此,PUK有特定的部门任务,即通过公私部门更好、更强地合作,加速基础设施更新,推进高质量的公共服务和公共资产的高效利用。

作为政府与社会资本合作机构,PUK本身就有51%的私营部门股权,剩余股份由英国财政部和苏格兰行政部门所有。PUK拥有大约50名专业工作人员,其中许多已有5年以上工作经历。它还拥有超过600个签署的项目,其中大部分正在转移或已经在运营阶段,英国也期待着对这些项目提供更大的支持,因为其正经历采购到运营阶段的过渡。为了达到这一效果,PUK内部设立了一个代表英国财政部的工作小组。这一工作小组支持、指导和建议一个项目的运行,并对项目管理战略、市场测试、合同变更和其他一些PFI相关问题提供建议对策。

发展国家的政府与社会资本合作培训也可以促进政府与社会资本合作的发展

政府与社会资本合作机构将建立政府层面的政府与社会资本合作培训来提高政府公务人员的专业能力。一个有着更大成功概率的国家培训项目应该包含实际的在岗培训而不是课堂理论教学。此外,通过采取渐进的方法,建设并遵循国际标准,不断追寻政府与社会资本合作新技术,由国家组织教育人员培训,通过案例研习发展良好治理方法和最佳实践方案,从事现场项目学习,以此来增加国家训练项目的成功概率。

总之,"在实践中学习"的方法可以认为是进行政府与社会资本合作教育的最佳模式。

不同类型的国家政府与社会资本合作培训项目范例

西班牙: SEOPAN 是西班牙主要的承包商和特许协会,已经和一个当地管理培训学院开设了在特许领域内向学生提供工作的 MBA 课程。

荷兰: 一些大型的政府与社会资本合作项目处于交通部的一个独立管理实体的监管下,同时一个政府与社会资本合作智库也于 2006 年 9 月 1 日建立。这一智库的目的是巩固、发展和传播金融、经济、法律和合同知识,以及交通部领域内政府与社会资本合作的专业知识。智库专门从内部为不同政府与社会资本合作项目中的关键职位提供便利,其理论基础是在提供一些成功试点的基础上建立专业知识体系,体现了交通部在政府与社会资本合作上对运输服务可靠和可预测方面的新取向。

英国: 英国合伙关系每年开设一到两次专门为政府部门的政府与社会资本合作工作小组公务人员设置的,包括项目发展和管理的政府与社会资本合作基础课程。多边合作对政府与社会资本合作培训项目十分重要,因为它不仅节约了资源,而且避免了让国家每次在实施政府与社会资本合作项目时都不断重复历史的车轮。国家政府与社会资本合作机构在这点上已经帮助其他政府部门建立了它们自己的机构,并且帮助它们在双边基础上展开培训。

促进多边合作

出于节省资源、避免重复建设的缘故,多边合作在政府与社会资本合作实施中非常重要。基于这样的考虑,国家的政府与社会资本合作专门单位帮助了其他地方政府去创建各自的政府与社会资本合作单位,以便在双边基础上开展培训。慢慢地,一个共识逐渐达成:在新的多边合作框架下需要使这样的安排更加系统化。①

与此同时,雇用外部顾问以弥补技能差距

对于那些政府与社会资本合作正在起步的国家,一个关键需求就是提供必要技

---

① 欧盟委员会和欧洲投资银行正在联合建立欧洲政府与社会资本合作专家中心(EPEC),旨在当会员国或相关责任机关在地区层面上需要此类支持时,可以为其提供一个交换"政府—社会资本合作"经验和助力发展相关政策的平台。该机构将于 2008 年投入运行。

能,这一般需要通过雇用顾问和外部专家来解决。就像如今看到的,一些国家会雇用专家作为政府与社会资本合作项目顾问提供指导,但重要的是应尽早将这些顾问引入项目而不是到后期才使他们加入队伍。需要特别指出,合适的顾问可以提供以下指导:

(1) 技术;

(2) 法律;

(3) 金融;

(4) 项目监督/敬业尽职。

确保雇用具有相关经验的可靠顾问是十分重要的,同时要设置清晰并且具有约束力的项目治理规则,建立恰当充分的管理机制,制定标准合同指南来维持相关政府部门中外部顾问的有效集合。

实 施 要 点

培训是成功的政府与社会资本合作项目和指南的重要组成部分。在下一阶段,它将被阐述为具体政府社会资本合作项目的培训方案,如道路、医院、学校等。

资料来源和更多信息:

(1) Deloitte and Touche, Closing the Infrastructure Gap, Global Addition, 2006.

(2) Price Waterhouse Coopers LLP, Delivering the PPP Promise, November 2005.

2.4 完善法律框架

"更少、更精、更简约"

治 理 挑 战

在司法管辖的诸多领域,法律程序是不充分的,它们过于复杂,且无法为政府与社会资本合作协议中的投资者提供充足的安全保障和鼓励。

原则3 政府与社会资本合作投资者需要法律框架的可预测性和安全性,这意味着更精简、更好的法律。此外,法律框架需要考虑收益并且授权投资者参与到法律程序中去,维护他们的权利,保障他们参与决策。

一个明确的法律法规框架

国家需要一个安全、可预测、稳定、持久且具有商业导向的法律法规框架,只有这样政府与社会资本合作才能繁荣发展。

必须根据关键的原则和优先顺序

(1) 保护投资者分配其资产的权利;
(2) 在"更少、更精、更简约"的原则下推进更高质量的立法;
(3) 增强执法的商业敏感度;
(4) 提高在合同执行方面的立法效益;
(5) 发展在一定领域协商基础上的政府与社会资本合作法律框架,这些领域直接影响了项目的开始和运行,包括特许、税收、竞争、采购和公司法。

更少的法律

政府与社会资本合作立法不应是远景的,而应聚焦于实际取得结果,同时设置宏观标准来规范合作双方均认可的设计和实施项目。企图微观管理政府与社会资本合作过程的密集立法只会给潜在投资者设障,重点应放在灵活性上。这也意味着:

(1) 消除投资者在使用公共资产时的繁冗法律的约束;
(2) 根据宪法中的有关规定,私人合作伙伴使用公共资产有时会受到质疑,类似的法律应进行修改;
(3) 取消和简化建筑和土地使用方面的不必要的审批程序;
(4) 解除对投资者利用其投资所得利益的权利的法律限制,如以市场价格处理其在项目公司的股权投资和分配获利。

更好的法律

更好的法律是那些可知的、安全的法律,允许投资者计划、投资决策,并且以长期而不是短期视角进入市场,这一因素将吸引更高质量的政府与社会资本合作投资者。更好的、可预测的法律也有其他更具体的优势,即缓解风险这一中心功能,可预测性可以使贷方更好地量化风险。

贷方和投资者应寻找一个可预测、可靠的政府与社会资本合作框架,如项目所在国的投资法、税收、公司法、合同、争端解决法等。考虑到多数特许融资都具有有限追索权的性质,赞助方最希望的是法律和缔约框架对于长期稳定性和可预测性保证的保护和需要。在这里,投资者可预测的条件将包括取消对外国或私人所有权的限制,扣除建筑和其他费用,签订对投资者国家的双倍税收的合同,免除对于收益或股息支付和其他适当的税收优惠的预提税。

更好意味着更高质量的立法,阐明了在政府与社会资本合作过程中的权利和义务。例如,公共部门给予特许权的法律能力是在司法实践中对于贷款和投资双方最大的不确定因素,最好被完整的特许法取代。① 改变一个法律比改变一个指南、纲要和其他宽松的规定更难。同样重要的是,相较于部门的特别法律,私人投资者更喜欢一般立法,因为前者涉及不计其数的贷方和投资者,而部门特别立法拥有更小的范围且被视为更容易因主办政府的操纵而改变。

更简约的法律会产生成功的政府与社会资本合作模式

许多政府与社会资本合作的操作过程是非常复杂的,这提高了成本。更简约的程序会促进竞争,也会扩大政府可以选择的合作方范围。

为提高政府与社会资本合作相关法律过程的效率,政府可以将合同标准化。这种方法促成了对主要风险的共同理解,承认了方法的一致性,确定了相似项目范围内的定价,并且通过使全体当事人同意无扩展谈判的标准方法减少协商的时间和成本。② 还有种方法是捆绑项目,即只和一方订立合同,提供若干小范围项目和增量合作,这使得合作的发展呈阶段性而非爆炸性发展特征。所有方法都利用规模经济、降低成本来刺激投资者。③

还有一种逐渐普遍化的方法是竞争性对话。在一些复杂的合同中,如签约方无法客观定义技术手段能否满足需求或客观事实,或者限定项目的法律或金融成分,一项新的机制——竞争性对话便会被政府采用,它包括与投标者合作以寻求技术和商业解决措施。虽然这个方法解决了政府与社会资本合作固有的复杂性问题,但签约方依然需要努力确保在投标程序中的公正和对歧视的避免。

完善法律程序意味着更好的仲裁程序

政府与社会资本合作案件的诉讼成本更昂贵,负担更重,但政府可以完善解决商业争端的框架。总之,投资者要有信心,相信司法机关将严格执法来确保合同履

---

① 任何政府与社会资本合作法律的要求和程度也取决于所属法律体系的性质。在普通法系下,对广泛的政府与社会资本合作法律的需求通常没有民法法系那样大。例如,在英国和澳大利亚,政府与社会资本合作已在很少相关法律的背景下成功实施,但在民法法系中,这是不太可能的。

② 在英国,政府决定标准化 PFI 合同;政府与社会资本合作合同的标准化十分发达(《从 SoPC4 看英国政府》,2007 年版)。在英国,所有政府与社会资本合作方案必须与 SoPC4 兼容。为避免示范合同中具体部门不可控的减损,在签订时所有 SoPC4 减损需要财政部的事先批准。

③ 在澳大利亚,捆绑有时候以结合医院建设与附属机构和商业活动的形式展开,由此创造足够的税收以平衡捆绑和采购成本。

行。此外，实施政府与社会资本合作项目必要的行政文件（如授权和许可证照）必须是可得的。

强制执行也是仲裁判决的关键。对政府与社会资本合作项目合同的不满是常见的。仲裁通常是在达成显性或隐性协议的基础上，在争端开始前或发生后实施。大多数国家都有商业仲裁的专门法律，有些是基于联合国贸易法委员会的国际商事仲裁示范法制定的。通常，仲裁在仲裁庭中实施。

投资者担心的是当地的法庭会偏袒当地的政府部门。这首先关系到当地法庭仲裁的义务。如果判决在境外实施，人们便会产生对当地司法机关无法执行判决的担忧。仲裁需要被广泛认可且不被阻碍。

仲裁的最新趋势

利用外国法庭传达仲裁决定；
对调解的使用更加感兴趣。

为了使国家对仲裁的解决有所改善，政府可能希望让司法机关熟悉解决国际商事仲裁的各个部门，如国际商会（ICC）。此外，政府也应考虑到《纽约公约》对仲裁裁决执行的认可。考虑政府与社会资本合作仲裁法规时，对已有的争端解决机制进行参考也许会有所帮助，如英国的 SoPC4。[①]

与公平一致的执法相结合

法规采用和实施的方法和它的内容一样重要。政府需要将重点放在帮助企业遵守规则并成为真正的合作者上，以此来使政府执行和实施的措施更加商业友好化。

更充分的协商

起草和不断修订完善政府与社会资本合作法规时，需要考虑到起草和细述内容很可能从公共协商中获益。同时，改善也能从清晰和简洁的书面立法中取得。

培训律师和法官是十分重要的，尤其在关于贷方"介入权"方面

许多政府与社会资本合作中的法律问题将是全新的。例如，在租借合同中，贷方要求给予"介入"权。这允许贷款人接管该项目，如果有必要的话引入替代受让人

---

① Released in March 2007，UK.

来防止受让人的过错导致的租借协议终止。"介入"的主要目的是避免承租者协议和贷方取得偿还基础的崩溃。鉴于这种对还款的威胁,贷方要确保或其指定的替代项目公司能够有机会弥补这个过失。这实际在效果上允许私营实体阻止政府运用其权利终止项目。然而,这一权利对于之前没有遇到它们的政府来说是有争议的,而且这一权利将会导致诸如贷方何时可以介入、介入阶段的持续时间等棘手问题。①

赋予公民使用法律程序的权利对创造良好治理的环境也是十分重要的

善治也意味着对因为各种原因而无法运用法律保护自己权利的群体采取扩展法律法规的措施。法律授权,具体指处于社会和经济不利地位的群体能够改善他们获得基础服务的状况。在许多地区,对法律和执法系统的良好观念在经济边缘化社区中并不受青睐。如果政府与社会资本合作想要达到更广泛的持续性,就必须克服这一问题。

法律赋权的一种方法是更好地告知人民他们拥有获得良好服务的权利,最好在项目起始阶段就这样做。政府需要创造早期公众参与机制,并组建使用这种机制的民主团体。否则,这将变成一项未被使用或实施的权利。

> 虽然是区域范围内的公约,但《奥胡斯公约》的意义是全球性的。它是目前对《里约宣言》中第10项原则最权威的阐释,它强调了公民参与环境问题和获取公共主体拥有的环境信息的需求。因此,它是目前在联合国支持下实施的有关环境民主的最有前景的尝试。
>
> ——科菲·A. 安南
> 联合国前秘书长

一个有关政府与社会资本合作法律授权的很好例子就是联合国欧洲经济委员会(UNECE)关于信息获取、公共参与决策以及环境问题公正的公约——《奥胡斯公约》(the Aarhus Convention)。这项公约旨在促进良好治理原则和法律规范,它承认更好的信息获取和更多的公共参与会改善决策的质量,使公共主体对公众的要求和关注更加敏感。针对那些知情权和参与权受到损害的公众,在诉诸法庭或另一法律规定的独立公正的实体之前,它还提供了一项复议程序。

因此,《奥胡斯公约》不仅是一项环境协定,也是一项有关政府责任、透明度和相应能力的国际条约。它对促进善治的主要贡献在于设立了一套关于政府表现的判定标准,这一标准可以应用于所有联合国欧洲经济委员会管辖以内及以外的地区。

---

① See Law in Transition, 2007 Public-Private Partnership, pp. 46-47.

> **实 施 要 点**
>
> 各国政府和国际组织可以共同建立一个泛欧洲的政府与社会资本合作立法的法律框架,以此来作为此地区各国政府针对现有议案提供更少、更精、更简约方法的模板。

资料来源和更多信息:

欧洲委员会

欧共体(EC)制定了一系列关于政府与社会资本合作的具体规定,这些规定可以作为起草国家政府与社会资本合作法案的参考:

(1) 2004年3月31日关于公共工程合同、公共供应合同和公共服务合同裁决的程序协调指导(公共合同指导),精确定义并规范了"公共合同"。

(2) 2005年4月29日对通信特许的解释("通信特许")定义了特许的特点以及在特许权授予过程中应该遵守的一般规则。

(3)《成功的政府与社会资本合作的指南》(2003年3月出台,简称为《政府与社会资本合作指南》)。

(4)《政府与社会资本合作和欧共体公共合同与特许法绿皮书》(2004年4月出台,以下简称《政府与社会资本合作绿皮书》)。《政府与社会资本合作绿皮书》指出:"政府与社会资本合作通常指公共主体和商界合作的一种形式,它旨在确保基础设施或服务的筹资、建设、修复、管理或维持。"①

(5)《政府与社会资本合作通信和欧共体公共合同与特许法》(2005年11月出台)。②

(6)《公共合同指令》:公共合同(供应、工程和服务合同)通常是为了金钱利益而订立一个或多个经济主体和缔约主体,并且是具有工程执行、产品供应、服务提供

---

① 此外,《政府与社会资本合作绿皮书》指出,政府与社会资本合作通常具有下列元素:(1)相对长时间的合作关系;(2)部分来自私营部门的资金(在某些情况下相当可观的公共资金也可能被注入);(3)经济经营者的重要作用(参与项目的不同阶段:设计、完成、实施、筹资);(4)政府和私人伙伴之间的风险分配:一般由政府承担的风险被转移到私营部门(不一定是全部或主要部分)。

② 特许权在通信行业中并没有被直接定义,而是通过定义通信应用的范围将特许权与公共合同区分开来。这种通信因此将涉及公共机构委托第三方的国家行为——通过第三方事先同意的合同行为或单方行为的办法提供全部或部分的管理服务,公共机构通常将对此负责并且第三方也将视此为风险。这种服务只有在构成经济活动时才被通信所包含。

标的的一类合同(《公共合同指令》第一章)。它还定义了"公共工程特许权"[①]和欧盟采购指令;在发展政府与社会资本合作立法时,也可以将欧盟采购指令引入竞争性对话程序作为参考。

联合国国际贸易法委员会(UNCITRAL)

最佳法律实践的国际标准由联合国国际贸易法委员会提供:

2000年,联合国国际贸易法委员会通过了《私人融资基础设施项目立法指南》。2003年,相关立法示范条件紧随其后被批准。该指南提供指导、最佳实践方案、说明材料和议案。

欧洲复兴开发银行(EBRD)

欧洲复兴开发银行使用联合国国际贸易法委员会指南来设置转型经济的基准,以达到最佳法律实践标准。

2.5 风　　险

合作共享和相互支持

> **治 理 挑 战**
>
> 项目融资理论认为,风险应该由最能应对它们的当事方承担。但是,很多政府与社会资本合作项目都是因为当事方无法达成风险分配的合意,并且各方均试图将风险转移给对方而最终失败。风险的预测同样也很困难,特别是在经济改革发展时期,经济增长的速度有时较难预测,这就让预测需求的实现变得艰难,尤其是在交通运输项目中。

原则4 政府与社会资本合作的当事人允许那些容易由私营部门应对的风险转移。然而,政府也需要分担并协助私营部门降低其需要承担的风险以相互支持。

风险的均衡对政府与社会资本合作的发展至关重要

政府与社会资本合作的主要优点是风险向私营部门的转移。但是,私营部门对这种风险转移以及私营部门准备接受的程度有时会影响到项目的可行性。贷方往

---

① 公共工程特许权与公共工程合同的区别在于工程特许权包括运行中固有风险的转移。私人经营的收费高速公路就是公共工程特许的一个例子。但是,如果公共部门保证资金的偿还,就将成为公共工程合同。服务特许权与公共服务合同之间的区别基于同一个标准,即运行中固有风险的转移。

往会高度规避风险,甚至拒绝那些需要承担很多风险但却最为社会所需要的项目,这使得公共部门的工作受到阻挠。

政府应该在项目初期即发现风险

使用风险清单可能会是一个好的办法,它尤其适用于基础设施服务项目。

建立规范风险的法律文本

对政府和私营部门都有用就是规范风险的法律文本,它应当适用于项目的每一个阶段,并且在风险分配时就确立政府的优先地位。在预招标和正式招标阶段,它可以协助政府从业人员制作所有相关项目风险列表并提出风险分配建议。在谈判中,它可以充当检查列表以确保所有的风险都已涉及。订约后,它将成为受契约影响的有效的风险分配概要。

做好减轻风险的准备

政府可以采用各种方式,如保险,来减轻不可抗力带来的能够摧毁对私营部门而言至关重要的公共网络的风险。考虑到政府的政策,在发布投标书并且明确了项目预期结果之前进行一番调查,这样的机制是保险的。由于该项目是为了公众的利益,因此提供透明的监管程序也是必不可少的,特别是在招标阶段。一旦项目开始运作,政府就必须建立一个风险监管机制,以确保服务按照合同约定交付。因此,这就要考虑到服务费用的支付需得到合理的认证,从而使监视项目实施的过程按计划进行。

在有影响力的领域内承担各自的风险

政府需要承担政策风险,包括政府将来单方面需要应对的担忧以及法规的变更(即对政府与社会资本合作的态度从肯定转变为否定,以及在一些早已选择适用的国家中推翻政府与社会资本合作)。[①]

同时,私营部门也对官僚作风作出反应

私营部门还面临其他的挑战,即在项目启动前需要取得多项行政许可,但官僚作风以及不必要的政府干预可能会造成项目延迟。关于官僚作风,政府可以介入平息这些问题,从而保证项目如期启动。

---

① 当然,在某些情况下,政府与社会资本合作可以继续存在。例如,波兰的 A1 公路项目,政府在谈判过程中态度转变了 8 次,但最终项目继续存在。

采取合理方式修改协议

因为项目将持续多时，所以政府可以在此期间内修改协议条款。但是，在作出修改前与私营合作方进行充分的协商是十分重要的。同样，政府也可以在发现项目偏离预定方案发展时"介入"或终止协议。以宣告终止以及"介入"方法作为最后手段的合同条款，可以打消私营部门的顾虑。①

> 有一种普遍的看法认为，私营部门作为供方，是"在与裁判员签约"，这将会造成他们普遍对立法和政策的变化而感到不安。
> 来源：澳大利亚维多利亚州的伙伴政策

此外，必须注意冗长的矫正期和上述违约情形的潜在影响，同时也要考虑到政府交付核心服务，以及交付或取代私营部门完成它们无法提供的附加服务的能力。

同时，政府提供必要的支持也非常重要

许多项目，特别在交通运输领域，需要大量私营部门的投资，而私营部门可能不会承担这些项目中的某些商业风险。政府部门就必须为项目提供支持，并最大限度地降低风险以促进私营部门投资额达到预期值。这些风险包括：在项目推广和发展阶段无法确保将会发生的风险；在项目进行中由整个项目可能的超额支出带来的高风险；项目一旦启动存在的不确定税收，以及将逐渐削弱项目活力的潜在政策变化。

例如，如果政府部门投入足够的资源，或者未能提供其他方法降低商业风险，那么诸如低频电疗法（TENS）这种需要大量私营部门投资来完成的项目将无法实现。政府可以给一个项目各种形式的支持，从而降低私营部门的风险（见附件）。例如，担保可能就是一个适当的政府干预形式，它在保护私营部门免于无法预料和无法控制的风险时尤其有用。事实上，很多政府与社会资本合作合同已为最低收入保证从而限制私营部门遭受需求风险。

然而，政府在提供这些担保和支持时必须谨慎

必须指出的是，在此方案中，政府在财政干预上承担着重要责任。还有另一个风险就是政府无意间制造的"担保文化"，它使得私营部门试图将担保作为可选择的用来应对自身风险的方式。政府必须记住的是，政府与社会资本合作的整体目标是提高项目的执行力，以项目风险刺激作为投资者的私营部门更好地执行项目。

---

① "政府介入"的手段仅仅在开辟紧急通道以及有实质性服务拖欠（包括连续或重复不断的未实质履行）时适用；"终止项目"的手段只有在为了确保"矫正期"合理可行时方可使用。"终止项目"或者"政府介入"可能发生的情形，被明确指定并限制在实质性拖欠内，以避免任意终止的发生。

因为担保是对受益人有利,并且建立在政府自由裁量权基础之上,所以会逐渐削弱政府的治理。在这个问题上,政府官员也许想要遵循国际货币基金组织(IMF)关于国民经济核算的指导方针。该指导方针提出,如果这些担保是为能够独立生存的商业实体而做的,那么就不能将其视作计算主权担保上限的一部分。

灵活的风险分配十分重要

西班牙收费公路案例

每一种情况都是各不相同,因而尚无关于风险分配的法规或模式。通常政府可以在风险共享中引入一些正规并可以灵活运用的方法,从而获取更多的利益。例如,三十多年前,西班牙政府曾作出一个大胆的决定:对沿海旅游区的公路进行升级以推动旅游行业的发展。政府承担了项目的汇率风险,根据惯例,这可能被认定是非法的。汇率保护一直延续至今。然而,一项计算表明政府承担了这一风险之后没有任何损失。

利益应实现共享,风险也应被共同分担

该计算涉及承担风险的成本,但未将由于公路升级而带动的旅游业发展所创造的外部利益考虑在内。在监狱、学校、医院等政府与社会资本合作项目建立之后,风险就会大大降低。这是因为随着设施的开工,风险可能在设施尚未完工前就已经消失。这样的话,银行就会愿意重新考虑贷款利率并削减贷款成本,而这会导致财政盈余的出现。考虑到私营部门往往在项目第一阶段就承担了建设风险,谁获得这一项目成功后的利益便成为问题。

当前实践表明,各方当事人应共享成果,而不是一方独享。同时,在分配成果之前,各方应已签订好了有关分配方案的协议。

实 施 要 点

政府与社会资本合作为政府和私营部门提供了各自独一无二的风险分担机会,而且其提供的补助性支持确保了项目能够促进双方的互惠互利。

资料来源和更多信息:

(1) Partnerships Victoria, Risk Allocation and Contractual Issues, June 2001.

(2) IMF, PPP and Fiscal: International Seminar on Strengthening Public

Investment and Managing Fiscal Risks from Public-Private Partnerships, Hungary, 7-8 March 2007.

附件2.5 政府当局对政府与社会资本合作的扶持

政府当局扶持的根本原因

(1) 政府综合评估了某个项目的经济和社会价值并证明其确实值得支持后,才会决定是否扶持其执行(有些特定的项目在合理的支出阶段不能只靠私营部门筹资,其他项目也只有在政府的支持下才能成型,从而形成国家整体良好的投资氛围)。

(2) 政府扶持的三个正当理由:(i) 存在无法确定的政策风险;(ii) 政策应当规定针对特定服务征收低于实际价格的费用,从而减轻使用者的负担;(iii) 政府应对风险的成本比私人投资者更低。

(3) 传统的政治风险包括征收风险、政治暴力风险(如战争、恐怖主义等)以及自由兑换与风险转移。然而,政治风险的定义可以延伸至法律结构的调整。不当的管理决策或者国有企业的运营失败将导致政府承担对项目的责任。

> 例如,匈牙利M5高速公路收费项目:在投入商业的前六年半时间里,政府用后偿贷款(也称次级贷款)的形式为私营部门提供补偿,而且高级借方(银行)的债务可以在项目债务清偿后再偿还,公私合作的实际税收不论如何都低于特定标准。

(4) 政府财政支持可通过三个基本途径提供扶持:(i) 补贴;(ii) 金融工具(如借贷、股份股票);(iii) 担保。

(5) 在界定何为政府当局扶持行为时,还应特别注意:(i) 不违背国家的国际或区域义务;(ii) 考虑到未来花费的现有价值或者税收的减少,选择最适当的方法对政府支持措施进行成本预算;(iii) 确保(政府支持的)透明度,以及时地与所有投标者沟通。

不同形式的政府支持

公债以及地方担保:

公债

(1) 为了降低项目的融资成本而提供无息或低利息贷款。

(2) 政府提供的次级贷款通过追加商业银行的高级借贷,可以提高项目的金融条件。

(3) 指定行业的所有项目公司均可适用,或者为项目公司在遭遇风险时提供暂时的援助。

(4) 限制规定:限定一个固定金额或项目总成本的百分比。

贷款担保

(1) 由政府负责签约的机关或其他政府机构为项目公司的债务支出(可以限定在特定事项中)进行担保。这种担保一般比商业借贷成本更低。

(2) 除非请求期限届满,借贷担保通常不计入费用,但也可能代表了一种实质的附条件义务(当整个失败是由项目公司的重大过失所致时)。

(3) 限制规定:(限定)一个固定金额或项目总成本的比例/规定可以延伸的情形(例如,先前所有其他救济方法,对项目协议、借贷协议或者直接与政府采购机关签订的协议的贷方均无法适用)。

股权参与

(1) 项目公司的直接或间接参股确保了政府的干涉以及政府对项目执行和运营的支持,并且在股权与债务之间实现更优惠的比例(当其他如投资资金的权益资本来源不可用时,可通过项目赞助者提供的股份权益实现)。

(2) 限制规定:应注意从总体公共担保中区分公共股权参与。

补贴

(1) 当项目收入跌至规定的最低水平时,关税补贴可以补足项目公司的收益。这在过路费税和关税的确定上被认为是可供选择的完全商业自主。

(2) 政府提供的补贴可以弥补商业价格和实际用户收费之间的差距,从而持续刺激私营部门的效率。

> 例如,法国和西班牙之间的佩皮尼昂—菲格拉斯铁路(Perpignan-Figueras Rail):国家补贴了工程造价的 57%。

(3) 补贴通常采取直接支付给项目公司的形式(一次性支付或者专门用于补充项目公司收益的支付):在项目协议中规定所需的审计和财政信息披露。一种替代的直接补贴,也许是允许该项目公司用收益较多的活动收入对收益较少的活动进行交叉补贴。

(4) 限制规定:(i) 竞争法的要求(许多国家禁止没有及时被立法机关授权的补贴规定);(ii) 国际条约或区域协定的要求。[①]

主权担保

根据主权担保,国家或下级主权实体不能保证项目公司或者贷方的债务清偿,而是保证适当的行为举止以及对与项目公司和/或其他相关政府机关的约定的重

---

① 有关此主题的更多信息,参见欧洲复兴开发银行对法国和西班牙佩皮尼昂—菲格拉斯铁路特许经营权风险分配的报道。

视。但是,应该注意的是,这样被重视的约定如果不履行将产生损害赔偿的金钱债务,此外还可能包括债务不履行时贷方为催款所支出的费用。

履约担保

(1) 主办国政府会签发担保,以确保涵盖项目公司对项目协议的违约责任。

(2) 履约担保可以在缔约部门政府负责缔约的部门或者其他政府部门违背项目协议中的特定义务时,对项目公司和贷款人进行有效保护。

(3) 履约担保在缔约部门政府负责缔约的部门是一个不承担政府自身责任的独立的法律实体。然而,如果缔约部门政府负责缔约的部门是一个真正的法人实体,那么履约风险就不会被简单地看作政治风险,而是作为商业风险对待。

(4) 中央政府不能为其他实体(如地方政府当局)的行为提供风险担保。提高政府约定的可行度可能需要其他方法,如政府履行担保或反对政府担保的多机构担保。履约担保还代表主办国政府金融机构。

(5) 立法应使政府能够有效地管理和评估项目风险,并且对可能出现的直接的和可能产生的债务水平作出判断,如承购保证:政府保证货款的支付,项目公司为政府部门提供服务。

在"电力购买协议"的范围内,资源(或现金流)的提供是为了满足:(i) 还本付息;(ii) 操作和维护成本;(iii) 投资回报。

供应保障可以保护母公司免受提供设备运行所需货物和服务的公共部门违约的后果(如燃料、电和水),或者确保支付,缔约部门可能依供应协议而承担责任。

一般担保可以保护项目公司不受政府负责缔约的部门任何形式的违约影响,但不是对特定义务的违背。一般担保不是十分常见,但当政府负责缔约的部门承担了与其信贷价值不相称的义务时可以适用(如地方特许经营协议)。

对政府不当行为的保障

项目公司执行项目协议允许或法律所派生的特定权利时,政府保证不会阻止。

(1) 外汇担保:保证(i) 地方收入与外币的自由兑换;(ii) 所需外币能够满足对外债务偿付义务、对外公债利息以及管理费用;(iii) 兑换总额的对外转移性。

(2) 征收保证:保证公司及其股东的征收得到充分补偿(包括没收和收归国有)。

税收和海关利益

外国直接投资的立法经常提供特别的税收制度来鼓励外国投资(免税、减税及税务补助)。这种制度只有在有利于项目或者用于吸引投资者时才谨慎使用。

这种收益的例子包括:

(1) 特许期(免税期)公司税的豁免;

(2) 外国项目工作人员/贷方个人所得税的免除；

(3) 免除或减少房地产税；

(4) 对设备、原材料、建设工程零部件进口关税以及项目运作和维护税收的减免；

(5) 版税使用费的税收减免；

(6) 对外国投资者将获利再投入的新的国家基础设施项目进行退税；

(7) 对特定费用（如电、水和交通）应纳税所得额的减免；

(8) 折旧或分期摊销形式的资本/津贴。

阻止竞争

(1) 主办国政府项目公司保证，在特定阶段和特定周边内没有竞争性基础设施（建设）项目，在规定的门槛（贩卖、消费等）里政府代理不能直接或通过特许授权与项目公司进行竞争。这对于附加一条公路就会降低财政收入流量的收费公路项目来说尤其重要。但是，这样的规定一定要经政府部门的仔细审查。签订长期的政府与社会资本合作合同，将可能导致人口增长或者其他因规定而引发的难题。

(2) 限制规定：(i) 竞争法的要求（垄断风险使全国用户处于劣势地位）；(ii) 国际条约或者区域协定的要求。

(3) 辅助性收益来源。

(4) 允许项目公司通过规定中的附属协议在附属服务或其他活动的开发上（如现有桥梁或者政府采购机关的设施使用收费权）增加投资。

(5) 对于政府采购机关为其建立的设施提供的资金支持，授予相应的财产使用权具有立法必要性。

> 例如，悉尼海底隧道工程：作为刺激辅助性收益的方法之一，主办方获得了悉尼现有大桥的特许经营权，桥梁收益已增加至同隧道项目相同的收费水平。

创造并强化值得信赖的安全工具的可能性

在非主权交易的背景下，贷方希望流动现金和项目公司的资产可以确保债务的清偿。在这方面，贷方尤其在意变卖资产能够追回多少并且多快能够追回其未被满足的求偿权，以及整个（变卖）程序是否简洁。

贷方担保的产生、完善与执行（见下面的例子）要求法律制度中没有法律限制或监管障碍的规定。这种法律限制实例包括：

(1) 担保的产生：需要对地籍册上的抵押和质押，或者其他扣押的动产或不动产有准确识别；

(2) 担保的完善：由于对现存排位靠前的求偿权不能明确审核（相应登记人只

提供了有限的陈述),因此登记程序代价较高,且不能对国家财产予以扣押(免除规定);

(3) 担保的执行:担保物的收回和出售存在困难。

财产利益担保

(1) 将土地、建筑物及其他固定资产的(浮动)抵押记载为流动资产,包括项目库存和应收账款的产品或著作(无形物),以及对其他个人财产和利益的担保。
(2) 对股东在重大项目协议中借款人利益的股权参与进行质押。
(3) 转让重大项目特许权。

托管账户

控制和维持该项目的现金流动。

实 施 要 点

迄今为止的政府与社会资本合作项目经验以及基本学说重点强调的是,组织机构的建设、自然人的行为能力以及提高管理能力的需求的重要性。

资料来源和更多信息:

(1) British Columbia Ministry of Municipal Affairs, Public-Private Partnership: A Guide for Local Government, May 1999.

(2) Canadian Council for Public-Private Partnerships, About PPP—Definitions and Models.

(3) Deloitte and Touche, Closing the Infrastructure Gap, Global Addition, 2006.

(4) DLA Piper Rudnick Gray Cary, European PPP Report, 2005.

(5) Invest Japan, Japan's Private Finance Initiative on the Move, 2003.

(6) Vladimir Varnavskiy, Public-Private Partnerships: Types, Projects, Risks; Moscow, 2005.

2.6 政府与社会资本合作的谨慎特征

选择的透明性、中立性和非歧视性

治理挑战

组织竞标的能力存在差距,特别是在地方一级,公众判定政府与社会资本合作交易的透明度不够以及缺乏一个规范竞标的完善性行政程序,如对中小型企业的排除。

原则5 应在一个透明、中立、非歧视的法律选择程序下选择投标人,这种程序促进了竞争并且在缩短投标期限、降低投标成本以及获得最佳提案的需求之间作了平衡。沿着这些思路,徇私舞弊应该受到惩罚。

透明性、中立性和非歧视性

透明度是指采购政策和采购行为的公开性。提案评审依据应予以公开。

中立性是指明确、具体和可预见的规则,这种规则不支持自由裁量权,阻止一切利益冲突,提供诉讼渠道并且监测法规的实施。

非歧视性是指政府与社会资本合作合同竞争中的所有经济实体,不论政府部门还是私人部门、外国企业还是国内企业,都应给予公平、公正的对待。

信息共享可以实现透明度

政府与社会资本合作的透明度意味着,要确保相关信息均提供给了利害关系方(尤其是潜在供应方和服务提供方),这些信息包括项目获得、该合同行政管理体制以及个别政府与社会资本合作机会。当然,获取这些信息必须有相应的权利。同时,透明度还需要获得在各方面都被认为是公平的政策和实践,所有信息也都被公开披露。透明度要求鼓励开放性和竞争性的采购政策,从而可以帮助政府机构和私营部门实现经济利益。在每一个独立的项目中,供应商评估和合同授予标准都应该提前告知所有的利害关系竞争方。一个政府与社会资本合作的机会所发生的任何变化,都应该告知所有参与方。

合同被授予后,采购决策的所有细节都应被知晓

应当保留每个合同授予过程的详细记录。利益相关者(如媒体、独立的公民、工会、投资者等)应该对合同内容有所知悉。这将提高利益相关者的参与度并且使项目程序的监管成为可能。

选择的采购方案应该最具透明化可能性

然而,对(投标人)出价的保密十分重要,尤其当特定的出价信息对竞争对手有益时。

当采购涉及专利权和著作权或者出于对国家安全考虑的情况时,保密也是十分重要的。

重要的一点是,整个采购和授予过程的运作均被认为是中立且公正的

例如,必须给予潜在的供应商和服务供应商充足的时间,使他们进行准备并报价。选择和授予标准必须是中立和非歧视性的,并且要消灭任何范围内的自由裁量权。因此,应该起草任何与即将采购的服务有关的技术规范,不让特定的项目得到恩惠。①

> 加拿大在运用"公平原则和公平程序审计人"上,作为第三方的独立专家,会保证向政府主办方、投标人以及社会公众提供公平、公正、合理的采购程序。在一般情况下,基本的指导原则是确保原则和目标被建立起来以维护采购流程的透明度。

只提供这一法规框架是不足的

必须要有一个实施法规并且裁定一方承担责任的手段。

首先,如果潜在的供应商确信政府与社会资本合作的采购被反复无常地操纵,他们有权向国内独立的法庭申诉。法庭有权责令改正侵权行为并且指示供应商对亏损或损害进行赔偿。在确定责令改正侵权行为和保护商业机会的结果期间,要确保提供包括中止投标程序在内的应急措施。

其次,一个独立的监察权在个人采购方对法规实施的监测十分重要,这一权利可以自行投资办理采购政府与社会资本合作项目的手续。这一组织结构应该区别于那些履行采购职能和负有监管责任的机构。从这点来看,建立一个代理机构如今已普遍适用。该代理机构有责任对政府与社会资本合作的采购政策进行全面规划,并且有权对涉及正当采购申请的法律法规进行全方位监督。

再次,独立审计人员必须与政府和私营(企业)的任何一方都没有关系。监管机制应该尽早介入,以认定一个完整且公正的审计程序,从而对项目有一个全面的掌握。

最后,在采购选择过程中绝对不能存在利益冲突。为了避免利益冲突,政府签

---

① 在一个中立的制度下,评标通常是分为两个阶段完成的(虽然这两个阶段可能同时发生)。首先,会评估投标人是否符合所有的资格要求,项目供应方是否有任何资格要求,以及除此之外他们在经济和技术上是否有履约能力。这些资格要求必须事先予以告知,而不能在投标阶段进行。其次,要按照投标通知书或文件中写明的标准,对所有符合条件的候选人进行评估。

约方应该完全独立于项目和参与竞标的(私营)企业。这些选择程序中的问题可能隐藏于外观之下而不易显现,但由于仟何徇私舞弊因素都将损坏政府和私营部门的名誉,因此涉及利益冲突时应尽可能地谨慎处理。

此外,非歧视性要求也起到重要作用

不论国别向所有公司提供诉讼程序是十分重要的。非歧视性要求的实现通常是通过制定相关的特别法规,除此之外还不降低对竞争更普遍的需求。从外国公司中标的程度可以明显看出这一原则的运作取得了成功。同时,各国政府应欢迎其他国家的投标人,但这种开放性也应该以其他国家相应开放为条件。另外,非歧视性要求并不仅是不该歧视外国投标,还应鼓励中小企业投标,并对其采取非歧视性的对待方式。

对徇私舞弊的制裁也必须在国际条约的规定内予以考虑

国际条约和区域协议中有很多为投标制定的开放式诉讼程序的最佳模式。1994年联合国国际贸易法委员会出台的《货物、建筑、服务采购示范法》的目标包括:促进供应商和承包商之间的竞争,公平公正地对待所有供应商以及实现采购程序的透明化。

在欧盟,开放的政府采购适用严格的规则。欧洲委员会的一些指令在采购公共物品和公有工厂时指定交易,包括建设工程和电力行业。欧洲委员会有权在政府采购和建设中,对违背欧盟竞争性投标法规的行为进行强制制裁。此外,当合同第三方由欧盟基金供给经费时,基金受益者必须遵守欧盟的竞争性投标法规。欧盟指令的主要目的是设定一个标准的公共合同判给程序来刺激竞争。依据欧盟立法的规定,原则上公开投标必须是价值超过20万欧元的合同。在欧盟内部,这一指令必须转化为国家立法。

世界贸易组织的《服务贸易总协定》是第一个涉及服务贸易的多边协定。目前,政府采购是否应该加入总协定的问题正在讨论当中。政府采购协议虽然已经可以适用,却只覆盖了限定的服务,包括工程建设、环境服务、计算机服务以及电信增值服务。

应该考虑一些国家实现政府与社会资本合作的最佳实践经验

下面详细介绍了荷兰、英国和美国在实现政府与社会资本合作中的做法:

荷 兰

政府与社会资本合作采购的指导原则及规章制度

在荷兰,政府采购应遵循的主要原则通常是非歧视性和透明性原则。这意味着,任何获得物品或服务的职权应在备选者中毫无差别,不论该职权来自国内规定还是国际条约,同时采购程序应该公开宣告。《欧洲联盟条约》中规定了这些原则。

荷兰当局在开放性政府采购上服从于欧盟的规定。这些规则已经转变为更严格的国家立法。根据采购项目的自身特性,立法提供了不同的采购程序可供适用。此外,所有领域的项目都要受项目不同阶段的强制性公共协商约束,或者受贸易法案框架和(或)由空间限制的规划程序约束。

再者,荷兰当局采购政府与社会资本合作合同所适用的其他原则有:

(1) 有关该项目的公开协商结果应得到重视;

(2) 保护候选人的知识产权,避免随意选择,并且保障相关机密;

(3) 投标费用应保持在合理范围内。

基础设施发展中的政府与社会资本合作采购合同

每一个价值高于一定规定费用的基础设施项目,交通部会对政府与社会资本合作中的不同合同选项进行一个比较分析。这是荷兰关于政府与社会资本合作政策中的一个内容。对政府与社会资本合作的选择是一个漫长的过程,通常要考虑的因素包括合同的设计、建设、集资以及基础设施部分的维护。与其他选择相比,如果选择政府与社会资本合作会使资金价值最大化,那么政府与社会资本合作的途径就会被适用。

当决定适用政府与社会资本合作的方法实施一个项目时,下一步要决定的就是最适合这一项目特色的采购程序,并且这一法定程序要能满足项目的申请需求。虽然政府与社会资本合作反映了合作伙伴关系,但在一个竞争背景中选择更优的私营部门伙伴十分重要。

截至2007年,荷兰交通部在为政府与社会资本合作合同选择更优的合伙方的过程中,使用了两种采购程序:谈判程序和竞争性对话。谈判程序在取得连接阿姆斯特丹和布鲁塞尔的高速公路合同中得以运用;而竞争性对话则运用在一些公路基础设施项目中。竞争性对话程序是专门为政府与社会资本合作合同采购而设计的。

针对最终选择的最优合作方的常规步骤,表2对上述两种程序都进行了相应描述。

表 2 荷兰交通部采购流程

谈判程序	竞争性对话
公开宣告,邀请候选人,包括选择标准	公开宣告,邀请候选人,包括选择标准
利害关系方候选人的申请	利害关系方候选人的申请
缔约部门选出候选人并提交给程序(审查)	缔约部门选出候选人并提交给程序(审查)
缔约部门发布需求计划,包括宣告判定标准以及邀请候选人报价	采购部发布说明文件,之后的创设通常包括三个协商回合的对话阶段: (1) 整体地介绍每个候选人的方案 (2) 优化各候选人投标文件的协商回合 (3) 最后的对话 缔约部门与候选人之间进行的双方层面的对话;对话阶段的决议就是每个候选人满足缔约部门需求的方案;基于对话产生的解决方案,缔约部门将要求候选人做出报价
候选人提交报价	候选人提交报价
缔约部门基于一定的标准选择出最优的报价	缔约部门基于中标标准分析出价并使更优投标人进入最终阶段
缔约部门同首选候选人进行谈判,从而最大限度地优化报价	
签署合同 注:如果谈判不能达成协议,则缔约部门可以同第二优胜候选人展开谈判	签署合同

正如在这两个程序中看到的,更优投标人的选择事实上需要经历两个阶段。第一,候选人必须符合选择标准,才能被提交给程序(审核)。这些标准包括财务上的偿债能力、业绩记录等。第二,基于提前公布的中标标准选出首选候选人,根据其出价比照其他候选人进行分析。

竞争性对话中所用的中标标准是最大经济利益的投标。风险价值留给缔约部门而候选人的报价使需求价值得不到满足,这是在荷兰的实践中由报价的净现值(NPV)决定的。具备这三个因素的最低金额的投标带来了最大的经济利益。

到目前为止,从荷兰学到的取得政府与社会资本合作项目的经验可以概括如下:

(1) 一个好的政府与社会资本合作投标程序需要缔约部门仔细且广泛的事先准备。这就包括预留足够的时间和精力来组织招标并且在程序运行上保持严格的控制和规划。

(2) 一个明确定义的项目和采购程序的目标会定期更新,该目标对一个成功的投标程序来说至关重要。

(3) 保密性的确保需要得到特别注意,因为这是一个透明的、公正的程序的关键。这也包括缔约部门自身的廉洁问题。同时,要特别注意对候选人选拔标准和合同授予标准的阐述。为保持在程序中公平对待候选人,应尽可能客观地制定选拔标准。

(4) 由于取得政府与社会资本合作合同是一个复杂问题,因此在不同阶段向候选人提供一个清晰的说明和指南是有好处的。这有助于缔约部门有效地汇总他们(投标人)的报价,并为达成一个最佳解决方案创造信任的氛围。

英 国

为采购公共基础设施和服务而决定使用私人融资计划要遵循一个严格的投资决策程序。该投资决策程序涉及独立部门基于资本投资战略而进行的决策,是使用英国《绿皮书指南》评估出的特殊投资选项。基建项目在一个部门的整体建设计划中被优先对待,据此那些可能适用于资金和服务需求的项目领域是可被识别的,并将通过私人融资计划被政府采购。

三阶段的现金价格评估——包括质量和数量两个方面——其创设是为确保只有在代表现金价格时,才会为私人融资计划(PFI)的采购选出项目。竞争性对话是新引入欧盟政府部门采购指令(2004/18/EC)的采购程序,自此竞争性对话程序开始在英国法律中实施。将欧盟政府部门采购指令纳入英国法律后,竞争性对话程序将成为私人融资计划项目最主要的配套采购程序。

前三个阶段

在起始阶段,签约方应如编辑商业案例概述一样详细计划流程中不同阶段的实施,特别是对话阶段。商业案例概述(OBC)着手于潜在成本、风险管理和项目涉及的期限等细节。签约方也需要制作一个反映其需要与要求的合同通知书,而且这一时期的需求都应规定在该通知书中。依据项目意向书,对参与资格的预审要符合指令第44至52条的相关条文规定,其目的是确定投标人履行合同的能力。符合要求的候选人将被邀请进入采购程序的对话阶段。

对话阶段

在竞争性对话程序下,竞争阶段或对话阶段在投标程序开始前进行,而且发布招标阶段会有严格的议程指示规定。对于这个阶段来说,签约方在一开始就限定好怎样规划一个可实行的对话方案,应该基于怎样的基础使投标人在对话阶段逐渐角逐是十分重要的。一旦签约方筛选出符合其要求的采购方案,对话程序就会终止,签约方随即宣告对话的终止,然后递交投标书终稿:所有与商务事项有关的内容必须已提前解决。

标后商议

标后商议在投标人的最终投标书递交后进行,只要改变投标内容不在一定程度上扭曲竞争或者产生区别对待的效果,签约方就可以要求投标人对投标书进行阐明、列举和调整。

首选投标人

选择更优投标人时,只要不产生扭曲竞争或为投标人强加额外负担的后果,签约方就可以要求其阐述投标书的某些方面或者证明投标书中的承诺。

"阿尔卡特停滞"和合同签署

在更优投标人的选择上,签约方会向所有递交投标书终稿的投标人告知其最终决定的更优投标人。在这一点上,"阿尔卡特强制性停滞期"要求,签约方必须在合同签订前准许一个10天的停滞期。这为投标者提请说明其投标未被选中的原因提供了机会,签约方(收到请求后)必须在停滞期结束之日的三天前作出回应。如果这期间没有任何异议,签约方可以签署合同。

美 国

和之前案例不同的是,美国没有联邦层面的政府与社会资本合作中央部门,也没有发展并实行政府与社会资本合作的总括性标准模式。在联邦层面,立法为建立在逐个部门基础上的政府与社会资本合作赋予权力,以至于实施一个政府与社会资本合作程序(如国家公园供电工程)将与提供给例如军事设施的工程的职权具体规定不一致。在州层面,法律的制定依据各州的意愿。但是,不论在何种层面,都对开放性竞争原则有所关注。为说明这一原则在实践中的功能,下文将对两个政府与社会资本合作法案进行讨论,其中一个是联邦法案,另一个是州法案。

美国国防部(DoD)有一个主要依靠私营部门的政策,这一政策向 150 万现役军人、妇女及其家庭提供住所。通过向军事人员发放住房补贴,军人可以使用该补贴在当地社区内租房。然而,美国许多军事基地位于只有很少商用住房的偏远郊区,或者在高成本的城市地带,只有很少可供军人家庭负担的品质房。基于成本、通勤时间及其他标准,传统上,DoD 在集资、设计、建设和维护政府所有住房上,亏损一直为可接受范围。到 20 世纪 90 年代中期,DoD 拥有和运营约 30 万的家庭单元房。

比较预算的优先事项,DoD 为保持现有房屋存量而获取建造修缮的基金被证实是十分困难的。1995 年,各基地的房屋平均寿命为 33 年,而且超过 60%(约 20 万单元房)是被认为低于 DoD 当时标准的。

DoD 在 1995 年评估这一情况后,预估需要 160 亿美元的补充资金以及更换修缮项目来使现有房屋存量达到预期程度。但是,这一幅度的资金增加是无法轻易实现的。针对这一问题，DoD 与国会接洽，请求立法机构为（军人）家庭住房规定缔结政府与社会资本合作。

国会认可了这一行动的需求性，而且《国防授权法（1996 年度财政）》《公法》第 104—106 条）向 DoD 赋予一定的权利（能力）。这些权利（能力）包括：

（1）与开发商形成有限责任合伙关系，并通过股票或债务认购，或者其他债务或股票方法，直接投资于军用房屋；

（2）出售、转让或租赁 DoD 财产给私营部门，并用所得款项为住房相关的合伙关系筹资；

（3）向开发商提供直接贷款，以帮助他们获得或建造房屋，以及其他权利。

为了鼓励这些新职权的创造性申请，DoD 创建了 DoD 范围内的创制权。根据这项计划，DoD 授予每一个军事服务（包括海军陆战队在内的陆、空、海军）在任何情形下可以决定其请求权限的权力。但是，DoD 设立了两个强制性要求：

（1）2010 年之前所有军事服务都必须解决其住房不足问题；

（2）在任何给定的交易中，开发商必须至少提供总投资额 2/3 的资金。

这项计划的成功已经超过了 DoD 的预期，而且标准住房的更换和修缮将在 2008 年完成，比预期时间早了 2 年。整整 160 亿美元的资金需求将在 DoD 开始创制权的 12 年内被消化。大多数安排的具体项目都不需要政府的资本投资。此外，利益超越了资本投资的减少：美国总会计署对前 12 个项目合作关系进行审查后得出结论，这些（合作）协议的寿命周期成本比同等意义上政府自建房屋的成本低 11%。

该方案的成功，在很大程度上可以归功于军役所采用的公开竞争实践。虽然不同的服务领域、设施会采取各自不同的特定合作结构，但公开竞争在被普遍地进行实践。

预采购。每一个军事设施处会对其住房需求和可能合作途径进行一个详细的业务案例分析。一个关键的考虑因素是，提供给整个军事设施处的合作是否具有可行性，或者是否可以为地理上分散的住房区域设立一个综合性政府与社会资本合作项目。

采购。所有的合作机会都是在美国政府的互联网采购程序中公布（早期通过印刷物公布，后通过印刷物和网络媒介公布，如今互联网成为唯一的公布途径）。每一个设施处的招标要求基于绩效。政府确定了所需套房（两室、三室或其他类型）的数目、社区标准、材料标准，开发商也可以不受约束地提议自己的设计方案和社区便利设施。之后要发放征求意见稿公开征求公众意见，并举行预提案会议以进一步解决问题和评论，而且问题的回应和招标要求的修订版本将被公布在互联网上。招标要求也确定了为评审投标意图所使用的评审标准。

通常情况下，采用两步招标程序。第一步：公司（和/或公司团队）将其合作提案的概念性概述，连同以往工作实绩材料、法人资格信息以及财务情况的稳定证明一并递交。第二步：这些公司中获得最高评审结果的将被要求递交全面的投标提案。这两个步骤激励了开发商对社区的广泛参与，因为它缩减了（提案）设计概念的测试成本。

评审。投标评估由一个独立的评审委员会进行，该委员会利用投标评审计划和为私人取得（合作）所指定的特殊评审标准进行评审。每个评审员都会注明其等级、支持理由，从而使评审过程可以一直并且客观地进行。

裁决和上诉。在互联网上公布合同裁决，包括对未被选中的投标人的直接告知书（关于提案优缺点的简述）。此外，还设有基于《联邦采购条例》操作标准的上诉程序。

合同监控。合同的性能根据投标要求的标准进行评估；合同管理人员被分配到每个军事设施处；争端解决依据《联邦采购条例》设立的程序。

在各州层面，弗吉尼亚州就有许多既定的程序中的一种。1995年的《弗吉尼亚州政府与社会资本合作交通法案》（PPTA）是一项法律框架，它使弗吉尼亚州运输部（VDOT）参与进授权私营部门发展和/或运营交通设施的协议中。私营部门可能会发现例如联通高速公路或者轻轨系统的（社会）需求，从而向弗吉尼亚州运输部递交一个未招标提案。或者，弗吉尼亚州运输部可能会发现适合政府与社会资本合作方案的需求，从而颁布一个招标请求书。提案/项目评审接下来要经历一个六个阶段的程序：

（1）质量控制。提案是否符合局部、区域或州范围内的交通计划适用需求？它是否会提供一个相较政府部门更及时、高效或低成本的解决方案？是否存在适当的风险共享？

（2）独立审查小组（IRP）。此项提案是由一个来自州运输局（STB）的独立审查小组进行审查，而从属于弗吉尼亚州运输部的州交通局是关于管辖区交通业的职业性、专业性、代表性部门。审查的基础建立在法定基本标准（适用于互联网）或者这些标准的改良版本之上，并且该标准在州颁布的招标请求书中被提供。

（3）会议和投入的公开是程序的一部分。州运输局建议：州运输局进行提案审查，独立审查小组提出建议，弗吉尼亚州运输部决定是否实施这一项目。一个实施决定意味着弗吉尼亚州运输部会提出一个对详尽提案的公开请求。这种请求会发布在国家采购网站上，而且任何责任主体都可以公开参与。

（4）提交和选择详尽提案。弗吉尼亚州运输部组建了一个提案审查委员会，并且提出了提交详尽提案的请求。根据审查，弗吉尼亚州运输部可能不会选择，或者选择一个或多个提案，从而进行下一步谈判。

（5）谈判。如果提案质量值得回馈，弗吉尼亚州运输部将为概述各方权利义务的暂行和/或全面协议确定一个私营部门的最大投资回报率，确定赔偿责任，并为私营部门职权和供州设施专用权限的终结作出规定。

（6）协议。经协商达成的协议进行最后的法律审查，然后递交签署并执行。州法律还为未被选中的投标人提供情况说明及上诉程序。

这个过程已经成功地产生有效的合作关系。因这一法律而完成的第一个项目是2002年的波卡洪特斯公园道路项目。该公园道路为长14.1公里的四车道,它覆盖了跨越詹姆士河的高速公路,连接着弗吉尼亚州里士满区域内的两个主要上下班通勤路线。商业模式的前提是通勤人员愿意支付适当的过路费来缩短他们的上下班通勤时间。2004年过路费调整后,由于交通量略低于计划值,这一项目如今运作得很好。

实 施 要 点

每个国家都采用自己独特的方法来征集和评价合作提案。相关例子表明,每个国家都有自己独特的采购规定,如在美国的联邦和各州都有这种规定。然而,通过采购程序反映出的一个普遍的情况是,所有的政府与社会资本合作都有对公开竞争原则的承诺。无论政府与社会资本合作在哪个领域开展,都必须坚持这一承诺。

资料来源与更多信息:

(1) British Columbia Ministry of Municipal Affairs, Public-Private Partnership: A Guide for Local Government, May 1999.

(2) Deloitte and Touche, Closing the Infrastructure Gap, Global Addition, 2006.

2.7 以 人 为 本

信息、责任和支持

治 理 挑 战

在政府与社会资本合作中,政府对公众的咨询往往是不够的,公众的利益与需求也得不到重视。透明度和责任心缺乏的这种问责制度,成为在政府与社会资本合作向前发展所必须面对的一个治理挑战。

原则6 政府与社会资本合作的过程应以人为本,提高项目的责任度和透明度并改善民生,尤其是那些在经济上和社会上都属于弱势群体的人民。

民众在政府与社会资本合作中至关重要

政府与社会资本合作需要以人为本。最初,政府与社会资本合作被视为地方政府支出摆脱资产负债表的金融机构的一种财政措施,虽然这是一个有用的财务战略,但它还是没能使民众信服他们在政府与社会资本合作中是主要受益人。举例来说,人们担心政府部门会在政府与社会资本合作模式下失去对诸如医疗、水资源和教育等方面的基本服务的控制。[①]

确定公众利益是首要的

为了解决这些问题,政府要将相应的机制落实到位,以保证公众是这些项目的主要受益人。在这方面,各国政府都希望解释政府与社会资本合作是怎样促进推动公共利益的,以及在政府与社会资本合作中这意味着什么。它能够作出对某些不应该被以任何价格递送到私营部门的核心服务的有利的决定。公立医院内的医生和护士、政府教育设施内的教师、法院内的法官所提供的服务,通常被视为核心服务,是政府提供的功能,而支持这些服务的基础设施和配套服务可以由私人部门提供。

制定政策时征询人民的意见

政府在制定政策时征询主要利益相关者的意见具有重大意义。尽早、不间断的意见征询能够管理因变化而产生的恐惧,提供一个开放、透明的过程。此外,通过征询最终用户和提供服务的相关服务人员的意见,他们的目标、需求和关注可以在政府与社会资本合作中得到认可和解决。在爱尔兰,推出政府与社会资本合作立法之前,会充分地征询社会合作伙伴的意见,以此推动项目的成功实施。

所有国家在这个过程中也都需要涉及相关政府与社会资本合作项目的完整信息。很多人不熟悉政府与社会资本合作,误以为这些项目只是另一种形式的私有化。

---

① 解决这一担忧的最佳实践政策是在实行政府与社会资本合作时确保对公共利益的保障。这是基于澳大利亚维多利亚州合作伙伴关系的做法。在此种实践下,决定一个项目是否以政府与社会资本合作模式运营取决于三个问题:

在这些设想的服务中,哪一个或多方的拟议服务为政府本身应提供给其市民的服务?(核心服务问题)

对于所有其他方面以及支持基础设施建设的服务,怎样的项目模型才能够发挥出资金的最大价值?(物有所值问题)

物有所值问题的结果能否满足政策中阐明的公共利益标准?如果不能,公共利益标准能否通过建设保障合同或通过监管措施建设合同保障或监管措施来得以满足(以什么样的成本),或该项目是否应该被重新理解为"由政府直接提供服务储备区域"?(公共利益问题)

保证政府与社会资本合作项目的效益

在一个项目开始之前,重要的是对其进行全成本/收益分析。通常而言,当政府批准该项目通过政府与社会资本合作模式来寻求涉及私营部门加入时,私营企业会通过投标,由政府部门对其按标准进行评估,并根据其资金价值决定定量的基准工具,作为公共部门参照值(PSC)。①

政府还必须确保公众对此知情

政府可以严格按照与私营部门签订的合同,以执行服务的交付。虽然合同是复杂的,不容易被公众理解,但是它们能够提供强大的机制来实现问责,尤其是在明确确定目标和绩效指标的情况下。

但是,私人组织经营的某些方面可能是商业机密。这就限制了问责,会对当地政府和国家政府的管理产生挑战。因此,合同应包括对责任的要求,需要在提供服务的过程中开放问责。越来越多的政府与社会资本合作合同强调这一特征。

这些义务可以通过客观的第三方进行监督

在合同中完成既定目标的绩效监控是保证服务问责制的主要任务。这需要有针对公共服务的绩效考核,测量这项工作最好由独立机构完成,设置特定的监督部门,并把发现公之于众,随时将信息提供给民众。这样的信息也将有助于提升民众对公共服务的使用和选择。

一个关键的挑战是不仅要设立审计人员以及监督业绩的独立主体,还需要确定该种方式的实用性。例如,如何在医院的成果和生产力上审计数据。还有一个例子是监狱,这是对政府与社会资本合作模式应用的相当成功的行业,但是出于其中设定绩效标准以及意外后果的风险,设计结构导向绩效要求十分复杂。例如,对越狱实行严厉的财政处罚可能会无意地提高虐待囚犯的风气。

> 向政府提供公共服务的供应商的数量和差异越来越大,参与进来的不仅有公共实体,还有完全的私营个体、非政府组织、慈善机构以及社会企业。监督绩效用以确保公众收益的原则,对于提供公共服务的实体——公共、私人或其他类型的实体,都应是相同的。

---

① 通过合理分配风险可以使资金的价值达到最大化。PSC 是一种对政府移交的提议项目风险成本进行假设及评估的最具效率的方式。将 PSC 与私人投标进行对比时应注意,确保在真正相类似的项目之间比较。投标和提出拟议服务的规格的规范有很大可能性是不相同的,投标以 PSC 为基础将风险分配,投标文件中风险分配的纲要是 PSC 的基础。用不加任何适当调整的 PSC 来比较这样的出价投标会产生误导。如果投标要高于 PSC,并且在投标中服务的提供以及风险的分担是相同的,那么在没有其他抵消的定性利益的情况下,这个项目最好还是作为公共事业工程项目。这项决定应该建立于每项可供选择的总成本的基础上,即考虑到不是只有合同预算成本,还有政府监测及代管的成本。

此外,政府与社会资本合作模式的特点是,公共部门的合同是在相当长的一段时间内与一个私人实体建立联系(25年或更多的时间)。这可能是未来一代纳税人的负担,举例来说,他们需要为现在这个时代设计的医院构造埋单。虽然合同通常可以随着时间的推移变更,但需要付出代价。这里的挑战是那些监管者不知道长期合同能否代表在未来具有长期价值。因此,监测必须在一定意义上预测这些问题,并在这些问题成为纳税人负担之前将其处理好。

给公众更多的选择和更多的权力

问责制度可以走得更远。越来越多的供应商——不论是公共还是私营性质,必须考虑到受益人所想所需。然而,通过越来越多的选择,政府可以提高奖励,激励供应商按照受益人作出的选择改善并提高服务和表现。这项政策反过来可以保证供应商提升对客户服务和咨询的质量,并且对供应商提供的服务是否能够回应客户需求进行打分。例如,英国地方当局越来越多地公布医疗和教育供应商的表现,通过由用户对他们进行打分来代替纯粹的自上而下的评分检查。通过这些机制来保障合作供应商与顾客的沟通,同时提高政府与社会资本合作在公众中的认可度。

> 拿整个国家卫生系统举例,患者有选择去哪家医院,何时就诊,甚至哪位医生的权利。选择在医院期间的检查诊断,并且医生尽最大可能去治愈他们。而假设前提是,只有那些能够负担得起费用的人才在医疗和教育上有选择权。

通过保障措施,确保公众获得基础服务

另一个重要问题是,向私营部门转移服务管理权提高了风险和税收,进而排除了社会及经济的不利条件。其中一个挑战是,当一些项目重新转移到私营部门时,它们已经得到过资助,无法反映真实的消耗。但是,税率通常是不增加的,政府可以介入,保护那些承担较高费用风险的私营部门。

例如,各国政府可以增加对项目的援助(见上文),确保现存的以及新的服务对于弱势群体权益项目的延续性。例如,可以让政府提供补贴服务,同时对弱势群体提供便利以及可承担的整体价格,塔吉克斯坦的帕米尔高原电力项目便是一个例子。该项目设立了一个特殊的社会保护税率方案。税率将在十年内逐步上涨,且具有灵活性,其关键目的是用税率和流动资金保证那些付不起费用的人们也能用电。塔吉克斯坦的这个电力项目,体现了政府吸引私营企业参与到提高社会福利的机制中,而且塔吉克斯坦是世界上最贫困的国家之一,也是中亚最贫困的地区之一。①

政府可以确保社区卫生和安全受到保护

政府与社会资本合作项目的问题不是私人实体通过不支付用以安全保障的费用来保存利润,而是私人实体在合同中是否符合安全标准。私人实体不遵守卫生和安全要求将会招致多种惩罚,包括费用减少、惩罚金以及合同结束面临的诉讼。但通常的担心是,把一个公共资产移交给私营企业的同时会损害公共服务精神的问题。

答案是,准确地选择私营部门有助于保证公共安全。这些领域包括使用新技术直接和间接地加强安全。

以安大略为例,地方政府为了努力满足双重驾驶测试检验的要求,与来自英国的信佳集团签订了合同,在此期间,同一地区的新高速公路事故减少了70%。②

采用一项监管以确保公平的公共问责

政府与社会资本合作中的公共问责制有待提高,应确保以人为本,而不应该提供"坏"的监管来代替"好"的监管,过分强调官僚控制。一般情况下,无论是谁,无论来自何处,政府应公平对待服务供应商。各国政府须在开放的政府与社会资本合作过程中,通过外部监视审查以及传送有效且高效的系统项目,实现权利的平衡。

实 施 要 点

以人为本并非仅仅是在政府与社会资本合作发展背后的组织原则,还应该是在政府与社会资本合作的每一步过程中的指导原则。因此,政府必须增强公众问责,而不是增强阻碍私营部门参与及提供利润的微观管理。

---

① 尽管这个项目的前景似乎很乐观,但应该注意的是,必须将总体项目中的收入增长和可能性联系起来,这样在政府补贴用尽之后,项目自身也可以支撑运作。一般情况下,某些风险来自非常大的政府与社会资本合作项目,这通常出现在那些知识存在一定空白的国家。例如,为了填补空白,国家往往需要进口的专家、劳动力、材料以及同时提供公共和私营合作方都满意的最优性价比的可能性。

② 加拿大蒙克顿和弗雷德里克顿之间195公里的高速公路项目。施工在4年内完成,相比之下,采取传统措施需要15年完成。因为新高速公路代替了原来的高危路段,所以高速公路的快速建设意味着节省的十多年挽救了很多生命。此外,对高速公路设计的关注提高了驾驶的安全性,意义重大。从弗雷德里克顿到蒙克顿的高速公路事故减少了70%。这是一个比预期更大的安全改善,根据常识将主干道的双车道改为四车道可减少重大事故的发生。据说,整个司法管辖区的驾驶考试服务第一次被委托给一家私人公司。信佳集团付给加拿大交通部特许费1.14亿美元,并保留驾驶员考试费用。交通部保留对标准以及通过规范的特许协议总费用的控制权。自合伙开始,等待驾驶员考试的时间就从15个月明显降低到6个星期,并且客户服务整体有所改善。该项目表明,提升客户服务及纳税人利益的同时不危及公共安全是完全有可能的。

资料来源和更多信息：

（1）Canadian Council for Public-Private Partnerships, Project Finance: An Introductory Manual for Canadian PPP Project Managers and Advisors, November 2006.

（2）Deloitte and Touche, Closing the Infrastructure Gap, Global Addition, 2006.

（3）Price Waterhouse Coopers LLP, Delivering the PPP Promise, November 2005.

（4）UK National Audit Office, PPP in Practice, 2003.

2.8 环　　境

环保案例、政府角色和利益输送

> **治 理 挑 战**
>
> 政府与社会资本合作项目必须优先把可持续发展和保护环境作为重点。这必须通过平衡公众的当前需求与对未来的责任来实现。政府与社会资本合作项目的责任往往在于经济、金融及运输部门，而不是政府部门。这些部门在环境话题上往往不是很精通，而环境部门常缺乏对于经济和政府与社会资本合作的商业准则的理解。

原则7 政府与社会资本合作进程应该将可持续发展原则纳入政府与社会资本合作项目，通过在项目中客观地反映环境因素，为那些完全匹配环保标准的投标人设置规范和奖励项目。

政府与社会资本合作的环保案例

环保与私人融资并非互相排斥

将环境因素纳入项目不仅能实现环保目的，还能降低私人承包商的成本费用。例如，要求木材等材料是合法且可持续管理的资源，这本身是一个很好的目标。一个办公楼的高效供暖系统既可以帮助减少二氧化碳排放量和能源消耗，又能降低承包商的生活成本。

鼓励提供更有环保影响的公共服务

私营企业有动力去考虑设计特征及施工材料,以在合同期内产生最优的生命周期成本。这意味着承包商可能会选择投资成本更高的设计,如果这些设计在合同使用寿命期间能够有更低的维护和运行成本而被抵消。

环境友好的技术并不意味着更贵

有一种看法认为,环境技术是一种奢侈品,政府难以负担。然而,政府与社会资本合作项目已经证明,环境改善能够降低流动成本,减少浪费并且提供卫生和社会福利,如更好的工作条件。

> 加强和进一步促进企业社会责任和全球商业社会和环境问责制,将有助于把持续性纳入公私合作伙伴关系。

从而使私营部门经常采用绿色标准

由此可见,投资者出于财务动机考虑到环境因素,可以有效使用资源,减轻浪费。设计和建设项目的生命周期成本越低,获得的利润越高。另外,私营部门有意愿基于公司内部核心政策,在政府与社会资本合作项目中成为一个具有推进真实的、整合的可持续原则的合作方。企业的社会责任和可持续发展战略与公司的运行是相结合的。许多公司确实自愿在他们的项目投标和方案中设计可持续性标准。①

失败的行为代价可能是昂贵的

在开发一个政府与社会资本合作项目时,不考虑环保问题意味着在这个合同运行后的 25—30 年,甚至更长的资产寿命期间内,将错失降低生命周期成本的唯一机会。

政府的角色

政府需要尽力提升政府与社会资本合作的环保标准

在作出承担一个项目或方案的决定前,公共部门需要评估和考虑环境和健康因素。在某些情况下,项目需要通过环境影响评价(EIAs),作为计划的准备部分,项目

---

① 让纳税人的钱实现价值,意味着超越初始价格,考虑到了整个生命周期成本及品质。一个低成本的设计可能会导致对环境的消极影响、高维护成本和操作成本。

和政策以及立法准备都会对环境造成很大影响。① 公共部门也可能在这些目标下进行战略环境评估(SEAs)。

作为订约当局,确保公私合作伙伴遵守绿色标准的责任在于政府。政府必须确定清楚合同的目标和规格,把一些环境因素作为关键绩效指标,包括环境风险和应该管理的一方。

使国家环境政策与项目目标保持一致

公共机构越来越多地被环境部长和股东审查,由 NGO 和公众来决定他们的政策是否符合环保标准。政府部门参与政府与社会资本合作,可以此为基准来反对政府的环境政策。这也将包括欧盟采购环境考虑的规定,具体可参见《欧盟委员会绿色采购传播通报》(2001年)。

项目有时在合同中明示实现环保的目标说明。在加拿大,作为政府与社会资本合作项目的温哥华市垃圾填埋热电厂,旨在根据政府对《京都议定书》的支持,减少碳排放。

将环境保护的"冠军"和顾问带入项目

需要咨询可持续发展顾问,以帮助合同方确保将可持续发展方面的考虑贯穿在政府与社会资本合作项目中。基于周期成本理论而不是最低价竞标者中标的模式来解释现金价值是十分重要的。这可以在可持续发展专家顾问的协助下遵守国内和国际法律。

同时把实际的环境目标放入项目中

在考虑政府与社会资本合作项目时,政府应探讨是否采用更多的"友好对待环境"的方法以达到相同的目标。例如,具有虚拟办公和远程办公功能的本地化卫星办公室比市中心大型办公室更廉价、环境友好和具有社会效益。此外,探索机会,减少未使用的空间,最大化利用废弃土地,可能是一些项目的解决方法。如果有新的建筑或迁移计划,政府将会优先考虑具备良好公共交通的地点,以减少汽车尾气的排放。

签订合同

政府可以把使用环保类产品要求作为合同的组成部分,如使用防止臭氧层消耗

---

① 大多数国家都有关于环境评估的国家立法。在欧盟,这些过程通过环境影响评价和战略环境评价的指示调整。在欧洲经委会区域,为了协调这一过程的标准和程序,已经谈判达成两项国际条约,以协调这些进程的标准和程序:《跨界环境影响评估公约》(埃斯波,1991年)、《战略环境评估议定书》(基辅,2003年)。

的化学产品、选择低维护材料、尽可能多地利用可循环材料。同时，应指定建筑类型，如从一开始就能够被拆卸和回收的节能建筑。政府也赞成利用工业废弃地而不是绿地开展建设，以减少对汽车的依赖。

选择投标人

合同授权必须向私营部门发出一个明确的信号，表明可持续性在竞标和签订合同中具有优势。选定的投标应表明其对选址要求的理解，并且有能力在项目的施工期间和生命周期内提供适应环境需求、节约资源、减少浪费、减少污染的解决方案。对招标的最终评价不应以单独的价格为依据。要求在公共部门实现纳税人的回报意味着除了最初的价格，还要考虑到整个生命周期成本和质量。低成本设计可能导致高维护和运营成本以及对环境的负面影响。

同时特别注意投标人的具体内容和提供的内容

评估小组需要确保投标人提出的索赔是有意义的且满足明细表，并评估他们的出价是否超出预算。这些能够通过引用多种指南找到答案。

环保声明法案

《环保声明法案》提供关于证明订约人提出的环境赔偿或不被正式认可的环境标志的建议。要注意的一些典型例子包括：

不包含 X 的情况

这种类型的产品不再含有 X，或被法律禁止。

可生物降解

如果没有解释则无意义。一个项目可能在五天内生物降解，或者在适当的条件下需要几年时间。

环境友好或充分考虑环境问题

如果没有解释则无意义。如果只应用于产品的一个方面，则没有必要考察整个产品的环境。

《环保声明法案》可参见 http://www.defra.gov.uk/environment/consumerprod/gcc/index.htm

---

交货和福利

一个有效的支付机制至关重要

政府与社会资本合作不是真正意义上合作采购与承包商的合作关系。这样说来,需要一个有效的支付机制用以保证项目符合环境标准。

重要的是,环境要求并不是合同中的回溯条款,它可能因缺乏了解而在日后被弃之不理。在这方面,有必要确保承包商知道产品规格背后的环保要求。

特别是配合企业与各国政府一起制定提高环境绩效的方案

探索怎样处理政府与社会资本合作合同中环境方面的问题将有更多的机会,同时需要适当的付款机制。在一段时间后,应该对绩效进行审查。环境规则也可能在合同效力期间内得到加强。在这种情况下,重要的是政府和私营合伙人一起推动环保型政府与社会资本合作项目。公司通常有对环境可持续性的综合理解,这也是一个互相学习的机会。

仍需传播更多环保型政府与社会资本合作项目的成功实践

虽然有些公司认为可持续发展性具有强大商业价值,但仍有一些私营部门看出其过于有风险。为了将可持续发展原则纳入政府与社会资本合作的竞标和运营中,需要更广泛地传播实践案例研究,并在私营部门和政府与社会资本合作专业人士之间共享信息。这将弥补现有的认知差距,并有助于在公私伙伴关系中建立一个更加一致的政府与社会资本合作实施环境来执行环境可持续性标准。

实 施 要 点

为了将可持续发展纳入政府与社会资本合作,可以采取双管齐下的方法。第一步是传播关于将可持续发展原则纳入政府与社会资本合作投标和运营的现实的最佳实践案例研究,这将弥补现有的认知差距。第二步是为了提高经济之间的政策协调,由一个相关政府与社会资本合作项目或计划负责经济和财政部以及环境部门,以最大限度地发挥政府与社会资本合作的可持续发展贡献。

资料来源和更多信息:

(1) United Kingdom Department of Transport, Green Public-Private Partnerships Guidance Note, 2003.

(2) European Commission Interpretative Communication on Green Procurement, 2001.

第三部分 成功案例

3.1 加拿大

能源领域

温哥华市废渣处理项目

位于加拿大不列颠哥伦比亚省的温哥华市决定在一个新的项目中寻求与私营部门的合作,该项目是将一处废渣处理厂产生的废气(包括致使全球气候变化的氮、二氧化碳等)重新利用,创造其商业价值。私营合作方负责项目设计、资金和一个热电联产厂(运用废气作为原料产生电力的工厂)的建设。私营合作方向当地公共企业出售这些废气。发电过程产生的多余热能可以被回收利用,比如热水就作为大型温室系统的热能来源被私营合作方出售。私营合作方和城市(公共合作伙伴)共享这些热电销售的收益。

主要合作方

温哥华市作为公共合作伙伴,拥有废渣处理厂在公共土地上的所有权和经营权。私营合作方包括加拿大电力公司建立的全资子公司,它作为一个独立的项目公司设计、出资、构建和运行热电联产设施,销售电力和热能。卑诗水电公司是不列颠哥伦比亚省皇家公司,负责向能源和矿业部长汇报,并负责购买和分配热电联产设施产生的电力。最后一个合作方是一家私营农业企业,它购买了电力生产过程中产生的热水,并利用于温室设施的加热。

合作方选择

2001 年,温哥华市发布了一个招标公告,公告招募负责出资、设计、建设公共设施并拥有该设施所产生的经济效益的合作方。虽然温哥华市曾考虑独自建立电站,但最终还是决定采用私人提案,为的是获得更广泛的项目概念和促使城市在经济、环境和社会领域的收益最大化。五个关于处理填埋气体利用的提案被采纳。提案包括:利用气体晒干海胆壳做土地肥料,过滤废气使其升级达到天然气管道内的气体质量,直接在水泥窑中使用。通过详尽的提案评估和否定的过程,一个评价最高的提案被采纳。2002 年,市政府与之签订了为期 20 年的民间资本与政府合作项目合同。

按照已经被普遍认可的政府与社会资本合作结构,市政府继续运营该垃圾填埋处,而私营合作方建造了一个 2900 米的管道,将垃圾填埋场的废气运输到附近的一家农业复合基地。在那里,他们建造了一个热电厂,该热电厂利用废气作为燃料,能够产出足够的电力能源(7.4兆瓦每年),为当地5000户居民提供了供电。能源售卖的私营合作方为省级企业——卑寺水电公司(BC Hydro)。

发电厂的建设在2003年9月完工,同年11月满负荷生产(初始容量为5.55兆瓦每年,随着2004年第四台机器安装后,容量提高到7.4兆瓦每年)。能源产生的多余热能还原为热水,由私营合作方贩卖给发电厂附近的一家大型(32英亩)番茄温室种植复合园,热水主要用于加热温室。采用这样的方式重新利用垃圾填埋产生的废气,而非燃烧掉废气,能够进一步减少温室气体的产生,相当于加拿大公路上6000辆汽车的排气。

风险分摊

温哥华市政府并未支付私营合作方费用,而是通过合同条款确保私营合作方的20年使用权限。因此,市政府承担了项目相关风险,但是它保有管理和运行气体收集系统的责任,从而使风险降到最低。该私营合作方全部投资近1000万美元。私营合作方同卑寺水电签署能源购买合同,并同温室复合园签订为期20年的热能销售协议。私营合作伙伴享有能源和热能的销售所得,向市政府交纳10%的特许使用费。市政府每年收集和提供垃圾填埋气体的花销接近25万美元,每年收取的特许使用费接近40万美元。

益　　处

私营合作方的附加价值

私营合作方拥有将废气转化成能源并使其商业化的技术和专业知识,这是公共部门所缺乏的。

社会和经济福利

(1) 项目实施将为三角洲提供近300个工作岗位。
(2) 温哥华市将得到每年30万美元的收入,这些收入被用于抵消运营成本。
(3) 该政府与社会资本合作项目已将花费高昂的环境项目转化为更为有效的环保项目,以及城市净收入。

环境获益

(1) 每年减少温室气体排放近20万吨,相当于4万辆汽车的二氧化碳排量。
(2) 每年获取近50万GJ的能源,能够满足3000到4000户居民的需求。
(3) 减少CanAgro公司(加拿大一家北美最大的农用设备公司)20%的年天然气用量。

效率

该项目操作之所以是一个有效模式，是因为它能够利用自然分解过程的产物，如甲烷和其他垃圾填埋气体，为社会创造环境和经济收益。

在其他国家的适用性

其他国家能够从已经成功应用的技术和操作模式上获益。

3.2 法　　国

卫　生　领　域

巴黎大区南部医疗中心(CHSF)

自从2004年7月启动一个为期2年的投标后，埃法日集团(Eiffage)最终获得了巴黎大区南部医疗中心的建设项目，这个集团是欧洲第七大建设和转让集团。这项合作经历了激烈的竞争，埃法日集团之所以打败了对手布依格集团(Bouygens)和万喜集团(Vinci)，主要是因为其在之前政府与社会资本合作项目中拥有的足够经验，包括四个监狱建设项目，这个项目最终成为法国政府与社会资本合作的第一个主要建设项目，并于2006年2月结项。

CHSF以监狱项目为蓝图，这支撑了项目的全过程，同时加快了项目进程。然而，监狱项目招标历经4个月，而CHSF项目只用了6周。近年来，法国曾经历过其他医院类项目的建设，但是这个CHSF项目投入了共3亿1千5百万欧元——这是迄今为止此类项目中规模最大的。

此项目计划自商业运营开始后持续工作30年，预期在2011年年初开始建设，持续4年。建成后，CHSF将覆盖将近110万平方米——相当于15个足球场。

CHSF的融资

合作框架如下：

A类长期设施：这项设施的偿付高达2.68亿欧元，其中分期偿还的80%高级贷款将由CHSF无条件支付，不收取任何扣减或处罚费用。

交易的这款规定出自2004年6月制定的《每日政府与社会资本合作条例》(Daily PPP Ordinance)，该条例允许医院准予不可撤销的应收账款转让，关于此项内容将在"保证"条款中说明。

B类长期设施：一项4.5亿欧元的分期偿还高级贷款是用以承担履行合同的风险。虽然A类设施有大约23年平均使用寿命和35年成熟使用期，但B类设施有24年平均使用寿命和33年成熟使用期。

VAT 设施：VAT 部分的融资通过预付现金被设置为 700 万欧元的循环信贷（revolving facility），VAT 相当于由借方支付。该设施完全由税务机关缴纳增值税抵免担保。

担保（guarantees）

至少在融资阶段，这个项目以合作方担保水平划分担保阶段，在建设阶段由埃法日集团提供担保随后是巴黎大区南部医疗中心承担项目风险。

由于社会合作方能够更好地承担风险，埃法日集团对放款人和现金流提供人做出了本项目的建设风险担保。同时，此项担保规避了返款人所承担的建设风险，使得两个长期建设的项目能够在建设期间更好地获利。这种模式运作良好，法国政府旨在这段交易期间，将尽可能多的风险转移给私营合伙人。通过明确规定《日常政府与社会资本合作条例》，PPP 项目转让人在协议中承诺向项目公司支付特定款项。这项经过修订的法国 PPP 结构化政策，加上埃法日集团采取的风险导向方法，为此类交易提供了一些最低的融资条件。

益　　处

效率

政府部门从交易完成建设开始获益良多，意味着医院可以比预期项目期间更早地向公众开放。这样的效率是通过完成交易和快速的工程建设计划实现的，这也使得政府与社会资本方得到互惠。

社会资本方的附加价值以及建设风险担保

本案例中，社会合作方很好地承担了在建设过程中的融资风险，其提供的公司担保涵盖了所有风险，使得借款方免受各类风险。同时，在竞争性投标过程中通过透明的选择，社会合作方能够为本项目选择适合的公司，本项目是指一家非常专业、反应迅速的企业。

公共政策助力 PPP 项目完成

法国政府意识到，需要制定新的法律来应对在项目实施过程中出现的新机会，因而出台了一些新举措，以促进政府和社会资本双方达成合作。

社会和经济获利

发挥了社会资本方的长处，使政府与社会资本方在合作中同时获利。在经济方面，合作期间平等分摊风险，最大化地善用了纳税人缴纳税款，补偿了社会合作方。在社会福祉方面，医院的患者将更早地享受到由于合作而带来的更好的医疗设施。

在其他国家的适用性

其他国家可以效仿此处的合作方式,由社会资本一方承担建设过程中的风险,基于其更好的风险承担能力。另外,从这个项目可以看出 PPP 是怎样把服务(如医疗)比以往更快、更效率地带给民众。

3.3 以 色 列

交 通

环以色列高速公路

6号公路也被称作环以色列高速公路,是沿着以色列东部地区,从贝尔谢巴以南到北部加利利的一条长300公里的高速公路。这条路的中段名字取自伊扎克·拉宾,从哈代拉到盖代拉长86公里,连接了以色列北部和南部地区。它由 Derech Eretz 集团开发,并包括一个全电子自由电流收费系统。6号公路构成了一个重要的交通道,从中央地区通达南北,作为现有的4号公路(格哈公路)和2号公路(沿海公路)的替代路线。它同时可以向中部地区转移交通压力,缓解车辆密集和 Tel Aviv 地区污染的问题。6号公路花费共计13亿美元,是以色列历史上最大的基础设施建设项目。

主要合作方

私人合作方 Derech Eretz 集团承包了公路建设和监管工作。项目已有三个股东——非洲—以色列土地投资有限公司(Africa-Israel)、CHIC—加拿大高速公路以及房屋建设有限公司。

私有合作方 Raytheon 公司和 Transdyn 公司提供了电子收费和交通管理系统。通过合并 Raytheon 公司的交通管理系统和 Transdyn 公司的开放公路电子收费系统,这两个公司建立了一个统一的电子收费和交通管理系统,这不仅是一项科技突破,也是政府与社会资本合作模式的创新举措。高速公路竣工将带来共计14个交通枢纽、94座桥梁和50个渡槽(管道)。另外,这条路将在哈迪德拥有两个长500米的隧道。这个项目将整合100公里的农场服务道路和44公里的外侧道路,并将在 Nachshonim 设立交通中转站。同时,这个项目涉及1700名直接雇员和将近10000名间接雇员。

收费价格

6号公路的收费价格框架是基于驾驶员在途中经过多少路段。每个"路段"取决于两个交通中转站之间的公路跨度。2006年3月,三个路段的收费价格是15.04

新谢克尔,四个路段的价格是17.94新谢克尔,五个或五个以上路段的价格是20.84新谢克尔。摩托车和卡车收费不同,但这些价格是针对已经在6号公路系统中注册,并且下载了可以记录高速公路行车情况的车内感应收发器的驾驶员们。

环以色列高速公路的融资债

环以色列高速公路项目是以色列最大也是完成的第二个竣工项目。该项目在BOT的架构上产生,于1999年10月完成,包含90%的商业债券和10%的股票。道路的核心路段是在不到5年的时间内完成的,2004年5月开始运营。

商业债券是通过以色列新谢克尔(NIS)银团贷款机构提供的,由Hapoalim银行安排,相当于8.5亿美元的新谢克尔,由Tyco集团安排的2.5亿美元的票据购买设施。新谢克尔银团贷款安排由两部分组成,包括基于设施运营28年周期的一个6年半的利滚利,其中29%贷款的还期均为20—21年。这项贷款由国内银行和一家以色列养老基金联合提供,根据权威金融分析机构标准普尔的数据评定BBB级债券信贷融通。在一个财政年度终结之前,固定的利率信贷需要根据新兴市场的不利条件进行调整,信贷周期是28年。

股权

赞助商提供10%的股份,这些股份基于最终实际建设的花销确定。原本在财政年度结束时,是通过赞助商提供信用证的途径向DEC供应1.2亿美元的过桥贷款。在建设完成时,这些信用证的获益被用来偿还过桥贷款。不同的法定准备金以及项目10年间的大量股息红利和股权收益最终都会返还。

益　　处

私人合作方的现金价格和问责制

2006年3月,Derech Eretz报告了2005年共计8900万新谢克尔的获利,其中注册用户约50万,个人用户136万,旅行人数2100万,收费成功率97%。

效率提升

以色列政府视6号公路为一个关键项目,可以为国家提供主要的交通干道,连接了以色列周边和核心城区,缩短了南北之间的行程时间。

减少公路事故和空气污染

这个项目同样加快了外围地区的发展,减少了交通拥堵,有效地降低了交通事故的发生率,同时减少了由于车辆交通运行产生的大气污染。

环保意识和历史保护

6号公路项目的设计和实施将环保和考古遗迹保护考虑进来。Derech Eretz 在项目建设中设定了先进的环保标准和6号公路两旁的环境发展标准,投资了7000万美元。由于 Moshav Hadid 和 Ben Shemen 交汇处附近的两条隧道在一个名为 Tel Hadid 的考古遗址下,鉴于这处遗迹对以色列民族有着巨大的文化和历史意义,项目在开始时就很注意保护遗迹和防止对此处的破坏。

在其他国家的适用性

许多国家都能够从这个项目中吸取经验教训,使私人合作方有效参与,公共和私人合作方共同获利。

3.4 塔吉克斯坦

能 源 部 门

帕米尔高原私人电力项目

帕米尔高原能源项目旨在贮存电力,主要供给对象为塔吉克斯坦东部贫困和孤立的居民们。在苏联时期,塔吉克斯坦60%的电力资源是由进口燃料支持的柴油机供给,市民们没有可靠的电力来源,时常出现电力故障。帕米尔高原项目原本的设计是通过提供基础服务和支持经济增长,来减缓地区贫困的一项战略。

融资

关于所有权结构的协议即特许权协议,其中政府持有所有实物资产的主要所有权。帕米尔私人电力公司承担所有发电、运输和配电设施。这样的分工是在一个25年的特许经营权协议之下,是通过私人所有的基于特殊目的的项目运营。

融资组合包括45%的股票及55%的债券,这些通过国际金融公司(IFC)和国际发展组织(IDA)提供。IFC 提供350万美元的股票资金,余下的820万美元由阿迦汗经济发展基金(AKFED)提供,其也是企业的私人合作方。

社会保障

项目的一个重要组成部分是社会保障计划,这个计划即家庭(98%的消费者)按照其生活水平支付相一致的关税。塔吉克斯坦政府同意支付额外的社会保障费用。但是,政府支付的费用不足以覆盖所有社会保障费用。为了解决这一问题,IDA 和瑞士政府开始介入其中。由 IDA 信贷所得利息(5.25%)产生的收入保留在托管账户中,作为社会保障费用。这给塔吉克斯坦政府提供了大约400万美元的支持。瑞士的资金将由世界银行在信托基金中维持,并支付给帕米尔高原能源公司。

合伙协议

公私合作的重新商议有着负面因素的介入。这些类型的重新谈判被排除在竞争环境之外,并将决策过程限制在政府和运营商身上。在一般情况下,"胜者"并非最有效的经营者,但确实是在重新商议中最有技巧的。在塔吉克斯坦项目中,商议和重新商议都是在项目开始前进行的。

初始商议的协议是特许权协议。特许权协议详述了项目启动和运作所需的政策、管理、运营、经济及法律框架。

政府创建了一个高级别的工作团队,包括所有相关部门和机构的高级代表,讨论和谈判特许权协议。由于该企业原本被设计为一个独立的能源供应商(IPP),因此不得不进行重新谈判。在这个模型里,私人投资商只对发电和将电力资源销售到国有企业电力公司(Barki Tajik)负责。

但是,问题很快出现了。这样的安排要求私有企业依赖从破产的状态下取得的收益。第一个变化是针对项目结构的,使得私人投资商接管整个运营功能。第二个变化保证了客户的支付能力。政府也同样是国际机构,使多余的资金流动起来用于实施社会保障计划。

益　　处

成功的风险缓解

帕米尔高原项目的策划和发展是一个成功案例,风险的评估和缓解已经在项目实施前开始。IFA 和 IDA 提供所需的私募资金、管理和法律框架。政府同意分担部分风险,瑞士政府和世界银行提供覆盖社会保护风险的剩余资金。

私营行业增值

即便是在相对高风险的国家,因为私人供应商带来必要的商业定向,并对私人供给和质量进行追责,基础设施服务的私人供给被证实最受青睐。

社会保护

如果没有可靠的社会保障,私人投资在一个非常贫穷和政治动荡地区,加上几乎没有私人投资经验并且需要一个在平均关税水平上的显著提高的基础设施项目,这样的投资将是无法持续发展的。因此,向穷人输出的"结果支付"是构建这种社会保障的一种具有吸引力的方式。

在其他国家的适用性

这个例子证明,伴随着高政治风险的政府与社会资本合作模式可以在转型国家适用,特别是如果外国发展机构支持和国际金融组织支持。

3.5 美　　国

自然资源行业

切萨皮克森林项目

切萨皮克湾是美国最大的海湾,也是马里兰州最主要的娱乐和商业捕鱼区域。日益增长的人口排出的废水以及对土地流失(化肥和副产品)的最低控制,严重影响着海湾的环境质量。

作为回应,区政府已经制定了将建立海湾保护区作为首要任务的政策,包括加大对土地和湿地的管理。但是,州政府和当地政府都缺乏全面处理这些问题的资金和人力资源。一个私人伐木公司试图出售其在马里兰州的土地,这为州政府提供了购买这块土地的机会——分布在 5 个县超过 5 万 8 千英亩的土地。这片土地大部分与现存的州属公园和森林接壤,创造了一个大面积的伐木与发展的缓冲带。

但是,州政府缺少资金获得土地和人力资源来管理购买的土地——更不用说在提供的土地上停止采伐木材将导致大部分农村地区难以承受的失业率。州政府将保护这些土地的潜力作为独特的环境机遇,而非发展此处。考虑到这样的经济和人力资源,州政府开始实行两个阶段开展的政府与社会资本合作模式,进行购买和管理土地。

主要合作方

(1)马里兰州自然资源部是一个负责掌控所有项目阶段的公共机构。

(2)一个主要的慈善基金会,它可以提供符合公众利益的项目资金,用来帮助初始阶段的财产获得。

(3)一个非营利公共利益组织,其工作重点是在环境助力下发展项目的可持续森林管理计划。

(4)一个盈利的林业公司,它根据实施的政府与社会资本合作进行森林管理工作。

选择合作方

阶段 1:州政府同 NGO 协同合作来获得资金,用来帮助购买土地,并规划可持续森林管理的计划。

阶段2：州政府开始一个独特的公私合作模式，私人合作方需要在公共方的密切监督下根据环境条件管理资产。作为回报，私人合作实体可以从部分土地获得相当数量的木材制品。

因为最初的土地征用最大程度地促进了合作，政府提供了1650万美元用来购买5万8千英亩中半数的面积。非营利公共利益集团代表慈善组织购买了剩下的2万9千英亩，以期日后赠予政府。因为初始阶段该项目只包含由慈善组织购买的这2万9千英亩土地，所以与一个私人环保公司签订合同，以在与州环保标准和规章保持一致的前提下管理整个项目的资产。这个在州与私人公司以政府与社会资本合作模式达成最终合同中关于整个5万8千英亩地带的条款，是在前期政府与社会资本合作模式已经成功管理最初2万9千英亩土地之后确定的。但是，这个政府与社会资本合作项目的独特方面在于，它做到了资金的自我供给。这项可持续发展的森林管理计划包括认定森林中哪里可以获得木材产品，又不会导致消极的环境影响。私人合作方对项目运营进行管理，获利用于支付合同以及向州和地方政府提供额外基金。同时，对持续木材采伐活动的控制解决了当地组织的经济难题。

风险分配

由于考虑到这个模式的可行性，在开展合作的前两年，国家层面同意承担由私人合作方带来的任何损失。在此之后，私人合作方承担与合作获利有关的风险。但是，合作在前两年以及之后每一年都产生了利润。签约方承担了大部分风险，因为每年都没有资金结转。如果项目本身无法带来足够的收入，则无其他资金可以支付给签约方——产生了强烈的动机来保持项目在经济上的自我供给。

益　　处

私人部门的附加价值

私人部门有经济能力和人力资源去解决土地管理和自然资源可持续利用的问题。

经济、社会和环保益处

项目

（1）提供一个稳定的经济活动流和就业流来支持当地商业和社团发展；

（2）防止林地用于非林业用途；

（3）对水质提高有贡献，可以视为切萨皮克森林项目的一部分；

（4）保护了濒危物种的栖息地；

（5）保持土壤和森林的健康生产力；

(6)保护了视觉效果和特殊的生态、文化古迹地点。

功效

(1)国家允许私人合作方按照他们自己的标准管理这些土地,而非雇用林业工人或后勤人员;

(2)国家避免资金消费,而是在确保森林持续发展的基础上产生收入;

(3)自从项目实施后,收入每年增加,对私人部门具有强有力的激励。

透明度

(1)这个项目是一个透明度模型,NGO、地方政府、公共和私人行业都参与讨论项目的必要性、融资和结构。

(2)每年对这个项目的审计是面向大众的,工作表现由DNR监控,确保绩效。

对于其他国家的适用性

这个模型可能适用于那些服务条款与自然资源的可持续发展相结合的情况。

总　　结

在政府与社会资本合作模式的管理中必须注意以下七方面问题:

政府层面:执行一体式管理系统

原则一:政府与社会资本合作需要连贯的政策来落实清晰的目标和原则、确定项目、设定现实目标和完成手段,总体目标是得人心。

公共管理:实施政策

原则二:政府能够通过融合方式来建设自身能力,包括建立新机构、培养公务员、善用外来专家。

司法:解决争端

原则三:司法中的法律过程要么不足要么过于复杂,因此无法为政府与社会资本合作项目的投资方提供充足的保障和支持。基于以上原因,立法者应致力于制定以"更简、更好、更易"为目标的政府与社会资本合作规定。

经济社会:是指国有市场、公共和私营行业

原则四:政府与社会资本合作项目允许风险转移到私营行业,它们也恰能妥善处理风险。但是,政府同样需要接受它们的股份并帮助其降低风险指数。

政治社会：聚集社会利益

原则五：选取竞标人应遵循一个透明、自然、无歧视的选择程序，在更短的时间内采用更经济的竞标流程决定最佳方案，坚决杜绝行贿受贿。

民间社会：市民知晓并解决政治难题

原则六：在政府与社会资本合作项目过程中，应从提高可信度和项目透明度角度将人的因素放在第一位，提高人们生活质量，特别是社会和经济弱势群体的生活质量。

可持续发展：环保要素要被考虑进来

原则七：政府与社会资本合作项目过程整合了可持续发展的原则，主要通过在项目的目标里反映环保意识、设立规范，并对那些符合绿色环保标准的竞标者授予项目。

术 语 表

购买—建设—运营（BBO）：即根据合同规定，将公共资产转移给私营或准私营实体，并交由后者在某段指定期间内对该资产进行升级和运营。公共控制权在转移之际得到了行使。

建设—所有—运营（BOO）：即由私营部门资助、建设并运营一项设施或服务。公共部门的限制只能在初始协议中以及通过继续管理机关规定。

建设—所有—运营—转移（BOOT）：即在设施的所有权已从私营部门交还给公共部门之后的一段指定期间内，私营部门有权资助、设计、建设和运营一项设施（同时向用户收费）。

建设—运营—转移（BOT）：即根据长期特许权合同，私营部门设计、资助并建设一项新的设施，并且在一项新的设施的所有权已经由私营部门交还给公共部门以后，如果该设施尚未完工，该私营部门仍可在特许权期内运营该设施。实际上，这种形式结合了建设—所有—运营—转移模式以及建设—租赁—运营—转移模式的特点，唯一的不同之处在于设施的所有权问题。

建租—租赁—运营—转移（BLOT）：即私营部门有权自主设计、建设和在运营期内运营一项租赁设施（及向用户收费）。

设计—建设—融资—运营（DBFO）：即私营部门按照长期租赁合同设计、资助并建设一项新的设施，同时在租赁期内运营该设施。在租赁期届满之时，私营部门将该设施移交给公共部门。

项目融资：即私营部门，通常是金融服务公司，直接投资一个项目或者运用不同的机制,诸如长期租赁或者债券发行。

运营及维护合同(O&M):即根据合同由私营部门在指定期间内运营公有资产,而资产的所有权仍旧归属于公共部门(许多人认为运营及维护合同不在公私合营的范围内,而将其视作服务合同)。

设计—建设(DB):即私营部门设计和建造基础设施,以满足公共部门的业绩规范,通常以固定价格、交钥匙为基础,成本风险常超支转移到私营部门(许多人不认为DB是在公私合作范围内,并考虑公共工程合同等合同)。

运营执照:在一段指定期间内,私营部门被颁布运营执照或被授权来运作一项公共服务。本政策经常用于信息技术项目。

可融资性:一个项目有产生足够现金流的能力偿还融资,要考虑到有关的项目风险。

特许权协议/合同:政府和项目公司或赞助者签订的协议或合同,允许建设、发展、运营某一项目,政府通过协议/合同授权项目公司或赞助者垄断地位或其他特权。

特许权期间:私营部门运营公共设施服务或资产的阶段。在特许权期间,在事先达成共识的条件下,公共设施资产转交回政府。

联盟:有意愿联合作为项目资助者的一组公司。

建设成本:所有与建设工程翻译有关的成本类型(包括拨款、承诺费、支出或完工估算)。

建设风险:有关工程发展中施工阶段的风险。

汇率风险:交叉汇率和外汇可用性风险。

DG TREN:在欧盟委员会中负责区域交通和能源政策的理事会成员。

融资关闭:关于工程外部融资安排和合同的结束。

融资协议/合同:提供在工程承包模式中定义的支撑工程的融资和赞助商的文件。

融资风险:无法从银行贷款或资本市场中获得工程必需资金的风险。虽然这对工程的赞助商来说是绝对的风险,也是当地政府承当的主要风险,但这也解释了融资关闭的重要性。

基础设施缺口:在现有基础设施和推动地区经济发展的基础设施建设需要之间的落差。

运营风险:由于内部运营过程不完善或失败、人员系统或是运营阶段外部意外导致的损失风险。

私人主动融资:英国政府与社会资本合作项目的原始缩写,有时指主要基于可用付款合同的政府与社会资本合作子项目。

政治风险:用来描述由政府决定或影响的因素所产生的风险的总称。外部风险,如货币兑换、战争、制裁等,这些是可以被避免、被对冲或被投保的,可显著减轻欧盟和欧洲货币联盟成员的负担。内部风险,如税收、恐怖主义、通货膨胀和罢工,这些通常是无法避免或被保险的,特别是影响政府与社会资本合作工程的风险。

私人资助:私人合作方提供的资金。

私营部门:不受国家控制的经济实体,即多种实体如私人公司、跨国公司、私人银行、非政府组织等。

公共出资:公共部门对项目的资助水平。

公共担保(或主权担保):依据条件条款和工程文件,政府所承诺的资金/措施。

公共部门比较基准(PSC):是指在按照行业内部惯例方式下,进行的风险调整和评估全部工程的周期成本。一般 PSC 用净现值概念表述。

股本回报率:是指特别项目盈利减去优先股分红,除以平均股东权益的平均值。公司的普通股股东,是唯一没有固定回报的资本提供者。

创收(RG)项目:一个涉及基础设施的项目,其使用涉及用户直接承担的费用以及因出售或出租土地或建筑而产生的任何经营活动。

风险:是指可以改变工程预期现金流量预测的事件。

辛迪加:通过融资的承销商邀请其他银行参与融资的过程。

主权风险:政府将无法履行其对外承诺的风险。根据定义,所有的政府都能履行其资本义务,因此以本国货币发行的政府债券被认定对本国货币的经济主体来说为零风险。

特殊目的公司/特殊目的载体(SPV):赞助商建立的特殊用途工程合资企业,负责特殊项目的交付。

赞助商:是指希望发展项目和融资的一方参与者(有自己的股份或次级债和其他项目融资)。项目公司的股东被称为赞助商。

介入权:与私营和公共部门相关的权利,即在特定条件下,根据特许权合同,履行或允许第三方履行特殊目的公司义务的权利。

传统采购:基础设施项目通过招标采购,招标包含唯一的相关基础设施建设。

交通风险:与交通基础设施项目相关的风险,即使用者不足以达到公认的回报要求。

跨欧洲交通网络(TEN-T):欧盟指定的公路、铁路、内河交通、机场、港口、内陆港口和交通管理系统。该系统为欧洲大陆服务,运营大量的长距离交通,带动欧盟中各国的地理和经济大团结。

融资承销:基于某些限制条件,一组银行提出承诺,保证提供项目已商定的全部融资。

承保风险:在风险造成不良后果的情况下,正式协议承担一定的风险和偿还合作方义务。

资金价值(VFM):与服务、产品或过程的经济、效益和效率有关的概念,即输入成本与产出的价值的产品寿命周期成本的比较,以及所含资源已使用和已管理的定性和定量判断方法。

产品寿命:周期成本工程在设计、建设、运营和维护设施过程中产生的全部费用。

资料来源:

(1) Hybrid PPPs: Levering EU funds and private capital, Price Waterhouse Coopers LLP and the World Bank, January 2006.

(宋丽珏 译)

南非

1999年《公共财政管理法》第1号法案

[1999年3月2日通过]

[生效日期:2000年4月1日]

(除非另有说明)

(该英文文本由总统签署)

该法令已于2017年2月24日更新为40637号政府公报

经过以下法案修改

1999年《公共财政管理法修正案》第29号法案

地方政府:2000年《市政体系法案》第32号法案

2003年《司法人员法案》第28号法案

[自2003年11月1日起生效]

2004年《公共审计法》第25号法案

2007年《南非航空法》第5号法案

[自2009年7月13日起生效]

2007年《公共卫生法修正案》第30号法案

[自2008年4月1日起生效]

2007年《宽带接入法》第33号法案

2007年《南非快递法》第34号法案

2009年《议会财政管理法》第10号法案

2013年《全国卫生法修正案》第12号法案

[自2013年9月2日起生效,除非另有规定]

一 般 说 明

请注意,依据第34350号政府公报发布的GNR.501,2000年《优惠采购政策框架法》第5号法案及其法规适用于所有公共机构(参见本法附表2和附表3),于2011年12月7日起生效。

编 者 按

1. 请注意,本法中的措辞和章节编号正确反映了 1999 年 3 月 2 日第 19814 号政府公报、1999 年 4 月 30 日第 19978 号政府公报各自发布的本法和本法修正案。

此外,还应注意,尽管已编制修正案,但英国和南非荷兰语版本法案仍存在差异。

2. 请注意政府公报刊的公告细节,即本法修改的附表在附表起始部分进行注释。

法 案

规制中央政府和省级政府的财政管理;确保政府所有收入、支出、资产和负债管理的高效性与有效性;确保政府有效地管理收入、支出、资产和负债;规定授予该政府财政管理职责的官员;规定其他相关的事项。

[长标题由 1999 年第 29 号法案第 47 条规定代替。]

条 款 安 排

[条款安排由 1999 年第 29 号法案第 48 条规定修改。]

第 1 章
本法的释义、目的、适用与修订

1. 定义
2. 本法目的
3. 本法适用的机构
4. 本法修正案

第 2 章
中央财政部和中央岁入基金

第 1 部分:中央财政部

5. 设立
6. 职权
7. 融资、现金管理和投资框架
8. 年度联合财务报表
9. 财务统计和汇总数据
10. 中央财政部的授权

第 2 部分:中央岁入基金

11. 中央岁入基金控制

12. 南非岁入基金税务局的存款与取款
13. 中央岁入基金的存款
14. 豁免的撤销
15. 中央岁入基金的取款和投资
16. 突发情况下的资金使用

第 3 章
省级财政部门和省级岁入基金

第 1 部分:省级财政部门

17. 设立
18. 职能和权力
19. 年度联合财务报表
20. 省级财政部门的授权

第 2 部分:省级岁入基金

21. 省级岁入基金控制
22. 省级部门向省级岁入基金存入的款项
23. 撤销省级岁入基金的豁免
24. 从省级岁入基金提取资金
25. 突发情况下的资金使用

第 4 章
中央预算和省级预算

26. 年度拨款
27. 国家年度预算
28. 多年期预算估计
29. 年度预算通过前的支出
30. 中央预算调整
31. 省级预算调整
32. 发布预算状况报告
33. 代扣拨款资金
34. 未经授权的支出
35. 无资金授权

第 5 章
政府部门与宪法确立的机构

第 1 部分:任命会计主管

36. 会计主管
37. 代理会计主管

第 2 部分:会计主管的职责

38. 会计主管的一般职责
39. 会计主管有关预算控制的职责
40. 会计主管的报告责任
41. 会计主管提交的信息
42. 会计主管转让资产和债务时产生的责任
43. 主要岁入拨款项目间结转

第 3 部分:政府部门和宪法确立的机构的其他官员

44. 会计主管的职权分配
45. 其他人员的职责

第 6 章
公 共 机 构

第 1 部分:本章的适用

46. 适用
47. 附表中未列的公共机构
48. 公共机构的分类

第 2 部分:公共机构的会计系统

49. 会计系统
50. 会计系统的受托责任
51. 会计系统的一般责任
52. 附表 2 中公共机构和国有企业的年度预算和经营计划
53. 附表 3 中非国有公共机构的年度预算
54. 会计系统提交的信息
55. 年度报告和财务报表

第 3 部分:其他公共机构官员

56. 会计系统的职权分配
57. 其他官员的职责

第 4 部分:外部审计师

58. ……

59. ……
60. ……
61. ……
62. ……

第 7 章
执 行 机 构

63. 执行机构的财务责任
64. 具有财政意义的执行机构命令
65. 提交立法机构审议

第 8 章
贷款、担保和其他承诺

第 1 部分：一般原则

66. 对举债、担保和其他承诺的限制
67. 没有省级政府对外承诺
68. 未经授权交易的后果
69. 公共机构举债条例
70. 内阁成员的担保、赔偿和抵押

第 2 部分：国家政府举债

71. 部长可以贷款的目的
72. 签署贷款协议
73. 贷款的利息及偿还为直接支付
74. 偿还、转换与联合贷款
75. 因抵押产生的留置权

第 9 章
一般国库事务

76. 财政部法规和命令
77. 审计委员会
78. 公布财政部条例草案征求公众意见
79. 不遵循财政部条例、命令或条件
80. 确定国债利率

第 10 章
财务不端行为

第 1 部分：纪律处分程序

81. 政府部门与宪法确立的机构官员的财务不端行为
82. 财政部官员的财务不端行为
83. 公共机构中会计系统和官员的财务不端行为
84. 纪律处分程序的可适用法律制度
85. 规制财务不端行为的条例

第 2 部分：刑事诉讼程序

86. 犯罪与刑罚

第 11 章
会计准则委员会

87. 设立
88. 构成
89. 委员会职能
90. 委员会权力
91. 会计准则委员会条例

第 12 章
杂　　项

92. 豁免
93. 过渡性条款
94. 立法废止
95. 标题及生效日期

附表 1　宪法确立的机构
附表 2　主要公共机构
附表 3　其他公共机构
附表 4　免除中央岁入基金
附表 5　中央岁入基金的直接支付
附表 6　立法废止

第 1 章
本法的释义、目的、适用与修订

1. 定义

在本法中,除非上下文另有说明——
"**会计主管**"指第 36 条中提到的个人。
"**会计系统**"指第 49 条中提到的团体或个人。
"**会计准则委员会**"指依据第 87 条规定设立的委员会。
"**年收入分配法**"指依据《宪法》第 214 条第(1)款规定,每年应颁布的议会法案。
"**宪法确立的机构**"指附表 1 所列机构。
"**部门**"指中央或省级部门、中央或省级政府的组成部门。
["部门"的定义由 1999 年第 29 号法案第 1(a)条和 2007 年第 30 号法案第 43 条代替。]
"**行政机构**"——
(a) 就中央部门而言,指对该议会部门负责的内阁成员;
(b) 就省级部门而言,指对该部门省级立法机构负责的省级执行委员会成员;
(c) 就中央公共机构而言,指对公共机构议会或其他部长职责范围负责的内阁成员;
(d) 就省级公共机构而言,指对该公共机构省级立法机构或其他部长责任范围负责的省级执行委员会成员。
["行政机构"的定义由 1999 年第 29 号法案第 1(b)条代替。]
"**财政年度**"——
(a) 指每年 3 月 31 日止;
(b) 就本法生效时即存续并依据其他立法具有不同财政年度的公共机构而言,若国家国库批准该财政年度,则指该财政年度。
[(b)项由 1999 年第 29 号法案第 1(c)条修订。]
"**财务报表**"至少应当包括下列组成部分——
(a) 资产负债表;
(b) 利润表;
(c) 现金流量表;
(d) 其他报表;
(e) 附注。
"**毫无结果的或浪费的支出**"指徒劳无益且经合理注意可以避免的支出。
"**普遍认可的会计准则**"指会计实务应遵守会计准则委员会颁布的重要准则。
"**不合常规的支出**"指除未经授权的支出外,违反或未依据可使用法律的支出,包括——

(a) 本法；

(b) 1968年《国家招标委员会法》第86号法案，或根据该法作出的所有法规；

(c) 规制地方政府采购程序的地方法规。

["不合常规的支出"的定义由1999年第29号法案第1(d)条修订。]

"主要岁入拨款"指主要岁入拨款项目——

(a) 规定该项目应拨付的总金额；

(b) 经议会或省级立法机构批准，适当且为拨款项目的一部分。

["主要岁入拨款"的定义由1999年第29号法案第1(e)条修订。]

"财政MEC"指负责省级财政的地方执行委员会成员

["财政MEC"的定义由1999年第29号法案第1(f)条插入。]

"部长"指财政部长。

"中央部门"指《公共卫生法》附表1中所列部门(1994年第103号公告)，但不包括总理办公室。

["中央部门"的定义由2007年第30号法案第43条代替。]

"中央国有企业"指某一机构——

(a) 是由中央行政机构控制所有权的法人；

(b) 已被赋予进行商业活动的财政权和经营权；

(c) 依据一般业务原则提供货物或卫生，并将其作为主要业务；

(d) 资金全部或基本上来源于——

(i) 中央岁入基金；

(ii) 通过税收、征税或其他法定货币的方式。

"中央政府的组成部门"指1994年《公共卫生法》附表3第1部分所列中央政府的组成部门。

["中央政府的组成部门"的定义由2007年第30号法案第43条增加。]

"中央公共机构"指——

(a) 中央国有企业；

(b) 委员会、公司、企业、基金或其他机构(除国有企业之外)——

(i) 依据国家立法设立；

(ii) 全部或基本由中央岁入基金或以税收、征税或国家立法规定的其他货币；

(iii) 对议会负责。

"中央财政部"指依据第5条设立的中央财政部。

"超支"——

(a) 指项目支出超出对其拨付的款项；

(b) 依据第43条，指主要岁入拨款项目的支出超出对其拨付的款项。

"所有权控制"就某一机构而言，指具有行使下列财政权和经营权的能力，以从其活动中获利——
(a) 任命或撤职该机构董事会或类似管理机构的全体或多数成员;
(b) 任命或撤职该机构的首席执行官;
(c) 在董事会或类似管理机构中投全体票或多数票;
(d) 在该机构的股东大会上规制全部或多数表决权。
"规定" 指依据第76条规定。
"省级部门" 指——
(a) 1994年《公共卫生法》附表1所列总理办公室;
(b) 1994年《公共卫生法》附表2所列地方部门。
["省级部门"的定义由1999年第29号法案第1(g)条和2007年第30号法案第43条插入。]
"省级国有企业" 指某一机构——
(a) 是由地方行政机关控制所有权的法人;
(b) 已被赋予进行商业活动的财政权和经营权;
(c) 依据一般业务原则提供货物或卫生,并将其作为主要业务;
(d) 资金全部或基本上来源于以下——
(i) 省级岁入基金;或
(ii) 通过税收、征税或其他法定货币的方式。
["省级国有企业"的定义由1999年第29号法案第1(g)条插入。]
"省级政府的组成部门" 指1994年《公共卫生法》附表3第2部分所列的省级政府组成部门。
["省级政府的组成部门"的定义由2007年第30号法案第43条增加。]
"省级公共机构" 指——
(a) 省级国有企业;
(b) 董事会、委员会、公司、企业、基金或其他机构(除省级国有企业以外)——
(i) 依据立法或省级宪法设立;
(ii) 全部或基本由省级岁入基金或通过税收、征税或立法规定的其他货币来提供资金;
(iii) 向省级立法机构负责。
["地方公共机构"的定义参见1999年第29号法案第1(g)条。]
"省级财政部门" 指依据第17条规定设立的财政部门。
["省级财政部门"的定义参见1999年第29条法案第1(g)条。]
"公共机构" 指国家或地方公共机构。
["公共机构"的定义参见1999年第29条法案第1(h)条。]
"岁入基金" 指——
(a) 《宪法》第213条所述的中央岁入基金;
(b) 《宪法》第226条所述的省级岁入基金。

["岁入基金"的定义参见1999年第29号法案第1(i)条。]

"本法"包括第69、76、85或91条的规则和指令。

"商业经济主体"指在货品或卫生交易领域运行的机构,并依据以下情况设立——

(a) 就国家部门而言,经中央财政部批准;

(b) 就地方部门而言,在规定框架内经相关省级财政部门批准。

["商业经济主体"的定义参见1999年第29号法案第1(j)条。]

"国库"依据不同情况,指中央财政部或省级财政部门。

["国库"的定义参见第1999年29号法案第1(k)条。]

"未经授权的支出"指——

(a) 在表决中超额投票或主要表决;

(b) 按照主要分工目的。

"表决"指拨款法案的主要部分之一,并且——

(a) 确定拨款法案中向每一部门的拨款总额;

(b) 在批准相关拨款法案草案前,由议会或地方立法机关在合适的情况下分别批准。

["表决"的定义参见1999年第29号法案第1(l)条。]

2. 本法目的——公共部门对收入、支出、资产和债务必须有负责且透明的管理。

3. 本法适用的机构

(1) 依据本法所指的范围,该法适用于——

(a) 部门;

(b) 附表2或3中列明的公共机构;

(c) 宪法确立的机构;

(d) 依据第(2)款规定地方级立法机关。

[(d)项由1999年第29号法案第2(a)条代替,并由2009年第10号法案第72(b)(i)条修订。]

(2) 本法的规定适用于——

(a) ……

[(a)项由2009年第10号法案第72(b)(ii)条废除。]

(b) 地方立法机关,以及依据规定由地方立法机关发言人履行的中央财政部和省级财政部门的规制和监管职能。

[(b)项由1999年第29号法案第2(b)条增加。]

(3) 在本法与其他所有立法不一致的情况下,本法的效力优先。

4. 本法修正案

拟定可引进议会的立法,该立法能够直接或间接修改本法,或促进可能与本法相冲突的从属立法的颁布——

(a) 仅由部长引进议会;

(b) 仅在部长就立法草案的内容进行商议之后才能引进议会。

第 2 章
中央财政部和中央岁入基金

第 1 部分:中央财政部

5. 设立

(1) 中央财政部特此设立,包括——

(a) 部长,作为中央财政部的负责人;

(b) 中央部门或负责金融和财政事务的部门。

(2) 部长作为中央财政部的负责人,负责制定财政政策和其他决定,依据第 10 条授权或指示所作出的决定除外。

6. 职权

(1) 中央财政部应——

(a) 完善中央政府的财政政策框架并促进宏观经济政策的协调发展;

(b) 协调政府间经济和财政关系;

(c) 管理预算编制程序;

(d) 规制年度国家预算的实施,包括调整预算方案;

(e) 促进年收入分配法的实施;

(f) 监管地方预算实施情况;

(g) 就部门、公共机构和宪法确立的机构的收入、支出、资产和负债方面而言,促进增强其透明度及有效管理;

(2) 在第(1)款明确规定的所需履行职能的范围内,中央财政部应——

(a) 制定统一的国库规则和标准;

(b) 执行本法和所有制定的规则和标准,包括普遍认可的会计实务和统一的分类体系方面所有中央部门标准;

(c) 监督和评估本法在公共机构和宪法确立的机构中的实施,包括所有制定的规范和标准;

[(c)项由 1999 年第 29 号法案第 3 条代替。]

(d) 可以协助部门和宪法确立的机构建立高效、有效、透明的财务管理的能力；

(e) 可以调查所有部门、公共机构或宪法确立的机构的财务管理和内部调控体制；

(f) 采用合理步骤进行干预，其中可以包括依据《宪法》第 100 条规定的步骤或依据《宪法》第 216 条第 2 款规定的代扣资金，以解决部门、公共机构或宪法确立的机构的严重持久的实质性违法问题；

(g) 可以为有效履行职责而进一步实施其他必要措施。

(3) 第(1)款(g)项和第(2)款仅在本法所指的范围内适用于附表 2 列明的公共机构。

7. 融资、现金管理和投资框架

(1) 中央财政部应制定一个框架，其中附表 3 列明的部门和公共机构以及宪法确立的机构应进行现金管理。

(2) 依据规定的框架，有权开立银行账户的部门、公共机构或宪法确立的机构仅在以下情况下可开立银行账户——

(a) 在南非注册并经中央财政部书面批准的银行；

(b) 在遵守规定的招标程序之后。

(3) 附表 3 中列明的部门、公共机构或宪法机构，不能在海外开立银行账户或开设外国银行，除非经中央财政部书面同意。

(4) 依据制定的框架，中央财政部可以为公共机构、宪法确立的机构和经授权可设立银行或其他账户的部门制定投资政策。

(5) 为附表 3 列明的部门、公共机构、宪法机构或其他持有附表 3 列明的部门、公共机构或宪法确立的机构资金的机构开立银行账户的银行，当中央财政部或审计署提出要求，或对于地方部门、地方公共机构而言，由中央财政部、审计署或相关省级财政部门提出要求时，应及时披露相关账户信息。

［第(5)款由 1999 年第 29 号法案第 4 条代替。］

8. 年度联合财务报表

(1) 中央财政部应——

(a) 按照普遍认可的会计准则编制每一财政年度的联合财务报表，涉及以下方面——

(i) 中央部门；

(ii) 中央行政部门控制的公共机构；

(iii) 立法性机构；

(iv) 南非储备银行；

(v) 审计署；

(vi)议会。
(b)这些报表必须在财务年度结束后3个月之内提交审计署。
(2)审计署应对联合财务报表进行审计,并在收到报表后3个月之内将审计报告提交中央财政部。
(3)部长应在收到审计署报告后1个月之内,将联合财务报表和该报表的审计报告提交议会两院审议。
(4)联合财务报表在提交议会时,必须公之于众。
(5)如果部长未能在与该财务报表相关的财政年度结束后7个月之内,将联合财务报表和审计署对该财务报表的报告提交议会,则——
(a)部长必须向议会提交一份书面说明,说明其未提交的理由;
(b)审计署可就迟延问题出具特别报告。
(第8条的生效日期:2003年4月1日。)

9. 财务统计和汇总数据

中央财政部按照国际标准每年编制各级政府的财务统计和汇总数据,并在政府公报中予以公布。

10. 中央财政部的授权

(1)部长可以——
(a)依据本法规定以书面的形式将授予中央财政部的权力授予中央财政部部门负责人,或指示部门负责人行使依据本法授予中央财政部的职责;
(b)就地方部门或地方公共机构而言,依据本法规定以书面形式将授予中央财政部的权力授予省级财政部门,或要求省级财政部门履行本法所规定的分配给中央财政部的职责,正如部长和相关的财政执行委员会成员所同意的。
[(b)项由1999年第29号法案第5(a)条增加。]
(2)依据第(1)款规定的形式向中央财政部或省级财政部门的负责人进行授权、下达指令或提出请求——
(a)依据部长有权施加的限制或条件;
(b)在第(1)款(a)项的情况下,可以授权该负责人——
(i)以书面形式将授予的权力转交给另一中央财政部官员,或中央财政部特定职位的持有人,或宪法性机关、部门的会计主管,或公共机构的会计系统;
(ii)指示另一中央财政部官员,或中央财政部特定职位的持有人,或宪法性机关、部门的会计主管,或公共机构的会计系统,履行分配的职责。
(c)在第(1)款(a)项的情况下,可授权省级财政部门——
(i)以书面形式将授予的权力转交给该省级财政部门的官员,或中央财政部特

定职位的持有人,或地方部门的会计主管,或地方公共机构的会计系统;

(ii) 指示该省级财政部门的官员,或省级财政部门特定职位的持有人,或地方部门的会计主管,或地方公共机构的会计系统,履行分配的职责。

[(c)项由1999年第29号法案第5(d)条插入。]

(d) 不剥夺部长行使所授予权力或履行所分配职责的责任。

[第(2)款由1999年第29号法案第5(b)条修改。]

(3) 部长可依据可能授予的权力,确认、改变或撤销由中央财政部部门负责人作出的所有决定,或依据第(1)款(a)项或(b)项规定的授权、指示或要求由省级财政部门作出的所有决定,或依据第2款(b)项或(c)项等授权由财政部官员、会计主管或会计系统作出的所有决定。

[第(3)款由1999年第29号法案第5(e)条代替。]

第2部分:中央岁入基金

11. 中央岁入基金控制

(1) 中央财政部负责中央岁入基金,并应遵守《宪法》第213条的规定,即——

(a) 除由该法或其他议会法案合理排除的资金外,中央政府收到的所有资金应支付给国家岁入基金;

(b) 不得从国家岁入基金中提取资金,除了——

(i) 依据议会法案的拨款;

(ii) 依据第15条第(1)款(a)项(ii)目,作为对国家岁入基金的直接支出。

(2) 拟定立法草案,规定从中央岁入基金提取的资金作为对中央岁入基金的直接支付,该草案仅在征询部长同意后才能在议会中引入。

(3) 应支付给中央岁入基金的资金,须依据规定的要求通过将其存入国家岁入基金的银行账户汇入国家岁入基金。

(4) 中央财政部应建立针对国家岁入基金合理有效的现金管理和金融管理。

(5) 中央财政部应确保国家岁入基金时刻保有足够的资金。

12. 南非岁入基金税务局的存款与取款

(1) 南非税务局应依据中央财政部制定的框架,立即将其为岁入基金收取的税款、征税、关税、税金等其他费用存入岁入基金。

(2) 尽管第15条第(1)款另有规定,南非税务局仍可向国家岁入基金取款——

(a) 以退还所有税款、征税或关税,或与其有关的所有其他费用;

(b) 以退还其他经中央财政部批准的资金;

(c) 以向南非关税同盟成员转移其代为收取的费用。

(3) 中央财政部应及时将由南非税务局收取的涉及地方并存入国家岁入基金

的一切税收、征税、关税、费用和其他款项转移至省级岁入基金。

（4）第（2）款或第（3）款中的提款是对中央岁入基金的直接支付。

13. 中央岁入基金的存款

（1）中央政府收到的所有资金应进入中央岁入基金，除了通过以下途径收到的资金——

（a）……

[（a）项由 2009 年第 10 号法案第 72（b）（iii）条废除。]

（b）国家公共机构；

（c）南非储备银行；

（d）审计署；

（e）中央政府依据立法或与捐助人的协议，应将从来自捐助机构的资金放入重建和发展项目基金；

（f）中央部门——

（i）经营商业经济主体，如果在正常交易过程中收到资金；

（ii）交由特定个人或部分人或为某一特定目的；

（iii）另一部门为该部门提供代理服务；

（iv）如果是附表 4 所述的资金类型。

（g）宪法确立的机构——

（i）交由特定个人或部分人或为某一特定目的；

（ii）如果该资金是附表 4 所述的资金类型。

（2）附表 2 或 3 未列明但依据第 47 条规定需要列明的中央公共机构不适用第（1）款（b）项的豁免情形。

（第（2）款的生效日期：2001 年 4 月 1 日。）

（3）拟定立法草案规定，可以有资金不纳入中央岁入基金的支付款项，但只有部长就其合理性进行协商并同意后，才能将该立法草案引入议会。

（4）为了维护立法的一致性，所有与第（1）款不一致的立法都没有法律效力。

（5）由附表 2 或 3 列明的国家公共机构、南非储备银行或审计署收集的资金应支付给有关机构开立的银行账户。

[第（5）款由 2009 年第 10 号法案第 72（b）（iv）条修订。]

14. 豁免的撤销

（1）从决定之日起，中央财政部可依据第 13 条第（1）款的规定撤销授予中央部门、宪法确立的机构或中央公共机构的豁免，包括该部门收到的所有资金或特定类别的资金，如果——

（a）在《宪法》第 213 条规定的范围内，该豁免是不合理的；

(b) 如果中央财政部认为该豁免有助于提高透明度,有助于形成更高效、有责的财务管理,则有必要撤销豁免。

(2) 依据第 13 条第(1)款的规定,不得撤销下列公共机构的豁免——

(a) 国有企业,是公司但国家不是唯一的股东;

(b) 附表 2 列明的国家公共机构。

(3) 依据第(1)款规定撤销豁免生效的起始日期至相关财政年度终止时,如果转让金额不超过中央岁入基金收入的金额,中央财政部可以将资金从中央岁入基金转移至受豁免撤销影响的中央部门或公共机构,该资金为对基金的直接支付。

(4) 若依据第(1)款存在撤销豁免的情形,部长应立即通知议会。

15. 中央岁入基金的取款和投资

(1) 只有中央财政部可以从中央岁入基金中提取资金,并仅在以下情况下——

(a) 提供经授权的资金——

(i) 依据议会法案的拨款;

(ii) 依据宪法或本法,作为对中央岁入基金的直接支付,或在议会的其他法案中附表 5 所列明的直接支付。

(但书的生效日期:2001 年 8 月 31 日。)

(b) 将由地方投资的资金退还中央岁入基金;

(c) 退还中央岁入基金错误或不适当支付的款项。

(2) 依据第(1)款(b)项或(c)项的支付是对中央岁入基金的直接支付。

(3) (a) 中央财政部可以暂时将不急需的资金投入共和国或其他地方的国家岁入基金;

(b) 当运用中央岁入基金的资金进行投资时,其投资包括赚取的收益都归入中央岁入基金。

16. 突发情况下的资金使用

(1) 部长可以有权用来自中央岁入基金的资金支付意外支出。这种意外支出并未包含在预算之中,但又不能推迟到议会拨付下期资金之后再支出,否则会损害公众利益。

(2) 依据第(1)款的规定,拨付总金额不得超过本财政年度国家预算总金额的 2%。

(3) 依据第(1)款拨付的金额是对中央岁入基金的直接支付。

(4) 依据第(1)款拨付的金额应——

(a) 在 14 天之内向议会和审计署报告,或如果拨付金额用于安排社会保障卫生,则该期间由总统确定;

(b) 由投票决定。

(5)依据第(4)款(a)项向议会提交的报告应在国民大会中进行审议并予以公布。

(6)第(1)款规定的支出应包括在下一财政年度的调整预算中,或包括在其他经国民大会审议的拨款立法中,并且应在部长拨付资金后的 120 天或更短的时间内。

第 3 章
省级财政部门和省级岁入基金

[第 3 章由 1999 年第 29 号法案第 6 条插入。]

第 1 部分:省级财政部门

17. 设立

(1)每个省都有一个省级财政部门,由以下各部分组成——
(a)作为省级财政部门负责人的地方财政执行委员会成员;
(b)负责地方财政事务的地方部门。

(2)作为省级财政部门负责人的财政执行委员会成员制定有关国库的政策并作出其他决定,依据第 20 条规定的就委托或指示作出的决定除外。

[第 17 条由 1999 年第 29 号法案第 6 条插入。]

18. 职能和权力

(1)省级财政部门应——
(a)编制地方预算;
(b)监管地方预算的实施;
(c)促进并加强地方部门和地方公共机构的收入、支出、资产、债务方面的透明度和有效管理;
(d)确保其财政政策不会极大且不合理地损害国家经济政策。

(2)省级财政部门——
(a)应发布与本法一致的省级财政部门指令;
((a)项规定的生效日期:2001 年 8 月 31 日。)
(b)地方部门应执行本法以及制定的中央和地方的规则及标准,包括制定的公认会计惯标准和统一的分类体系;
(c)应遵守年度税收分配法案,并且监督和评估地方公共机构对该法案的实施;
(d)应监督和评估地方公共机构对中央和地方的规则及标准的实施;
(e)可以帮助地方部门和地方公共机构建立高效、有效、透明的财务管理能力;

(f) 可以调查应用于地方部门或地方公共机构的财务管理体制和内部调控方式；

(g) 应采取适当的措施进行干预,包括地方部门或地方公共机构通过扣缴资金以防止长期严重违反该法案；

(h) 依据本法规定,应及时提供中央财政部所需的信息；

(i) 可以为有效履行职责而进一步实施必要措施。

[第 18 条由 1999 年第 29 号法案第 6 条插入。]

19. 年度联合财务报表

(1) 省级财政部门必须——

(a) 按照普遍认可的会计准则编制每一财政年度的联合财务报表,具体内容涉及以下方面——

(i) 各省级部门；

(ii) 省级行政部门控制的公共机构；

(iii) 省级立法机构。

(b) 这些联合财务报告必须在财务年度结束后 3 个月之内提交审计署。

(2) 审计署应对联合财务报表进行审计,并在收到报表后 3 个月之内将审计报告提交相关省级财政部门。

(3) 省级财政执行委员会成员应在收到审计署报告后 1 个月之内,将联合财务报表和审计报告提交地方立法机构审议。

(4) 当向省级立法机构提交这些报告时,这些报告必须被公之于众。

(5) 如果财政执行委员会成员未能在与该财务报表相关的财政年度结束后 7 个月之内,将联合财务报表和审计署对该财务报表的报告提交省级立法机构,则——

(a) 财政执行委员会成员应向立法机构提交一份书面说明,说明其未提交的理由；

(b) 审计署可就迟延问题出具特别报告。

[第 19 条由 1999 年第 29 号法案第 6 条插入。]

(第 19 条的生效日期：2003 年 4 月 1 日。)

20. 省级财政部门的授权

(1) 地方财政执行委员会成员可以依据本法将授予省级财政部门的权力书面授予第 17 条第(1)款(b)项提及的部门部长,或指示部门部长履行依据本法授予省级财政部门的职责。

(2) 第(1)款所述的给予第 17 条第(1)款(b)项所述的部门部长的授权或指示——

(a) 受财政执行委员会成员有权施加的限制条件的约束；

(b) 有权授权该部长——

(i) 以书面形式将授予的权力分派给另一国库官员或该国库的特定职位持有人，或地方部门的会计主管，或地方公共机构的会计系统；

(ii) 指示另一地方财政官员或该国库的特定职位持有人，或地方部门会计主管，或地方公共机构的会计主管机关履行授予的职责。

(c) 不能分摊财政执行委员会成员有关履行授予的权力与委派的职责的责任。

(3) 财政执行委员会成员可根据本条第(1)款规定的授权和指示确认、变更或撤销第 17 条第(1)款(b)项所述部门部长所作的所有决定，或通过第(2)款(b)项授权的国库官员或会计系统，依据作为结果授予的权力。

[第 20 条由 1999 年第 29 号法案第 6 条插入。]

第 2 部分：省级岁入基金

21. 省级岁入基金控制

(1) 省级财政部门负责省级岁入基金，并且应遵守《宪法》第 226 条的规定，即——

(a) 除有本法或其他议会法案合理排除的资金以外，地方政府收到的所有资金应立即支付给基金；

(b) 不得从国家岁入基金中提取资金，除了——

(i) 依据地方法案的拨款；

(ii) 在宪法或地方法令中作为对基金的直接支付。

(2) 应按照制定的要求向省级岁入基金支付的资金应通过将其存入须依据规定的要求通过将其存入国家岁入基金的银行账户汇入国家岁入基金。

(3) 省级财政部门应依据第 7 条规定的框架建立针对地方国家岁入基金合理有效的现金管理和金融管理。

[第 21 条由 1999 年第 29 号法案第 6 条插入。]

22. 省级部门向省级岁入基金存入的款项

(1) 地方政府应依据年度收入分配法将所收的包括地方公平份额和补助金在内的所有资金纳入省级岁入基金，除了由以下机构收入的资金——

(a) 省地方立法机关；

(b) 省地方公共机构；

(c) 依据立法或与捐助者的协议，地方政府从捐助机构收到的资金应纳入重建和发展项目基金；

(d) 省地方部门——

(i) 经营商业经济主体，如果在正常交易过程中收到资金；

(ii) 交由特定个人或部分人或为某一特定目的;

(iii) 另一部门为该部门提供代理服务;

(iv) 依据年度税收分配法,如果该法案规定该资金不用纳入国家岁入基金;

(v) 如果是附表4所述的资金类型。

(2) 附表3未列明但依据第47条规定需要列明的省地方公共机构不适用第(1)款(b)项的豁免情形。

(第(2)款的生效日期:2001年4月1日。)

(3) 拟定立法草案规定,可以有资金不纳入省级岁入基金的支付款项,但只有部长就其合理性进行协商并同意后,才能将该立法草案引入议会。

(4) 为了维护立法的一致性,所有与第(1)款不一致的立法都没有法律效力。

(5) 由第3条规定的地方立法机关或地方公共机构收入的资金应纳入有关机构开立的银行账户。

[第22条由1999年第29号法案第6条插入。]

23. 撤销省级岁入基金的豁免

(1) 经查阅相关省级财政部门,中央财政部可自其确定之日起,撤销其依据第22条第(1)款授予地方部门或地方公共机构的豁免,包括由该部门或公共机构收入的所有资金或特定类型的资金。如果——

(a) 在《宪法》第226条规定的范围内,该豁免是不合理的;

(b) 如果中央财政部认为该豁免有助于提高透明度,有助于形成更高效、有责的财务管理,则有必要撤销豁免。

(2) 依据第22条第(1)款的规定,如果中央财政部事先书面同意该省加入但并非独立出资该公司,即该地方国有企业是一家公司且相关省不是唯一股东,则不得撤销该地方国有企业的豁免。

(3) 依据第(1)款规定撤销豁免生效的起始日期至相关财政年度终止时,省级财政部门可将作为对基金直接支付的资金从省级岁入基金转移至受豁免撤销影响的地方部门或地方公共机构——

(a) 如果地方法案规定该转移为直接支出;

(b) 规定转让的金额不得超过原本豁免的数额。

(4) 若依据第(1)款存在撤销豁免的情形,部长应立即通知议会。

[第23条由1999年第29号法案第6条插入。]

24. 从省级岁入基金提取资金

(1) 只有省级财政部门才能从省级岁入基金中提取资金,并仅在为以下目的可以——

(a) 提供经授权的资金——

(i) 依据地方法案的拨款;

(ii) 依据宪法或地方法案,作为对省级岁入基金的直接支付。

(b) 退还对省级岁入基金错误或不适当支付的款项;

(c) 向中央岁入基金存入或投资资金。

(2) 如果地方法案规定,依据第(1)款(b)项或(c)项的支付是对中央岁入基金的直接支付。

(3) (a) 按照制定的框架,省级财政部门可以暂时用非急需的共和国货币投资省级岁入基金;

(b) 当运用省级岁入基金的资金进行投资时,其投资包括赚取的收益都归入国家岁入基金。

[第 24 条由 1999 年第 29 号法案第 6 条插入。]

25. 突发情况下的资金使用

(1) 省级财政部门执行委员会成员有权利用来自省级岁入基金的资金支付意外支出。这种意外支出并未包含在预算之中,但又不能推迟到宪法确立的省级机构拨付下期资金之后再支出,否则会损害省级公众利益。

(2) 依据第(1)款的规定,拨付总金额不得超过本财政年度省级预算总金额的 2%。

(3) 依据第(1)款拨付的金额是对省级岁入基金的直接支付。

(4) 依据第(1)款拨付的金额应——

(a) 在 14 天之内向省级立法机关和审计署报告;

(b) 由投票决定。

(5) 依据第(4)款(a)项向宪法确立的省级机构提交的报告应在宪法确立的机构中进行审议并予以公布。

(6) 第(1)款规定的支出应包括在省级下一财政年度的调整预算中,或包括在其他经省级宪法确立的机构审议的拨款立法中,并且应在省级财政部门执行委员会拨付资金后的 120 天或更短的时间内。

[第 25 条由 1999 年第 29 号法案第 6 条插入。]

第 4 章
中央预算和省级预算

[标题由 1999 年第 29 号法案第 8 条规定代替。]

26. 年度拨款

国会和各地方立法机关应分别根据中央和地方的需求进行拨款。

[第26条由1999年第29号法案第9条插入。]

27. 国家年度预算

(1) 在财政年度初期,或在特殊情况下,由部长决定尽早在国民议会中对财政年度的年度预算进行商议。

(2) 省财政执行委员会成员应将地方财政年度预算交由地方立法机关进行协商,不迟于协商中央年度报告后两周,但部长可以批准延长地方预算的审议时间。

[第(2)款由1999年第29号法案第10(a)条插入。]

(3) 年度预算应符合规定的模型,并且应至少包含——

(a) 对预算涉及的财政年度的所有预期收入的估值;

(b) 在每一表决和每一表决的多数决定中对该财政年度支出的估值;

(c) 对利息和偿债费用的估值,以及偿还贷款费用的估值;

(d) 在该财政年度的每一表决和每一表决的多数决定中,对资本支出的估值,以及对未来财政年度支出的预期财务影响的估值;

(e) 对依据第13条第(1)款或第22条第(1)款规定的该财政年度有关中央岁入基金豁免的估值;

[(e)项由1999年第29号法案第10(b)条代替。]

((e)项的生效日期:2001年8月31日。)

(f) 对该财政年度有关中央岁入基金的所有直接费用与长期拨款的估值;

[(f)项由1999年第29号法案第10(c)条代替。]

(g) 为该财政年度预期赤字提供融资建议;

(h) 该财政年度和未来财政年度,有关举债和其他增加公共债务的形式的意图;

(i) 预期——

(i) 上一财政年度的收入;

(ii) 上一财政年度的每一表决权和每一表决权中多数决的支出;

(iii) 上一财政年度的举债;

(j) 制定的包括多年预算信息在内的其他信息。

(4) 当年度预算引入国民大会或地方立法机关时,每一部门的会计主管应向议会或地方立法机关提交其为部门投票的多数决定制定的适当可测算的目标。相关国库可以协调这些提交的内容并将其整合为一份文件。

[第(4)款由1999年第29号法案第10(d)条代替。]

(第(4)款的生效日期:2002年8月1日。)

28. 多年期预算估计

(1) 省部长和财政执行委员会成员应每年分别在国民议会和该省的地方立法

机关中提出多年预算预测。

(a) 预计在多年内每年纳入的收入；

(b) 预计在多年内每一年表决所产生的预计支出，该支出区别于资本和当前支出。

[第(1)款由1999年第29号法案第11条修订。]

(2) 部长提出的多年预算预测应包含部长提出的重要宏观经济预测。

29. 年度预算通过前的支出

(1) 如果在相关财政年度开始之前，年度预算没有通过，依据本条款，用作该财政年度中央和相关地方卫生费用的基金可以从相关国家岁入基金撤回，直至预算通过。

[第(1)款由1999年第29号法案第12(a)条代替。]

(2) 依据第(1)款规定提取中央岁入基金中的资金——

(a) 只能用于前年度预算或预算调整中应拨款的卫生；

(b) 不得——

(i) 在该财政年度的前四个月内，超过拨于上一年度预算总量的45%；

(ii) 在随后的每个月内，超过拨于上一年度预算总量的10%；

(iii) 总计超过拨于前一年度预算总额。

(3) 第(1)款规定的资金包括在划拨给相关财政年度的资金内，所有从该款退付的资金都应被视为划拨给该财政年度相关年度预算资金的一部分。

[第(3)款由1999年第29号法案第12(b)条代替。]

(4) 省不适用本条规定，除非省级法案规定，依据本条规定，退付的资金作为对省级岁入基金的直接支付。

[第(4)款由1999年第29号法案第12(c)条增加。]

30. 中央预算调整

(1) 部长可于必要时在国民大会中提出预算调整方案。

(2) 中央预算调整可仅供于——

(a) 对重大且不可预见的，影响年度预算制定的财政目标的经济和金融事件进行调整；

(b) 由国家行政机构或接受任务分配的内阁委员会成员建议的，不可预见和不可避免的支出；

(c) 依据第16条规定的支出；

(d) 在提出年度预算时，部长已经宣布的划拨为支出的款项；

(e) 依据第42条规定，资金在票面内的转移或职权的转移；

(f) 依据第43条规定，将表决主要部分的储蓄用于支付另一相同票数表决主要

部分的超额支出;

(g) 上一财政年度未动用资金的结转。

31. 省级预算调整

(1) 依据第(3)款规定,省财政执行委员会成员可在省级立法机关提出预算调整方案。

(2) 地方预算调整仅可供于——

(a) 已成为该省可用资金的拨款;

(b) 由该省地方执行委员会在部长决定的框架下,建议的不可预见和不可避免的支出;

(c) 依据第25条规定的支出;

(d) 在提出年度预算时,财政委员会成员已经宣布的划拨为支出的款项;

(e) 依据第42条规定,资金在票面内的转移或职权的转移;

(f) 依据第43条规定,将表决主要部分的储蓄用于支付另一相同票数表决主要部分的超额支出;

(g) 上一财政年度未动用资金的结转。

(3) 部长可以决定将预算调整提交至地方立法机关的时间以及该预算的格式。

[第31条由1999年第29号法案第13条插入。]

32. 发布预算状况报告

(1) 国家财政部在每月结束后30天之内,在中央政府公报中公布关于国家岁入基金的实际收入和支出报表。

(2) 为了于指定日期结束后30天之内,在中央政府公报中进行公布,在指定日期结束后,至少有一个季度,各省财政部门应向中央财政部提交一次岁入基金的收入和支出报表。

[第(2)款由第29号法案(1999)第14条插入。]

(3) 这些报表必须确切地说明以下指标,并将每一指标与相关财政年度的预算数量进行比较——

(a) 相关期间以及到该期间为止的财政年度的实际收入;

(b) 相关期间以及到该期间为止的财政年度的每期实际支出(区分资本和货币支出);

(c) 相关期间以及到该期间为止的财政年度的实际举债量。

(4) 中央财政部可以决定——

(a) 收入和支出报表的格式;

(b) 报表应包含的其他事项。

33. 代扣拨款资金

相关国库——

(a) 如果某一特定职能转移至另一部门或其他机构,国库可以截扣用于特定职能纳入部门的剩余资金;

(b) 应将剩余的资金分配给其他部门或机构。

[第33条由1999年第29号法案第15条插入。]

34. 未经授权的支出

(1) 除了以下情况外,未经授权的支出不能成为收入基金的支出——

(a) 该支出超过决议提出的支出,并且议会或省级立法机关适当批准作为对有关收入基金的直接支付额外的款项;

(b) 由于另一原因未经授权的支出,议会或省级立法机关适当授权该支出作为对有关收入基金的支出。

(2) 如果议会或省级立法机关不依据第(1)款(a)项批准超出款项,则该款项成为相关决议下一或未来财政年度资金的支付。

[第34条由1999年第29号法案第16条代替。]

35. 无资金授权

编制向地方政府授予额外职权或施加其他义务的国家立法草案,该立法草案应写入备忘录并引入议会,从而预测该职能、权力或义务对地方产生的影响。

[第35条由1999年第29号法案第17条插入。]

第5章
政府部门与宪法确立的机构

第1部分:任命会计主管

36. 会计主管

(1) 每个部门和每一宪法确立的机构都应有一个会计主管。

(2) 依据第(3)款规定——

(a) 部门部长应为该部门的会计主管;

(b) 宪法确立的机构的行政长官应是该机构的会计主管。

(3) 在特殊情况下,相关国库可书面批准或指示除第(2)款规定外的人员担任以下机构的会计主管——

(a) 部门或宪法确立的机构;

(b) 部门内的商业经济主体。

[第(3)款由1999年第29号法案第18(a)条修订。]

(4) 依据第(3)款规定,相关国库可以随时以书面形式撤销批准或指令。

[第(4)款由1999年第29号法案第18(b)条代替。]

(5) 一个部门、商业经济主体或宪法确立的机构的会计主管的雇佣合同应以书面形式完成,并且其内容应尽可能包括绩效标准。第38条至第42条规定在适当情况下被视为构成雇佣合同的一部分。

37. 代理会计主管

当会计主管缺席或不能履行职责时,或在该职位空缺时,会计主管的职能应由其他会计人员代理。

第2部分:会计主管的职责

38. 会计主管的一般职责

(1) 部门、商业经济主体或宪法确立的机构的会计主管——

(a) 确保部门事务、商业经济主体和宪法确立的机构的运行,并——

(i) 建立有效、高效和透明的财务风险管理系统和内部控制系统;

(ii) 确保内部审计系统在审计委员会的控制和指导下遵循该法案的76、77条的执行规定;

(iii) 保持公平、稳定、透明、有效的采购和储备体系;

(iv) 在对项目做出决算之前,适当评估所有主要资本项目的制度。

(b) 有效、高效、经济、透明地使用部门资源、各商业经济主体及宪法确立的机构的资源;

(c) 采取措施——

(i) 为部门事务和商业经济主体及立法机构的运行筹措资金;

(ii) 防止由犯罪行为产生的不合常规的、毫无结果的或浪费的支出和损失;

(iii) 有效、经济地管理可利用的营运资金。

(d) 负责维持部门、商业经济主体和宪法确立的机构的资产,并有效管理部门、商业经济主体和宪法确立的机构的债务;

(e) 完成立法规定的征税、缴税、发放补助和审计的任务;

(f) 履行契约义务,偿付在一定期间内政府承诺的债务;

(g) 一旦发现有未经授权的、不合常规的、毫无结果的或浪费的支出,应立即以书面形式向有关国库报告该支出,并且将涉及产品或卫生采购的支出报告有关投标委员会;

[(g)项由1999年第29号法案第19条代替。]

(h) 应采取有效、适当的纪律措施,以防服务于该部门、商业经济主体或宪法确立的机构的人员——

(i) 违反或不遵守本法的规定;

(ii) 实施违反该部门、商业经济主体或宪法确立的机构的财政管理和内部控制制度的行为;

(iii) 制定或批准未经授权的、不合常规的、毫无结果的或浪费的支出。

(i) 依据年度收入分配法转让资金时,应遵守该法的规定;

(j) 在政府内部或外部将资金(除年度收入分配法规定的补助或转移至宪法确立的机构的资金)转移至公共机构前,应从该公共机构获取书面保证,以确保该公共机构具备有效、高效、透明的财务管理和内部控制制度,或者如果不能出具此种书面保证,则对资金转移制定条件和补救措施,要求该公共机构建立有效、高效、透明的财务管理和内部控制制度;

(k) 如果该部门、商业经济主体或宪法确立的机构对公共机构或个人提供财政资助,则应遵守规定的条件;

(l) 应考虑所有与财务相关的因素,包括适当性、正当性的问题以及资金的价值,当涉及对会计人员产生影响的政策,必要时考虑这些因素,并将这些考虑事项交给负责的行政机构;

(m) 应立即协商并征求中央财政部对新建立公共机构的事先书面同意,该公共机构是部门或宪法确立的机构准备或提出倡议建立的;

(n) 应遵守并确保部门、商业经济主体或宪法确立的机构遵守该法条款。

(2) 会计主管不得要求未收到拨款的部门、商业经济主体或宪法确立的机构承担债务。

(第(2)款的生效日期:2001年8月31日。)

39. 会计主管有关预算控制的职责

(1) 部门的会计主管负责确保——

(a) 该部门依据部门的决议和多数决做出的支出;

(b) 采取有效和适当的措施,以防止未经授权的支出。

(2) 依据第(1)款规定,会计主管应——

(a) 采取有效和适当的措施,以防止部门决议或部门多数决款项的超支;

(b) 向行政机构和有关国库报告即将进行的——

(i) 正在收集的到期收入;

(ii) 预算收入的不足;

(iii) 部门决议或多数决的超支。

[(b)项由1999年第29号法案第20(a)条修改。]

(c) 遵守有关国库依据本法实施的补救措施,以防止投票中的超支或主要分歧。

[(c)项由1999年第29号法案第20(b)条修改。]

40. 会计主管的报告责任

(1) 部门、商业经济主体或宪法确立的机构的会计主管——

(a) 应依据既定规则和标准,完整适当记录部门、商业经济主体或宪法确立的机构的财务事项;

(b) 应依据普遍确认的会计准则,编制每一财政年度的财务报表;

(c) 这些财务报表应在财政年度结束后2个月之内提交——

(i) 审计署进行审计;

(ii) 提交相关的国库依据第8条或第19条规定编制联合财务报表。

[(ii)目由1999年第29号法案第21(a)条代替。]

(d) 应在每个财政年度结束后5个月之内,部门或商业经济主体的相关财政部门和负责该部门或商业经济主体的执行机构提交——

(i) 该财政年度该部门、商业经济主体或宪法确立的机构活动的年度报告;

(ii) 经审计的财政年度财务报表;

(iii) 审计署的报告。

[(d)项由1999年第29号法案第21(b)条修改。]

(e) 针对宪法确立的机构,应依据(d)项向议会提交该机构的年度报告和财务报表,并在会计主管收到审计署审计报告后1个月之内,提交审计署报告;

(f) 负责向议会、宪法确立的相关省级机构、某一执行机构、相关财政部门或审计署提交依据本法可能要求的所有报告、反馈意见、通知与其他信息。

[(f)项由1999年第29号法案第21(c)条代替。]

(2) 审计署应对第(1)款(b)项规定提及的财务报表进行审计,并在收到报表后2个月之内向会计主管提交审计报告。

(3) 第(1)款(d)项提及的年度报告和经审计的财务报表应——

(a) 真实地反映部门、商业经济主体或宪法确立的机构的事务状况,以及日常活动、财务成果、与预期目标相比的绩效、相关财政年度结束时的财务状况等;

(b) 应包括以下几点——

(i) 所有犯罪行为带来的重要损失,以及所有财政年度内发生的未经授权的、不合常规的、毫无结果的、浪费的支出;

(ii) 所有由于损失、未经授权的、不合常规的、毫无结果的、浪费的支出而导致的犯罪或违纪行为;

(iii) 所有已经弥补或已勾销的重要损失;

(iv) 指定的其他事件。

(4) 部门会计主管应——

(a) 在财政年度开始之前,应按照指定的格式向相关财政部门提供下一财政年度机构预期月度收入和支出的统计分析;

[(a)项由 1999 年第 29 号法案第 21(d)条代替。]

(b) 每月按照指定的格式提交上月实际收入和支出的信息,以及依据(a)项计算出的月度预期总额;

(c) 每月结束后 15 天之内,向负责该部门的相关财政部门和执行机构提交——

(i) 月度信息;

(ii) 对剩余财政年度的预期支出和筹集收入的预估;

(iii) 必要时对重大差距进行的解释,以及总结的为保证预算中预期收支所采取的措施。

[(c)项由 1999 年第 29 号法案第 21(e)条修改。]

(5) 如果某会计主管不能遵守这些报告职责中的任何一条,他或她就必须将情况和理由立即向相关执行机构和财政部门报告。

41. 会计主管提交的信息

部门、商业经济主体及宪法确立的机构的会计主管应向有关国库或审计署提交规定或其需要的信息、申请表、文件、解释和动机。

[第 41 条由 1999 年第 29 号法案第 22 条代替。]

42. 会计主管转让资产和债务时产生的责任

(1) 当资产或负债依据立法或职能重组由一部门转移至另一部门或其他机构时,移交部门的会计主管应——

(a) 编制该资产和负债清单;

(b) 向接收部门或其他机构的会计主管提供包括员工人事调动在内的详细记录。

(2) 当发生转移时,移交部门、接受部门或其他机构双方的会计主管应在该清单上签字;

(3) 在转移结束后 14 天内,移交部门的会计主管应与有关国库和该审计署制作一份已签署清单的副本。

[第(3)款由 1999 年第 29 号法案第 23 条代替。]

43. 主要岁入拨款项目间结转

(1) 部门的会计主管可以利用某一预算年度的主要岁入拨款的余额来弥补另一预算年度支出超过主要岁入拨款的数量,除非相关财政部另有规定。

[第(1)款由 1999 年第 29 号法案第 24(a)条代替。]

(2) 依据第(1)款可以利用的主要岁入拨款的余额,不得超过该岁入拨款总额的8%。

(3) 会计主管应在7天之内,将依据第(1)款规定利用的余额向负责该部门的执行机构和相关财政部门报告。

[第(3)款由1999年第29号法案第24(b)条代替。]

(4) 依据本款,不授权以以下方式使用储蓄——

(a) 为主要部门所指的目的而专门和专用地在投票中拨款;

(b) 将拨付款项再次转移至其他部门;

(c) 将拨付用于资本支出的款项用以支付经常性支出。

(5) 依据第(1)款规定使用储蓄是对有关岁入基金的直接支付,但是省将此种运用规定为直接支付。

[第(5)款由1999年第29号法案第24(c)条代替。]

(6) 中央财政部可以依据第76条的规定或命令使用本条规则。

第3部分:政府部门和宪法确立的机构的其他官员

44. 会计主管的职权分配

(1) 部门、商业经济主体和宪法确立的机构的会计主管可以——

(a) 将依据本法接受的权力以书面形式授予该部门、商业经济主体和宪法确立的机构的会计人员;

(b) 指示该部门、商业经济主体和宪法确立的机构的会计人员履行依据本法会计主管应履行的义务。

(2) 依据第(1)款授权或命令会计人员——

(a) 依据本法或有关国库规定的限制和条件;

[(a)项由1999年第29号法案第25条代替。]

(b) 依据会计主管制定的限制和条件;

(c) 既可以是特定的个人,也可以是有关部门、商业经济主体和宪法确立的机构特定职位的持有者;

(d) 不免除会计主管行使权力和履行职责的责任。

(3) 会计主管可依据决议获得的权力,确认、变更或撤销由某一会计人员依据第(1)款的授权或命令而作出的决定。

45. 其他人员的职责

部门、商业经济主体和宪法确立的机构的人员——

(a) 应确保在其责任范围内,建立财务管理体系和内部控制体系;

(b) 在其责任范围内,有效、高效、经济、透明地使用财政等其他资源;

(c) 应在其责任范围内,采取有效和适当的措施,以防止未经授权的、不合常规的、毫无结果的或浪费的支出以及其他到期收入的筹集；

(d) 应遵守本法的规定,包括第 44 条规定的授权和命令；

(e) 在其责任范围内,负责维护资产和管理债务。

第 6 章
公 共 机 构

第 1 部分:本章的适用

46. 适用

本章的规定适用于附表 2、3 中的公共机构。

47. 附表中未列的公共机构

(1) 依据政府公报,部长——

(a) 应对附表 3 进行修改,将所有未列的公共机构列入附表；

(b) 可以对附表进行技术更改。

[一般说明:经修改的公共机构附表已于 2003 年 12 月 5 日在第 3366 号政府公报 25778 中公布。]

(2) 附表 2 或 3 中未列的公共机构的会计系统,应立即以书面形式通知国库该公共机构未列的情况。

(3) 若未列入附表的公共机构是另一公共机构的子部门,则无论后者是否列入附表,都不适用第(2)款规定。

(4) 部长不得将以下机构列入附表 3——

(a) 宪法确立的机构、南非储备银行和审计署；

(b) 拥有中央或省级政府以外职能的公共机构；

[(b)项由 1999 年第 29 号法案第 26 条代替。]

(c) 高等教育机构。

48. 公共机构的分类

(1) 依据第 1 条规定的定义,部长可按照国家政府公报中的公告对附表 3 中的公共机构进行分类——

(a) 国家国有企业；

(b) 省级国有企业；

(c) 国家履行公共卫生的机构；

(d) 省级履行公共卫生的机构。

［第(1)款由1999年第29号法案第27条代替。］

(2) 依据本法,履行公共卫生的机构属于第(1)款规定的类别。

［一般说明:对履行公共卫生的机构进行重新分类,该信息已于2001年6月8日在第504号政府公告22337中公布。］

第2部分:公共机构的会计系统

49. 会计系统

(1) 每个履行公共卫生的机构应有一个机关履行本法规定的义务。

(2) 如果该公共机构——

(a) 有委员会或其他控制体系,则该委员会或控制体系即该机构的会计系统;

(b) 没有控制体系,则负责该公共机构的首席执行官或其他负责人即为其会计系统,除非公共机构适用特定立法指定另一人员作为会计系统。

(3) 在特殊情况下,有关国库可以批准或指示公共机构的其他工作人员负责该会计系统。

［第(3)款由1999年第29号法案第28(a)条代替。］

(4) 有关国库可随时撤回第(3)款作出的批准或指示。

［第(4)款由1999年第29号法案第28(b)条代替。］

(5) 一个公共机构应及时以书面形式通知审计署依据第(3)款作出的批准或指示以及依据第(4)款对批准或指示作出的撤销。

50. 会计系统的受托责任

(1) 公共机构的会计系统应致力于——

(a) 尽最大努力为公共机构的资产和记录提供合理保护;

(b) 以忠实、诚信、正直的方式管理公共机构的财政事务,并实现其利益最大化;

(c) 根据要求,向负责公共机构的行政机构或宪法确立的机构披露所有重大事项,包括可能影响行政机构或宪法确立的机构决策或活动的事项;

(d) 在该会计系统的影响范围内,防止公众对国家财政利益产生偏见。

(2) 如果会计系统不是委员会或其他机构,则会计系统的成员或负责会计系统的个人,不得——

(a) 以不符合依据本法规定委派给会计系统职责的方式行事;

(b) 利用其职位或特权,为他人谋取不当的个人利益。

(3) 会计系统的成员应——

(a) 向会计系统披露该成员或其配偶、好友或近亲属从会计系统中获取的直接或间接的个人或私人商业利益;

(b) 在该事项进行过程中，停止会计系统的运行，除非会计系统认为该成员的直接或间接利益微不足道且无关紧要。

51. 会计系统的一般责任

(1) 公共机构的会计系统——

(a) 应确保该公共机构具有并维持——

(i) 建立有效、高效、透明的财务风险管理系统和内部控制系统；

(ii) 确保内部审计系统在审计委员会的控制和指导下遵循该法案第76、77条的执行规定；

(iii) 保持公平、稳定、透明、有效的采购和储备体系；

(iv) 在对项目作出决算之前，适当评估所有主要资本项目的制度。

(b) 应采取有效和适当的措施以——

(i) 筹集有关公共机构的到期税收；

(ii) 防止由犯罪行为产生的不合常规的、毫无结果的或浪费的支出和损失，以及不符合公共机构经营方针的支出；

(iii) 有效、经济地管理可利用的营运资金。

(c) 负责公共机构管理，包括维护资产、管理收支和负债；

(d) 应遵守立法要求的征税、缴税、发放补助和审计的承诺；

(e) 应对以下公共机构的官员采取有效和适当的财政纪律措施——

(i) 违反或不遵守本法的规定；

(ii) 实施违反该部门、商业经济主体或宪法确立的机构的财政管理和内部控制制度的行为；

(iii) 制定或批准未经授权的、不合常规的、毫无结果的或浪费的支出。

(f) 负责向议会或相关宪法确立的机构、行政机构或国库依据本法可能的需要，提交公共机构的所有报告、申请表、通知和其他信息；

[(f)项由1999年第29号法案第29条代替。]

(g) 应及时向中央财政部告知该公共机构计划或主张建立新的机构，并在正式成立前，给予中央财政部合理的时间提交决算；

(h) 应确保公共机构遵循本法和其他适用于公共机构的立法。

(2) 如果会计系统不能履行本章规定的义务，则会计系统应及时向有关行政机构和国库报告其不履行行为和原因。

52. 附表2中公共机构和国有企业的年度预算和经营计划

附表2中公共机构或附表3中国有企业的会计系统应将以下内容提交给行政机构指定的负责公共机构或国有企业的部门会计主管以及有关国库，至少在财政年度开始前1个月或与中央财政部协商一致的期限内——

(a) 按规定模式对该财政年度的收入、支出和举债进行预测;

(b) 按规定模式制定包括未来三个财政年度该公共机构或国有企业事务的经营计划,如果其有子公司,则包括子公司事务在内。

[第 52 条由 1999 年第 29 号法案第 30 条修改。]

(第 52 条的生效日期:2001 年 4 月 1 日。)

53. 附表 3 中非国有公共机构的年度预算

(1) 附表 3 中非国有公共机构的会计系统应在第(2)款规定的部门的财政年度开始前 6 个月或行政机构与公共机构协商一致的期限内,向负责该公共机构的行政机构提交该财政年度估计收支的预算,以获得行政机构的批准。

(2) 预算应通过行政机构指定部门的会计主管向行政机构提交,该会计主管就预算批准或修改向行政机构提供建议。

(3) 依据第(1)款规定提交预算的公共机构,除非事先得到中央财政部的批准,否则不得作出赤字的预算,并不得积累盈余。

(4) 该公共机构的会计系统负责确保该公共机构依据经批准的预算安排支出。

(5) 中央财政部可以依据第 76 条规定的条例或指示调整本条的适用。

54. 会计系统提交的信息

(1) 公共机构的会计系统应向有关国库或审计署提交规定或其所需的信息、申请表、文件、解释和动机。

[第(1)款由 1999 年第 29 号法案第 31(a)条代替。]

(2) 在公共机构订立下列交易之前,公共机构的会计系统应及时以书面的形式将有关国库的交易及相关细节告知行政机构,以此获得交易批准——

(a) 设立或参与设立公司;

(b) 参与重要的合伙、信托、非法人合资企业或类似安排;

(c) 收购或处置公司中的重大股份;

(d) 收购或处置重大资产;

(e) 开始或停止一项重大商业活动;

(f) 自然发生或在重要的合伙、信托、非法人合资企业或类似安排中发生的重大变化。

[第(2)款由 1999 年第 29 号法案第 31(b)条修改。]

(3) 如果公共机构依据第(2)款的规定提交的答复在提交后 30 天之内或双方约定的更长一段时间内未收到执行机构的回复,则视为获得批准。

(4) 执行机构可免除附表 2 或 3 中公共机构依据第(2)款提交批准。

55. 年度报告和财务报表

(1) 公共机构的会计系统——

(a) 应完整适当记录公共机构的财务事项;

(b) 应依据普遍确认的会计准则,编制每一财务年度的财务报表,除非会计准则委员会批准该公共机构适用普遍确认的会计准则;

(c) 这些财务报表应在财务年度结束后 2 个月之内提交——

(i) 公共机构的审计人员审计;

(ii) 如果该企业或者其他公共机构由中央或省级政府控制所有权,则提交相关行政部门。

[(ii)目由 1999 年第 29 号法案第 32(a)条代替。]

(d) 应在财务年度结束后 5 个月之内,向负责该公共机构的相关财政部门、执行机构提交,若审计署未对财务报表进行审计,也应提交审计署——

(i) 该财政年度该公共机构活动的年度报告;

(ii) 该财政年度审计后的财务报表;

(iii) 审计人员对财务报表的报告。

[(d)项由 1999 年第 29 号法案第 32(b)条代替。]

(2) 第(1)款(d)项所指的年度报告和财务报表应——

(a) 真实地反映公共机构的事务状况,以及日常活动、财务成果、与预期目标相比的绩效、相关财政年度结束时的财务状况等;

(b) 应包括以下几点——

(i) 所有犯罪行为带来的重要损失,以及所有财政年度内发生的未经授权的、不合常规的、毫无结果的或浪费的支出;

(ii) 所有由于损失、不合常规的、毫无结果的或浪费的支出而导致的犯罪或违纪行为;

(iii) 所有已经弥补或已勾销的损失;

(iv) 从国家收到的所有财政援助和国家代表其所作的承诺;

(v) 指定的其他事件。

(c) 包括所有子项目的财务报表。

(3) 会计系统应通过执行机构指定的部门会计主管,向相关执行机构提交第(1)款(d)项所指的报告和报表,以在议会或宪法确立的省级机构进行审议。

[第(3)款由 1999 年第 29 号法案第 32(c)条代替。]

(4) 有关财政部门可以命令,经审计的非国有企业的公共机构财务报表(参见附表3)并入该财政部门指定的部门,而非通过单独的报告。

[第(4)款由 1999 年第 29 号法案第 32(d)条代替。]

第3部分:其他公共机构官员

56. 会计系统的职权分配

(1) 公共机构的会计系统可以——

(a) 以书面形式将依据本法委托给会计系统的权力转委托给该公共机构的官员;

(b) 命令该公共机构官员履行依据本法分配给他或她的职责。

(2) 依据第(1)款授权或命令会计人员——

(a) 应遵守会计系统制定的所有限制条件;

(b) 既可以是特定个人,也可以是有关公共机构持有特定职位的人;

(c) 不能除去会计系统执行授予的权力和履行分配的职责。

(3) 会计系统可依据决议获得的权力,依据授权或命令(参见第(1)款)确认、变更或撤销官员作出的决议。

57. 其他官员的职责

公共机构中的官员——

(a) 应确保在其责任范围内,建立财务管理体系和内部控制体系;

(b) 在其责任范围内,有效、高效、经济、透明地使用财政等其他资源;

(c) 应在其责任范围内,采取有效和适当的措施,以防止不合常规的、毫无结果的或浪费的支出和筹集到期税收;

(d) 应遵守本法的规定,包括第44条规定的授权和命令;

(e) 在其责任范围内,负责维护资产和管理债务。

第4部分:外部审计师

58. ……

[第58条由1999年第29号法案第53条废除。]

59. ……

[第59条由1999年第29号法案第53条废除。]

60. ……

[第60条由2004年第25号法案第53条废除。]

61. ……

[第 61 条由 2004 年第 25 号法案第 53 条废除。]

62. ……

[第 62 条由 1999 年第 29 号法案第 62 条修改,由 2004 年第 25 号法案第 53 条废除。]

第 7 章
执 行 机 构

63. 执行机构的财务责任

(1)(a)执行机构的部门应依据相关决议授权资金的范围履行其法定职能;

(b)履行法定职能时,执行机构应参考向其提交的月度报告(参见第 39 条第(2)款(b)项和第 40 条第(4)款(c)项)。

(2)对中央或省级执行机构控制所有权的公共机构负责的执行机构,应实施执行者的所有权控制权,以确保公共机构遵循本法和该执行机构的财政政策。

[第(2)款由 1999 年第 29 号法案第 34(d)条代替。]

64. 具有财政意义的执行机构命令

(1)部门执行机构必须以书面形式向具有财政意义的部门会计主管作出命令。

(2)如果命令的执行可能导致未经授权的支出,则会计主管对导致未经授权的支出负责,除非会计主管将该未经授权支出的可能性书面告知执行机构。

(3)执行机构为继续执行命令而作出的所有决定,以及作出决定的原因,应以书面形式作出,且会计主管应及时将该文件的副本提交中央财政部和审计署,如果包括省级部门,则也应提交相应省级财政部门。

[第(3)款由 1999 年第 29 号法案第 35 条代替。]

65. 提交立法机构审议

(1)对政府部门或公共机构负责的执行机构必须将以下内容,在适当的情况下提交国民议会或省级立法机构审议——

(a)在该部门会计主管或该公共机构会计当局收到审计报告后 1 个月之内,提交年度报告、财务报表(依据第 40 条第(1)款(d)项或第 55 条第(1)款(d)项规定)以及该报表的审计报告;

(b)依据第 81 条或第 83 条规定,应提交纪律委员会的调查结果,以及该委员会对违反财经纪律的会计主管或会计当局的制裁措施。

[第(1)款由1999年第29号法案第36条修改。]

(2)如果执行机构不能依据第(1)款(a)项规定,在财政年度结束后6个月之内向相关立法机构提交年度报告、部门或公共机构的财务报表以及这些报表的审议报告,则要采取以下行动,即——

(a)执行机构必须向立法机构提交书面解释,说明没有提交报告的原因;

(b)审计署可就迟延问题出具特别报告。

第8章
贷款、担保和其他承诺

第1部分:一般原则

66. 对举债、担保和其他承诺的限制

(1)本法适用的机构不得举债、担保、赔偿或抵押,或者进行其他所有限制或可能限制机构或岁入基金未来作出财政承诺权利的交易,除非该举债、担保、赔偿、抵押或其他交易——

(a)经本法授权;

(b)公共机构也可经由与本法不冲突的其他法规授权;

(c)省级执行机构拥有所有权和控制权的某一省或省级国有企业贷款,应遵守1996年第48号法案《省级政府举债权力法》。

[(c)项由1999年第29号法案第37(a)条增加。]

(2)政府只能通过以下人员举债、担保、赔偿或抵押,或者进行其他所有限制或可能限制岁入基金未来作出财政承诺权利的交易——

(a)中央岁入基金:在担保、赔偿或抵押的情况下,部长或责任内阁成员在部长的同意下进行活动(参见第70条规定);

(b)省级岁入基金:省级财政部执行委员会成员依据1996年《省级政府举债权力法》进行活动。

[第(2)款由1999年第29号法案第37(b)条代替。]

(3)公共机构只能通过以下人员举债、担保、赔偿或抵押,或者进行其他所有限制或可能限制公共机构未来作出财政承诺权利的交易——

(a)公共机构(参见附表2):该公共机构的会计系统;

(b)列入附表3以及部长授权公布在中央政府公报的中央国有企业:该国有企业的会计系统应遵守部长可能制定的所有条件。

[一般说明:批准于2006年7月21日由《政府公报29033》第972号公告公布,

自2006年7月21日起生效,应遵循兰德水务公司的规定,不得超出2002年5月31日政府公报第23450号公告规定的债务限额。]

(c) 所有其他中央公共机构:在担保、赔偿或抵押的情况下,部长或作为执行机构负责该公共机构的内阁成员在部长的同意下依据第70条规定进行活动。

(d) 列入附表3以及部长授权公布在中央政府公报的省级国有企业:省级财政部门执行委员会成员经部长同意进行活动,并遵守部长可能制定的所有条件。

[(d)项由1999年第29号法案第37(c)条增加。]

(第(3)款的生效日期:2001年4月1日。)

(4) 第3款(d)项中未提及的宪法确立的机构和省级公共机构不得举债、担保、赔偿或抵押,或者进行其他所有限制或可能限制机构未来作出财政承诺权利的交易。

[第(4)款由1999年第29号法案第37(d)条代替。]

(5) 除第(4)款外,部长可书面准许第(3)款(c)项或(d)项所述的公共机构或宪法确立的机构举债以达到规定限额,包括临时银行透支,并遵守部长可能制定的所有条件。

[第(5)款由1999年第29号法案第37(e)条代替。]

(6) 在第(2)或(3)款中提及的人员不得将依据该款规定授予的权利转授予他人,除非经部长事先书面同意。

(7) 授权有权举债的公共机构——

(a) 应每年向部长提交年度举债计划;

(b) 外汇举债不能超过既定限额,除非该公共机构中国家不是唯一的股东。

((b)项的生效日期:2001年4月1日。)

67. 没有省级政府对外承诺

包括所有省级公共机构在内的省级政府,不得借钱、担保、赔偿、抵押,或者进行其他所有限制或可能限制其未来作出财政承诺权利、以外汇命名或终止外汇金融市场的交易。

[第67条由1999年第29号法案第38条插入。]

68. 未经授权交易的后果

如果某一人员违反第66条规定,将钱款借予适用本法或声称代表该机构进行担保、赔偿或抵押,或者进行其他所有限制未来作出财政承诺权利的机构,则该举债合同、担保、赔偿、抵押或其他交易对国家和该机构不具有约束力。

69. 公共机构举债条例

部长可依据第76条规定对公共机构依据第66条第(3)款(b)、(c)、(d)项举债或代其举债进行监管。

［第 69 条由 1999 年第 29 号法案第 39 条代替。］

70. 内阁成员的担保、赔偿和抵押

(1) 经部长书面同意(特别是针对一类案件需要经部长同意)，内阁成员可以提供担保、作出赔偿、设立抵押，以对以下机构形成约束力——

(a) 国家岁入基金就有关中央执行机构作出或将要作出的财政承诺；

(b) 第 66 条第(3)款(c)项提及的中央公共机构就其作出或将要作出的财政承诺。

((b)项的生效日期：2001 年 4 月 1 日。)

(2) 依据下列条款作出保证、赔偿或抵押而产生的支付——

(a) 第(1)款(a)项是对国家岁入基金的直接支付，所有此类支付应最先从与保证、赔偿或担保有关的部门预算经费中支出；

(b) 第(1)款(b)项是对有关中央公共机构主张权利。

(3) 内阁成员依据第(1)款(a)项或(b)项寻求部长批准担保、赔偿或抵押时，应向部长提供其需要的所有有关担保、赔偿、抵押或相关的财政承诺信息。

(4) 责任内阁成员至少应每年向国民议会报告与依据第 1 款(a)项或(b)项作出的担保、赔偿或抵押的所有相关情况，并进行审议。

第 2 部分：国家政府举债

71. 部长可以贷款的目的

依据第 66 条第 2 款(a)项规定，部长只能以下列目的的贷款——

(a) 为国家预算赤字进行融资；

(b) 为到期债务或在赎回日前支付的贷款进行再融资；

(c) 赚取外汇；

(d) 维持国家岁入基金银行账户上的贷方余额；

(e) 必要时调整内部货币状况；

(f) 国民大会通过特别决议批准的所有其他目的。

72. 签署贷款协议

部长依据第 66 条第 2 款(a)项贷款时，按照自己决定的条件，可以授权他人签署贷款协议。

73. 贷款的利息及偿还为直接支付

以下与贷款有关的支付为对国家岁入基金的直接支付——

（a）部长偿还依据第 66 条第（2）款（a）项借贷的款项，或依据第 74 条偿还的款项；

（b）贷款形成的利息；

（c）与该贷款有关并经中央财政部批准的所有费用。

74. 偿还、转换与联合贷款

部长可以在其确定的期限和条件下，与举债人达成协议，在必要时——

（a）在贷款偿还日期之前偿还贷款；

（b）将该贷款转换成其他贷款；

（c）将两个或多个贷款联合成现有或新的贷款。

75. 因抵押产生的留置权

因履行留置权而产生的义务，无论是明示、默示或经本法解释延期的抵押权，部长和中央财政部都不承担责任，尽管部长或中央财政部明知留置权。

第 9 章
一般国库事务

76. 财政部法规和命令

（1）中央财政部应制定和发布适用于部门的法规或命令，具体内容如下——

（a）依据本法应规定的事项；

（b）作出损害赔偿；

（c）管理信托资金和财产；

（d）免费卫生；

（e）注销国家资产或其他国家资产的损失；

（f）损害赔偿责任及其赔偿程序；

（g）终止或变更对国家不利的合同；

（h）解决国家提出或受到的权利请求；

（i）国家放弃权利要求；

（j）岁入基金的退款、收入和支付的支出，作为一项宽限措施；

（k）转让、让渡或以其他方式处置国家资产；

（l）国家作出或接受赠予。

（2）中央财政部可以制定或发布适用于部门的法规或命令，具体内容如下——

（a）依据本法规定的事项；

（b）依据特别表决进行支出；

(c) 设立并控制商业经济主体；

(d) 改善并维护国家不动产；

(e) 毫无结果的、浪费的、未经授权的、不合常规的支出；

(f) 确定与岁入基金收入和支出相关的费用、支付或费率的所有比例；

(g) 处理所有特别支出；

(h) 付款凭单或其他支付证明或收据有缺损或已经遗失或毁坏；

(i) 通过适用法律取得的国家资产；

(j) 可以促进本法适用的所有其他事项。

(3) 第(1)或第(2)款可以规定需要事先经过财政部批准的事项。

(4) 中央财政部可以制定发布适用于所有机构的法规或命令，涉及——

(a) 依据本法应规定所有机构的事项；

(b) 财务管理和内部控制；

(c) 确定适当、公平、平等、透明、具有竞争力且物有所值的采购和供应系统框架；

(d) 任命审计委员会及其职能；

(e) 内部审计构成及其职能；

(f) 本法的实施；

(g) 可以促进本法适用的所有其他事项。

(5) 本条规定的财政部条例或命令可以——

(a) 区分不同类别的——

(i) 本法适用的机构；

(ii) 会计主管；

(iii) 会计系统。

(b) 适用于特定类别的——

(i) 本法适用的机构；

(ii) 会计主管；

(iii) 会计系统。

77. 审计委员会

审计委员会——

(a) 应由部门中的至少三人组成——

(i) 一名成员来自公共卫生机构之外；

(ii) 大多数人员不能是该部门的雇员，除非经相关财政部批准；

[(ii)目由1999年第29号法案第40(a)条代替。]

(iii) 主席不能是该部门的雇员。

(b) 应每年至少召开两次会议；

(c) 如果相关财政部认为这样更加经济,则两个或更多部门或机构可以设立同一个审计委员会。

[(c)项由 1999 年第 29 号法案第 40 条第(b)款代替。]

78. 公布财政部条例草案征求公众意见

依据第 76 条,应在中央政府公报颁布前公开征求大众意见。

79. 不遵循财政部条例、命令或条件

中央财政部可以有适当理由批准不遵循本法规定的财政部条例、命令或条件,并及时以书面形式通知审计署。

80. 确定国债利率

(1) 通过中央政府公报,部长应决定——
(a) 对从岁入基金中发放的贷款适用统一利率;
(b) 对其他所有应存入岁入基金的债务适用统一利率。

[第(1)款由 1999 年第 29 号法案第 41 条代替。]

(2) 依据第(1)款(b)项确定的利率,不同类别的债务利率可以不同。

第 10 章
财务不端行为

第 1 部分:纪律处分程序

81. 政府部门与宪法确立的机构官员的财务不端行为

(1) 如果部门或宪法确立的机构的会计主管故意或过失作出财务不端行为——
(a) 未能遵守第 38、39、40、41 或 42 条规定的要求;
(b) 制定或批准未经授权的、不合常规的、毫无结果的或浪费的支出。

(2) 部门、商业经济主体或宪法确立的机构的官员,依据第 44 条规定授予权力和职责,如果该官员故意或过失未能执行权力或履行职责,即为作出财务不端行为。

82. 财政部官员的财务不端行为

财政部官员依据第 10 条或第 20 条授予权力或职责,如果该官员故意或过失未能执行权力或履行职责,即为作出财务不端行为。

[第 82 条由 1999 年第 29 号法案第 42 条代替。]

83. 公共机构中会计系统和官员的财务不端行为

(1) 如果公共机构的会计系统故意或过失作出以下行为,即为财务不端行为——

(a) 未能遵守第 50、51、52、53、54 或 55 条规定的要求;

(b) 制定或批准未经授权的、不合常规的、毫无结果的或浪费的支出。

(2) 如果会计系统是由成员组成的委员会或其他机构,则每个成员都须对会计系统的财务不端行为承担连带责任。

(3) 公共机构的官员依据第 56 条规定授予权力或职责,如果该官员故意或过失不执行权力或履行义务,即为作出财务不端行为。

(4) 尽管有其他立法,但财务不端行为是依据第(2)或(3)款规定解雇、停职或制裁其他成员的理由。

84. 纪律处分程序的可适用法律制度

对第 81 或 83 条所指的会计主管或官员、第 82 条所指的会计当局或会计系统主管或成员因财务不端行为提起的指控,针对会计系统的会计主管、成员或官员,应适用法定或其他聘任和雇佣条件或部长制定的条例(参见第 85 条),对其进行调查、审理和处理。

85. 规制财务不端行为的条例

(1) 部长应制定以下条例——

(a) 对财务不端行为进行指控、纪律惩罚和刑事指控的方式、形式和情况应上报中央财政部、地方财政部门和审计署,包括——

(i) 指控财务不端行为的详情;

(ii) 与此类财务不端行为的相关措施。

[(a)项由 1999 年第 29 号法案第 43(a)条修改。]

(b) 有关对财务不端行为指控的调查事项;

(c) 中央财政部或省级财政部门可以指导该对财务不端行为人员作出纪律惩罚措施或刑事指控的情形。

[(c)项由 1999 年第 29 号法案第 43(b)条代替。]

(d) 纪律委员会审理财务不端行为,应由国家财政部或公共财政部门专业人员名单上的人员进行审理,该名单由国家财政部编纂;

(e) 纪律委员会应向中央财政部、有关审计财政部门和审计署报告调查结果及其施加的所有制裁;

[(e)项由 1999 年第 29 号法案第 43(c)条代替。]

(f) 为促进本章目标达成所需的其他事件。

(2)依据第(1)款规定——
(a)区分不同类别的——
(i)会计主管;
(ii)会计系统;
(iii)官员;
(iv)本法适用的机构。
(b)仅适用于特定类别的会计主管、会计系统、官员或机构。

第2部分:刑事诉讼程序

86.犯罪与刑罚

(1)如果会计主管故意或疏忽大意未能履行第38、39或40条规定,则该会计主管涉嫌违法并处罚金,并判处不超过五年的监禁。

(2)如果会计主管故意或疏忽大意未能履行第50、51或55条规定,则该会计主管涉嫌违法并处罚金,并判处不超过五年的监禁。

(3)除第66条第(2)或(3)款提及的人员以外,任何声称为了或代表部门、公共机构或宪法确立的机构借钱或提供担保、作出赔偿或设立抵押的人员,或者订立合同旨在约束部门、公共机构或宪法确立的机构并在未来作出财政承诺的人员,涉嫌违法并处罚金,并判处不超过五年的监禁。

第11章
会计准则委员会

87.设立

(1)依据第91条规定,部长应建立一个委员会,即会计准则委员会。
(2)会计准则委员会属于法人。
(第87条的生效日期:1999年3月2日。)

88.构成

(1)由部长决定,会计准则委员会由不超过10名成员组成。
(2)经与审计署协商之后,部长任命委员会成员。
(3)委员会可以建立自己的运作程序。
(第88条的生效日期:1999年3月2日。)

89. 委员会职能

(1) 会计准则委员会应——

(a) 依据宪法第 216(1)(a) 条规定的要求,为下列机构的年度财务报表制定公认会计习惯标准——

(i) 部门;

(ii) 公共机构;

(iii) 立法性机构;

(iv) 市政府以及由市政府控制的委员会、公司、企业、基金或其他机构;

(v) 议会和省级立法机关。

[(v) 目由 1999 年第 29 号法案第 44 条代替。]

(b) 编制和公布关于制定标准(参见(a)项)的指示和指南;

(c) 向部长提议对不同类别机构实施这些标准的生效日期;

(d) 履行其他所有职责,以促进公共部门提交财务报告。

(2) 在制定标准时,委员会应考虑所有相关因素,包括——

(a) 本地和国际上的最佳会计习惯;

(b) 有关机构遵守标准的能力。

(3) 委员会可以为不同类型的机构制定不同的适用标准。

(4) 委员会制定的适用标准应促进机构收入、支出、资产和负债管理的透明化和有效性。

(第 89 条的生效日期:1999 年 3 月 2 日。)

90. 委员会权力

会计准则委员会可以作出任何必要且利于促进有效履行职能的措施,该权力包括——

(a) 确定自己的员工编制并确定其工作岗位;

(b) 获得所有员工或机构履行特定职责的能力;

(c) 与所有员工或机构进行交涉;

(d) 取得或处分财产所有权或财产中的其他权力,但取得或处分不动产所有权的职能由部长事先通过;

(e) 确保自己不遭受任何损失、损害、风险或责任;

(f) 作出法律行为,或以自己的名义提起诉讼或进行辩护;

(g) 研究并发布报告;

(h) 执行所有与行使权力相关的事项。

(第 90 条的生效日期:1999 年 3 月 2 日。)

91. 会计准则委员会条例

(1) 部长在与审计署协商之后,可能制定以下条例——

(a) 关于会计准则委员会成员的资格、报酬、任期和免职,委员会填补空缺、委员会主席以及财务和管理;

(b) 委员会依据第 89 条规定制定的标准;

(c) 关于可能促进委员会正常运作或实施标准的所有其他事项。

(2) 部长应就依据第(1)款(b)项制定的条例的实施日期,与委员会进行协商。

(3) 根据适用第 89 条规定设定标准的不同类别的机构,可依据第 1 款(b)项作出不同的条例。

(4) 依据第(1)款(b)项标准制定条例草案,应在中央政府公报颁布前公开征求大众意见。

(第 91 条的生效日期:1999 年 3 月 2 日。)

第 12 章
杂　　项

92. 豁免

依据中央政府公报的通知,部长可以免除所有适用本法机构或该类型机构,关于本法制定的有关通知确定期间的特殊规定。

[一般说明:公共机构的豁免于 2001 年 6 月 8 日政府公报 22337 第 502 号和第 503 号公告中公布。某一机构的豁免于 2001 年 11 月 9 日政府公报 22801 第 1097 号公告,2004 年 7 月 30 日政府公报 26602 第 886 号公告,2016 年 7 月 8 日政府公报 40129 第 822 号公告,2016 年 7 月 11 日政府公报 40132 第 824 号公告,2016 年 8 月 2 日政府公报 40183 第 886 号公告,2017 年 1 月 26 日政府公报 40574 第 46 号公告中公布。]

93. 过渡性条款

(1) 依据 1975 年《国库法》(第 66 号法令)进行的活动是可以并曾经已进行。

(2) 依据 1975 年《国库法》所制定或颁布的所有条例和命令,在本法第 76 条规定将其废除前依旧有效。

(3) 在设立会计准则委员会之前,中央财政部可以履行委员会职能。

(4) 1997 年《岁入基金临时安排法》(1997 年第 95 号法案)尽管事实上已失效,但在 2000 年 4 月 1 日前仍应视为本法的组成部分。

(第(4)款的生效日期:1999 年 3 月 2 日。)

94. 立法废止

附表 6 提及的法规废除至第三栏。

95. 标题及生效日期

本法名为 1999 年《公共财政管理法》，于 2000 年 4 月 1 日生效，以下条款除外——

(a) 第 11 章和第 93 条第(4)款，于本法公布之日起生效；

(b) 部长通过中央政府公报决定的条款，于通知中确定的日期和生效，但不得迟于 2003 年 4 月 1 日。

附表 1
宪法确立的机构

［一般说明:经修改的公共机构于 2001 年 8 月 24 日由政府公报 22577 第 1863 号公告公布，并于 2001 年 8 月 24 日生效；2001 年 11 月 30 日由政府公报 22860 第 2302 号公告公布，并于 2001 年 11 月 30 日生效；2002 年 11 月 15 日由政府公报 24042 第 1396 号公告公布，并于 2002 年 11 月 15 日生效。］

性别平等委员会

是促进和保护文化、宗教和语言共同体权利的委员会

....

［"公职人员报酬委员会"于 2002 年 11 月 15 日由政府公报 24042 第 1396 号一般公告删除。］

财政和会计委员会

人权委员会

....

［"独立广播机构"于 2001 年 11 月 30 日由政府公报 22860 第 2302 号一般公告删除。］

南非独立通信管理局

［"南非独立通信管理局"之前的"独立通信管理局"于 2001 年 8 月 24 日由政府公报 22577 第 1863 号一般公告修改。］

独立选举委员会

市政划界委员会

泛非语言委员会

公共保护机构

1999年《公共财政管理法》第 1 号法案

附表 2
主要公共机构

[一般说明:请注意,2000 年第 5 号《优先采购政策框架法》及其条例应适用于本法附表 2 和 3 提及的公共机构,依据于 2011 年 6 月 8 日由政府公报 34350 第 501 号一般公告公布,并于 2011 年 12 月 7 日生效。经修改的公共机构于 2001 年 8 月 24 日由政府公报 22577 第 1863 号公告公布,并于 2001 年 8 月 24 日生效;于 2001 年 11 月 30 日由政府公报 22860 第 2302 号公告公布,并于 2001 年 11 月 30 日生效;于 2002 年 5 月 17 日由政府公报 23407 第 683 号公告公布,并于 2002 年 5 月 17 日生效;于 2002 年 7 月 19 日由政府公报 23619 第 1283 号公告公布,并于 2002 年 7 月 19 日生效;于 2003 年 4 月 17 日由政府公报 24731 第 1261 号公告公布,并于 2003 年 4 月 17 日生效;于 2005 年 5 月 27 日由政府公报 27599 第 765 号公告公布,并于 2005 年 5 月 27 日生效。经修改的公共机构依据 2007 年第 5 号法案,自转让(经国家与运输公司的合意,转让股份和债权终了日期)和转变(依据第 4 条第(3)款南非航空公司由有限公司转变为上市公司)之日起生效;依据 2007 年第 33 号法案,自转让和转变之日起;依据第 4 条第(3)款的规定注册为上市公司。同时,依据 2007 年第 33 号法案,自转让之日(经国家与南非国家电力公司的合意,转让股份和债权转让终了的日期)和转变之日(由部长依据第 8 条第(1)款确定的日期)起生效;依据 2007 年第 34 号法案,自转让之日(经国家与运输公司的合意,转让股份和债权终了的日期)和转变之日(南非快递有限公司转变为登记于第 6 条第(1)款的上市公司)起生效。]

空中交通和导航卫生公司
机场公司
亚历克科(Alexkor)有限公司
["亚历山大湾(Alexander Bay)开发有限公司"之前名为"亚历山大湾开发公司",于 2002 年 5 月 17 日由政府公报 23407 第 683 号一般公告修订。]
["亚历克科(Alexkor)有限公司"之前名为"亚历山大湾开发有限公司",于 2002 年 7 月 19 日由政府公报 23619 第 1283 号一般公告修订。]
南非军械公司
宽带股份有限公司
["宽带股份有限公司"由 2007 年第 33 号法案第 11(a)条插入,自转让之日(经国家与南非国家电力公司的合意,转让股份和债权转让终了的日期)起生效。]
宽带有限公司
["宽带有限公司"之前名为"宽带股份有限公司"由 2007 年第 33 号法案第 11(b)条规定代替,自转变之日(由部长依据第 8 条第(1)款规定确定日期)起生效。]
中央能源基金股份有限公司

["中央能源基金股份有限公司"之前名为"中央能源基金"由2001年8月24日政府公报22577第1863号一般公告和2005年5月27日政府公报27599第765号一般公告修订。]

丹尼尔（DENEL）

南非开发银行

南非国家电力公司（ESKOM）

独立开发信托基金

南非工业开发有限公司

南非土地农业银行

……

["南非阿巴特托伊尔（Abbattoir）公司"于2001年8月24日由政府公报22577第1863号一般公告删除。]

南非广播有限公司

["南非广播公司"前身为"南非广播委员会"，于2001年8月24日由政府公报22577第1863号一般公告修订。]

["南非广播有限公司"前身为"南非广播公司"，于2002年7月19日由政府公报22860第2302号一般公告修订。]

南非快递股份有限公司

["南非快递股份有限公司"由2007年第34号法案第9(a)条规定插入。从转让之日（经国家与运输公司的合意，转让股份和债权终了的日期）起生效；由2007年第34号法案第9(b)条代替，自转变之日（南非快递股份有限公司转变为登记于第6条第(1)款的上市公司）起生效。]

南非林业有限公司

南非核能集团公司

["南非核能集团公司"前身为"南非原子能有限公司"，于2003年4月17日由政府公报24731第1261号一般公告修订。]

南非邮政有限公司

南非航空有限公司

["南非航空有限公司"前身为"南非航空股份有限公司"，由2007年第5号法案第9(a)条规定插入，自转让之日（经国家与南非航空股份有限公司的合意，转让股份和债权终了的日期）起生效；由2007年第5号法案第9(b)条规定代替，自转变之日（南非航空股份有限公司转变为登记于第6条第1款的上市公司）起生效。]

（编者按：2007年第5号法案第9条规定将编号16A插入"南非航空股份有限公司"和"南非航空有限公司"。由于编号未在先前政府公报中生效，因此将遵守没有编号的原始格式。）

南非电信有限公司

跨卡利登(Trans-Caledon)隧道管理局
运输有限公司
上述公共机构控制所有权的所有了公司或机构

附表 3
其他公共机构

[一般说明:请注意,2000年第5号《优先采购政策框架法》及其条例应适用于本法附表2和3提及的公共机构,依据第501条一般公告于2011年6月8日由政府公报34350公布,并于2011年12月7日生效。]

第1部分:中央公共机构

[一般说明:经修改的公共机构于2001年2月16日由政府公报22047第402号公告公布,并于2001年4月1日生效;于2001年6月1日由政府公报22321第1397号公告公布,并于2001年6月1日生效;于2001年6月8日由政府公报22337第504号公告公布,并于2001年6月8日生效;于2001年8月24日由政府公报22577第1863号公告公布,并于2001年8月24日生效;于2001年11月30日由政府公报22860第2302号公告公布,并于2001年11月30日生效;于2002年5月17日由政府公报23407第683号公告公布,并于2002年5月17日生效;于2002年7月19日由政府公报23619第1283号公告公布,并于2002年7月19日生效;于2002年11月15日由政府公报24042第1396号公告公布,并于2002年11月15日生效;于2003年4月17日由政府公报24731第1261号公告公布,并于2003年4月17日生效;于2003年12月5日由政府公报25778第3366号公告公布,并于2003年12月5日生效;于2004年6月25日由政府公报26477第1139号公告公布,并于2004年6月25日生效;于2005年5月27日由政府公报27599第765号公告公布,并于2005年7月15日生效;于2005年7月15日由政府公报27773第1114号公告公布,并于2005年7月15日生效;于2005年11月25日由政府公报28237第1263、1264、1265、1268、1269和1271号一般公告公布,并于2005年11月25日生效;于2006年2月24日由政府公报28519第230号一般公告公布,并于2006年2月24日生效;于2006年5月17日由政府公报28605第396号一般公告公布,并于2006年3月17日生效;于2006年3月31日由政府公报28651第436和441号一般公告公布,并于2006年3月31日生效;于2006年5月12日由政府公报28798第602号一般公告公布,并于2006年5月12日生效;于2006年5月26日由政府公报28847第667号一般公告公布,并于2006年5月26日生效;于2006年7月21日由政府公报29033第972号一般公告公布,并于2006年7月21日生效,且不得超过2002年5月31日政

府公报23450规定的兰德水务公司的债务上限;于2006年7月28日由政府公报29050第1010和1011号一般公告公布,并于2006年7月28日生效;于2006年10月20日政府公报29293第1476和1477号一般公告公布,并于2006年10月20日生效;于2007年3月9日由政府公报29669第187号一般公告公布,并于2007年3月9日生效;于2008年9月19日由政府公报31417第1000号一般公告公布,并于2008年9月19日生效;于2008年9月19日由政府公报31417第1003号一般公告公布,并于2008年9月19日生效;于2009年3月20日由政府公报32013第311号一般公告公布,并于2009年3月20日生效;于2010年4月1日由政府公报33059第240号一般公告公布,并于2010年4月1日生效;于2010年4月1日由政府公报33059第241和242号一般公告公布,并于2010年4月1日生效;于2010年12月31日由政府公报33900第1250、1253和1254号一般公告公布,并于2010年4月1日起生效;于2011年4月29日由政府公报34233第363号一般公告公布,并于2001年4月1日起生效;于2011年9月30日由政府公报34631第796号和第800号一般公告公布,并于2011年4月1日起生效;于2010年10月12日由政府公报35759第821号一般公告公布,并于2010年4月1日生效;于2012年10月12日由政府公报35759第824号一般公告公布,并于2011年4月1日生效;于2013年3月15日由政府公报36225第187号一般公告公布,并于2001年2月16日生效;于2013年3月15日由政府公报36225第190号一般公告公布,并于2013年3月15日生效;于2014年5月23日由政府公报37653第392号一般公告公布,并于2014年4月1日生效;于2014年5月23日由政府公报37653第393号和2013年第12号法案第8条公告公布,并于2014年4月1日生效;于2015年4月30日由政府公报38735第353号一般公告公布,并于2015年4月30日生效;于2015年4月30日由政府公报38735第354号一般公告公布,并于2015年4月1日生效;于2015年4月30日由政府公报38735第358号一般公告公布,并于2015年3月31日生效;于2017年4月27日由政府公报40637第159和161号一般公告公布,并于2017年2月24日生效。]

会计准则委员会

南非比勒陀利亚研究所

["南非比勒陀利亚研究所"于2001年2月16日由政府公报22047第402号一般公告增加。]

非洲复兴与国际合作基金

["非洲复兴与国际合作基金"于2004年6月25日由政府公报26477第1139号一般公告增加。]

南非帕尔博物馆

["南非帕尔博物馆"于2001年2月16日由政府公报22047第402号一般公告增加。]

…………

["农业信贷委员会"于2001年8月24日由政府公报22577第1863号一般公告删除。]

南非农业

["南非农业"于2017年2月24日由政府公报40637第159号一般公告增加和分类。]

农业研究理事会

农业教育培训机构（AGRISETA）

["农业教育培训机构"于2006年7月28日由政府公报29050第1010号一般公告增加。]

…………

["航空卫生许可委员会"于2002年11月15日由政府公报24042第1396号一般公告删除。]

艺术景观

[开普敦表演艺术委员会（CAPAB）]于2001年2月16日由政府公报22047第402号一般公告增加。]

["艺术景观"此前名为"开普敦表演艺术委员会"于2002年7月19日由政府公报23619第1283号一般公告修订。]

银行业教育培训局

["银行业教育培训局"于2001年2月16日由政府公报22047第402号一般公告增加。]

…………

["关税与贸易委员会"于2003年11月5日由25778号政府公报第3366号一般公告删除。]

南非拳击

["南非拳击"于2003年11月5日由政府公报25778第3366号一般公告增加。]

南非品牌

["南非国际市场委员会信托/南非品牌"此前名为"国际市场委员会"，于2006年10月20日由政府公报29293第1476号一般公告增加，并由政府公报34631第800号一般公告修订。]

["南非品牌"此前名为"南非国际市场委员会信托/南非品牌"，于2013年3月15日政府公报36225第190号一般公告修订，自2014年3月15日起生效。]

布里德—高里茨集水管理局

["布里德—高里茨集水管理局"此前名为"布里德河集水管理局"，于2008年9月19日政府公报31417第1000号一般公告增加并分类，于2015年4月30日由政府公报38735第353号一般公告修改。]

["南非巴萨商业和艺术"于2001年2月16日由政府公报22047第402号一般公告增加,于2006年3月31日由政府公报28651第441号一般公告删除。]

城堡控制委员会

["城堡控制委员会"此前名为"城堡管理委员会",于2001年6月1日由政府公报22321第1397号一般公告增加,于2001年8月24日和2001年11月30日由政府公报22577第1863号一般公告和政府公报22860第2302号一般公告修订。]

....

["教育技术认证委员会"于2002年5月17日由政府公报23407第683号一般公告删除。]

化学工业教育培训局

["化学工业教育培训局"于2001年2月16日由22047号政府公报第402号一般公告增加。]

....

["服装、纺织品、鞋类和皮革行业教育培训局"于2001年2月16日由政府公报22047第402号一般公告增加,于2011年9月30日由政府公报34631第797号一般公告删除。]

和解、调解与仲裁委员会

社区申诉服务组织

["社区申诉服务组织"于2012年10月12日由政府公报35759第821号一般公告增加,自2012年4月1日起生效。]

公司和知识产权委员会

["公司和知识产权委员会"于2010年12月31日由政府公报33900第1254号一般公告增加,自2010年4月1日起生效。]

公司法庭

["公司法庭"于2011年4月29日由政府公报34233第363号一般公告增加,自2010年4月1日起生效。]

....

["赔偿委员会"于2003年11月5日由政府公报25778第3366号一般公告删除。]

赔偿基金,包括岁入基金

["赔偿基金,包括岁入基金"于2001年2月16日由政府公报22047第402号一般公告增加。]

....

["竞赛委员会"于2003年11月5日由政府公报25778第3366号一般公告删除。]

竞争委员会

["竞争委员会"于 2001 年 2 月 16 日由政府公报 22047 第 402 号一般公告增加。]

竞争法庭

["竞争法庭"于 2001 年 2 月 16 日由政府公报 22047 第 402 号一般公告增加。]

建筑业教育培训局

["建筑业教育培训局"于 2001 年 2 月 16 日由政府公报 22047 第 402 号一般公告增加。]

建筑业发展委员会

["建筑业发展委员会"于 2001 年 11 月 30 日由政府公报 22860 第 2302 号一般公告删除。]

环境建设委员会

["环境建设委员会"于 2005 年 5 月 27 日由政府公报 27599 第 765 号一般公告增加。]

地球科学委员会

医疗计划委员会

["医疗计划委员会"于 2001 年 2 月 16 日由政府公报 22047 第 402 号一般公告增加。]

....

["矿物技术委员会"于 2001 年 6 月 8 日由政府公报 22337 第 504 号一般公告中附表 3 第 1 部分移至第 2 部分。]

....

["核安全委员会"于 2003 年 11 月 5 日由政府公报 25778 第 3366 号一般公告删除。]

....

["科学和产业研究会"于 2001 年 6 月 8 日由政府公报 22337 第 504 号一般公告中的附表 3 第 1 部分移至第 2 部分。]

高等教育委员会

["高等教育委员会"于 2001 年 2 月 16 日由政府公报 22047 第 402 号一般公告增加。]

跨境公路运输代理机构

["跨境公路运输代理机构"于 2001 年 6 月 1 日由政府公报 22321 第 1397 号一般公告增加。]

文化、艺术、旅游、接待和体育教育训练局

["文化、艺术、旅游、接待和体育教育训练局"于 2011 年 9 月 30 日由政府公报 34631 第 797 号一般公告增加并分类。]

....

["外交、情报、国防和贸易工业部门教育培训局"于 2001 年 2 月 16 日由政府公报 22047 第 402 号一般公告增加，于 2008 年 9 月 19 日由政府公报 31417 第 1000 号一般公告删除。]

……

["教育与劳工关系委员会"于 2002 年 11 月 15 日由政府公报 24042 第 1396 号一般公告增加，于 2015 年 3 月 31 日由政府公报 38735 第 358 号一般公告增加。]（编者按：政府公报 38735 第 358 号一般公告中提及的"教育劳工关系委员会"应为"教育与劳工关系委员会"。）

教育、培训和发展实践局

["教育、培训和发展实践局"之前名为"教育、培训和发展实践部门教育培训局"，于 2001 年 2 月 16 日由政府公报 22047 第 402 号一般公告增加，于 2011 年 9 月 30 日由政府公报 34631 第 800 号一般公告修订。]

电力输送控股有限公司

["电力输送控股有限公司"于 2003 年 11 月 5 日由政府公报 25778 第 3366 号一般公告增加。]

电子通信安全股份有限公司

["电子通信安全股份有限公司"于 2009 年 3 月 20 日由政府公报 32013 第 311 号一般公告增加并分类。]

……

["雇佣条件委员会"于 2001 年 2 月 16 日由政府公报 22047 第 402 号一般公告增加，于 2005 年 5 月 27 日由 27599 号政府公报第 765 号一般公告删除。]

能源和水利部门教育培训局

["能源和水利部门教育培训局"之前名为"能源部门教育培训局"，于 2001 年 2 月 16 日由政府公报 22047 第 402 号一般公告增加，并于 2011 年 9 月 30 日由政府公报 34631 第 800 号一般公告修订。]

……

["比勒陀利亚恩格伦堡住宅艺术收藏"于 2001 年 2 月 16 日由政府公报 22047 第 402 号一般公告增加，于 2002 年 11 月 15 日由政府公报 24042 第 1396 号一般公告删除。]

……

["南非格雷厄姆斯敦英语词典单位"于 2001 年 2 月 16 日由政府公报 22047 第 402 号一般公告增加，于 2002 年 7 月 19 日由政府公报 23619 第 1283 号一般公告增加。]

房地产中介事务委员会

["房地产中介事务委员会"于 2001 年 6 月 1 日由政府公报 22321 第 1397 号一般公告增加。]

……

　　["出口信贷分保基金"于2001年6月1日由政府公报22321第1397号一般公告增加,于2002年5月17日由政府公报23407第683号一般公告删除。]

　　纤维加工制造业教育培训机构

　　["纤维加工制造业教育培训局"于2001年9月30日由政府公报34631第796号一般公告增加。]

　　电影出版委员会

　　["电影出版委员会"于2001年6月1日由政府公报22321第1397号一般公告增加。]

　　……

　　["电影出版审查委员会"于2001年2月16日由政府公报22047第402号一般公告增加,于2003年4月17日由政府公报24731第1261号一般公告删除。]

　　财务和会计行业教育培训机构

　　["财务和会计行业教育培训机构"之前名为"财务和会计培训机构",于2001年2月16日由政府公报22047第402号一般公告增加,并于2011年9月30日由政府公报34631第800号一般公告修订。]

　　财务情报中心

　　["财务情报中心"于2003年11月5日由政府公报25778第3366号一般公告增加。]

　　财务卫生委员会

　　食品饮料制造业

　　["食品饮料制造业"之前名为"食品饮料制造业教育培训局",于2001年2月16日由政府公报22047第402号一般公告增加,于2011年9月30日由政府公报34631第800号一般公告修订。]

　　……

　　["林业产业教育培训局"于2001年2月16日由政府公报22047第402号一般公告增加,于2011年9月30日由政府公报34631第797号一般公告删除。]

　　……

　　["比勒陀利亚教育科学技术基金会"于2001年2月16日由政府公报22047第402号一般公告增加,于2004年6月25日由政府公报26477第1139号一般公告删除。]

　　……

　　["研究与发展基金会"于2001年2月16日由政府公报22047第402号一般公告增加,并于2002年7月19日由政府公报23619第1283号一般公告删除。]

　　自由公园信托基金

　　["自由公园信托基金"于2003年4月17日由政府公报24731第1261号一般公

告增加。]

....

["哥德斯（Godisa）信托基金会"于 2004 年 6 月 25 日由政府公报 26477 第 1139 号一般公告增加，并于 2008 年 9 月 19 日由政府公报 31417 第 1000 号一般公告删除。]

健康福利产业教育培训局

["健康福利产业教育培训局"于 2001 年 2 月 16 日由政府公报 22047 第 402 号一般公告增加。]

房地产发展局

["房地产发展局"于 2009 年 3 月 20 日由政府公报 32013 第 311 号一般公告增加并分类。]

....

人类科学研究委员会

["移民甄选委员会"于 2001 年 2 月 16 日由政府公报 22047 第 402 号一般公告增加，于 2002 年 11 月 15 日由政府公报 24042 第 1396 号一般公告删除。]

....

["独立通信管理局"于 2001 年 2 月 16 日由政府公报 22047 第 402 号一般公告增加，于 2001 年 8 月 24 日由政府公报 22577 第 1863 号一般公告删除。]

审计师独立监管委员会

["审计师独立监管委员会"于 2006 年 7 月 28 日由政府公报 29050 第 1010 号一般公告增加。]

信息系统、电子和电信技术培训机构

["信息系统、电子和电信技术培训机构"于 2001 年 2 月 16 日由政府公报 22047 第 402 号一般公告增加。]

英格尼亚马（Ingonyama）信托委员会

["英格尼亚马（Ingonyama）信托委员会"于 2001 年 2 月 16 日由政府公报 22047 第 402 号一般公告增加。]

英科马蒂乌苏流域管理局

[之前名为"英科马蒂流域管理局"，于 2006 年 3 月 17 日由政府公报 28605 第 396 号一般公告增加，于 2015 年 4 月 30 日由政府公报 38735 第 353 号一般公告修订。]

保险业教育培训机构

["保险业教育培训机构"于 2001 年 2 月 16 日由政府公报 22047 第 402 号一般公告增加。]

国际贸易管理委员会

["国际贸易管理委员会"于 2004 年 6 月 25 日由政府公报 26477 第 1139 号一般公告增加,并于 2005 年 5 月 27 日由政府公报 27599 第 765 号一般公告修订。]

…………

["南非投资"于 2001 年 2 月 16 日由政府公报 22047 第 402 号一般公告增加,并于 2001 年 8 月 24 日由政府公报 22577 第 1863 号一般公告删除。]

艾赛门加利索(iSimangaliso)湿地公园

["艾赛门加利索(iSimangaliso)湿地公园"以前名为"圣露西亚湿地公园管理局",于 2002 年 7 月 19 日由政府公报 23619 第 1283 号一般公告增加,于 2008 年 9 月 19 日由政府公报 31417 第 1003 号一般公告增加。]

南非伊兹科(Iziko)博物馆

["南非伊兹科博物馆"以前名为"开普敦伊兹科博物馆""开普敦南方旗舰机构",于 2001 年 2 月 16 日由政府公报 22047 第 402 号一般公告增加,于 2002 年 7 月 19 日由政府公报 23619 第 1283 号、2014 年 5 月 23 日由政府公报 37653 第 392 号一般公告修订。]

…………

["JLB 鱼类研究所"于 2001 年 2 月 16 日由政府公报 22047 第 402 号一般公告增加,于 2002 年 7 月 19 日由政府公报 23619 第 1283 号一般公告删除。]

(编者按:依据原政府公报,"Itchyology"应为"Ichthyology"。)

…………

["约翰内斯堡世界首脑会议"以前名为"约翰内斯堡地球峰会",于 2001 年 6 月 1 日由政府公报 22321 第 1397 号一般公告增加。于 2002 年 5 月 17 日由政府公报 23407 第 683 号一般公告修改,于 2004 年 6 月 25 日由政府公报 26477 第 1139 号一般公告删除。]

["司法卫生委员会"于 2002 年 5 月 17 日由政府公报 23407 第 683 号一般公告删除。]

夸祖鲁纳塔尔省博物馆

["夸祖鲁纳塔尔省博物馆"之前名为"彼得马里茨堡纳塔尔博物馆",于 2001 年 2 月 16 日由政府公报 22047 第 402 号一般公告增加,于 2011 年 9 月 30 日由政府公报 34631 第 800 号一般公告修订。]

…………

[夸祖鲁英戈尼亚马(Ingonyama)信托基金于 2001 年 2 月 16 日由政府公报 22047 第 402 号一般公告增加,于 2003 年 4 月 17 日由政府公报 24731 第 1261 号一般公告删除。]

南非法律援助

["南非法律援助"之前名为"法律援助委员会",于 2010 年 12 月 31 日由政府公

报 33900 号第 1250 号一般公告修订。]

地方政府教育培训机构

["地方政府教育培训机构"之前名为"地方政府、水利及相关卫生产业教育培训机构",于 2001 年 2 月 16 日由政府公报 22047 第 402 号一般公告增加,于 2011 年 9 月 30 日由政府公报 34631 第 800 号一般公告修订。]

鲁吐黎(Luthuli)博物馆

["鲁吐黎博物馆"于 2005 年 11 月 25 日由政府公报 28237 第 1269 号一般公告增加。]

....

["制造业咨询委员会"于 2001 年 6 月 1 日由政府公报 22321 第 1397 号一般公告增加,于 2008 年 9 月 19 日由政府公报 31417 第 1000 号一般公告删除。]

....

["制造业发展委员会"于 2001 年 6 月 1 日由政府公报 22321 第 1397 号一般公告增加,于 2003 年 12 月 5 日由政府公报 25778 第 3366 号一般公告删除。]

制造、工程及相关卫生教育培训机构

["制造、工程及相关卫生教育培训机构"于 2001 年 2 月 16 日由政府公报 22047 第 402 号一般公告增加。]

海洋生物资源基金

["海洋生物资源基金"于 2001 年 2 月 16 日由政府公报 22047 第 402 号一般公告增加。]

市场剧院基金会

["市场剧院基金会"于 2002 年 7 月 19 日由政府公报 23619 第 1283 号一般公告增加。]

....

["约翰内斯堡市场剧院"于 2001 年 2 月 16 日由政府公报 22047 第 402 号一般公告增加,于 2002 年 11 月 15 日由政府公报 24042 第 1396 号一般公告删除。]

....

["媒体、广告、出版、印刷和包装培训机构"于 2001 年 2 月 16 日由政府公报 22047 第 402 号一般公告增加,于 2011 年 9 月 30 日由政府公报 34631 第 797 号一般公告删除。]

媒体发展与多元化机构

["媒体发展与多元化机构"于 2003 年 4 月 17 日由政府公报 24731 第 1261 号一般公告增加。]

媒体、信息和通信技术产业教育培训机构

["媒体、信息和通信技术产业教育培训机构"于 2011 年 9 月 30 日由政府公报 34631 第 797 号一般公告增加并分类。]

矿山安全委员会

["矿山安全委员会"于 2001 年 2 月 16 日由政府公报 22047 第 402 号一般公告增加。]

…………

["矿山和工程赔偿基金"于 2001 年 2 月 16 日由政府公报 22047 第 402 号一般公告增加,于 2003 年 12 月 5 日由政府公报 22578 第 3366 号一般公告删除。]

采矿资格许可局

["采矿资格许可局"于 2001 年 2 月 16 日由政府公报 22047 第 402 号一般公告增加。]

市政基础设施投资部门

["市政基础设施投资部门"于 2001 年 6 月 1 日由政府公报 22321 第 1397 号一般公告增加。]

全国农业营销委员会

["全国农业营销委员会"于 2002 年 7 月 19 日由政府公报 23619 第 1283 号一般公告修订。]

…………

["国家档案委员会"于 2001 年 2 月 16 日由政府公报 22047 第 402 号一般公告增加,于 2002 年 7 月 19 日由政府公报 23619 第 1283 号一般公告删除。]

国家艺术委员会

["国家艺术委员会"于 2001 年 2 月 16 日由政府公报 22047 第 402 号一般公告增加。]

…………

["国家植物研究所"于 2001 年 2 月 16 日由政府公报 22047 第 402 号一般公告增加,于 2005 年 5 月 27 日由政府公报 22577 第 765 号一般公告删除。]

全国消费者委员会

["全国消费者委员会"于 2008 年 9 月 19 日由政府公报 31417 第 1000 号一般公告增加并分类。]

全国消费者法庭

["全国消费者法庭"于 2006 年 5 月 12 日由政府公报 28798 第 602 号一般公告增加。]

…………

[制造业咨询中心方案国家协调办公室于 2001 年 2 月 16 日由政府公报 22047 第 402 号一般公告增加,于 2005 年 11 月 25 日由政府公报 28237 第 1263、1264 和 1265 号一般公告删除。]

国家信用监管机构

["国家信用监管机构"于 2006 年 5 月 12 日由政府公报 28798 第 602 号一般公

告增加。]

国家开发局

["国家开发局"于 2001 年 2 月 16 日由政府公报 22047 第 402 号一般公告增加。]

国民经济、发展和劳工委员会

…………

["国家电力监管机构"于 2005 年 11 月 25 日由政府公报 28237 第 1271 号一般公告删除。]

南非国家电子媒体研究所

["南非国家电子媒体研究所"于 2001 年 6 月 1 日由政府公报 22321 第 1397 号一般公告增加。]

南非国家振兴基金

["国家授权基金"于 2001 年 2 月 16 日由政府公报 22047 第 402 号一般公告增加。]

南非国家能源监管机构

["南非国家能源监管机构"于 2005 年 11 月 25 日由政府公报 28237 第 1271 号一般公告增加。]

国家电影和录像基金会

["国家电影和录像基金会"于 2001 年 2 月 16 日由政府公报 22047 第 402 号一般公告增加。]

…………

["国家电影委员会"于 2003 年 11 月 5 日由政府公报 25778 第 3366 号一般公告删除。]

南非国家赌博委员会

["南非国家赌博委员会"于 2001 年 2 月 16 日由政府公报 22047 第 402 号一般公告增加。]

国家卫生实验室

["国家卫生实验室"于 2002 年 5 月 17 日由政府公报 23407 第 683 号一般公告增加。]

国家遗产委员会(NHC)

["国家遗产委员会(NHC)"于 2005 年 5 月 27 日由政府公报 27599 第 765 号一般公告增加。]

全国房屋建筑登记委员会

["全国房屋建筑登记委员会"于 2001 年 2 月 16 日由政府公报 22047 第 402 号一般公告增加。]

国家住房金融公司

比勒陀利亚/开普敦国家图书馆

["比勒陀利亚/开普敦国家图书馆"于2001年2月16日由政府公报22047第402号一般公告增加。]

国家博彩委员会

["国家博彩委员会"之前名为"国家博彩",于2001年2月16日由政府公报22047第402号一般公告增加,于2015年4月30日由政府公报38735第353号一般公告修订。]

南非国家计量研究所

["南非国家计量研究所"于2008年9月19日由政府公报31417第1000号一般公告增加并分类。]

....

["国家古迹委员会"于2002年7月19日由政府公报23619第1283号一般公告删除。]

布隆方丹国家博物馆

["布隆方丹国家博物馆"于2001年2月16日由政府公报22047第402号一般公告增加。]

国家核能监管机构

["国家核能监管机构"于2001年2月16日由政府公报22047第402号一般公告增加。]

国家强制性规范监管机构

["国家强制性规范监管机构"于2008年9月19日由政府公报31417第1000号一般公告增加并分类。]

国家研究基金会

["国家研究基金会"于2001年2月16日由政府公报22047第402号一般公告增加。]

....

["国家小型企业委员会"于2003年12月5日由政府公报25778第3366号一般公告删除。]

国家助学金计划

["国家助学金计划"于2001年2月16日由政府公报22047第402号一般公告增加。]

国家城市重建与住房管理局

["国家城市重建与住房管理局"于2001年2月16日由政府公报22047第402号一般公告增加。]

....

["2000年度国家决策支持中心"于2001年2月16日由政府公报22047第402

号一般公告增加,并于 2003 年 12 月 5 日由政府公报 25778 第 3366 号一般公告删除。]

....

["国家青年委员会"于 2010 年 12 月 31 日由政府公报 33900 第 1253 号一般公告增加,于 2010 年 4 月 1 日生效。]

国家青年发展署

["国家青年发展署"于 2009 年 3 月 20 日由政府公报 32013 第 311 号一般公告增加并分类。]

....

["南非国家动物园"于 2001 年 2 月 16 日由政府公报 22047 第 402 号一般公告增加,于 2006 年 10 月 20 日由政府公报 29293 第 1477 号一般公告删除。]

(编者按:政府公报 29293 第 1477 号一般公告引用了"国家动物学",建议使用"南非国家动物园")。

纳尔逊(Nelson)孟得拉博物馆

["乌姆塔塔纳尔逊(Nelson)孟得拉博物馆"于 2001 年 2 月 16 日由政府公报 22047 第 402 号一般公告增加。]

迪特松(Ditsong):南非博物馆

["迪特松:南非博物馆"之前名为"比勒陀利亚北方旗舰研究所",于 2001 年 2 月 16 日由政府公报 22047 第 402 号一般公告增加,于 2010 年 12 月 31 日由政府公报 33900 第 1250 号一般公告修订。]

卫生标准遵循办公室

["卫生标准遵循办公室"于 2014 年 5 月 23 日由政府公报 37653 第 393 号一般公告(自 2014 年 4 月 1 日起生效),于 2013 年由第 12 号法案第 8 条规定增加并分类。]

(编者按:请注意,于 2014 年 5 月 23 日由政府公报 37653 第 393 号一般公告和于 2013 年由第 12 号全国卫生修改法案第 8 条规定在附表 3 第 1 部分增加或插入"卫生标准遵守办公室",自 2014 年 4 月 1 日起生效。)

金融卫生提供者申诉专员办公室

["金融卫生提供者申诉专员办公室"于 2008 年 9 月 19 日由政府公报 31417 第 1000 号一般公告增加并分类。]

养老基金审计员办公室

["养老基金审计员办公室"于 2008 年 9 月 19 日由政府公报 31417 第 1000 号一般公告增加并分类。]

自由表演艺术委员会

["布隆方丹表演艺术委员会橙色自由州"于 2001 年 2 月 16 日由政府公报 22047 第 402 号一般公告增加并分类。]

["自由表演艺术委员会"以前名为"布隆方丹表演艺术委员会橙色自由州",于 2002 年 7 月 19 日由政府公报 23619 第 1283 号一般公告修订。]

易腐产品出口管制委员会

["易腐产品出口管制委员会"于 2002 年 7 月 19 日由政府公报 23619 第 1283 号一般公告增加。]

…………

["警察、私人保全、法律和惩教署"于 2001 年 2 月 16 日由政府公报 22047 第 402 号一般公告增加。]

["警察、私人保全、法律和惩教训练机构"之前名为"警察、私人保全、法律和惩教署",于 2001 年 8 月 24 日由政府公报 22577 第 1863 号一般公告修订,于 2008 年 9 月 19 日由政府公报 31417 第 1000 号一般公告删除。]

南非港口监管机构

["南非港口监管机构"于 2008 年 9 月 19 日由政府公报 31417 第 1000 号一般公告增加与分类。]

…………

["初级农业教育和培训机构"于 2001 年 2 月 16 日由政府公报 22047 第 402 号一般公告增加,于 2006 年 7 月 28 日由政府公报 29050 第 1010 号一般公告删除。]

私人证券业监管机构

["私人证券业监管机构"于 2008 年 9 月 19 日由政府公报 31417 第 1000 号一般公告增加与分类。]

南非生产力研究所

["南非生产力研究所"之前名为"国家生产力研究所",于 2001 年 2 月 16 日由政府公报 22047 第 402 号一般公告增加,于 2008 年 9 月 19 日由政府公报 31417 第 1003 号一般公告修订。]

…………

["公共投资专员"于 2001 年 6 月 1 日由政府公报 22321 第 1397 号一般公告增加,于 2005 年 7 月 15 日由政府公报 27773 第 1114 号一般公告删除。]

…………

["公共保护者"于 2001 年 2 月 16 日由政府公报 22047 第 402 号一般公告增加,于 2001 年 8 月 24 日由政府公报 22577 第 1863 号一般公告删除。]

公共卫生部门教育培训机构

["公共卫生部门教育培训机构"之前名为"公共部门教育培训机构",于 2006 年 5 月 26 日由政府公报 28847 第 667 号一般公告增加。]

…………

["公共卫生部门教育培训机构"于 2001 年 2 月 16 日由政府公报 22047 第 402 号一般公告增加,于 2001 年 11 月 30 日由政府公报 22860 第 2302 号一般公告

删除。]

贸易和职业质量委员会（QCTO）

["贸易与职业质量委员会"于2010年12月31日由政府公报33900第1254号一般公告增加，自2010年4月1日起生效。]

铁路安全监控者

["铁路安全监控者"于2003年11月5日由政府公报25778第3366号一般公告增加。]

…………

["租金控制委员会"于2002年7月19日由政府公报23619第1283号一般公告增加，于2005年5月27日由政府公报27599第765号一般公告删除。]

道路事故基金

道路交通侵权机构

["道路交通侵权机构"于2010年12月31日由政府公报33900第1254号一般公告增加，自2010年4月1日起生效。]

道路交通管理公司

["道路交通管理公司"于2002年11月15日由政府公报24042第1396号一般公告删除。]

开普敦罗本岛博物馆

["开普敦罗本岛博物馆"于2001年2月16日由政府公报22047第402号一般公告增加。]

农村住房公积金贷款

["农村住房公积金贷款"于2003年12月5日由政府公报25778第3366号一般公告增加。]

安全与保障部门教育培训机构

["安全与保障部门教育培训机构"之前名为"安全与保障部门教育培训"，于2010年4月1日由政府公报33059第240号一般公告增加，自2005年7月1日起生效；于2011年9月30日由政府公报34631第800号一般公告修订。]

…………

["南非盲人工人组织"于2001年2月16日由政府公报22047第402号一般公告增加，于2006年3月31日由政府公报28651第441号一般公告删除。]

（编者按：政府公报28651第441号一般公告引用"非洲盲人公认组织"，建议使用"南非盲人工人组织"。）

…………

["南非标准局"于2001年6月8日由政府公报22337第504号一般公告的附表3第1部分移至附表3第2部分。]

南非民航局

....

["南非通信管理局"于 2001 年 2 月 16 日由政府公报 22047 第 402 号一般公告增加,并于 2001 年 8 月 24 日由政府公报 25777 第 1863 号一般公告删除。]

....

["南非建筑师委员会"于 2001 年 6 月 1 日由政府公报 22321 第 1397 号一般公告增加,于 2004 年 6 月 25 日由政府公报 26477 第 1139 号一般公告删除。]

南非教育工作者委员会

["南非教育工作者委员会"于 2001 年 2 月 16 日由政府公报 22047 第 402 号一般公告增加。]

南非钻石和贵金属监管者

["南非钻石和贵金属监管者"于 2007 年 3 月 9 日由政府公报 29669 第 187 号一般公告增加。]

....

["南非钻石委员会"于 2001 年 2 月 16 日由政府公报 22047 第 402 号一般公告增加,于 2007 年 3 月 9 日由政府公报 29669 第 187 号一般公告删除。]

....

["南非卓越基金会"于 2001 年 2 月 16 日由政府公报 22047 第 402 号一般公告增加,于 2005 年 11 月 25 日由政府公报 28237 第 1268 号一般公告删除。]

....

["南非地名委员会"于 2001 年 2 月 16 日由政府公报 22047 第 402 号一般公告增加,于 2002 年 7 月 19 日由政府公报 23619 第 1283 号一般公告删除。]

南非遗产资源局

["南非遗产资源管理局"之前名为"国家遗产委员会",于 2001 年 2 月 16 日由政府公报 22047 第 402 号一般公告增加,于 2002 年 5 月 17 日由政府公报 23407 第 683 号一般公告修订。]

....

["南非住房发展委员会"之前名为"全国住房委员会",于 2001 年 8 月 24 日由政府公报 22577 第 1863 号一般公告修订,于 2002 年 7 月 19 日由政府公报 23619 第 1283 号一般公告删除。]

....

["南非住房公积金"于 2003 年 12 月 5 日由政府公报 25778 第 3366 号一般公告删除。]

....

["南非住房信托有限公司"于 2003 年 12 月 5 日由政府公报 25778 第 3366 号一般公告删除。]

南非拒绝药物运动研究所

["南非拒绝药物运动研究所"于2001年2月16日由政府公报22047第402号一般公告增加。]

南非格雷厄姆斯敦盲人图书馆

["南非格雷厄姆斯敦盲人图书馆"于2001年2月16日由政府公报22047第402号一般公告增加。]

南非地方政府协会

["南非地方政府协会"于2002年7月19日由政府公报23619第1283号一般公告增加。]

南非海事安全局

["南非海事安全局"于2001年2月16日由政府公报22047第402号一般公告增加。]

南非医学研究委员会

南非国家认证制度

["南非国家认证制度"于2001年2月16日由政府公报22047第402号一般公告增加。]

南非卫生产品监管局

["南非卫生产品监管局"于2017年2月24日由政府公报40637第159号一般公告增加并分类。]

南非国家生物多样性研究所

["南非国家生物多样性研究所"于2005年5月27日由政府公报27599第765号一般公告增加。]

南非国家能源发展研究所

["南非国家能源发展研究所"于2010年12月31日由政府公报33900第1254号一般公告增加,自2010年4月1日起生效。]

南非国家公园

["南非国家公园"之前名为"国家公园委员会",于2002年5月17日由政府公报23407第683号一般公告修订。]

南非国家公路局

["南非国家公路局"之前名为"国家道路基金",于2001年8月24日由政府公报22577第1863号一般公告修订。]

南非国家航天局

["南非国家航天局"于2009年3月20日由政府公报32013第311号一般公告增加并分类。]

…………

["南非核能公司"于2001年2月16日由政府公报22047第402号一般公告增

加,于 2013 年 3 月 15 日由政府公报 36225 第 187 号一般公告删除,自 2001 年 2 月 16 日起生效。]

南非资格管理局

....

["南非质量研究所"于 2001 年 2 月 16 日由政府公报 22047 第 402 号一般公告增加,于 2008 年 9 月 19 日由政府公报 31417 第 1000 号一般公告删除。]

南非税务局

....

["南非道路委员会"于 2002 年 11 月 15 日由政府公报 24042 第 1396 号一般公告删除。]

....

["南非道路安全委员会"于 2002 年 11 月 15 日由政府公报 24042 第 1396 号一般公告删除。]

南非社会保障局

["南非社会援助局"于 2006 年 2 月 24 日由政府公报 28519 第 230 号一般公告插入。参见 2006 年 3 月 31 日政府公报 28651 第 436 号一般公告"南非社会保障局"。]

....

["南非体育委员会"于 2001 年 6 月 1 日由政府公报 22321 第 1397 号一般公告增加。]

....

["南非电信监管局"于 2001 年 8 月 24 日由政府公报 22577 第 1863 号一般通告删除。]

南非旅游局

南非气象局

["南非气象局"于 2001 年 11 月 30 日由政府公报 22860 第 2302 号一般通告增加。]

....

["二级农业部门教育和培训机构"于 2001 年 2 月 16 日由政府公报 22047 第 402 号一般公告增加,于 2006 年 7 月 28 日由政府公报 29050 第 1010 号一般公告删除。]

塞尔沃

["塞尔沃"于 2001 年 2 月 16 日由政府公报 22047 第 402 号一般公告增加。]

卫生业教育培训机构

["卫生业教育培训机构"于 2001 年 2 月 16 日由政府公报 22047 第 402 号一般

小型企业发展机构

["小型企业发展机构"于2005年11月25日由政府公报28237第1263、1264和1265号一般公告增加。]

············

["社会住房基金会"于2001年6月1日由政府公报22321第1397号一般公告增加，于2017年2月24日由政府公报40637第161号一般公告删除。]

特别调查组

["特别调查组"于2001年2月16日由政府公报22047第402号一般公告增加。]

国家信息技术局

比勒陀利亚国家剧院

["比勒陀利亚国家剧院"于2001年2月16日由政府公报22047第402号一般公告增加。]

技术创新机构

["技术创新机构"于2009年3月20日由政府公报32013第311号一般公告增加并分类。]

合作银行发展机构

["合作银行发展机构"于2008年9月19日由政府公报31417第1000号一般公告增加并分类。]

格雷厄姆斯敦国家英语文学博物馆

["格雷厄姆斯敦国家英语文学博物馆"于2001年2月16日由政府公报22047第402号一般公告增加。]

国家放射性废物处置研究所

["国家放射性废物处置研究所"于2011年9月30日由政府公报34631第796号一般公告增加并分类。]

国家技能基金

["国家技能基金"于2012年10月12日由政府公报35759第821号一般公告增加，自2012年4月1日起生效。]

德班剧场公司

["德班剧场公司"于2001年2月16日由政府公报22047第402号一般公告增加。]

社会住房管理局

["社会住房管理局"于2010年12月31日由政府公报33900第1254号一般公告增加，自2010年4月1日起生效。]

叙贝利沙（Thubelisha）疗养所

["叙贝利沙疗养所"于2001年2月16日由政府公报22047第402号一般公告增加。]

旅游与酒店教育培训机构

["旅游与酒店教育培训机构"于2001年2月16日由政府公报22047第402号一般公告增加。]

…………

["旅游业、酒店业和体育教育培训机构"于2012年10月12日由政府公报35759第824号一般公告删除,自2011年4月1日起生效。]

…………

["南非投资"于2001年2月16日由政府公报22047第402号一般公告增加。]

["南非贸易和投资"之前名为"南非投资",于2001年8月24日由政府公报22577第1863号一般公告修订。]

["南非贸易和投资"于2001年11月30日由政府公报22860第2302号一般公告附表3第2部分移至附表3第1部分修订。]

["南非贸易和投资"于2008年9月19日由政府公报31417第1000号一般公告删除。]

交通教育培训机构

["交通教育培训机构"于2001年2月16日由政府公报22047第402号一般公告增加。]

乌马鲁斯普通和继续教育培训质量保证委员会

["乌马鲁斯普通和继续教育培训质量保证委员会"之前名为"南非认证委员会",于2002年11月15日由政府公报24042第1396号一般公告修订。]

乌姆松杜西(uMsunduzi)博物馆

["彼得马里茨堡博物馆"于2001年2月16日由政府公报22047第402号一般公告增加。]

["乌姆松杜西博物馆"之前名为"彼得马里茨堡博物馆",于2003年3月15日由政府公报36225第190号一般公告修订,自2013年3月15日起生效。]

失业保险基金

南非普遍服务与访问机构

["普遍服务机构"于2001年2月16日由政府公报22047第402号一般公告增加。]

["普遍服务机构"于2001年8月24日由政府公报22577第1863号一般公告修订。]

["南非普遍服务与访问机构"之前名为"普遍服务机构",于2008年9月19日由政府公报31417第1003号一般公告修订。]

普遍服务与访问基金

["普遍服务基金"于 2001 年 2 月 16 日由政府公报 22047 第 402 号一般公告增加。]

["普遍服务基金"于 2001 年 11 月 30 日由政府公报 22860 第 2302 号一般公告修订。]

["普遍服务与访问基金"之前名为"普遍服务基金",于 2008 年 9 月 19 日由政府公报 31417 第 1003 号一般公告修订。]

城市交通基金

["城市交通基金"于 2001 年 6 月 1 日由政府公报 22321 第 1397 号一般公告增加。]

沃德堡穹顶世界遗产地

["沃德堡穹顶世界遗产地"于 2015 年 4 月 30 日由政府公报 38735 第 354 号一般公告增加并分类,自 2015 年 4 月 1 日起生效。]

....

["工资委员会"于 2003 年 12 月 5 日由政府公报 25778 第 3366 号一般公告删除。]

布隆方丹波尔共和国战争博物馆

["布隆方丹波尔共和国战争博物馆"于 2001 年 2 月 16 日由政府公报 22047 第 402 号一般公告增加。]

水研究委员会

批发零售业教育培训机构

["批发零售业教育训练机构"于 2001 年 2 月 16 日由政府公报 22047 第 402 号一般公告增加。]

威廉汉弗莱斯美术馆

["威廉汉弗莱斯美术馆"于 2001 年 2 月 16 日由政府公报 22047 第 402 号一般公告增加,于 2002 年 7 月 19 日由政府公报 23619 第 1283 号一般公告增加。]

....

["温迪布罗夫(Windybrow)中心"于 2002 年 5 月 17 日由政府公报 23407 第 683 号一般公告增加。]

....

["帕尔非洲语言的字典(WAT)"于 2001 年 2 月 16 日由政府公报 22047 第 402 号一般公告增加,于 2002 年 7 月 19 日由政府公报 23619 第 1283 号一般公告增加。]

上述公共机构控制所有权的所有子公司或机构。

第 2 部分:中央国有企业

[一般说明:经修改的公共机构于 2001 年 2 月 16 日由政府公报 22047 第 402 号

公告公布,并于 2001 年 4 月 1 日生效;于 2001 年 6 月 8 日由政府公报 22337 第 504 号公告公布,并于 2001 年 6 月 8 日生效;于 2001 年 8 月 24 日由政府公报 22577 第 1863 号公告公布,并于 2001 年 8 月 24 日生效;于 2001 年 11 月 30 日由政府公报 22860 第 2302 号公告公布,并于 2001 年 11 月 30 日生效;于 2002 年 7 月 19 日由政府公报 23619 第 1283 号公告公布,并于 2002 年 7 月 19 日生效;于 2003 年 4 月 17 日由政府公报 24731 第 1261 号公告公布,并于 2003 年 12 月 5 日生效;于 2003 年 12 月 5 日由政府公报 25778 第 3366 号公告公布,并于 2003 年 12 月 5 日生效;于 2005 年 7 月 15 日由政府公报 27773 第 1114 号公告公布,并于 2005 年 7 月 15 日生效;于 2005 年 11 月 25 日由政府公报 28237 第 1263、1264 和 1265 号公告公布,并于 2005 年 11 月 25 日生效;于 2006 年 3 月 24 日由政府公报 28630 第 431 号公告公布,于 2007 年 7 月 20 日由政府公报 30074 第 647 号公告公布,并于 2007 年 7 月 20 日生效;于 2010 年 4 月 1 日由政府公报 33059 第 242 号一般公告公布,并于 2010 年 4 月 1 日生效;于 2010 年 12 月 31 日由政府公报 33900 第 1251 和 1252 号一般公告公布,并于 2010 年 4 月 1 日生效;于 2015 年 4 月 30 日由政府公报 38735 第 352 号一般公告公布,并于 2015 年 4 月 30 日生效;于 2015 年 4 月 30 日由政府公报 38735 第 357 号一般公告公布,并于 2015 年 3 月 31 日生效;于 2017 年 2 月 24 日由政府公报 40637 第 164 号一般公告公布,并于 2017 年 2 月 24 日生效。]

....

["奥尔巴尼海岸水委员会"之前名为"奥尔巴尼海岸水局",于 2001 年 8 月 24 日由政府公报 22577 第 1863 号一般公告修订,于 2010 年 12 月 31 日由政府公报 33900 第 1252 号一般公告删除,自 2010 年 4 月 1 日起生效。]

阿玛托拉水资源委员会

["阿玛托拉水资源委员会"之前名为"阿玛托拉水资源",于 2001 年 2 月 16 日由政府公报 22047 第 402 号一般公告增加,于 2001 年 8 月 24 日由政府公报 22577 第 1863 条一般公告修改。]

阿文图拉(Aventura)

["阿文图拉"于 2001 年 2 月 16 日由政府公报 22047 第 402 号一般公告增加。]

....

["巴拉农场(Bala Farms)股份有限公司"之前名为"巴拉巴拉农场(BalaBala Farms)股份有限公司",于 2001 年 8 月 24 日由政府公报 22577 第 1863 号一般公告修订,于 2006 年 3 月 24 日由政府公报 28630 第 431 号一般公告删除。]

布洛姆水务公司

....

["布什水资源委员会"由"勒贝尔北部水"代替。]

....

["博特斯赫洛(Botshelo)水务公司"之前名为"西北供水管理局",于 2001 年 8

月24日由政府公报22577第1863号一般公告增加,于2003年12月5日由政府公报22578第3366号一般公告修订,于2015年4月30日由政府公报38735第357号一般公告删除,自2015年3月31日起生效。]

(编者按:政府公报38735第357号一般通告提及的"博特斯赫洛水资源委员会",建议使用"博特斯赫洛水务公司"。)

....

["布什巴克里克水资源委员会"之前名为"布什巴克里克水资源",于2001年2月16日由政府公报22047第402号一般公告增加,于2001年8月24日由政府公报22577第1863号一般公告增加,于2015年4月30日由政府公报38735第357号一般公告删除。]

科学和产业研究会

["科学和产业研究会"于2001年6月8日由政府公报22337第504号一般公告中的附表3第1部分移至第2部分。]

南非出口信用保险公司

["南非出口信用保险公司"于2001年11月30日由政府公报22860第2302号一般公告增加,于2002年7月19日由政府公报23619第1283号一般公告修订。]

....

["伊康加拉(Ikangala)水务公司"于2001年8月24日由政府公报22577第1863号一般公告增加,于2010年12月31日由政府公报33900第1252号一般公告删除,自2010年4月1日起生效。]

因阿拉(Inala)农场股份有限公司

["因阿拉农场股份有限公司"之前名为"因伊阿拉(Iniala)农场股份有限公司",于2003年4月17日由政府公报24731第1261号一般公告修订。]

....

["盐田东部水资源委员会"之前名为"盐田超标水务局",于2001年8月24日由政府公报22577第1863号一般公告修订,于2003年12月5日由政府公报25778第3366号一般公告删除。]

....

["盐田西部水资源委员会"之前名为"盐田西部水务局",于2001年8月24日由政府公报22577第1863号一般公告修订,于2003年12月5日由政府公报25778第3366号一般公告删除。]

....

["卡罗斯杰埃尔科普彭(Karos-Geelkoppen)水务局"于2001年8月24日由政府公报22577第1863号一般公告删除。]

....

[克许拉(Khula)企业]于2017年2月24日由政府公报40637第1643号一般公

告删除。]

  佩尔莱河北部水务公司

  ["佩尔莱河北部水务公司"于 2001 年 8 月 24 日由政府公报 22577 第 1863 号一般公告插入。]

  格里斯水务公司

  姆赫拉叙塞(Mhlathuze)水务公司

  南非国家矿业技术研究院

  ["南非国家矿业技术研究院"之前名为"南非矿业技术理事会",于 2001 年 6 月 8 日由政府公报 22337 第 504 号一般公告中的附表 3 第 1 部分移至第 2 部分,于 2015 年 4 月 30 日由政府公报 38735 第 352 号一般公告修订。]

  ············

  ["姆因迪(Mjindi)农业股份有限公司"于 2001 年 8 月 24 日由政府公报 22577 第 1863 号一般公告附表 3 第 2 部分删除,移至附表 3 第 4 部分。]

  ············

  ["姆彭德莱—恩塔姆巴纳纳(Mpendle-Ntambanana)农业股份有限公司"于 2001 年 8 月 24 日由政府公报 22577 第 1863 号一般公告附表 3 第 2 部分删除,移至附表 3 第 4 部分。]

  ············

  ["纳马夸水务公司"于 2015 年 4 月 30 日由政府公报 38735 第 357 号一般公告删除,自 2015 年 3 月 31 日起生效。]

  (编者按:政府公报 38735 第 357 号一般公告提到"纳马夸水务委员会",建议使用"纳马夸水务公司"。)

  恩克拉(Ncera)农场股份有限公司

  ············

  ["德蓝土瓦北部水务公司/米蒂齐"被"佩尔莱河北部水务公司"替代。]

  ············

  ["恩特西卡(Ntsika)公司"于 2005 年 11 月 25 日由政府公报 28237 第 1263、1264 和 1265 号一般公告删除。]

  翁德尔斯特波尔特(Onderstepoort)生物制品

  ["翁德尔斯特波尔特生物制品"于 2001 年 2 月 16 日由政府公报 22047 第 402 号一般公告增加。]

  奥弗贝格水务公司

  南非铁路客运公司

  ["南非铁路客运公司"之前名为"南非轨道通勤有限公司",于 2010 年 4 月 1 日由政府公报 33059 第 242 号一般公告修订。]

  ············

["佩拉德里夫特(Pelladrift)水务委员会"之前名为"佩拉德里夫特水务公司",于 2001 年 8 月 24 日由政府公报 22577 第 1863 号一般公告修订,于 2015 年 4 月 30 日由政府公报 38735 第 357 号一般公告删除,自 2015 年 3 月 31 日起生效。]

……………

["帕拉博鲁瓦水务公司"被"佩尔莱河北部水务公司"替代。]

公众投资有限公司

["公众投资有限公司"于 2005 年 7 月 15 日由政府公报 27773 第 1114 号一般公告增加。]

兰德水务公司

["兰德水务公司"之前名为"兰德水务委员会",于 2001 年 8 月 24 日由政府公报 22577 第 1863 号一般公告修订。]

南非标准局

["南非标准局"于 2001 年 6 月 8 日由政府公报 22337 第 504 号一般公告的附表 3 第 1 部分移至附表 3 第 2 部分。]

南非特别风险保险协会有限公司

["南非特别风险保险协会有限公司"之前名为"南非特别风险保险协会",于 2001 年 2 月 16 日由政府公报 22047 第 402 号一般公告增加,于 2010 年 12 月 31 日政府公报 33900 第 1251 号一般公告修订。]

瑟迪邦水务公司

["瑟迪邦水务公司"之前名为"矿区水务公司",于 2001 年 8 月 24 日由政府公报 22577 第 1863 号一般公告修订。]

三零凯天

["三零凯天"于 2001 年 2 月 16 日由政府公报 22047 第 402 号一般公告增加。]

国家钻石商人

["国家钻石商人"于 2007 年 7 月 20 日由政府公报 30074 第 647 号一般公告加入。]

……………

["南非贸易和投资"之前名为"南非投资",于 2001 年 8 月 24 日由政府公报 22577 第 1863 号一般公告修订,于 2001 年 11 月 30 日由政府公报 22860 第 2302 号一般公告附表 3 第 2 部分移至附表 3 第 1 部分。]

乌姆吉尼水务公司

["乌姆吉尼水务公司"之前名为"乌姆吉尼水务委员会",于 2001 年 8 月 24 日由政府公报 22577 第 1863 号一般公告修订。]

……………

["乌姆索博姆武(Umsobomvu)青年基金会"之前名为"乌姆索博姆武基金",于 2003 年 4 月 17 日由政府公报 24731 第 1261 号一般公告增加,于 2003 年 12 月 5 日

由政府公报 22578 第 3366 号一般公告修订,于 2010 年 12 月 31 日由政府公报 33900 第 1252 号一般公告删除,自 2010 年 4 月 1 日起生效。]

上述公共机构控制所有权的所有子公司或机构。

第 3 部分:省级公共机构

［第 3 部分由 1999 年第 29 号法案第 45 条增加。］

［一般说明:经修改的公共机构于 2001 年 2 月 16 日由政府公报 22047 第 402 号一般公告公布,并于 2001 年 4 月 1 日生效;于 2001 年 6 月 1 日由政府公报 22321 第 1397 号一般公告公布,并于 2001 年 6 月 1 日生效;于 2001 年 8 月 24 日由政府公报 22577 第 1863 号一般公告公布,并于 2001 年 8 月 24 日生效;于 2001 年 11 月 30 日由政府公报 22860 第 2302 号一般公告公布,并于 2001 年 11 月 30 日生效;于 2002 年 5 月 17 日由政府公报 23407 第 683 号一般公告公布,并于 2002 年 5 月 17 日生效;于 2002 年 7 月 19 日由政府公报 23619 第 1283 号一般公告公布,并于 2002 年 7 月 19 日生效;于 2002 年 11 月 15 日由政府公报 24042 第 1396 号一般公告公布,并于 2002 年 11 月 15 日生效;于 2003 年 4 月 17 日由政府公报 24731 第 1261 号一般公告公布,并于 2003 年 4 月 17 日生效;于 2003 年 12 月 5 日由政府公报 25778 第 3366 号一般公告公布,并于 2003 年 12 月 5 日生效;于 2004 年 6 月 25 日由政府公报 26477 第 1139 号一般公告公布,并于 2004 年 6 月 25 日生效;于 2005 年 5 月 27 日由政府公报 27599 第 765 号一般公告公布,并于 2005 年 7 月 15 日生效;于 2005 年 11 月 25 日由政府公报 28237 第 1266、1267 和 1270 号一般公告公布,并于 2005 年 11 月 25 日生效;于 2006 年 4 月 7 日由政府公报 28679 第 462、476 号一般公告公布,并于 2007 年 4 月 7 日生效;于 2006 年 6 月 23 日由政府公报 28679 第 797 号一般公告公布,并于 2006 年 6 月 23 日生效;于 2006 年 10 月 20 日由政府公报 29293 第 1275 号一般公告公布,并于 2006 年 10 月 20 日生效;于 2008 年 1 月 4 日由政府公报 30637 第 7 号一般公告公布,并于 2008 年 1 月 4 日生效;于 2008 年 9 月 19 日由政府公报 31417 第 1001 号一般公告公布,并于 2008 年 9 月 19 日生效;于 2008 年 9 月 19 日由政府公报 31417 第 1003 号一般公告公布,并于 2008 年 9 月 19 日生效;于 2009 年 3 月 20 日由政府公报 32013 第 309 和 310 号一般公告公布,并于 2009 年 3 月 20 日生效;于 2010 年 4 月 1 日由政府公报 33059 第 241 号一般公告公布,并于 2010 年 4 月 1 日生效;于 2010 年 12 月 31 日由政府公报 33900 第 1247、1248 和 1249 号一般公告公布,分别于 2004 年 4 月 1 日、2010 年 7 月 1 日和 2010 年 6 月 8 日生效;于 2011 年 4 月 29 日由政府公报 34233 第 364 号一般公告公布,并于 2010 年 4 月 1 日生效;于 2011 年 9 月 30 日由政府公报 34631 第 798 号一般公告公布;于 2012 年 10 月 12 日由政府公报 35759 第 822 号一般公告公布,并于 2007 年 11 月 14 日生效;于 2013 年 3 月 15 日由政府公报 36225 第 188 号一般公告公布,并于 2012

年12月1日生效;于2013年3月15日由政府公报36225第189和191号一般公告公布,并于2013年3月15日生效;于2014年5月23日由政府公报37653第391号一般公告公布;于2014年5月23日由政府公报37653第394和395号一般公告公布,并于2014年4月1日生效;于2015年4月30日由政府公报38735第355号一般公告公布,并于2013年4月1日生效;于2015年4月30日由政府公报38735第356号一般公告公布,并于2015年3月31日生效;于2016年5月13日由政府公报39985第523号一般公告公布,并于2016年5月13日生效;于2017年2月24日由政府公报40637第160和162号一般公告公布,并于2017年2月24日生效;于2017年2月24日由政府公报40637第165号一般公告公布,并于2006年4月7日生效。]

环境专员

["环境专员"于2005年5月27日由政府公报27599第765号一般公告公布。]

(编者按:没有指明省份)

……………

["目的地(Destination)营销组织"于2008年1月4日由政府公报30637第7号一般公告增加,于2014年5月23日由政府公报37653第395号一般公告删除,自2014年4月1日起生效。]

(编者按:没有指明省份)

杜比贸易港口公司

["杜比贸易港口公司"于2011年9月30日由政府公报34631第798号一般公告增加和分类,自2011年4月1日起生效。]

(编者按:没有指明省份)

皇家信托基金

["皇家信托基金"于2012年10月12日由政府公报35759第822号一般通告增加和分类,自2007年11月14日起生效。]

(编者按:没有指明省份)

哈萨克航空公司

["哈萨克航空公司"于2008年9月19日由政府公报31417第1001号一般公告增加和分类。]

(编者按:没有指明省份)

东开普省:

……………

["东开普省投资与营销中心"于2008年9月19日由政府公报31417第1001号一般公告删除。]

……………

["东开普省适当技术单位"于2015年4月30日由政府公报38735第356号一般公告删除,自2015年3月31日起生效。]

　　(编者按:政府公报38735第356号一般公告提到的"东开普省适当技术单位"(ECATU),建议使用"东开普省适当技术单位"。)

　　东开普省艺术委员会

　　…………

　　["东开普省消费者事务法院"于2008年9月19日由政府公报31417第1000号一般公告删除。]

　　…………

　　["东开普省发展公司"从附表3第3部分移至附表3第4部分。]

　　…………

　　["东开普省发展法庭"于2002年11月15日由政府公报24042第1396号一般公告删除。]

　　东开普省赌博博彩委员会

　　东开普省酒业委员会

　　…………

　　["东开普省地方公路运输局"于2008年9月19日由政府公报31417第1000号一般公告删除。]

　　…………

　　["东开普省博物馆"于2008年9月19日由政府公报31417第1000号一般公告删除。]

　　东开普省公园和旅游局(ECPTA)

　　["东开普省公园和旅游局(ECPTA)"于2010年12月31日由政府公报33900第1248号一般公告增加,自2010年7月1日起生效。]

　　…………

　　["东开普省公园委员会"于2005年11月25日由政府公报28237第1270号一般公告增加,于2010年12月31日由政府公报33900第1249号一般公告删除。]

　　…………

　　["东开普省住房委员会"于2008年9月19日由政府公报31417第1000号一般公告删除。]

　　东开普省地区援助图书馆

　　…………

　　["东开普省区域当局"于2008年9月19日由政府公报31417第1000号一般公告删除。]

　　东开普省乡村发展局

　　["东开农村金融有限公司"之前名为"东开普省农业银行",于2002年7月19

日由政府公报 23619 第 1283 号一般公告修订。]

["东开普省乡村发展机构"之前名为"东开普省农村金融有限公司",于 2003 年 3 月 15 日由政府公报 36225 第 191 号一般公告修订,自 2013 年 3 月 15 日起生效。]

东开普省社会经济协商委员会

…………

["东开普省招标委员会"于 2002 年 7 月 19 日由政府公报 23619 第 1283 号一般公告删除。]

…………

["东开普省旅游局"于 2010 年 12 月 31 日由政府公报 33900 第 1249 号一般公告删除。]

…………

["东开普省乡议会"于 2002 年 11 月 15 日由政府公报 24042 第 1396 号一般公告删除。]

…………

["东开普省青年委员会"于 2003 年 4 月 17 日由政府公报 24731 第 1261 号一般公告增加,于 2016 年 5 月 13 日由政府公报 39985 第 523 号一般公告删除。]

["东伦敦工业开发区总公司"于 2003 年 12 月 5 日由政府公报 25778 第 3366 号一般公告增加,于 2015 年 11 月 25 日由政府公报 28237 第 1267 号一般公告附表 3 第 3 部分移至第 4 部分。]

自由州省:

…………

["自由州消费者事务"于 2002 年 11 月 15 日由政府公报 24042 第 1396 号一般公告增加,于 2006 年 4 月 7 日由政府公报 28679 第 462 号一般公告删除。]

…………

["自由州公民、教育和争端解决委员会"于 2002 年 5 月 17 日由政府公报 23407 第 683 号一般公告增加,于 2008 年 9 月 19 日由政府公报 31417 第 1001 号一般公告删除。]

自由州赌博和酒权管理局(FSGLA)

["自由州赌博和酒权管理局(FSGLA)"于 2010 年 12 月 31 日由政府公报 33900 第 1248 号一般公告增加,自 2010 年 6 月 8 日起生效。]

…………

["自由州赌博和赛车委员会"之前名为"自由州赌博局",于 2005 年 5 月 27 日由政府公报 27599 第 765 号一般公告修订,于 2010 年 12 月 31 日由政府公报 33900 第 1249 号一般公告删除。]

....

["自由州投资机构"于2002年11月15日由政府公报24042第1396号一般公告增加,于2006年4月7日由政府公报28679第462号一般公告删除。]

["自由州投资促进机构"于2009年3月20日由政府公报32013第310号一般公告增加和分类,于2015年4月30日由政府公报38735第356号一般公告删除,自2015年3月31日起生效。]

....

["自由州酒权委员会"于2006年4月7日由政府公报28679第462号一般公告删除。]

....

["自由州布隆方丹护理学院"于2002年11月15日由政府公报24042第1396号一般公告增加,于2006年4月7日由政府公报28679第462号一般公告删除。]

....

["自由州农村基金会"于2002年11月15日由政府公报24042第1396号一般公告删除。]

....

["自由州农村战略单位"于2002年11月15日由政府公报24042第1396号一般公告删除。]

....

["自由州投标委员会"于2002年7月19日由政府公报23619第1283号一般公告删除。]

自由州旅游局

["自由州旅游局"于2006年6月23日由政府公报28937第797号一般公告增加。]

....

["自由州旅游局"于2002年11月15日由政府公报24042第1396号一般公告删除。]

....

["自由州青年委员会"于2010年4月1日由政府公报33059第241号一般公告删除。]

....

["法基萨(Phakisa)主要体育和发展公司"于2002年11月15日由政府公报24042第1396号一般公告增加,于2015年4月30日由政府公报38735第356号一般公告删除,自2015年3月31日起生效。]

豪登省：

……

["豪登省农业与农业发展信托基金"于2001年8月24日由政府公报22577第1863号一般公告增加,于2006年10月20日由政府公报29293第1475号一般公告删除。]

(编者按:政府公报29293第1475号一般公告引用"豪登省农业与农业发展信托基金"。)

……

["豪登省消费者事务法庭"于2002年7月19日由政府公报23619第1283号一般公告删除。]

["豪登省豪登发展法庭"于2003年4月17日由政府公报24731第1261号一般公告删除。]

……

["豪登省经济发展局"于2014年5月23日由政府公报37653第395号一般公告删除,自2014年4月1日起生效。]

……

["高等教育训练委员会"于2002年7月19日由政府公报23619第1283号一般公告删除。]

豪登省促进公司

["豪登省促进公司"于2008年9月19日政府公报31417第1001号一般公告增加和分类。]

豪登省赌博局

……

["豪登住房基金"之前名为"豪登省住房委员会",于2001年11月30日由政府公报22860第2302号一般公告修订,于2002年7月19日由政府公报23619第1283号一般公告删除。]

豪登增长与发展机构(GGDA)

["豪登增长与发展机构(GGDA)"之前名为"蓝色智商投资控股股份有限公司",于2004年6月25日由政府公报26477第1139号一般公告增加,并于2014年5月23日由政府公报37653第391号一般公告修订。]

……

["豪登市政规划委员会"于2002年7月19日由政府公报23619第1283号一般公告删除。]

豪登合伙基金(GPF)

["豪登合伙基金(GPF)"于2005年11月25日由政府公报28237第1266号一般公告增加。]

....

["豪登房屋租赁法庭"于2002年7月19日由政府公报23619第1283号一般公告增加,于2003年12月5日由政府公报25778第3366号一般公告删除。]

....

["豪登服务上诉委员会"于2002年7月19日由政府公报23619第1283号一般公告删除。]

豪登省旅游局

....

["豪登乡议会"于2003年4月17日由政府公报24731第1261号一般公告删除。]

豪登列车管理机构

["豪登列车管理机构"于2008年9月19日由政府公报31417第1001号一般公告删除。]

夸祖鲁—纳塔尔省：

阿玛法·阿夸祖鲁·纳塔利

["阿玛法·阿夸祖鲁·纳塔利"之前名为"夸祖鲁诺特古迹理事会",于2003年4月17日由政府公报24731第1261号一般公告修订。]

萨姆维罗·夸祖鲁·纳塔尔省野生动物

["萨姆维罗·夸祖鲁·纳塔尔省野生动物"之前名为"夸祖鲁 纳塔尔保护区",于2003年4月17日由政府公报24731第1261号一般公告修订。]

农业综合开发署

["农业综合开发署"之前名为"夸祖鲁农产区农业发展信托",于2004年6月25日由政府公报26477第1139号一般公告增加,于2010年12月31日由政府公报33900第1247号一般公告修订。]

....

["夸祖鲁纳塔尔上诉法庭"于2003年4月17日由政府公报24731第1261号一般公告删除。]

....

["夸祖鲁纳塔尔发展法庭"于2003年4月17日由政府公报24731第1261号一般公告删除。]

....

["夸祖鲁纳塔尔经济委员会"于2003年4月17日由政府公报24731第1261号一般公告删除。]

夸祖鲁纳塔尔电影委员会

［"夸祖鲁纳塔尔电影委员会"于2015年4月30日由政府公报38735第355号一般公告增加和分类，自2013年4月1日起生效。］

....

［"夸祖鲁纳塔尔赌局"于2014年5月23日由政府公报37653第395号一般公告删除，自2014年4月1日起生效。］

夸祖鲁纳塔尔赌博博彩委员会

［"夸祖鲁纳塔尔赌博博彩委员会"于2011年9月30日由政府公报34631第798号一般公告增加和分类，自2011年4月1日起生效。］

夸祖鲁纳塔尔传统领袖之家

....

［"夸祖鲁纳塔尔国际机场发展倡议"于2003年4月17日由政府公报24731第1261号一般公告删除。］

夸祖鲁纳塔尔酒业管理局

［"夸祖鲁纳塔尔酒业管理局"于2003年3月15日由政府公报36225第189号一般公告增加和修订，自2013年3月15日起生效。］

［"夸祖鲁纳塔尔酒业委员会"于2003年4月17日由政府公报24731第1261号一般公告删除。］

....

［"夸祖鲁纳塔尔地方道路运输委员会"于2002年7月19日由政府公报23619第1283号一般公告删除。］

....

［"夸祖鲁纳塔尔营销倡议"于2003年4月17日由政府公报24731第1261号一般公告删除。］

....

［"夸祖鲁纳塔尔私人乡镇委员会"于2003年4月17日由政府公报24731第1261号一般公告删除。］

....

［"夸祖鲁纳塔尔省和平委员会"于2003年4月17日由政府公报24731第1261号一般公告删除。］

夸祖鲁纳塔尔省规划和发展委员会

［"夸祖鲁纳塔尔省规划和发展委员会"之前名为"夸祖鲁纳塔尔区域规划委员会"，于2003年4月17日由政府公报24731第1261号一般公告修订。］

....

［"夸祖鲁纳塔尔出租车理事会"于2002年11月15日由政府公报24042第

1396 号一般公告重新刊登,于 2008 年 9 月 19 日由政府公报 31417 第 1000 号一般公告删除。]

["夸祖鲁纳塔尔出租车小组"于 2002 年 7 月 19 日由政府公报 23619 第 1283 号一般公告删除。]

["夸祖鲁纳塔尔投标委员会"于 2002 年 7 月 19 日由政府公报 23619 第 1283 号一般公告删除。]

夸祖鲁纳塔尔旅游局

....

["夸祖鲁纳塔尔乡镇委员会"于 2003 年 4 月 17 日由政府公报 24731 第 1261 号一般公告删除。]

....

["夸祖鲁纳塔尔青年委员会"于 2001 年 2 月 16 日由政府公报 22047 第 402 号一般公告增加,于 2003 年 4 月 17 日由政府公报 24731 第 1261 号一般公告删除。]

....

["纳塔尔艺术信托基金会"于 2003 年 12 月 5 日由政府公报 25778 第 3366 号一般公告删除。]

纳塔尔鲨鱼委员会

....

["纳塔尔信托基金"于 2003 年 12 月 5 日由政府公报 25778 第 3366 号一般公告删除。]

....

["南非救生组织"于 2003 年 4 月 17 日由政府公报 24731 第 1261 号一般公告删除。]

夸祖鲁纳塔尔贸易与投资

["夸祖鲁纳塔尔贸易与投资"于 2011 年 9 月 30 日由政府公报 34631 第 798 号一般公告增加和分类,自 2011 年 4 月 1 日起生效。]

....

["乌姆塞克里市政援助部门"之前名为"夸祖鲁纳塔尔发展服务委员会",于 2001 年 11 月 30 日由政府公报 22860 第 2302 号一般公告修订,于 2017 年 2 月 24 日由政府公报 40637 第 160 号一般公告删除。]

姆普马兰加省:

....

(编者按:"姆普马兰加农业开发公司"于 2014 年 5 月 23 日由政府公报 37653 第

395号一般公告删除,自2014年4月1日起生效。请注意,此机构未在附表3第3部分出现,于2002年7月19日由政府公报23619第1283号附表3第4部分增加。)

姆普马兰加经济授权公司

["姆普马兰加经济授权公司"于2002年5月17日由政府公报23407第683号一般公告增加。]

....

["姆普马兰加博彩局"之前名为"姆普马兰加赌博局",于2002年5月17日由政府公报23407第683号一般公告增加,于2002年7月19日由政府公报23619第1283号一般公告修订。]

["姆普马兰加赌博局"之前名为"姆普马兰加博彩局",于2008年9月19日由政府公报31417第1001号一般公告删除,于2009年3月20日由政府公报32013第309号一般公告修正。]

(编者按:请注意,"姆普马兰加赌博局"于2008年9月19日由政府公报31417第1001号一般公告删除,删除之前其名为"姆普马兰加博彩局"。该机构在从列表中移除后于2009年3月20日由政府公报32013第309号一般公告更正为"姆普马兰加赌博局"。)

["姆普马兰加房屋委员会"于2008年9月19日由政府公报31417第1000号一般公告删除。]

....

(编者按:"姆普马兰加住房信贷公司"于2014年5月23日由政府公报37653第395号一般公告删除,自2014年4月1日起生效。请注意,此机构未在附表3第3部分出现,于2002年7月19日由政府公报23619第1283号附表3第4部分增加。)

["姆普马兰加投资倡议"于2001年6月1日由政府公报22321第1397号一般公告增加,于2002年5月17日由政府公报23407第683号一般公告增加,于2008年9月19日由政府公报31417第1001号一般公告删除。]

姆普马兰加酒业管理局

["姆普马兰加酒业管理局"于2015年4月30日由政府公报38735第355号一般公告增加和分类,自2012年4月1日起生效。]

....

["姆普马兰加公园委员会"于2008年9月19日由政府公报31417第1000号一般公告删除。]

姆普马兰加地区培训信托基金

["姆普马兰加地区培训信托基金"于2002年7月19日由政府公报23619第1283号一般公告增加。]

....

["姆普马兰加招标委员会"于2002年7月19日由政府公报23619第1283号一般公告删除。]

姆普马兰加旅游及公园委员会

["姆普马兰加旅游及公园委员会"于2008年9月19日由政府公报31417第1001号一般公告增加和分类。]

....

["姆普马兰加旅游局"于2002年5月17日由政府公报23407第683号一般公告增加,于2008年9月19日由政府公报31417第1000号一般公告删除。]

北开普省：

卡拉哈里儿童公司

["卡拉哈里儿童公司"于2010年12月31日由政府公报33900第1248号一般公告增加,自2004年4月1日起生效。]

麦克格雷戈博物馆(金伯利)

["麦克格雷戈博物馆(金伯利)"于2014年5月23日由政府公报37653第394号一般公告增加和分类,自2014年4月1日起生效。]

北开普省经济发展、贸易和投资促进机构

["北开普省经济发展、贸易和投资促进机构"于2011年4月29日由政府公报34233第364号一般公告增加,自2010年4月1日起生效。]

....

["北开普省经济发展单位"于2003年4月17日由政府公报24731第1261号一般公告删除。]

....

["北开普省赌博和赛车委员会"之前名为"北开普省赌博委员会",于2002年5月17日由政府公报23407第683号一般公告修订,于2003年4月17日由政府公报24731第1261号一般公告删除。]

北开普赌博局

["北开普赌博局"于2008年9月19日由政府公报31417第1001号一般公告增加和分类。]

....

["北开普房屋委员会"于2003年4月17日由政府公报24731第1261号一般公告删除。]

北开普酒业委员会

["北开普酒业委员会"于2003年4月17日由政府公报24731第1261号一般公告删除,于2011年9月30日由政府公报34631第798号一般公告重新增加和分类,

自 2010 年 4 月 1 日起生效。]

....

["北开普地方交通局"于 2003 年 4 月 17 日由政府公报 24731 第 1261 号一般公告删除。]

....

["北开普省级招标委员会"于 2002 年 7 月 19 日由政府公报 23619 第 1283 号一般公告删除。]

北开普省旅游局

....

["北开普青年委员会"于 2004 年 6 月 25 日由政府公报 26477 第 1139 号一般公告删除。]

北方省：

....

["门户国际机场"于 2006 年 4 月 7 日由政府公报 28679 第 476 号一般公告删除。]

....

["林坡坡农业发展公司"于 2011 年 9 月 30 日由政府公报 34631 第 798 号一般公告增加和分类，自 2009 年 4 月 1 日起生效；于 2013 年 3 月 15 日由政府公报 36225 第 188 号一般公告删除，自 2012 年 12 月 1 日起生效。]

林坡坡上诉法庭

["林坡坡上诉法庭"之前名为"北方省上诉法庭"，于 2008 年 9 月 19 日由 31417 号政府公报第 1003 号一般公告修订。]

....

["林坡坡发展企业"于 2006 年 4 月 7 日由政府公报 28679 第 476 号一般公告插入，于 2017 年 2 月 24 日由政府公报 40637 第 165 号一般公告删除，自 2006 年 4 月 7 日起生效。]

林坡坡发展法庭

["林坡坡发展法庭"之前名为"北方省发展法庭"，于 2008 年 9 月 19 日由政府公报 31417 第 1003 号一般公告修订，于 2008 年 9 月 19 日由政府公报 31417 第 1000 号一般公告删除。]

....

（编者按：在政府公报 36225 第 191 号一般公告的指导下，"林坡坡经济发展公司"已经变更为"林坡坡经济发展局"，然而这个机构不存在于本法中。）

林坡坡赌博委员会

["林坡坡赌博委员会"于 2006 年 4 月 7 日由政府公报 28679 第 476 号一般公告

插入。]

林坡坡住房委员会

["林坡坡住房委员会"之前名为"北方省住房委员会",于 2008 年 9 月 19 日由政府公报 31417 第 1003 号一般公告修订。]

林坡坡酒业委员会

["林坡坡酒业委员会"之前名为"北方省酒业委员会",于 2008 年 9 月 19 日由政府公报 31417 第 1003 号一般公告修订。]

林坡坡地方商业中心

["林坡坡地方商业中心"之前名为"北方省地方商业中心",于 2008 年 9 月 19 日由政府公报 31417 第 1003 号一般公告修订,于 2008 年 9 月 19 日由政府公报 31417 第 1000 号一般公告删除。]

林坡坡调解小组

["林坡坡调解小组"之前名为"北方省调解小组",于 2008 年 9 月 19 日由政府公报 31417 第 1003 号一般公告修订,于 2008 年 9 月 19 日由政府公报 31417 第 1000 号一般公告删除。]

林坡坡规划委员会

["林波波规划委员会"之前名为"北方省规划委员会",于 2008 年 9 月 19 日由政府公报 31417 第 1003 号一般公告修订,于 2008 年 9 月 19 日由政府公报 31417 第 1000 号一般公告删除。]

林坡坡公路局

["林坡坡公路局"之前名为"北方省公路局",于 2001 年 2 月 16 日由政府公报 22047 第 402 号一般公告增加,于 2008 年 9 月 19 日由政府公报 31417 第 1003 号一般公告修订。]

林坡坡旅游与公园委员会

["林坡坡旅游与公园委员会"于 2006 年 4 月 7 日由政府公报 28679 第 476 号一般公告插入。]

…………

["北方省农业和农村发展公司"于 2006 年 4 月 7 日由政府公报 28679 第 476 号一般公告删除。]

…………

["北方省博彩局"于 2006 年 4 月 7 日由政府公报 28679 第 476 号一般公告删除。]

…………

["北方省投资倡议"于 2006 年 4 月 7 日由政府公报 28679 第 476 号一般公告删除。]

…………

["北方省省级招标委员会"于2002年7月19日由政府公报23619第1283号一般公告删除。]

....

["北方省旅游局"于2006年4月7日由政府公报28679第476号一般公告删除。]

....

["林坡坡贸易和投资"于2006年4月7日由政府公报28679第476号一般公告插入,于2013年3月15日由政府公报36225第188号一般公告删除,自2012年12月1日起生效。]

西北省:

....

["东部地区创业支持中心"于2002年7月19日由政府公报23619第1283号一般公告增加,于2008年9月19日由政府公报31417第1001号一般公告删除,于2017年2月24日由政府公报40637第160号一般公告删除。]

....

["投资西北"于2002年7月19日由政府公报23619第1283号一般公告增加。]
姆马巴纳(Mmabana)艺术文化体育基金会
["姆马巴纳艺术文化体育基金会"之前名为"西北艺术委员会""西北姆马巴纳文化基金会",于2002年7月19日由政府公报23619第1283号一般公告修订。]

....

["西北农业服务公司"于2008年9月19日由政府公报31417第1000号一般公告删除。]

....

["西北艺术委员会"于2002年7月19日由政府公报23619第1283号一般公告重新命名。]
西北公园委员会
["西北公园委员会"于2017年2月24日由政府公报40637第162号一般公告增加和分类。]

....

["西北通信服务"于2008年9月19日由政府公报31417第1001号一般公告删除。]
西北赌博局
西北住宅公司

....

["西北姆斯布斯恩斯(Mmsbsns)文化基金会"于2002年7月19日由政府公报

23619第1283号一般公告重新命名。]

....

["西北地区监察员"于2002年7月19日由政府公报23619第1283号一般公告删除。]

....

["西北公园与旅游局"于2017年2月24日由政府公报40637第160号一般公告删除。]

....

["西北省艾滋病委员会"于2002年7月19日由政府公报23619第1283号一般公告增加,于2017年2月24日由政府公报40637第161号一般公告删除。]

西北省文物资源管理局

["西北省文物资源管理局"于2008年9月19日由政府公报31417第1001号一般公告增加和分类。]

西北旅游局

["西北旅游局"于2017年2月24日由政府公报40637第162号一般公告增加和分类。]

西北省艺术文化委员会

["西北省艺术文化委员会"于2002年7月19日由政府公报23619第1283号一般公告增加。]

....

["西北招标委员会"于2002年7月19日由政府公报23619第1283号一般公告删除。]

....

["西北青年发展信托基金会"于2002年7月19日由政府公报23619第1283号一般公告增加,于2017年2月24日由政府公报40637第160号一般公告删除。]

西开普省：

西开普文化委员会

["西开普文化委员会"于2001年6月1日由政府公报22321第1397号一般公告增加。]

西开普赌博和赛车委员会

....

["西开普住宅发展局"于2002年7月19日由政府公报23619第1283号一般公告删除。]

西开普语言委员会

["西开普语言委员会"于2001年6月1日由政府公报22321第1397号一般公

告增加。]

西开普自然保护委员会

["西开普自然保护委员会"于2001年2月16日由政府公报22047第402号一般公告增加。]

西开普酒业管理局

["西开普酒业管理局"之前名为"西开普酒业管理局",于2003年3月15日由政府公报36225第190号一般公告修订,自2013年3月15日起生效。]

....

["西开普发展委员会"于2016年5月13日由政府公报39985第523号一般公告删除。]

....

["西开普省级招标委员会"于2002年7月19日由政府公报23619第1283号一般公告删除。]

西开普旅游、贸易和投资促进机构

["西开普旅游、贸易和投资促进机构"之前名为"西开普投资与贸易促进机构",于2014年5月23日由政府公报37653第391号一般公告修订。]

....

["西开普旅游局"于2008年1月4日由政府公报30637第7号一般公告删除。]

....

["西开普省青年委员会"于2005年5月27日由政府公报27599第765号一般公告增加,于2010年4月1日由政府公报33059第241号一般公告删除。]

上述公共机构控制所有权的所有子公司或机构。

第4部分:省级国有企业

[第4部分由1999年第29号法案第45条增加。]

[一般说明:经修改的公共机构于2001年2月16日由政府公报22047第402号一般公告公布,并于2001年4月1日生效;于2001年8月24日由政府公报22577第1863号一般公告公布,并于2001年8月24日生效;于2001年11月30日由政府公报22860第2302号一般公告公布,并于2001年11月30日生效。对公共机构的授权于2002年3月7日由政府公报23204第318号一般公告公布。修订后的公共机构于2002年7月19日由政府公报23619第1283号一般公告公布,并于2002年7月19日生效;于2002年8月2日由政府公报23661第1315号一般公告公布,并于2002年8月2日生效;于2002年11月15日由政府公报24042第1396号一般公告公布,并于2002年11月15日生效;于2003年4月17日由政府公报24731第1261号一般公告公布,并于2003年4月17日生效;于2004年6月25日由政府公报

26477 第 1139 号一般公告公布，并于 2004 年 6 月 25 日生效；于 2005 年 11 月 25 日由政府公报 28237 第 1267 号一般公告公布，并于 2005 年 11 月 25 日生效；于 2006 年 4 月 7 日由政府公报 28679 第 476 号一般公告公布；于 2008 年 9 月 19 日由政府公报 31417 第 1002 号一般公告公布，自 2008 年 9 月 19 日生效；于 2011 年 9 月 30 日由政府公报 34631 第 799 号一般公告增加，并于 2000 年 4 月 1 日生效；于 2012 年 10 月 12 日由政府公报 35759 第 823 号一般公告公布，并于 2012 年 4 月 1 日生效；于 2014 年 5 月 23 日由政府公报 37653 第 395 号一般公告公布，并于 2014 年 4 月 1 日生效；于 2016 年 5 月 13 日由政府公报 39985 第 524 号一般公告公布，并于 2016 年 5 月 13 日生效；于 2017 年 2 月 24 日由政府公报 40637 第 163 号一般公告公布，并于 2017 年 2 月 24 日生效；于 2017 年 2 月 24 日由政府公报 40637 第 165 号一般公告公布，并于 2017 年 3 月 15 日生效。]

机构：

…………

["阿尔戈客车公司"于 2002 年 7 月 19 日由政府公报 23619 第 1283 号一般公告删除。]

卡西德拉（Casidra）股份有限公司

["卡西德拉股份有限公司"之前名为"拉诺克（Lanok）股份有限公司"，于 2003 年 4 月 17 日由政府公报 24731 第 1261 号一般公告修订。]

考克斯投资股份有限公司

["考克斯投资股份有限公司"之前名为"考克斯股份有限公司"，于 2002 年 8 月 2 日由政府公报 23661 第 1315 号一般公告修订。]

["考克斯投资股份有限公司"之前名为"考克斯投资股份有限公司"，于 2002 年 11 月 15 日由政府公报 24042 第 1396 号一般公告修订。]

东开普发展公司

["东开普发展公司"从附表 3 第 3 部分移至附表 3 第 4 部分。]

东伦敦工业开发区

["东伦敦工业开发区"之前名为"东伦敦工业开发区公司"，于 2005 年 11 月 25 日由政府公报 28237 第 1267 号一般公告增加，于 2016 年 5 月 13 日由政府公报 39985 第 524 号一般公告修订。]

…………

["自由州阿格里科（AGRICO）股份有限公司"于 2002 年 11 月 15 日由政府公报 24042 第 1396 号一般公告删除。]

自由州发展公司

港湾机场管理局有限公司

["港湾机场管理局有限公司"于 2006 年 4 月 7 日由政府公报 28679 第 476 号一般公告插入。]

伊萨拉发展金融公司

["伊萨拉财务公司"之前名为"夸祖鲁纳塔尔金融投资公司",于2001年8月24日由政府公报22577第1863号一般公告修订。]

["伊萨拉发展金融公司"之前名为"伊萨拉金融公司",于2002年7月19日由政府公报22860第2302号一般公告修订。]

……

["夸祖鲁运输有限公司"于2001年2月16日由政府公报22047第402号一般公告增加,于2004年6月25日由政府公报26477第1139号一般公告删除。]

……

["马菲肯工业开发区股份有限公司"于2008年9月19日由政府公报31417第1002号一般公告增加和分类,于2017年2月24日由政府公报40637第160号一般公告删除。]

梅布业运输公司

姆因迪(Mjindi)农业股份有限公司

["姆因迪农业股份有限公司"于2001年8月24日由政府公报22577第1863号一般公告附表3第2部分删除,移至附表3第4部分。]

孟德尔农业股份有限公司

["孟德尔农业股份有限公司"于2001年8月24日由政府公报22577第1863号一般公告附表3第2部分删除,移至附表3第4部分。]

……

["姆普马兰加农业发展公司"于2002年7月19日由政府公报23619第1283号一般公告增加,于2014年5月23日由政府公报37653第395号一般公告删除,自2014年4月1日起生效。]

(编者按:请注意,依据2014年5月23日第395号一般公告,该机构从附表3第3部分移至第4部分,即依据附表3第4部分所表述的意义为准。)

……

["姆普马兰加开发公司"于2001年8月24日由政府公报22577第1863号一般公告删除。]

……

["姆普马兰加经济授权公司"之前名为"姆普马兰加金融公司""姆普马兰加发展公司",于2001年8月24日由政府公报22577第1863号一般公告重新列明,于2008年9月19日由政府公报31417第1002号一般公告删除。]

姆普马兰加经济增长机构

["姆普马兰加经济增长机构"于2008年9月19日由政府公报31417第1002号一般公告增加和分类。]

……

［"姆普马兰加金融公司"于 2001 年 8 月 24 日由政府公报 22577 第 1863 号一般公告删除。］

....

［"姆普马兰加住房信贷公司"于 2002 年 7 月 19 日由政府公报 23619 第 1283 号一般公告增加,于 2014 年 5 月 23 日由政府公报 37653 第 395 号一般公告删除,自 2014 年 4 月 1 日起生效。］

（编者按：请注意,依据 2014 年 5 月 23 日第 395 号一般公告,将该机构从附表 3 第 3 部分删除,即依据附表 3 第 4 部分所表述的意义为准。）

....

［"纳塔尔信托农场股份有限公司"于 2003 年 4 月 17 日由政府公报 24731 第 1261 号一般通告删除。］

林坡坡经济发展局

［"林坡坡发展局"之前名为"北方省发展公司""林坡坡发展企业",于 2017 年 2 月 24 日由政府公报 40637 第 165 号一般公告代替,自 2006 年 4 月 7 日起生效；于 2017 年 2 月 24 日由政府公报 40637 第 165 号一般公告代替,自 2013 年 3 月 15 日起生效。］

西北交通投资股份有限公司

［"西北交通投资股份有限公司"于 2011 年 9 月 30 日由政府公报 34631 第 799 号一般公告增加和分类。］

西北开发公司

理查兹湾工业开发区

［"理查兹湾工业开发区"于 2012 年 10 月 12 日由政府公报 35759 第 823 号一般公告增加和分类,自 2012 年 4 月 1 日起生效。］

萨尔达哈湾 IDZ 许可公司 SOC 有限公司

［"萨尔达哈湾 IDZ 许可公司 SOC 有限公司"于 2017 年 2 月 24 日由政府公报 40637 第 163 号一般公告增加和分类。］

上述公共机构控制所有权的所有子公司或机构。

附表 4
免除中央岁入基金

［依据第 13 条第(1)款或第 22 条第(2)款］

［标题由 1999 年第 29 号法案第 46 条代替。］

1. 南非学校法(包括学费)。
2. 依据以下规定支付犯罪和被指控的犯罪所判处的罚款和再审保释金——
(a) 市政府制定的规章制度；

(b) 中央或省级立法,由市政府执行。

[第 2 条由 2000 年第 32 条法案第 121 条增加。]

附表 5
中央岁入基金的直接支付

依据以下法案进行支付:

1. 1998 年公职人员薪酬法(1998 年第 20 号法案,包括依据第 2 条第(7)款和第 3 条第(7)款规定的总统薪金和议员薪酬);

2. 1994 年副总统、部长和副部长报酬和津贴法案(1994 年第 53 号法案,包括依据第 4 条(a)项规定的副总统薪金);

3. 1989 年《法官劳动报酬和雇佣条件法》(1989 年第 88 号法案,包括依据第 2 条规定的法官工资和为其他国家工作的法官的工资);

4. 1993 年《治安法官法》(1993 年第 90 号法案,包括依据第 12 条规定的治安法官报酬)。

[第 4 条由 2003 年第 28 号法案第 13 条增加。]

附表 6
立 法 废 止

(第 94 条)

法案编号和年份	标题	删除范围
(a) 1975 年第 66 号法案	1975 年《财政法》	全部,除第 28、29、30 条外
1976 年第 106 号法案	1976 年《特兰斯凯财政法》	全部
1977 年第 93 号法案	1977 年《博普塔茨瓦纳财政法》	全部
1979 年第 105 号法案	1979 年《文达财政法》	全部
1968 年第 85 号宣言	1968 年西南非洲宪法(1968 年第 39 号法案)	第 3 部分
1980 年第 67 号法案	1980 年《铁路和港口法修正案》	第 19 条
1981 年第 29 号法案	1981 年《铁路和港口法修正案》	第 21 条
1981 年第 118 号法案	1981 年《西斯凯财政法》	全部
1984 年第 100 号法案	1984 年《财政和审计修正案》	全部
1989 年第 9 号法案	1989 年《南非交通服务法》	与 1975 年《财政法》相关的本法附录 2 第 6 部分
1991 年第 120 号法案	1991 年《财政法》	第 14、15、16 条

(续表)

法案编号和年份	标题	删除范围
1992 年第 96 号法案	1992 年《部门拨款废除法》	全部
1993 年第 69 号法案	1993 年《财政修正法》	全部
1993 年第 123 号法案	1993 年《财政法》	全部
1993 年第 142 号法案	1993 年《财政法第二修正案》	全部
1993 年第 182 号法案	1993 年《财政法第三修正案》	全部
1994 年第 41 号法案	1994 年《财政法》	第 17、18 条
(b) 1992 年第 93 号法案	1992 年《公共机构报告法》	全部
(c) 1975 年第 66 号法案	1975 年《财政和审计法》	前特兰斯凯共和国在该领域有效的全部内容
1976 年第 102 号法案	1976 年《财政法》	前特兰斯凯共和国在该领域有效的第 23、24、25 条
(d) 1992 年第 29 号法案（博普塔茨瓦纳）	1992 年《财政法》	全部
1993 年第 66 号法案（博普塔茨瓦纳）	1993 年《财政法修正案》	全部
(e) 1975 年第 66 号法案	1975 年《财政和审计法》	前文达共和国在该领域有效的全部内容
1977 年第 111 号法案	1977 年《财政法》	前文达共和国在该领域有效的第 9、10、11 条
1978 年第 94 号法案	1978 年《财政法》	前文达共和国在该领域有效的第 12、13、14 条
1979 年第 85 号宣言	《财政和审计宣言》	前文达共和国在该领域有效的第 16、17 条
1983 年第 21 号法案（文达）	1983 年《财政和审计法修正案》	全部
1987 年第 18 号法案（文达）	1987 年《财政和审计法修正案》	全部
1989 年第 28 号法案（文达）	1989 年《财政和审计法修正案》	全部
1993 年第 25 号宣言（文达）	1993 年《财政和审计法修正案》	全部
(f) 1985 年第 28 号法案（西斯凯）	1985 年《财政和审计法》	全部

（宋丽珏　译）

财政部关于《公共财政管理法》第 16 号令

16.1 定义

在本法中,除非另有说明,否则出现的术语及语词表达具有相同的含义,其中:

"可负担性" 是指由某一公共机构在 PPP 协议中承诺可提供的资金保障,包括:
(a) 公共机构计划为履行该 PPP 协议中机构功能而指定的现存预算;和/或
(b) 相关财政部门计划拨付该机构的资金。

"公共机构" 是指本法附表 3 中列出或要求列出的部门、宪法机构、公共实体,或任何此类公共实体的附属机构。

"公共机构职能" 是指:
(a) 公共机构基于以下原则有权或有义务履行的服务、任务、指派或其他职能:
(i) 符合公共利益;或
(ii) 代表公共服务部门。
(b) 为支持此类服务、任务、指派或其他功能而执行或即将执行的服务、任务、指派或其他功能。

"私人方" 指 PPP 协议的一方,不包括:
(a) 该法适用的机构;
(b) 受一个或多个市政当局管辖的市政部门或市政实体;或
(c) (a) 或 (b) 项所指机构、市政部门或市政实体的会计主管、会计主管机构或其他个人或机构。

"项目主管" 是指由作为 PPP 项目公共机构一方的会计主管或会计主管部门指派,有能力并胜任管理公共机构(从成立到期满或终止所加入的)所有 PPP 项目。

"公私伙伴关系" 或 **"PPP"** 指公共机构和私人方之间的商业交易,私人方应:
(a) 代表公共机构履行机构职能;且/或
(b) 借助国有财产实现商业目的;且
(c) 承担在履行公共职能和/或使用国家财产时产生的相关重大财务、技术和运营风险;且
(d) 通过履行公共机构职能或利用国家财产获利,包括:
(i) 公共机构合作方从收入基金中支付的对价,若该机构是国家或下一级政府所辖企业,则是从该机构的收入中支付的对价;或

(ii) 私人方向其提供服务用户或顾客收取的费用;或

(iii) 此类对价和收费的组合。

"**优先投标人**"指根据条例 16.5.4 被指定为优先投标人的投标人,包括任何投标企业共同体。

"**公私伙伴关系协议(PPP 协议)**"是指公共机构和私人方之间缔结的公私伙伴关系条款的书面合同。

"**相关财政部门**"指国家财政部,除根据本法第 10 条第(1)款(b)项授权的相关机构外。

"**国有财产**"包括属于国家的所有动产和不动产以及属于国家的知识产权。

"**交易顾问**"是指由公共机构的会计主管或具有会计权限的一个或多个工作人员,他们拥有或具有恰当的技能和经验,在 PPP 项目中为公共机构一方提供协助和建议,包括编制和缔结 PPP 协议。

"**物有所值**"是指私人方根据 PPP 协议履行的公共机构职能或通过使用国有资产为公共机构带来的成本、价格、质量、数量、风险转移或其组合等方面的净收益。

16.2 会计主管和会计部门的专属权限

16.2.1 只有公共机构的会计主管或会计部门可以代表该机构签订 PPP 协议。

16.3 项目启动

16.3.1 一旦公共机构确定一个项目为 PPP 项目,会计主管或会计部门必须以书面形式列出以下内容:

(a) 向相关财政部门登记;

(b) 告知相关财政部门该机构的专业性,以便达成 PPP 合作;

(c) 从公共机构内部或外部任命一名项目主管;且

(d) 如果相关财政部门要求,任命一名交易顾问。

16.4 可行性研究——1 号财政部批准

16.4.1 为了确定拟议的公私伙伴关系是否符合一个机构的最大利益,该机构的会计官员或会计当局必须进行项目的可行性研究,包括:

(a) 从战略目标和政府政策的角度解释拟议公私伙伴关系对该机构的战略和运营益处;

(b) 采用具体术语描述以下内容:

(i) 在公私伙伴关系涉及履行公共机构职能的情况下,有关公共机构职能的性质以及这一公共机构职能在法律和性质上可由私人方履行的程度;且

(ii) 就涉及使用国家财产的公私伙伴关系而言,有关国家财产、在拟议公私伙

伴关系登记之前此种国家财产的用途（如果有的话），以及私人当事人可合法使用此种国家财产的类型；

(c) 根据公私伙伴关系，机构将承担的任何财务承诺，以及公私伙伴关系对该机构的可负担性；

(d) 规定了公共机构和私营方之间财务、技术和运营风险的拟议分配；

(e) 对该 PPP 项目预期货币价值的估算；且

(f) 对公共机构能力的解释包括采购、实施、管理、实施、监测和制定 PPP 项目报告。

16.4.2　未经相关财政部对可行性研究的事先书面批准，公共机构不得进入 PPP 项目的采购阶段。

16.4.3　根据条例 16.4.2 规定的财政部批准应视为 1 号财政部批准。

16.4.4　获得 1 号财政部批准代表着：我已获得一个 PPP 项目可行性研究的批准，但在获得 3 号财政部批准（PPP 项目记录）之前，若可行性研究中的任何假定进行实质性修订，包括可负担性、货币价值以及重大技术、运营和财务风险转移的任何假设，公共机构的会计主管或会计主管部门必须立即：

(a) 向财政部提供修订的详细信息，包括关于可行性研究中包含修订目的和对可负担性、性价比和风险转移评估影响的声明；且

(b) 确保向财政部提供修订的可行性研究，之后财政部可针对修订签发 1 号财政部批准。

16.5　采购——2A、2B 号财政部批准

16.5.1　在向任何潜在投标人发布任何公私伙伴关系采购文件之前，公共机构必须获得相关财政部门对采购文件的批准，包括公私伙伴关系协议草案。

16.5.2　条例 16.5.1 中提及的财务批准应视为 2A 号财务批准。

16.5.3　采购程序：

(a) 必须符合公平、公正、透明、具有竞争力和成本效益的制度；且

(b) 必须根据相关立法，优先保护或提高因不公平歧视而处于不利地位的私人或各类私人实体的地位。

16.5.4　在评标之后，但在指定首选投标人之前，机构必须提交一份报告供相关财务部门批准，说明如何在评标中应用可承受货币价值和实质性技术、运营和财务风险转移标准，说明这些标准在首选投标中如何得到满足，并包括财政部要求的任何其他信息。

16.5.5　条例 16.5.4 中提及的财务批准应视为 2B 号财务批准。

16.6　签订公私伙伴关系协议——3 号财政部批准

16.6.1　在采购程序结束后，但在公共机构的会计主管或会计主管部门签订

PPP 协议之前,该会计主管或会计主管部门必须获得相关财务部门的批准,包括:

(a) 该 PPP 协议须符合条例 16.4.2 批准或条例 16.4.4 修订的可负担性、性价比以及重大技术、运营和金融风险转移的要求;

(b) 制定一项管理计划,用以解释该公共机构有效实施、管理、执行、监测和报告公私伙伴关系的能力及其拟议的机制和程序;且

(c) 会计主管或会计主管部门以及提议的私人方,已经就其各自签订 PPP 协议的权限和能力完成了令人满意的尽职调查,包括法律尽职调查。

16.6.2 条例 16.6.1 中提及的财务批准应视为 3 号财务批准。

16.7 PPP 协议的管理

16.7.1 作为 PPP 协议公共机构的会计主管或会计主管部门负责确保 PPP 协议得到适当的实施、管理、执行、监测和报告,并且须保持 3 号财政部批准的机制和程序,适用于以下目的:

(a) 衡量 PPP 项目的产出;

(b) 监测 PPP 项目的执行情况和 PPP 项目的绩效;

(c) 与私人方建立联系;

(d) 解决与私人方的争端和分歧;

(e) 整体监督 PPP 项目的日常管理;且

(f) 在机构年度报告中报告 PPP 项目。条例 16.7.2 涉及履行公共机构职能的 PPP 项目并不剥夺公共机构的会计主管或会计主管部门的职责,以便其可以代表公共机构,有效并高效地服务于公共利益或提供公共服务。

16.7.2 涉及私人使用国家财产的 PPP 项目并不剥夺公共机构的会计主管或会计主管部门确保国家财产得到适当保护,免遭没收、盗窃、损失、浪费和滥用的责任。

16.8 PPP 协议的修订和变更

16.8.1 PPP 协议的任何重大修订,包括出现的任何重大变化,或公私伙伴关系协议中设想或规定的任何豁免,都需要相关财政部门的事先书面批准。

16.8.2 相关财政部门只有在确信 PPP 协议(如有修订)提供以下内容时,才会批准重大修订:

(a) 物有所值;

(b) 负担能力;且

(c) 向私人方转移大量技术、运营和财务风险。

16.8.3 会计主管或会计主管部门必须遵循条例 16.4 和 16.6 规定的程序,以获得财务批准。

16.9 对国家有约束力的协议

16.9.1 PPP 协议或修订 PPP 协议的协议,只有在下列情况中,公共机构签订协议时,才对国家具有约束力:

(a) 由该公共机构的会计主管或会计主管部门执行;且

(b) 依本法第 16 条要求的所有财政部批准都已由相关财政部门批准。

16.10 豁免

16.10.1 相关财政部门可根据其认为适当的任何条款和条件,并根据公共机构的书面申请,豁免该机构遵守本法第 16 条的任何或所有规定,无论是与特定 PPP 项目有关还是其他情况。

(宋丽珏　译)

印度

核心部门公私合作项目规划、评估及批准指南[①]

由印度政府财政部经济事务司出台
www.pppinindia.com
2013 年

目 录

前言
缩写词列表

第一部分:《公私合作项目规划、评估及批准指南》——适用于所有部门内成本达到或超过 25 亿印度卢比的项目或者达到或超过 50 亿印度卢比的印度国家公路发展项目(NHDP)

1. 引言
2. 机构设置
3. 适用性
4. 项目确认
5. 部际磋商
6. 公私合作项目评估委员会"原则上"批准
7. 项目意向书
8. 制作项目文件
9. 公私合作项目评估委员会的评估/批准
10. 招标
11. 时间表

[①] 该指南文件实际上是整合并更新了印度政府先后出台和公布的 PPP 项目的几个独立法律框架文件,具体包括印度政府财政部经济事务司编号为"OM 2/10/2004-INF dated November 29,2005"以及编号为"OM 1/5/2005-PPP dated January 12,2006"等的经济事务司内阁委员会决议文件;财政部经济事务司 PPP 机构(PPP Cell)发布的《公私合作项目规划、评估及批准指南》(即第一部分)、《成本低于 25 亿印度卢比的项目指南》(即第二部分);财政部支出司 PFII 处发布的《成本低于 10 亿印度卢比的项目指南》(即第三部分)。2009 年 5 月印度政府公布过一次综合版本,目前译者能找到的最新、最完整指南文件是印度财政部经济事务司 PPP 机构(PPP Cell)于 2013 年公布的版本,由印度 ANGKOR PUBLISHERS (P) LTD 印制出版。与该指南文件并行的是印度政府于 2008 年公布的印度语(Hindi)版本文件。参见 https://www.pppinindia.gov.in/appraisal-and-approval-mechanisms,2019 年 5 月 9 日访问。——译者注

12. 上述程序豁免

附录1　机构设置

附录2　公私合作项目评估委员会备忘录("原则上"批准版)

附件A　《特许协议》草案条款列表

附录3　公私合作项目评估委员会备忘录(最终批准版)

附件A　《特许协议》详情扼要

附录4　依据公私合作项目评估程序各步骤所需的时间

第二部分:《公私合作项目规划、评估及批准指南》——适用于:

(1) 所有部门内成本超过10亿但低于25亿印度卢比的项目

(2) 达到或超过25亿但低于50亿印度卢比的印度国家公路发展项目

1. 引言

2. 机构设置

3. 适用性

4. 项目确认

5. 制作项目文件

6. 财政部常务委员会的评估/批准

7. 由第2.1条中的委员会批准

8. 招标

9. 时间表

10. 上述程序豁免

附录1　财政部常务委员会(SFC)备忘录

附件A　《特许协议》详情扼要

附录2　依据公私合作项目评估程序各步骤所需的时间

第三部分:《公私合作项目规划、评估及批准指南》——适用于成本低于10亿印度卢比的项目

1. 引言

2. 机构设置

3. 适用性

4. 项目确认

5. 部际磋商

6. 制作项目文件

7. 财政部常务委员会/经济事务司的评估/批准

8. 招标

9. 时间表

10. 上述程序豁免

附录1　SFC/EFC的备忘录

附录 A 《特许协议》详情扼要
附录 2 依据公私合作项目评估程序各步骤所需的时间
第四部分:《公私合作项目批准程序》——建立公私合作项目评估委员会
附录 1 《公私合作项目批准程序》

前　　言[①]

提供高质量的基础设施对于经济在可持续的基础上达到更高的发展水平而言是至关重要的。印度政府一方面在基础设施领域增加公共投资,另一方面一直积极致力于寻求合适的政策框架,以便让私营部门拥有足够的信心投资基础设施项目,同时通过透明的、鼓励竞争的监管保持足够的制衡。因此,印度政府鼓励在基础设施建造和运营项目中采取公私合作伙伴关系模式(PPP)。公私合作伙伴关系不仅可以利用公共资本杠杆吸引私营资本一起承担大宗基础设施项目,还可以引入私营部门的专家技术、降低成本的技术优势以及项目运营和维护的效能。

实施 PPP 项目所涉及的各种交易活动复杂且关键。高额的初始投资、特许期间将公共资产转让给私营部门合作伙伴、平衡私营部门的商业利益和实现社会综合发展目标之间的不同需求,这些都说明如何进行项目安排是至关重要的。为实现项目在商业上的可行性,通常需要采用资金补贴等形式的政府扶持。为使私营部门参与基础设施项目取得最大程度的经济效益,需要在私营部门和政府之间进行公平的风险分担,并平衡两当事方的收益。鉴于此类项目可能会将巨额或有负债转嫁到印度邦州,进行尽职调查也是必不可少的。

意识到这些要求后,印度政府出台了《核心部门公私合作项目规划、评估及批准指南》,以确保能快速评估项目、采用国际上最佳的做法并在评估机制和指南方面实现统一性。

成立"公私合作项目评估委员会"(PPPAC),由经济事务司秘书担任主席,规划委员会秘书、支出司秘书、法律司秘书以及项目发起部委的秘书作为成员,目的在于使所有部门内符合如下要求的 PPP 项目获得快速评估和批准:项目资本成本或者潜在资产价值不低于 25 亿印度卢比,或者印度国家公路发展计划(NHDP)项下项目资本成本或基础资产价值不低于 50 亿印度卢比。

印度政府也出台了适用于以下 PPP 项目要求的指南:核心部门内项目成本低于 10 亿印度卢比、所有部门内项目成本在 10 亿到 25 亿印度卢比之间、国家公路发展计划项下项目成本在 25 亿到 50 亿印度卢比之间。

本纲要文件将印度政府出台的适用于核心部门 PPP 项目的诸项规划、评估和

[①] 相比 2009 年 5 月公布的版本,该版本的前言在内容上有变更。——译者注

批准指南合并,以期为项目发起机关在安排其PPP项目时提供重要参考。

缩写词列表

BOLT	Build Operate Lease Transfer	建造、运营、租赁及转让
BOOT	Build Operate Own Transfer	建造、运营、所有及转让
BOT	Build Operate Transfer	建造、运营及转让
CCEA	Cabinet Committee on Economic Affairs	经济事务司内阁委员会
CPSEs	Central Public Sector Enterprises	核心公共部门企业
DEA	Department of Economic Affairs	经济事务司
EFC	Expenditure Finance Committee	支出司财政委员会
GoI	Government of India	印度政府
IRR	Internal Rate of Return	内部收益率
MCA	Model Concession Agreement	特许协议范本
NHAI	National Highways Authority of India	印度国家公路局
NHDP	National Highways Development Project	印度国家公路发展项目
PAMD	Project Appraisal and Monitoring Division	项目评估和监管处
PIB	Public Investment Board	公共投资委员会
PPP	Public Private Partnership	公私合作伙伴关系
PPPAU	PPP Appraisal Unit	公私合作项目评估单位
RFP	Request for Proposals	呈送提议方案要求
RFQ	Request for Qualification	资格要求
SFC	Standing Finance Committee	财政部常务委员会

第一部分 《公私合作项目规划、评估及批准指南》[①]

——适用于所有部门内成本达到或超过25亿印度卢比的项目或者达到或超过50亿印度卢比的印度国家公路发展项目(NHDP)

1. 引言

1.1 印度中央政府已经出台了一套针对公私合作项目的评估/批准机制。为此目的而应遵守的详细程序规定如下。

[①] 注意:该《公私合作项目规划、评估及批准指南》由印度财政部经济事务司通过2006年1月12日编号为"OM No.1/5/2005-PPP dated November 29,2005"的文件公布。

2. 机构设置

2.1 附录1具体规定了评估/批准机制的机构设置。

3. 适用性

3.1 该指南适用于印度中央政府部委或者核心公共部门企业（CPSUs）、法定职权机关或者在其行政管控之下的其他实体所发起的所有公私合作项目。

3.2 本部分所规定的程序适用于资本成本超过10亿印度卢比或者潜在资产（underlying assets）估值高于10亿印度卢比的所有公私合作项目。对于资本成本/价值低于10亿印度卢比的公私合作项目，其评估/批准将由财政部支出司出台具体指导意见。

4. 项目确认

4.1 发起项目的部委应确认通过公私合作模式实施的项目，并就此开展可行性分析、拟定项目协议等准备工作，必要时可获得法律专家、财务专家以及技术专家的协助。

5. 部际磋商

5.1 行政管理部委如认为有必要，可以在部际磋商委员会上讨论项目的细节情形以及特许协议的条款，且如果有任何评价，可以将评价纳入提议方案或者作为提议方案（proposal）的附件，呈送公私合作项目评估委员会（PPPAC）考虑。

5.2 有些项目可能涉及一个以上的部委/委办。在考虑此类项目时，公私合作项目评估委员会可以寻求此类部委/委办部门的参与。

6. 公私合作项目评估委员会"原则上"批准

6.1 在寻求公私合作项目评估委员会"原则上"批准时，行政管理部应根据附录2所规定的格式向公私合作项目评估委员会秘书处呈递其提议方案（提供纸质稿及电子稿，一式六份），并附上预可行性/可行性分析报告以及项目协议草案的重点条款列表。

6.2 公私合作项目评估委员会秘书处将向所有相关方散发《公私合作项目评估委员会备忘录》的副本及相关文件，在三周内召开公私合作项目评估委员会会议并讨论提议方案，进行"原则上"批准。

6.3 如果公私合作项目是基于经过正式批准的《特许协议范本》（MCA），则不必由公私合作项目评估委员会进行"原则上"的批准。在这种情况下，可以如下所规定的进行财务标投标之前获得公私合作项目评估委员会的批准。

7. 项目意向书

7.1 在公私合作项目评估委员会进行"原则上"批准后,行政管理部可以以《资格要求》(RFQ)形式发出向其递交意向书的邀请,随后公布筛选出来的预资格符合要求的投标者名单。

8. 制作项目文件

8.1 需要准备的文件包括与特许经营者签订的详细规定特许条款内容以及各当事方权利和义务的各种协议。这些项目文件因项目所处的部门和项目类型不同而不同。通常而言,一个公私合作项目会涉及具体规定授予私营当事方特许权并包括所有当事方权利和义务的特许协议,还可能包括具体要求下的相关协议。

9. 公私合作项目评估委员会的评估/批准

9.1 《呈送提议案要求》(RFP, Request for Proposals),即向评估委员会呈递财务标书的邀请,通常情况下应包括与胜出的竞标人拟订立的所有协议的副本。在草拟《呈送提议案要求》后,行政管理部应寻求公私合作项目评估委员会批准,再发出向其呈递财务标书的申请。

9.2 寻求获得公私合作项目评估委员会批准的提议方案要按照附录3所规定的格式(一式六份)呈送至公私合作项目评估委员会秘书处,并随之附上所有的项目协议草案及《项目报告》副本。公私合作项目评估委员会秘书处将向公私合作项目评估委员会所有成员单位转发该提议方案。

9.3 规划委员会将评估项目提议方案并将其《评估意见》转达给公私合作项目评估委员会秘书处。法律和司法部以及其他任何部委也应在规定的时限内将其书面意见转达至公私合作项目评估委员会秘书处。公私合作项目评估委员会秘书处再将其收到的所有意见转给行政管理部,由行政管理部对各项意见进行书面回复。

9.4 将特许协议及其任何支撑性协议/文件,与《公私合作项目评估委员会备忘录》一起,呈递给公私合作项目评估委员会供其考虑。公私合作项目评估委员会对《评估意见》、不同部委的意见以及行政管理部的回复进行审查。

9.5 公私合作项目评估委员会可以建议主管部门批准提议(作出或不作出修改),或者要求行政管理部作出必要的修改再提请公私合作项目评估委员会予以考虑。

9.6 一经公私合作项目评估委员会批准,项目就可以提请主管部门进行最终的批准。负责每一个项目的主管部门与公共投资委员会(PIB)批准项目的部门保持一致。

10. 招标

10.1 在取得主管部门最终批准后可以发出呈送财务投标的邀请。但是,在等待主管部门批准期间,也可以在获得公私合作项目评估委员会许可后发出呈送财务投标的邀请。

11. 时间表

11.1 根据上述程序进行项目评估的时间表参见附录4。

12. 上述程序豁免

12.1 国防部、原子能部以及太空部不适用该指南条款。

附录1
机 构 设 置

公私合作项目评估委员会

1. 根据印度财政部经济事务司内阁委员会在2005年10月27日会议上作出的决议,建立由以下人员组成的公私合作项目评估委员会:
(a) 经济事务司秘书(担任主席);
(b) 规划委员会秘书;
(c) 支出司秘书;
(d) 法律事务司秘书;
(e) 项目发起部委的秘书。
该委员会在必要时可补充专家委员。

2. 该委员会由经济事务司提供支持,成立一个名为"公私合作项目评估委员会秘书处"的特别单位(cell),为此类项目建议方案(proposals)提供服务。

3. 印度财政部将作为核心部委,负责从财务视角审批特许协议,对拟提供的担保作出决定,并从投资和银行业视角总体评估风险分担情况。财政部还将确保从政府支出视角对项目进行审查。

4. 规划委员会将建立一个公私合作项目评估单位(PPPAU),与现有的对公共部门项目进行评估的项目评估和监管处(PAMD)类似。这个单位将为公私合作项目评估委员会准备评估记录,在可能的情况下,为改进特许协议条款提供具体建议。

5. 法律和司法部下设的法律事务司也会在公私合作项目评估委员会中有代表委员,原因是需要对特许协议进行仔细的法律审查。

附录 2
公私合作项目评估委员会备忘录("原则上"批准版)

编号	事项	说明
1	**总体上**	
1.1	项目名称	
1.2	项目类型(BOT、BOOT、BOLT、OMT 等)	
1.3	项目所在地(邦州/地区/城镇)	
1.4	行政管理部/委	
1.5	项目发起部委的名称	
1.6	执行机构的名称	
2	**项目上**	
2.1	项目简要描述	
2.2	项目合理性说明	
2.3	可能的替代性选择,如果有	
2.4	会同开支司主要负责人估算资本成本明细,并指出成本估算的依据	
2.5	投资阶段	
2.6	项目执行时间表(PIS)	
3	**融资安排**	
3.1	融资渠道(股权、借债、夹层资本等)	
3.2	说明项目收益流(项目周期内的年流量),并指出作出此种假设的基础	
3.3	说明收益流的净现值(NPV),12%的折现率	
3.4	详细阐述由谁确定费用/向用户收取的费用	
3.5	有没有任何金融机构?如果有,在说明一栏备注	
4	**内部收益率(IRR)**	
4.1	内部经济收益率(如果已计算出)	
4.2	内部财务收益率,指出各种假设(如有必要,另外附上财务报表)	
5	**许可**	
5.1	环境许可的状态	
5.2	需要从邦州政府及其他当地机构那里取得的许可	
5.3	需要从邦州政府那里取得的其他支持	
6	**印度中央政府的支持**	
6.1	可行性缺口融资,如果需要	
6.2	寻求印度中央政府担保,如果有	

(续表)

编号	事项	说明
7	特许协议	
7.1	特许协议草案条款(附在附件 A 中)	
8	遴选入选投标人名单的标准	
8.1	是在一个还是两个阶段都遴选入选者名单	
8.2	说明遴选入选者名单的标准(如果需要,另附表单)	
9	其他	
9.1	附注,如果有	

附件 A
《特许协议》草案条款列表

1. 项目发起部委
2. 项目的名称及地点
3. 法律咨询顾问
4. 财务咨询顾问

编号	事项	说明
1	总体情况	
1.1	项目范围(约 200 字的说明)	
1.2	授以特许权的性质	
1.3	特许期限及确定此期限的合理性说明	
1.4	估算的资本成本	
1.5	可能的建造期	
1.6	特许有效的前提条件,如果有	
1.7	土地取得的状态	
2	建造以及运营和维护	
2.1	建造监理;是否有预期的独立代理机构/工程师	
2.2	运营和维护的最低标准	
2.3	违反运营和维护标准规定时的处罚	
2.4	与安全有关的条款	
2.5	与环境有关的条款	
3	财务事项	
3.1	财务结算的最长期限	
3.2	预期的资本补助/补贴的性质和程度	
3.3	投标参数(资本补贴或其他参数)	

（续表）

编号	事项	说明
3.4	范围变化及其引发的财务负担条款	
3.5	特许权人应支付的特许费用,如果有	
3.6	特许权人向用户收取的费用	
3.7	说明如何确定向用户收取的费用;支持向用户收费的法律条款(附上相关规定/通知);通货膨胀指数化的程度和性质	
3.8	减少因收益降低而导致风险的条款,如果有	
3.9	与第三方保管账户有关的条款,如果有	
3.10	与保险有关的条款	
3.11	与审计和验证索赔请求有关的条款	
3.12	与借贷方相关的权利转让/替代有关的条款	
3.13	与法律变更有关的条款	
3.14	项目终止/到期时强制性回购资产的条款,如果有	
3.15	政府的或有负债 (1) 政府/机关违约时终止协议的最高付款额 (2) 特许权人违约时终止协议的最高付款额 (3) 根据特许协议,其他关于罚款、赔偿或者付款的具体规定	
4	**其他事项**	
4.1	与竞争设施(competing facilities)有关的条款,如果有	
4.2	规定拟采取的争端解决机制	
4.3	规定拟适用的法律和司法管辖权	
4.4	其他意见,如果有	

附录 3
公私合作项目评估委员会备忘录(最终批准版)

编号	事项	说明
1	**总体情况**	
1.1	项目名称	
1.2	项目类型(BOT、BOOT、BOLT、OMT 等)	
1.3	项目所在地(邦州/地区/城镇)	
1.4	行政管理部委/部门	
1.5	项目发起机关的名称	
1.6	执行机构的名称	

(续表)

编号	事项	说明
2	项目描述	
2.1	项目简要描述	
2.2	项目合理性说明	
2.3	可能的替代性选择,如果有	
2.4	会同开支部门主要负责人估算资本成本明细,并指出成本估算的依据	
2.5	投资阶段	
2.6	项目执行时间表(PIS)	
3	融资安排	
3.1	融资渠道(股权、借债、夹层资本等)	
3.2	说明项目收益流(项目周期内的年流量),并指出作出此种假设的基础	
3.3	说明收益流的净现值(NPV),12%的折现率	
3.4	详细阐述由谁确定税费/向用户收取的费用	
3.5	是否有任何金融机构(FIs)涉及? 如果有,在说明一栏就此作出备注	
4	内部收益率(IRR)	
4.1	内部的经济收益率(如果已计算出)	
4.2	内部的财务收益率,指出各种假设(如有必要,另外附上财务报表)	
5	许可	
5.1	环境许可的状态	
5.2	需要从邦州政府及其他当地机构那里取得的许可	
5.3	需要从邦州政府那里取得的其他支持	
6	印度中央政府的支持	
6.1	可行性缺口融资,如果需要	
6.2	寻求印度中央政府担保,如果有	
7	特许协议	
7.1	特许协议是否基于《特许协议范本》(MCA)拟定? 如果是且有改变之处,说明改变的部分,(以附件形式)详细说明	
7.2	特许协议的详情(随附在附件 A 中)	
8	遴选入选投标人名单的标准	
8.1	是在一个还是两个阶段都遴选入选者名单	
8.2	说明遴选入选者名单的标准(如果需要,另附表单)	
9	其他事项	
9.1	评论,如果有	

附件 A
《特许协议》详情扼要

1. 资助发起部委
2. 项目的名称及地点
3. 法律咨询顾问
4. 财务咨询顾问

编号	事项	条款编号	说明
1	**总体情况**		
1.1	项目范围(用约200的文字说明)		
1.2	授以特许的性质		
1.3	特许期限及确定此期限的合理性说明		
1.4	估算的资本成本		
1.5	可能的建造期		
1.6	特许有效的前提条件,如果有		
1.7	土地取得的状态		
2	**建造以及运营和维护**		
2.1	建造监理;是否规定了独立的代理机构/工程师		
2.2	运营和维护的最低标准		
2.3	违反运营和维护标准规定时的处罚		
2.4	与建筑物安全有关的条款		
2.5	与环境有关的条款		
3	**财务事项**		
3.1	财务结算的最长期限		
3.2	规定的资金/补贴的性质和程度		
3.3	投标参数(资本补贴或其他参数)		
3.4	范围变化及其引发的财务负担条款		
3.5	特许权人应支付的特许费用,如果有		
3.6	特许权人向用户收取的费用		
3.7	指出如何确定向用户收取的费用;支持向用户收费的法律条款(附上相关规定/通告);通货膨胀指数化的程度和性质		
3.8	减少因收益降低而导致风险的条款,如果有		
3.9	与第三方保管账户有关的条款,如果有		
3.10	与保险有关的条款		
3.11	与审计和索赔有关的条款		
3.12	与借贷者相关的权利转让/替代有关的条款		

（续表）

编号	事项	条款编号	说明
3.13	与法律变更有关的条款		
3.14	项目终止/到期时强制性回购资产的条款，如果有		
3.15	政府的或有负债 (1) 政府/机关违约时终止协议的最高付款额 (2) 特许权人违约时终止协议的最高付款额 (3) 根据特许协议，其他关于罚款、赔偿或者付款的具体规定		
4	其他		
4.1	与竞争设施有关的条款，如果有		
4.2	规定争端解决机制		
4.3	规定适用法律和司法管辖权		
4.4	其他评论，如果有		

附录 4
依据公私合作项目评估程序各步骤所需的时间

编号	行为	所花费时间
1	公私合作项目评估委员会"原则上"批准	行政管理部呈送提议方案时起的三周
2	规划委员会、经济事务司以及其他部委就行政管理部呈送的最终文件作出评价	行政管理部呈送最终文件时起的三周
3	公私合作项目评估委员会最终批准	行政管理部呈送公私合作项目评估委员会备忘录以及其他最终文件时起的两周

第二部分 《公私合作项目规划、评估及批准指南》[①]

——适用于：
(1) 所有部门内成本超过 10 亿但低于 25 亿印度卢比的项目
(2) 达到或超过 25 亿但低于 50 亿印度卢比的印度国家公路发展项目

[①] 注意：该指南由印度财政部经济事务司通过 2007 年 7 月 24 日编号为"OM No. 10/3/2006-Infra"的备忘录文件公布，根据 2012 年 10 月 31 日经济事务司内阁委员会(CCEA)举行的会议上通过的决议补充。

1. 引言

1.1 印度财政部经济事务司内阁委员会(CCEA)在其2005年10月27日召开的会议上通过决议,以经济事务司第2/10/2004-INF号公告,通过了公私合作项目(PPP)评估程序。该评估程序由经济事务司内阁委员会在2007年3月22日召开的会议上决议修改。具体参阅2007年4月2日编号为"10/32/2006-INF"的公告。

1.2 下文详细规定了适用于如下公私合作项目的评估/批准程序:

(1) 所有部门内成本达到或超过10亿但低于25亿印度卢比的项目;

(2) 印度国家公路发展项目项下成本达到或超过25亿印度卢比但低于50亿印度卢比且满足第3.1(ii)(a)—(c)条款中所列条件的项目。

2. 机构设置

2.1 根据经济事务司内阁委员会的决议,即依据2007年4月2日通过的经济事务司的公告:

(i) 评估所有部门内成本达到或超过10亿但低于25亿印度卢比的公私合作项目,由以下部门及人员组成委员会:

(a) 经济事务司秘书;

(b) 项目发起部委秘书。

(ii) 评估国家公路发展项目中成本达到或超过25亿印度卢比但低于50亿印度卢比且满足第3.1(ii)(a)—(c)条款中所列条件的项目,由以下部门和人员组成委员会:

(a) 经济事务司秘书;

(b) 道路交通和公路部秘书或船运部秘书。

2.2 初始将由财政部常务委员会(SFC)对项目进行评估。财政部常务委员会将由以下部门和人员组成:

行政管理部秘书	主席
财政部财务顾问	成员
相关部门组成的联合秘书	成员
法律事务司的代表	成员

如果需要,可以邀请规划委员会以及任何其他部委的代表。财政部常务委员会可以将提议方案推荐至上文第2.1条款中的委员会批准,或者要求行政管理部作出必要的修改以供财政部常务委员会进一步考虑。

2.3 每一个项目的主管机关应与通常投资提议方案下成本达到或超过10亿印度卢比但低于50亿印度卢比的主管机关一样。

3. 适用性

3.1 下文规定的程序应适用于印度中央政府所属部委、法定机关或者在其行政监管下的实体所资助的如下公私合作项目：

(i) 所有部门内成本达到或超过10亿印度卢比但低于25亿印度卢比的项目；

(ii) 印度政府国家公路发展项目下成本不低于25亿印度卢比但低于50亿印度卢比且满足如下条件的项目：

(a) 根据公私合作项目评估委员会所采用的程序进行投标。这包括两阶段的投标过程以及投标前的资格规范等。这意味着在第一阶段，印度国家公路管理局（NHAI）可以基于投标资格预审规范遴选出入选者名单，并且在第二阶段邀请通过资格预审的投标人提交财务投标标书；

(b) 遵守主管机关批准的《特许协议范本》（MCA）；

(c) 根据行政管理部下属的主管机关所批准的标准手册和规定以及已批准的《特许协议范本》所设计的项目。

3.2 项目成本达到或超过25亿印度卢比但低于50亿印度卢比，且不满足上述第3.1(ii)(a)—(c)条款列条件的项目，应由行政管理部呈递给公私合作项目评估委员会批准。

4. 项目确认

4.1 项目发起部委应确定通过公私合作形式开展的项目，并着手准备可行性研究、拟定项目协议等，必要时可获得法律、财务以及技术专家的协助。

5. 制作项目文件

5.1 需要准备的文件应包括与特许权人所签订的详细规定特许条款以及各当事方权利和义务的各种协议。这些项目文件因项目所处部门和项目类型不同而不同。通常而言，一个公私合作项目会涉及具体规定授予私营当事方特许权并包括所有当事方权利和义务的特许协议，还可能包括具体要求下的相关协议。

6. 财政部常务委员会的评估/批准

6.1 《呈送提议方案要求》（RFP）即邀请向其提交财务投标，应包括与竞标成功者拟签订的所有协议的副本。在草拟《呈送提议方案要求》后，行政管理部应寻求财政部常务委员会的许可。

6.2 寻求财政部常务委员会许可的提议方案应根据附录1中规定的格式，和所有的项目协议草案以及《项目报告》副本一道在一周内发送给财政部常务委员会的所有成员。

6.3 规划委员会评估项目提议方案并将其《评估意见》传达给行政管理部。法律和司法部以及所涉及的任何其他部委也将其书面意见转给行政管理部。财政部常务委员会审阅《评估意见》、不同部委提供的意见以及行政管理部作出的批复。

6.4 财政部常务委员会可将提议方案(作出或不作出修改)推荐给上述第 2.1(i)条或者第 2.1(ii)条中的委员会,取两者之中适用者,或者要求行政管理部进行必要修改以供财政部常务委员会进一步考虑。

7. 由第 2.1 条中的委员会批准

7.1 一经财政部常务委员会许可,项目便可提请第 2.1 条中的委员会批准备案。委员会可将提议推荐给主管机关批准,或者要求行政管理部进行必要修改后再由委员会进一步予以考虑。一经获得委员会许可,项目将提请主管机关批准。

8. 招标

8.1 获得主管机关批准后可以邀请提交财务投标标书。负责每一个项目的主管机关应与正常投资提议下负责成本高于 10 亿印度卢比的项目机关一致。但是,等待主管机关批准过程中,可以在获得委员会批准/许可后发出提交财务投标标书的邀请。

9. 时间表

9.1 根据上述程序进行项目评估的时间表见附录 2。

10. 上述程序豁免

10.1 国防部、原子能部以及太空部不适用该指南。

附录 1
财政部常务委员会(SFC)备忘录

编号	事项	说明
1	总体情况	
1.1	项目名称	
1.2	项目类型(BOT、BOOT、BOLT、OMT 等)	
1.3	项目所在地(邦州/地区/城镇)	
1.4	行政管理部委/部门	
1.5	项目发起机关的名称	
1.6	执行机构的名称	

(续表)

编号	事项	说明
2	项目描述	
2.1	项目简要描述	
2.2	项目合理性说明	
2.3	可能的替代性选择,如果有	
2.4	会同主要开支部门负责人估算资本成本明细,并指出成本估算的依据	
2.5	投资阶段	
2.6	项目执行时间表(PIS)	
3	融资安排	
3.1	融资渠道(股权、借债、夹层资本等)	
3.2	说明项目收益流(项目周期内的年流量),并指出作出此种假设的基础	
3.3	说明收益流的净现值(NPV),12%的折现率	
3.4	详细阐述由谁确定关税/向用户收取的费用	
3.5	是否有任何金融机构(FIs)涉及?如果有,在说明一栏备注	
4	内部收益率(IRR)	
4.1	内部经济收益率(如果已计算出)	
4.2	内部财务收益率,指出各种假设(如有必要,另外附上财务报表)	
5	许可	
5.1	环境许可的状态	
5.2	需要从邦州政府及其他当地机构那里取得的许可	
5.3	需要从邦州政府那里取得的其他支持	
6	印度中央政府的支持	
6.1	可行性缺口融资,如果需要	
6.2	寻求印度中央政府担保,如果有	
7	特许协议	
7.1	特许协议是否是基于《特许协议范本》拟定?如果是且有改变之处,说明改变的部分,(以附件形式)详细说明	
7.2	特许协议的详情扼要(随附在附件 A 中)	
8	遴选入选者名单的标准	
8.1	是在一个还是两个阶段都遴选入选者名单	
8.2	说明遴选入选者名单的标准(如果需要,另附表单)	
9	其他	
9.1	评论,如果有	

附件 A
《特许协议》详情扼要

1. 项目发起的部委
2. 项目的名称及地点
3. 法律咨询顾问
4. 财务咨询顾问

编号	事项	条款编号	描述
1	**总体情况**		
1.1	项目范围(用约200的文字说明)		
1.2	授以特许的性质		
1.3	特许期限及确定此期限的合理性说明		
1.4	估算的资本成本		
1.5	可能的建造期		
1.6	特许有效的前提条件,如果有		
1.7	土地取得的状态		
2	**建造以及运营和维护**		
2.1	建造监理;是否规定了独立的代理机构/工程师		
2.2	运营和维护的最低标准		
2.3	违反运营和维护标准规定时的处罚		
2.4	与建筑物安全有关的条款		
2.5	与环境有关的条款		
3	**财务事项**		
3.1	财务结算的最长期限		
3.2	规定的资金/补贴的性质和程度		
3.3	招投标参数(资本补贴或其他参数)		
3.4	范围变化及其引发的经济负担条款		
3.5	特许权人应支付的特许费用,如果有		
3.6	特许权人向用户收取的费用		
3.7	指出如何确定向用户收取的费用;支持向用户收费的法律条款(附上相关规定/通告);通货膨胀指数化的程度和性质		
3.8	减少因收益降低而导致风险的条款,如果有		

(续表)

编号	事项	条款编号	描述
3.9	与第三方保管账户有关的条款,如果有		
3.10	与保险有关的条款		
3.11	与审计和索赔有关的条款		
3.12	与借贷方相关的权利转让/替代有关的条款		
3.13	与法律变更有关的条款		
3.14	项目终止/到期时强制性回购资产的条款,如果有		
3.15	政府的或有负债 (1) 政府/机关违约时终止协议的最高付款额 (2) 特许权人违约时终止协议的最高付款额 (3) 根据特许协议,其他关于罚款、赔偿或者付款的具体规定		
4	**其他**		
4.1	与竞争设施有关的条款,如果有		
4.2	规定争端解决机制		
4.3	规定适用法律和司法管辖权		
4.4	其他评论,如果有		

附录 2
依据公私合作项目评估程序各步骤所需的时间

编号	行为	所花费时间
1	规划委员会或其他部委就行政管理部散发的文件所作出的评价	行政管理部散发财政部常务委员会备忘录时起的三周
2	财政部常务委员会评估提议	行政管理部散发财政部常务委员会备忘录时起的五周
3	存档由经济事务司秘书和行政管理部秘书/道路交通和高速公路部(DORTH)秘书组成的委员会作出的许可	行政管理部散发财政部常务委员会备忘录时起的七周
4	主管机关作出批准	行政管理部散发财政部常务委员会备忘录时起的九周

第三部分 《公私合作项目规划、评估及批准指南》
——适用于成本低于10亿印度卢比的项目

1. 引言

1.1 印度中央政府已经公布了评估/批准通过公私合作（PPP）模式开展项目的机制。财政部经济事务司出台了适用于项目资本成本低于10亿印度卢比或者潜在资产价值高于10亿印度卢比的《公私合作项目规划、评估及批准指南》。下文规定的是涉及金额少于10亿印度卢比的公私合作项目程序细则。

2. 机构设置

2.1 成本达到0.5亿印度卢比的项目将由行政管理部评估；成本高于0.5亿印度卢比但是低于2.5亿印度卢比的项目由财政部常务委员会（SFC）评估；成本达到2.5亿印度卢比但是低于10亿印度卢比的项目则由行政管理部秘书担任主席的支出司财政委员会（EFC）评估。财政部常务委员会和支出司财政委员会人员组成与为评估成本低于10亿印度卢比的正常投资提议而规定的人员组成一致，但法律和司法部也要在前述两个委员会中有代表则除外，因为特许协议需要进行仔细的法律审查。负责每一个项目的主管机关都与适用于成本低于10亿印度卢比的正常投资提议项下的机构保持一致。

3. 适用性

3.1 这些指南将适用于由印度中央政府部委、法定主管机关或其他由其行政监管的实体所资助的所有公私合作项目。关于CPSEs，这些指南仅仅适用于超出CPSEs正常投资决策现有权限的那部分提议。

4. 项目确认

4.1 项目发起部委/实体要确定拟通过公私合作形式开展的项目，并着手准备可行性研究、拟定项目协议等，必要时可获得法律专家、财务专家以及技术专家的协助。

5. 部际磋商

5.1 行政管理部将项目细节信息以及特许协议条款散发给评估机关，所收到的评论将包含或者随附在提议内，以供财政部常务委员会/支出司财政委员会（SFC/EFC）考虑。

5.2 项目可能涉及一个以上的部委/部门，在考虑此类项目时，要寻求这些部委/部门的参与。

6. 制作项目文件

6.1 需要准备的文件包括与特许权人所签订的详细规定特许条款以及各当事方权利和义务的各种协议。这些项目文件因项目所在部门和项目类型不同而不同。通常而言，一个公私合作项目会涉及具体规定授予私营当事方特许权并包括所有当事方权利和义务关系的特许协议，还可能包括具体要求下的相关协议。

7. 财政部常务委员会/经济事务司的评估/批准

7.1 《呈送提议方案要求》（RFP）即邀请提交财务投标标书，通常应包括与竞标成功者拟签订的所有协议的副本。在草拟提议方案要求后，在邀请提交财务投标标书之前，行政管理部应寻求财政部常务委员会/经济事务司的许可。

7.2 寻求财政部常务委员会/经济事务司许可的提议应根据附录1中规定的格式，和所有的项目协议草案副本以及《项目报告》一道散发给财政部常务委员会/经济事务司的所有成员。

7.3 规划委员会评估项目提议方案并将其《评估意见》传达给行政管理部。法律部以及所涉及的任何其他部委也将其书面意见在规定的期限内转给行政管理部。财政部常务委员会/经济事务司将审阅《评估意见》、不同部委提供的意见以及行政管理部作出的回复。

7.4 财政部常务委员会/支出司财政委员会或者将提议（作出或不作出修改）推荐给主管机关，或者要求行政管理部进行必要修改以供财政部常务委员会/经济事务司进一步考虑。

7.5 一经财政部常务委员会/支出司财政委员会许可，项目便可提请主管机关批准。

8. 招标

8.1 获得主管机关批准后可以邀请提交财务标书。负责每一个项目的主管机关应与正常投资提议下负责成本低于10亿印度卢比的项目机关保持一致。

9. 时间表

9.1 根据上述程序进行项目评估的时间表见附录2。

10. 上述程序豁免

10.1 国防部、原子能部以及太空部不适用该指南。

附录 1
SFC/EFC 的备忘录

编号	事项	说明
1	**总体情况**	
1.1	项目名称	
1.2	项目类型（BOT、BOOT、BOLT、OMT 等）	
1.3	所在地（邦州/地区/城镇）	
1.4	行政管理部/委	
1.5	项目发起机关的名称	
1.6	执行机构的名称	
2	**项目描述**	
2.1	项目简要描述	
2.2	项目合理性说明	
2.3	可能的替代性选择，如果有	
2.4	会同主要开支部门负责人估算资本成本明细，并指出成本估算的依据	
2.5	投资阶段	
2.6	项目执行时间表（PIS）	
3	**融资安排**	
3.1	融资渠道（股权、借债、夹层资本等）	
3.2	说明项目收益流（项目周期内的年流量），并指出作出此种假设的基础	
3.3	说明收益流的净现值（NPV），12%的折现率	
3.4	详细阐述由谁确定关税/向用户收取的费用	
3.5	是否有任何外资涉及？如果有，在说明一栏备注	
4	**内部收益率（IRR）**	
4.1	内部经济收益率（如果已计算出）	
4.2	内部财务收益率，指出各种假设（如有必要，另外附上财务表）	
5	**许可**	
5.1	环境许可的状态	
5.2	需要从邦州政府及其他当地机构那里取得的许可	
5.3	需要从邦州政府那里取得的其他支持	
6	**印度中央政府的支持**	
6.1	可行性缺口融资，如果需要	
6.2	寻求印度中央政府担保，如果有	

(续表)

编号	事项	说明
7	特许协议	
7.1	特许协议是否是基于《特许协议范本》(MCA)拟定？如果是且有改变之处，说明改变的部分，(以附件形式)详细说明	
7.2	特许协议的详情(随附在附件A中)	
8	遴选入选者名单的标准	
8.1	是在一个还是两个阶段都遴选入选者名单	
8.2	说明遴选入选者名单的标准(如果需要，另附表单)	
9	其他	
9.1	评论，如果有	

附件 A
《特许协议》详情扼要

1. 项目发起部委　　　　3. 法律咨询顾问
2. 项目的名称及地点　　4. 财务咨询顾问

编号	事项	条款编号	描述
1	总体情况		
1.1	项目范围(用约200的文字说明)		
1.2	授以特许的性质		
1.3	特许期限及确定此期限的合理性说明		
1.4	估算的资本成本		
1.5	可能的建造期		
1.6	特许有效的前提条件，如果有		
1.7	土地取得的状态		
2	建造以及运营和维护		
2.1	建造监理；是否规定了独立的代理机构/工程师		
2.2	运营和维护的最低标准		
2.3	违反运营和维护标准规定时的处罚		
2.4	与建筑物安全有关的条款		
2.5	与环境有关的条款		
3	财务事项		
3.1	财务结算的最长期限		

(续表)

编号	事项	条款编号	描述
3.2	规定的资金/补贴的性质和程度		
3.3	招投标参数(资本补贴或其他参数)		
3.4	范围变化及其引发的经济负担条款		
3.5	特许权人应支付的特许费用,如果有		
3.6	特许权人向用户收取的费用		
3.7	指出如何确定向用户收取的费用;支持向用户收费的法律条款(附上相关规定/通告);通货膨胀指数化的程度和性质		
3.8	减少因收益降低而导致风险的条款,如果有		
3.9	与第三方保管账户有关的条款,如果有		
3.10	与保险有关的条款		
3.11	与审计和索赔有关的条款		
3.12	与借贷方相关的权利转让/替代有关的条款		
3.13	与法律修改有关的条款		
3.14	项目终止/到期强制性回购资产的条款,如果有		
3.15	政府的或有负债 (1) 政府/机关违约时终止协议的最高付款额 (2) 特许权人违约时终止协议的最高付款额 (3) 根据特许协议,其他关于罚款、赔偿或者付款的具体规定		
4	其他		
4.1	与竞争设施有关的条款,如果有		
4.2	规定争端解决机制		
4.3	规定适用法律和司法管辖权		
4.4	其他评论,如果有		

附录 2
依据公私合作项目评估程序各步骤所需的时间

编号	行为	所花费时间
1	规划委员会、支出司或任何其他部委就行政管理部散发的文件所作出的评价	行政管理部散发财政部常务委员会/支出司财政委员会备忘录时起的四周
2	财政部常务委员会/支出司财政委员会提议稿的评估	行政管理部散发财政部常务委员会/支出司财政委员会备忘录时起的六周
3	主管机关作出的批准	行政管理部散发财政部常务委员会/支出司财政委员会备忘录时起的八周

第四部分 《公私合作项目批准程序》①
——建立公私合作项目评估委员会

1. 财政部经济事务司内阁委员会(CCEA)在 2005 年 10 月 27 日召开的会议上通过了公私合作项目批准程序。根据这一决议,成立了由以下人员组成的公私合作项目批准委员会(PPPAC):

(a) 经济事务司秘书(担任主席);
(b) 规划委员会秘书;
(c) 支出司秘书;
(d) 法律事务部秘书;
(e) 项目发起部委秘书。

2. 该委员会由经济事务司提供支持,成立一个特别的部门机构(PPP Cell),为此类建议提供服务。该委员会可以在必要时增补专家委员。

3. 经济事务司内阁委员会通过的《公私合作项目批准程序》见附录1。具体的评估/批准操作指南将由经济事务司另行发布。

印度政府联合秘书
Pradeep K. Deb

附录 1
《公私合作项目批准程序》

1. 印度中央政府已经以公共投资委员会(PIB)为中心确立了一套成熟的与公共部门项目有关的投资批准体制,支出司秘书为委员会主席,支出司会同规划委员会一道通过项目评估处提供独立的评估,再由内阁/经济事务司内阁委员会予以批准。已批准的项目支出适用财政规则且财权下放到相关部门。

2. 由于政府转变职能通过公私合作方式实现,因此有必要确立合适的批准机制,旨在确保实现物有所值。公路、港口、机场以及城市基础设施等部门的公私合作项目(PPP)不是普通的私营部门项目,后者适用市场竞争规则,它们的价格通过竞争方式确定,且不涉及政府资源投入。在 PPP 项目中,需要政府进行尽职调查,因为项目普遍涉及:

(i) 包括土地在内的公共资产转移(例如已经存在的公路或机场设施);
(ii) 下放政府权力,向用户收费及划拨费用,这些费用是依法收取且必须是"合

---

① 注意:该程序由印度财政部经济事务司通过 2005 年 11 月 29 日编号为"F. NO. 2/10/2004-INF"的文件公布。

理的";

（iii）在垄断或半垄断领域向用户提供服务，这向政府施加了一项要确保服务充足且优质的特殊义务；

（iv）风险分担和政府承担的或有负债。例如，当根据相应的协议提出索赔请求时，或者当印度中央政府不得不为提供特许的实体不履约提供备份担保时。如果没有明示担保，甚至会存在因邦州政府不履约而根据双边投资促进协定而提出诉请的风险。

3. 公私合作项目目前在印度仍处于初期阶段，但是因为对于公私合作项目依赖程度增加，需要对项目条款进行仔细审查。由项目条款引发的争议也可能会导致政府支付巨额费用，这突出强调了对特许权条款进行仔细设计的重要性。

4. 即使通过竞争性招投标形式选择项目发起人（project sponsors），上述这些问题也没有得到解决。实际上，竞争性招投标仅仅是为挑选投标人提供了一个公平的竞争环境，它不一定能确保实现履约标准、用户关切、国库收入以及或有负债的高价值。因此，项目条款至关重要。

5. 意识到这些问题后，决定为今后的公私合作项目制定如下批准机制：

公私合作项目评估委员会

6. 公私合作项目评估委员会（PPPAC）将借鉴公共投资委员会（PIB）的模式，其人员组成如下：

（a）经济事务司秘书（担任主席）；
（b）规划委员会秘书；
（c）支出司秘书；
（d）法律事务部秘书；
（e）项目发起部委的秘书。

该委员会将由财政部经济事务司提供支持，成立一个特别机构（cell），为此类建议提供服务。该委员会可以在必要时增补专家委员。

7. 印度财政部将作为核心部委负责从财务视角审批特许协议，就拟提供的担保作出决定，并从投资和银行业视角总体评估风险分担情况。它还将确保从政府支出视角对项目进行审查。

8. 规划委员会将建立一个公私合作项目评估单位（PPPAU），与现有的对公共部门项目进行评估的项目评估和监管处（PAMD）类似。这个单位将为公私合作项目评估委员会准备评估记录，在可能的情况下，为改进特许协议条款提供建议。

9. 法律和司法部下属的法律事务司也会在公私合作项目评估委员会中有代表委员，因为特许协议需要进行仔细的法律审查。

10. 鉴于公私合作项目的规模和复杂程度，可能有必要确保可以获得有资质的法律、财务或技术专家的支持，以进行必要的尽职调查。为保护政府利益，特别是在进行项目谈判时,在面临私营部门参与者可能聘请非常有资质的专家人士的情况下,这样或许是很有必要的。规划委员会及财政部在必要时会让专家参与。

11. 如果项目的资本成本或资产的潜在价值高于 10 亿印度卢比,则提请公私合作项目评估委员会审批。一经获得该委员会批准,将提交项目至有关主管部门进行最终审批。

项目规划及评估

12. 相关部委可以参考法律顾问、财务顾问以及技术顾问提出的具体提议,也可以在必要时利用部际磋商小组提供的成果。部委作出的提议将由公私合作项目评估委员会予以考虑并进行"原则上"批准,再邀请潜在的投资人提交项目意向书。

13. 继公私合作项目评估委员会进行"原则上"批准后,相关部委可以邀请向其提交意向书,并进一步制作项目文件。在必要时,可以进行部际磋商以及在招标前与投标人召开会议。如此为邀请向其呈递财务标书而最终确定的特许协议,应由公私合作项目评估委员会在邀请技术标书和财务标书前予以批准。

14. 如果公私合作项目是基于一份正式批准的《特许协议范本》(MCA)开展,公私合作项目评估委员会则无须进行"原则上"批准。在此种情况下,可以在邀请技术标书和财务标书之前获得公私合作项目评估委员会的批准。

15. 如果与《特许协议范本》有不一致之处,但不属于实质性的不一致,则这种不一致可以由公私合作项目评估委员会征得财政部长同意后予以批准。如果不一致属于实质性的,则需要由批准《特许协议范本》的部委予以批准。

16. 如果项目的资本成本或资产的潜在价值低于 10 亿印度卢比,则支出部将出台详细的特许协议评估指南。此类项目无须由公私合作项目评估委员进行评估/批准,在可行的情况下,由支出司财政委员会/财政部常务委员会(EFC/SFC)予以批准。

17. 上述安排规定了独立的批准过程。行政管理部可以采取"积极的、前瞻性的"项目开发方法,而规划委员会着重进行尽职调查,应与其他部门出台的程序保持一致性,并考虑采取最优方法。财政部可以考虑印度中央政府直接及间接面临风险的程度,并担任裁决机构(arbiter)。

(甘翠平 译)

对基础设施领域 PPP 项目提供金融支持的计划和指南

目　录

缩写词

前言

清单列表

可行性缺口融资(VGF)流程图

一、《对基础设施领域 PPP 项目提供金融支持的指南》

  1. 引言

  2. 机构设置

  3. 适用性

  4. 授权机构的评估及"原则上"批准

  5. 可行性缺口融资

  6. 招标

  7. 授权机构的最终批准

  8. 可行性缺口融资的划拨支付

  9. 监管

附件 1　《对基础设施领域 PPP 项目提供金融支持的计划》

附件 2　建立授权委员会和授权机构

附件 3　授权机构的备忘录

  附录 A　与向用户收费/费用有关的证明

  附录 B　与项目特许期限有关的证明

  附录 C　与项目总成本有关的证明

  附录 D　《特许协议》详情扼要

二、《三方协议》
三、《将提议转给经济事务司以确定其适格性的指南》

缩 写 词

BOLT	建造、运营、租赁、转让
BOOT	建造、所有、运营、转让
BOT	建造、运营、转让
DEA	印度政府财政部经济事务司
EC	授权委员会
EI	授权机构
FI	金融机构
GoI	印度政府
LFI	领衔金融机构
NPV	净现值
O&M	运营及维护
PPP	公私合作
PPPAC	公私合作项目评估委员会
RFP	《呈送提议方案要求》
RFQ	《资格要求》
VGF	可行性缺口融资

前 言

  高质量的基础设施是实现印度经济可持续发展、使印度经济拥有广泛的发展基础和取得全面发展所必备的前提。

  由于越来越意识到需要私营部门在基础设施领域提供服务，因此就有了私营部门在基础设施领域的参与。私营部门参与基础设施领域之所以成为必须，一方面是因为需要提高私营和商业部门的效率，并补充有限的公共部门资源；另一方面是因为需要克服基础设施领域的政府赤字问题。

  对基础设施领域通过私营部门参与投资进行决策仍然是一大挑战，特别是在基础设施领域的公共物品具有非排他性（excludability）特点的情形下。基础设施项目经常具有高的社会回报率,但是商业回报率则低到令人无法接受。这些项目一般具有投资额可观、项目酝酿周期长、回报率固定等特点,因此政府通过恰当的金融工具和刺激对基础设施项目进行融资必不可少。为使社会需要的项目具有商业上的可行性,建设补助金(capital grant)作为政府扶持的一种方式,通过高效的、透明的渠道分配,是一种可以接受的经济方案。

为扶持基础设施项目,印度政府于2004年出台了《扶持基础设施领域PPP项目的计划》(即《可行性缺口融资计划》),并于2005年公布了该计划的实施细则。该计划旨在通过PPP项目框架补贴项目准入所需的资本成本,确保基础设施领域更广泛的参与度。为弥合融资缺口以使经济上必不可少的项目在商业上具有可行性,可以免除政府对这些项目提供资金,并允许私营部门参与这些项目,从而促进私营部门在发展基础设施方面发挥效能。

《可行性缺口融资计划》以一次性或者延期拨款的形式,为通过公私合作形式开展的基础设施项目提供金融支持,目的在于使这些项目具有商业可行性。《可行性缺口融资计划》提供的"可行性缺口融资"达到总项目成本的20%。印度政府或者作为项目所有人的法定实体,如果如此决定的话,可以从其预算中进一步提供达到项目总成本20%的额外拨款。《可行性缺口融资计划》项下的"可行性缺口融资"通常情况下采取在项目建造阶段提供建设补助金的形式。

印度财政部于2006年1月出台《对基础设施领域PPP项目提供金融支持的指南》。该指南本质上源自2005年印度内阁经济事务委员会(CCEA)批准通过的上述《可行性缺口融资计划》条款,且规定了为PPP项目提议寻求"可行性缺口融资"的程序。

随后,财政部意识到制作项目文书是一个细致详尽、复杂耗时的过程,因此出台了确认《可行性缺口融资计划》项下获得资助的项目准入指南。资助机关(sponsoring authority)可以在对详尽的项目提议进行"原则上"批准前寻求预先的"适格性考虑"。经济事务司会进行形式上的"适格性考虑"审查,并传达提议是否符合《可行性缺口融资计划》的要求以及是否可由批准委员会加以考虑。这一程序功能是选择性的,在必要时可以启用。也可以直接将提议提交给"可行性缺口融资拨款"批准委员会予以考虑。

本纲要文件将财政部出台的《可行性缺口融资计划》实施指南和通知汇聚在一起。希望本纲要文件有利于中央、邦州以及市级层面的项目机关管理项目,并作为实施《可行性缺口融资计划》的统一参考文件。

清 单 列 表

一、给予"原则上"批准的提议

（一）授权机构(EI)备忘录及附录

（二）可行性报告/详尽的项目报告

（三）《呈送提议方案要求》(RFP)项下的投标文件

1. 投标人须知
2. 《特许协议》草案
3. 附表

（四）与《特许协议》不一致之处的声明，如果有

（五）其他可能涉及的项目协议

上述文件及其软拷贝件一式六份提供给授权机构成员予以考虑。

二、给予最终批准的提议

（一）授权机构最终批准的备忘录

（二）领衔金融机构对项目的评估报告

（三）已执行的项目协议

（四）资助机关出具的证书，证明《可行性缺口融资计划》中规定的所有条件均符合

上述文件及其软拷贝件一式六份提供给授权机构的成员予以考虑。

三、可行性缺口融资的划拨支付

（一）《三方协议》一式四份

可行性缺口融资（VGF）流程图

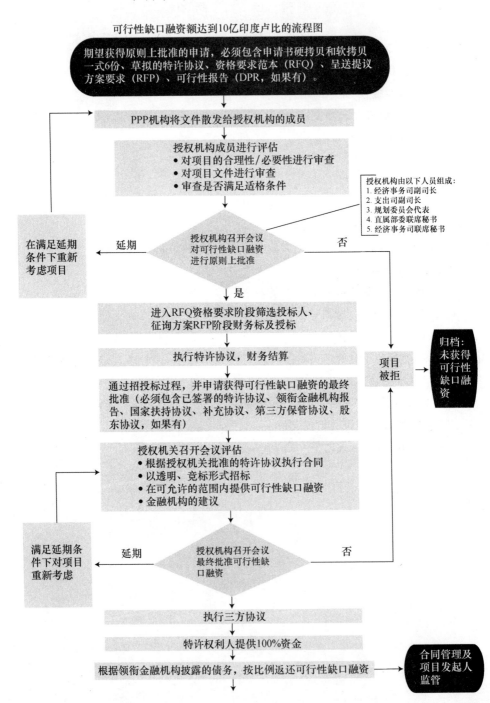

对基础设施领域 PPP 项目提供金融支持的计划和指南

可行性缺口融资额高于10亿但不高于20亿印度卢比的流程图

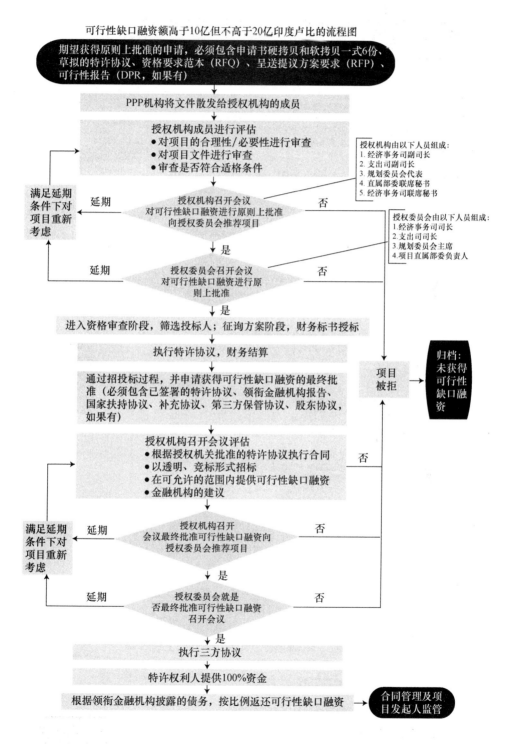

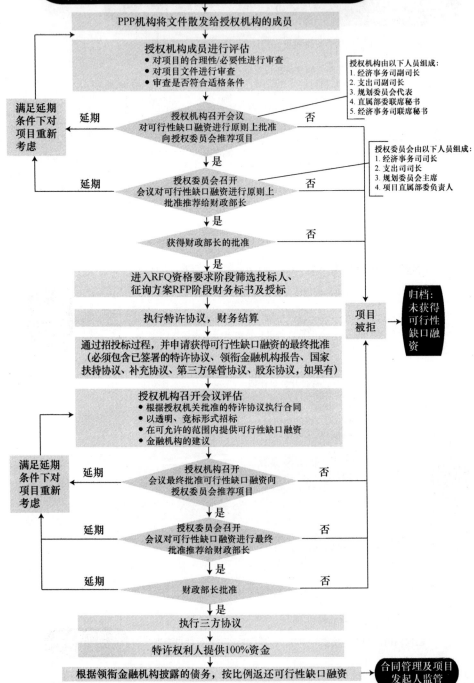

一、《对基础设施领域 PPP 项目提供金融支持的指南》[①]

《可行性缺口融资计划》

1. 引言

1.1 印度中央政府已经出台对基础设施领域通过公私合作伙伴关系(PPPs)形式承担的项目提供金融支持的《对基础设施领域 PPP 项目提供金融支持的计划》(以下简称《计划》)。《计划》附在附件 1 中。

1.2 《计划》项下的金融支持申请提交、评估和批准程序具体规定如下。

2. 机构设置

2.1 对 PPP 项目提供金融支持的评估和批准机构设置的具体规定附在附件 2 中。

3. 适用性

3.1 这些指南适用于中央部委、邦州政府以及法定机关认可的 PPP 项目,可能的情况是,标的资产由它们所有。(参见下面的第 5.1 条规定)

3.2 依据《计划》制定的提议应一次或者延期提供可行性缺口融资(VGF),以使 PPP 项目具有商业可行性。(参见定义)

3.3 提议应涉及基于合同或者特许协议开展的公私合作伙伴关系项目,当事一方为印度政府或者法定实体,当事另一方为私营部门的公司,项目为基础设施领域提供服务,通过向用户收费获得付款。

3.4 《计划》仅仅适用于合同/特许协议当事一方为认购且缴纳 51% 以上股份,并由私营实体控股的私营部门公司。(参见定义)

3.5 适格享有可行性缺口融资的仅仅为通过公开的竞争性招投标程序筛选出来的,且在特许期间负责项目融资、建造、维护和运营的私营部门公司。

3.6 项目提供服务,且通过事先确定的费用或向用户收费的形式获得付款。

4. 授权机构的评估及"原则上"批准

4.1 寻求获得授权机构许可的提议,应根据附件 3 中规定的格式要求送达

[①] 注意:《对基础设施领域 PPP 项目提供金融支持的指南》由财政部经济事务司出台。具体参阅 2006 年 1 月 23 日通过的正式备忘录,编号为"1/4/2005-PPP"。

（硬拷贝和软拷贝件，一式六份）经济事务司的 PPP 机构。提议应包括项目所有协议（例如特许协议、国家扶持协议、置换协议、第三方保管协议、运营及维护协议、股东协议等，如果情况适用的话）以及项目报告的副本。（参见第 3.1 条及第 5.1 条）

4.2 提议将由 PPP 机构转发给授权机构的所有成员评议。四周内收到的所有评议应由 PPP 机构转达给相关的行政管理部、邦州政府或法定机关，视具体情况而定，由其就每一项评议提交书面回复。如果项目是基于特许协议范本开展，评议要在两周内提供。（参见第 5.2 条和第 5.4 条）

4.3 提议应与项目报告、特许协议以及支撑性协议/文件一起，再加上相关部委提供的评议及就此作出的回复，由 PPP 机构呈递给授权机构加以考虑并进行"原则上"批准。

4.4 当 PPP 机构向授权机构呈递提议时，应指明提议是否符合《计划》的强制性要求。如果存在任何不足之处，应在 PPP 机构的记录中说明。具体而言，经济事务司和开支司应审查提议，以确保它们符合《计划》中规定的条件。规划委员会应审查项目报告及特许协议，以确保提议大体上齐全有序。

4.5 授权机构或者原则上批准提议（作出或不作出修改），或者建议相关部委、邦州政府或法定机关，视具体情况而定，提供进一步的澄清/信息，或者进行必要的修改，供授权机构进一步考虑。（参见第 5.3 条）

4.6 《计划》项下的批准仅仅为了《计划》之目的。所有其他法定的、金融的、行政管理的批准应视具体情况获得（参见第 5.6 条）。对于中央政府或其法定实体所有的项目，也应根据财政部出台的指南要求获得公私合作项目评估委员会（PPPAC）的批准。但是，为节约时间，可以同时获得这几项批准。

4.7 如果根据现行的 PPP 扶持计划可以从中央政府的任何其他部委那里获得金融支持，则应将提议送至该部委加以考虑。如果该部委建议应根据《计划》考虑该提议以提供进一步的资助，则该提议也应呈递给授权委员会加以考虑。（参见第 5.7 条）

4.8 一经获得授权机构的许可，该项目就可以获得《计划》项下的金融支持。

5. 可行性缺口融资

5.1 《计划》项下提供的金融扶持定额（VGF）应在项目建造阶段以建设补助金（capital grant）的形式提供。可行性缺口融资资本补贴的数额应等于最低出价，但最高以项目总成本的 20% 为准。如果项目资助部委/邦州政府/法定实体建议提供超过上述可行性缺口融资金额的资助，则限定超出部分的资助不得高于项目总成本的 20%。（参见第 4.1 条和第 4.2 条）

6. 招标

6.1 金融投标应由相关部委、邦州政府或法定实体发出投标邀请，视具体情况而定，在授权机构作出批准的四个月内进行项目发包（award of the project）。该期限可由经济事务司在必要时予以延展。（参见第7.1条）

6.2 应通过公开透明、鼓励竞争的招投标过程筛选私营部门公司。如果所有其他参数具有可比性，则投标标准应为私营部门公司要求的可行性缺口融资数额。（参见第6.1条）

7. 授权机构的最终批准

7.1 在项目发包起算的三个月内，或所允许的延展期内，领衔金融机构应出具其项目评估报告（硬拷贝及软拷贝件，一式六份）供授权机构考虑及作出批准。和评估报告一并提供的还有依据附件3规定格式准备的最新申请以及项目报告和项目协议。领衔金融机构应核实申请的内容并将其建议转达给授权机构。（参见第7.2条）

7.2 在授权机构作出最终批准前，作出项目提议的部委、邦州政府或法定机关，视具体情况而定，应证明招投标过程符合《计划》条款且已遵守《计划》中规定的条件。（参见第6.2条）

7.3 审查和批准领衔金融机构的评估报告时，应遵守上述第4条中规定的程序，可进行适当必要的变动。

8. 可行性缺口融资的划拨支付

8.1 划拨支付前，授权机构、领衔金融机构以及私营部门公司应签订一份三方协议，可根据授权委员会不时规定的格式制定。（参见第8.3条）

8.2 就《计划》而言，领衔金融机构是指对项目进行融资的金融机构（FI）。在存在金融机构财团的情形下，被财团指派为项目融资金融机构的即为领衔金融机构。（参见定义）

8.3 可行性缺口融资应在私营部门公司已经认购且缴纳完项目要求的股权投资后支付，且应根据待偿付的债务按比例放款。（参见第8.1条）

8.4 可行性缺口融资应到期按时放款给领衔金融机构。（参见第8.2条）

9. 监管

9.1 领衔金融机构应负责对项目是否符合协议规定的里程碑进度表和履约水平进行定期监管及周期性评估，特别是出于支付可行性缺口融资这一目的，它还应该向授权机构寄送季度进程报告。（参见第7.3条）

附件 1
《对基础设施领域 PPP 项目提供金融支持的计划》

A. 鉴于印度政府意识到,在不同部门都存在基础设施建设明显不足的问题,且这一问题正阻碍着经济发展;

B. 鉴于发展基础设施需要巨额投资且不能单由公共融资承担,为吸引私营资本以及与其相连的技术和管理效能,印度政府致力于促进基础设施发展中的公私合作伙伴关系;

C. 鉴于印度政府意识到,基础设施建设项目因其酝酿周期长且财务回报率有限,从而并不总是具有财务上的可行性,且此类项目在财务上的可行性可以通过政府扶持加以改善;

D. 因此,印度政府决定实施以下计划,为通过公私合作伙伴关系开展的基础设施项目提供金融支持,弥补其可行性缺口。

1. 简称及内容

1.1 本计划全称为《对基础设施领域 PPP 项目提供金融支持的计划》,是由财政部负责管理的规划方案。合适的预算条款将逐年在年度规划中制定。

1.2 本计划应立即生效。

2. 定义

在本计划中,除非另有规定:

"**授权委员会**"是指由财政部经济事务司秘书担任主席,成员包括规划委员会秘书、印度财政部开支司秘书以及标的项目所处的行业部委秘书在内的委员会。

"**授权机构**"是指为实施本计划由印度政府指定的机构、公司或者部际组织。

"**领衔金融机构**"是指对 PPP 项目进行融资的金融机构(FI),如果存在金融机构财团的情形,则指由财团指定的此类金融机构。

"**私营部门公司**"是指 51% 或以上的认购和实缴股权由私人实体拥有和控制的公司。

"**项目有效期**"是指 PPP 项目合同或特许协议的有效期。

"**公私合作伙伴关系(PPP)项目**"是指基于当事一方为政府或法定实体、当事另一方为私营部门公司而签订的合同或特许协议的项目,目的在于提供基础设施领域的服务并通过向用户收费获得付款。

"**项目总成本**"是指如下 PPP 项目资本总成本中的更低者:(a) 作为项目所有者的政府/法定实体所估算的;(b) "领衔金融机构"所认定的;(c) 实际支出的但是在任何情况下都不包括政府/法定实体所产生的土地成本。

"**可行性缺口融资或拨款**"是指根据本计划一次性或者延期提供的、目的在于使得项目具有商业可行性的拨款。

3. 适格性

为具有本计划项下的融资适格性，PPP项目应符合以下标准：

3.1 项目应由政府或法定实体通过开放且鼓励竞争的招投标过程筛选出的私营部门实体在项目有效期内实施，即开发、融资、建造、维护及运营。如果是铁路项目，虽不由私营部门公司运营，但授权委员会可以放宽这一条适格标准。

3.2 PPP项目应来自以下某个部门：

（a）公路和桥梁、铁路、海港、空港、内陆水路；

（b）电力；

（c）城市交通、供水、排污、固体废弃物处理以及城区其他基础设施建设；

（d）"经济特区"的基础设施项目以及"国家投资和制造业区"的内部基础设施；[①]

（e）国际会议中心及其他旅游业基础设施项目；

（f）用以创造现代仓储能力的资本投资，包括生鲜食品冷链及采后存储；[②]

（g）教育、健康及无年金的技能开发；[③]

（h）石油/燃气/液化天然气（LNG）存储设施（包括城市燃气输送网络）；

（i）石油及燃气管道（包括城市燃气输送网络）；

（j）灌溉（水坝、水渠、堤岸等）；

（k）通讯（固定网络，包括光纤/电缆/提供宽带或互联网的有线网络）；

（l）通讯塔；

（m）农产品集散市场；

（n）农贸市场中的共同基础设施；

（o）土壤测试实验室。[④]

但是，授权委员会可以征得财政部部长同意，增加或删除上述列表中的部门/分部门门类。

3.3 项目应提供服务并通过事先确定费用或向用户收费的方式获得款项。

3.4 相关政府/法定实体应合理证明：

（a）不能增加费用/向用户收费，以消除或减少PPP项目的可行性缺口；

（b）不能为了减少可行性缺口而延长项目有效期；

[①] 经济事务司在2012年2月2日编号为"3C/1/2012-PPP"的通告中增加的部门。
[②] 经济事务司在2011年3月17日编号为"3C/1/2011-PPP"的通告中增加的部门。
[③] 经济事务司在2011年5月4日编号为"3C/1/2011-PPP"的通告中增加的部门。
[④] 经济事务司在2011年5月24日编号为"3C/1/2012-PPP"的通告中增加的列在(h)至(o)项的部门。

(c) 资本成本是合理的且基于此类项目通常适用的标准和规范,不能为减少可行性缺口而进一步限定资本。

4. 政府扶持

4.1 根据本计划提供的可行性缺口融资总额不得超过项目总成本的 20%。但是,作为项目所有人的印度政府或者法定实体,如果决定从其预算中提供额外拨款,也是可以的,但超出部分不得超过项目总成本的 20%。

4.2 根据本计划提供的可行性缺口融资通常采取在项目建造阶段提供建设补助金的形式。任何其他形式的资助可由授权委员会予以考虑,逐个征得财政部长同意后确定。

4.3 单个项目可行性缺口融资金额达到 10 亿印度卢比可由授权机构定夺,以财政部的预算最高限额为准。达到 20 亿印度卢比的提议可由授权委员会定夺,金额超过 20 亿印度卢比的部分可由授权委员会征得财政部长同意后定夺。

4.4 除非财政部另有批示,授权机构可以批准累计资本支出等于相应年度计划中预算拨款 10 倍的项目提议。

4.5 在本计划实施后的前两年,符合适格性标准的项目将以"先到先得"的形式获得融资。在之后的时间里,如有需要,可基于授权委员会确定的适当方案提供融资,方案要平衡不同部门之间的需求,使实现融资的部门覆盖范围更广且避免一些大型项目抢先独占融资。

5. 批准项目提议

5.1 项目提议可由拥有基础资产(underlying assets)的印度政府或者法定实体提出。提议应包括证明项目符合上述第 3 条中所规定的适格性标准的必要信息。

5.2 优先考虑基于相应政府批准的标准化/示范文件的项目。独立的文件可能会由授权机构进行详细审查。

5.3 授权机构将考虑项目提议从而为其提供可行性缺口融资,并就其符合适格性标准要求获得必要的细节。

5.4 如果在收到项目提议后的 30 天内,如上所述正式完成批准过程后,授权机构应通知项目发起人政府/法定实体项目是否享有本计划项下的金融资助。如果项目是基于独立的文件(即不是经过正式批准的示范/标准文件),则批准过程可以要求增加 60 天。

5.5 如果授权机构需要任何与项目适格性有关的澄清或者解释,它可将情况转达给授权委员会以获得合适的批示。

5.6 尽管依据本计划获得批准,但印度中央政府或其法定实体推进的项目应依据不时制定的程序获得批准及执行。

5.7 如果可行性缺口融资预算是依据印度中央政府的任何现行规划计划编列的,则此类现行计划和本计划之间如何配置,应由授权委员会来确定。

6. PPP 项目采购过程

6.1 私营部门公司应通过公开透明、鼓励竞争的招投标过程筛选。如果所有其他参数具有可比性报价,投标标准应为私营部门公司执行项目所需的可行性缺口融资金额。

6.2 提议开展项目的印度政府或者法定实体应证明招投标过程符合本计划的规定,并在支付拨款前将这一情况转达给授权机构。

7. 领衔金融机构的评估及监管

7.1 在授权机构将项目适格性转达给相关政府/法定实体之日起的四个月内,应依据上述第 6 条发标(bid award)PPP 项目。但是,如果相关政府/法定实体向其提出申请,授权机构可以延长此期限,但每次延期不得超过两个月。

7.2 领衔金融机构应在发标之日起的三个月内将其对项目所作的评估提请授权机构考虑和批准。但是,如果相关政府/法定实体向其提出申请,授权机构可以延长此期限,但每次延期不得超过两个月。

7.3 领衔金融机构应负责定期监管并定期评估项目是否符合协议规定的里程碑进度表和履约水平,特别是为了支付可行性缺口融资。它应向授权机构寄送季度进度报告,授权机构每季度制作一份综合的进度报告提交给授权委员会审议。

8. 划拨支付

8.1 本计划项下的拨款应在私营部门公司已经认购并支付了项目所需的股权出资后才能支付,且应根据此后待偿付的债务按比例放款。

8.2 授权机构到期按时将款项划拨支付给领衔金融机构,并从财政部报销该笔支出。

8.3 授权机构、领衔金融机构及私营部门公司应签订本计划下的三方协议。此三方协议的格式应由授权委员会不时地作出规定。

9. 周转资金

财政部应向授权机构提供 20 亿印度卢比的周转资金。授权机构将资金支付给相应的领衔金融机构,并从财政部报销该笔支出。

10. 指南

参阅财政部的新闻稿以及 2004 年 8 月 19 日编号为 "F. No. 2/10/04-INF" 的备忘录,曾发布的指南立即失效。

附件 2
建立授权委员会和授权机构

经济事务司内阁委员会在 2005 年 7 月 25 日召开的会议上批准了《对基础设施领域 PPP 项目提供支持的计划》。根据内阁决议,已经决定组建授权委员会和授权机构,以批准对符合本计划中规定的所有适格性标准的项目提供金融资助。

1. 授权委员会由以下人员组成:
(a) 经济事务司秘书;
(b) 规划委员会秘书;
(c) 支出司秘书;
(d) 处理标的项目所在行业的部委秘书。

2. 授权委员会将:
(1) 批准单个项目达 20 亿印度卢比的可行性缺口融资,但应以财政部预算最高额为准。超过 20 亿印度卢比的金额可由授权委员会在征得财政部长同意后确定。
(2) 确定合适的方案以平衡不同部门之间的需求,使融资的部门覆盖范围更广,避免一些大型项目先占融资资金。
(3) 确定任何现行的提供可行性缺口融资的规划计划和本计划之间的配置。
(4) 应授权机构要求,提供与扶持项目适格性有关的澄清或说明。

3. 授权机构由以下人员组成:
(a) 经济事务司另外一名秘书;
(b) 开支司另外一名秘书;
(c) 来自规划委员会且头衔不低于联合秘书的代表;
(d) 处理标的项目所在行业的部委联合秘书;
(e) 经济事务司的联合秘书——成员秘书。

4. 授权机构批准每个适格项目金额达 10 亿印度卢比的可行性缺口融资,但需以财政部预算最高额为准。授权机构也要考虑其他提议并将其提交给授权委员会。

5. **适格部门**:本计划项下适格享有可行性缺口融资的部门是:
(1) 公路和桥梁、铁路、海港、空港、内陆水路;
(2) 电力;

(3) 城市交通、供水、排污、固体废弃物处理及城区其他基础设施建设；

(4) "经济特区"的基础设施项目；

(5) 国际会议中心及其他旅游业基础设施项目。

但是，授权委员会可以在征得财政部长同意后，增加或删除上述列表中的部门/分部门。

印度政府联合秘书

Pradeep K. Deb

附件3
授权机构的备忘录

《对基础设施领域PPP项目提供金融支持的计划》

编号	事项	批复
1	**总体情况**	
1.1	项目名称	
1.2	项目类型（BOT、BOOT、BOLT、OMT等）	
1.3	所在地（邦州/地区/城镇）	
1.4	作为标的资产所有者提议开展项目的中央部委/邦州政府/法定机关（参见第5.1条）	
1.5	签署特许协议的政府/法定实体（参见定义）	
1.6	合同/特许协议是否发标给私营部门公司（参见定义）	
1.7	私营部门公司是否负责项目融资、建造、维护和运营（参见第3.1条）	
2	**项目描述**	
2.1	项目简要描述	
2.2	项目合理性说明	
2.3	可能的替代性选择，如果有	
2.4	会同开支司主要负责人估算资本总成本及成本明细，并指出成本估算的依据（参见定义）	
2.5	投资阶段	
2.6	项目执行时间表（PIS）	

（续表）

编号	事项	批复
3	融资安排	
3.1	融资渠道（股权、借债、夹层资本等）	
3.2	说明项目收益流（项目周期内的年流量），并指出作出此种假设的基础	
3.3	说明收益流的净现值（NPV），12%的折现率	
3.4	详细阐述由谁确定费用/向用户收取的费用	
3.5	项目是否会事先确定向用户收费/费用（参见第3.1条）	
3.6	为减少可行性缺口，能否提高费用/向用户收费？如果不能，请根据附录A提供证明（参见第3.1条）	
3.7	为减少可行性缺口，能否延长特许期限？如果不能，请根据附录B提供证明（参见第3.1条）	
3.8	为减少可行性缺口，能否限定或逐步取消项目总成本？如果不能，请根据附录C提供证明（参见第3.1条）	
3.9	有没有接洽任何金融机构？如果有，可以说明其回复	
4	内部收益率（IRR）	
4.1	内部经济收益率（如果已计算出）	
4.2	内部财务收益率，指出各种假设（如有必要，另外附上报表）	
5	许可	
5.1	如果项目所有者为中央政府或其法定实体，可以说明公私合作项目评估委员会批准的状态	
5.2	环境许可的状态	
5.3	需要从邦州政府及其他当地机构那里取得的许可	
5.4	需要从邦州政府那里取得的其他许可	
6	印度中央政府的支持	
6.1	项目所需的可行性缺口融资可能的数额（并说明上表中事项2.4的比例）	
6.2	可行性缺口是否在项目建造阶段采用建设补助金形式？如果不是，请提供替代性提议的细节（参加第4.2条）	
6.3	资助项目的部委/邦州政府/法定实体会在本《计划》项下的可行性缺口融资之外另外提供任何资助吗？如果有，请提供细节（参见第4.1条）	
6.4	印度中央政府是否还有任何其他的计划，据此项目可以适格获得金融资助？如果有，请提供计划的细节（参见第5.7条）	

(续表)

编号	事项	批复
7	特许协议	
7.1	特许协议是否基于正式批准的特许协议范本？如果是，说明其细节（说明采用附件形式）并附上特许协议范本的副本（参见第5.2条和第5.4条）	
7.2	有没有对特许协议范本提出任何变动？如果有，请提供详细说明（以附件形式）	
7.3	特许协议的细节（附在附录D中）	
8	遴选入选名单的标准	
8.1	是在一个还是两个阶段遴选入选项目名单	
8.2	说明遴选入选项目的标准（如果需要，另附表单）	
9	招投标标准	
9.1	招投标参数是所需可行性缺口融资的最低额？如果不是，请说明招投标参数（参见第3.1条和第6.1条）	
9.2	是否在邀请财务投标之前冻结了所有其他的条件、规定和项目协议？如果没有，请提供详细的理由（参见第6.1条）	
10	其他	
10.1	评论，如果有	

该_____（项目名称）已由如下签字人作为_____（部委、邦州政府或法定实体，视具体情况而定）的正式授权官员，根据《对基础设施领域PPP项目提供金融支持的计划》提请寻求可行性缺口融资。

兹证明提议符合上述计划所规定的条款和适格性标准。

本人承诺所做的上述声明及附件中包含的信息真实可信。

日期：　　　　　　　　　　　　　　　（被授权官员的姓名、头衔及公章）

附录A
与向用户收费/费用有关的证明

（根据《对基础设施领域PPP项目提供金融支持的计划》第3条要求提供）

兹证明：

1. 该_____（项目名称）已由如下签字人作为_____（部委、邦州政府或法定实体，视具体情况而定）的正式授权官员，根据《对基础设施领域PPP项目提供金融支持的计划》提请寻求可行性缺口融资。

2. 签字人兹证明,提议符合上述计划规定的条款和适格性标准。

3. 项目依据_____（邦州法律和规定以及相关条文）确定向用户收取费用/收费。随附上相关法律和规定的副本。

4. 项目所确定的向用户收费/费用说明如下（如果需要,另外附上费用表）。

5. 上述确定的向用户收取的费用/收费不能更高,理由说明如下。

6. 本人承诺,上述声明真实可信。

日期：　　　　　　　　　　　　　　　（被授权官员的姓名、头衔及公章）

附录 B
与项目特许期限有关的证明

（根据《对基础设施领域 PPP 项目提供金融支持的计划》第 3 条要求提供）

兹证明：

1. 该_____（项目名称）已由如下签字人作为_____（部委、邦州政府或法定实体,视具体情况而定）的正式授权官员,根据《对基础设施领域 PPP 提供金融支持的计划》提请寻求可行性缺口融资。

2. 项目的特许期限是鉴于以下考虑加以确定。

3. 上述特许期限基于以下理由不能延长。

4. 本人承诺,上述声明真实可信。

日期：　　　　　　　　　　　　　　　（被授权官员的姓名、头衔及公章）

附录 C
与项目总成本有关的证明

（根据《对基础设施领域 PPP 提供金融支持的计划》第 3 条要求提供）

兹证明：

1. 该_____（项目名称）已由如下签字人作为_____（部委,邦州政府或法定实体,视具体情况而定）的正式授权官员,根据《对基础设施领域 PPP 提供金融支持的计划》提请寻求可行性缺口融资。

2. 项目总成本合理且是依据同类项目通常遵守的标准和规定确定（如果提供任何细节,另行附表）。

3. 上述项目总成本基于如下理由不能减少（如果需要,另行附表）。

4. 本人承诺,上述声明真实可信。

日期: （被授权官员的姓名、头衔及公章）

附录 D
《特许协议》详情扼要

1. 项目发起人部委　　　　　3. 法律咨询顾问
2. 项目的名称及地点　　　　4. 财务咨询顾问

编号	事项	条款编号	描述
1	**总体情况**		
1.1	项目范围（用约200的文字说明）		
1.2	授以特许的性质		
1.3	特许期限及确定此期限的合理性说明		
1.4	估算的资本成本		
1.5	可能的建造期		
1.6	特许有效的前提条件,如果有		
1.7	土地取得的状态		
2	**建造及运营和维护**		
2.1	建造监理;是否规定了独立的代理机构/工程师		
2.2	运营和维护/履约的最低标准		
2.3	违反运营和维护/履约标准规定时的处罚		
2.4	与建筑物、用户及建筑工程有关的安全条款		
2.5	违反相关安全条款时的处罚		
2.6	与环境有关的条款		
3	**财务事项**		
3.1	财务结算的最长期限		
3.2	规定的资金/补贴的性质和程度		
3.3	招投标参数（资本补贴或其他参数）		
3.4	范围变化及其引发的经济负担条款		
3.5	特许权人应支付的特许费用,如果有		
3.6	特许权人向用户收取的费用		

(续表)

编号	事项	条款编号	描述
3.7	指出如何确定向用户收取的费用;支持向用户收费的法律条款(附上相关规定/通告);通货膨胀指数化的程度和性质		
3.8	减少因收益降低而导致风险的条款,如果有		
3.9	与第三方保管账户有关的条款,如果有		
3.10	与保险有关的条款		
3.11	与审计和索赔有关的条款		
3.12	与借贷者相关的权利转让/替代有关的条款		
3.13	与法律修改有关的条款		
3.14	项目终止/到期强制性回购资产的条款,如果有		
3.15	政府的或有负债 (1) 政府/机关违约时终止协议的最高付款额 (2) 特许权人违约时终止协议的最高付款额 (3) 根据特许协议,其他关于罚款、赔偿或付款的具体规定		
4	其他		
4.1	与竞争设施(competing facilities)有关的条款,如果有		
4.2	规定争端解决机制		
4.3	规定适用法律和司法管辖权		
4.4	其他评论,如果有		

二、《三方协议》

本协议由以下三方于200＿＿年＿＿月＿＿日,在新德里订立:

甲方:[＿＿＿＿＿]先生,代表位于新德里的印度政府＿＿＿＿＿部委＿＿＿＿＿司局(以下简称"授权机构")行事;

乙方:[＿＿＿＿＿],代表自己及附表中列为借贷方的借贷人(以下简称"领衔机构")行事,其注册办事处位于[＿＿＿＿＿＿＿＿＿],主要行政办公室位于[＿＿＿＿＿＿];

丙方:[＿＿＿＿＿有限公司](以下简称"特许权人"),是一家根据《1956年公司法》成立并存续的公司,其注册办事处位于[＿＿＿＿＿],由代表为经[＿＿＿＿＿]日期召开的董事会会议通过的决议正式授权的董事[＿＿＿＿＿]先生;(用语"授权机构""领衔机构"和"特许权人"应包括各自的继任者,以下统称为"当事各方",单独称为"当事一方"。)

并由：

［_____依《_____法》____条款组建的法定机构/_____《1956年公司法》/_____邦州法律所指的政府公司（以下简称"所有权人"）］*作为担保方。

* 情形不适用时予以删除

鉴于：

A. "所有权人"已经根据在_____日编号为_____的《招投标公告》（"招投标通知"）制定且规定了技术和商业条款和条件，并基于BOT模式招标参与_____［项目名称］（"项目"）的建设、运营和维护。

B. 在对收到的投标进行评估后，"所有人"已经接受了由［_____］、［_____］和［_____］组成的联营企业的投标，并随后签订了《特许协议》，其副本附于本文件之后并标注为"附件A"；特许公司由联营企业推举承揽该项目。

C. 印度中央政府已公布一项名为《对基础设施领域PPP项目提供金融支持的计划》（以下简称《计划》），以便为通过公私合作伙伴关系承揽的基础设施项目提供金融扶持。

D. 经"所有人"提出获取《计划》项下可行性缺口融资（"VGF"）的申请（"提议"），"授权机构"已同意向"特许权人"按照《计划》以下文规定的程度和方式提供可行性缺口融资。

E. 《计划》要求"所有权人"作出陈述，并订立包括可行性缺口融资资金条款和条件在内的三方协议。

本协议当事方兹同意并共同见证订立如下协议：

1. 定义和解释

1.1 就本协议而言，以下用语具有本协议赋予的含义：

1.1.1 "协议"指本协议及根据本协议包含的规定进行的任何可能的修改。

1.1.2 "债务余额"指"借贷方"根据《融资协议》同意向"特许权人"提供的用于项目成本的待偿还债务本金余额，在"特许权人"认购和缴清项目所需的股权出资后"借贷方"向"特许权人"发放的借款。

1.1.3 "特许协议"指"所有权人"和"特许权人"在［_____］日期签订的特许协议，应包括所有附录以及一切依照此协议规定做出的任何修改。除非事先得到"授权机构"的批准，否则在此后作出的任何实质上改变协议中任何条款的修改将不对"授权机构"和印度中央政府具有约束力。

1.1.4 "项目总成本"指以下项目总资本成本中的较低者：

a. ［_____（印度卢比）］，经"所有权人"估算；

---

* 情形不适用时予以删除。

b. [_____（印度卢比）]，由"领衔机构"批准的一揽子金融计划中所含的成本和其他成本；

c. 经法定注册审计师核实的项目实际支出金额。

但是，不包括项目所包含的土地成本。

1.1.5 "可行性缺口融资资金"指根据《计划》由印度中央政府提供的扶持资金，该计划内容参阅财政部于2006年12月1日通过的编号为"OM No. 1/5/2005-PPP"的公告，且如本协议第2.1条所述。

1.2 本协议中使用的以大写字母开头或均为大写字母但在本协议中未加以定义而在《特许协议》中有定义的词语和表达，除非与本协议相冲突，否则应具有《特许协议》各自赋予它们的含义。

1.3 除非另有规定，否则本协议规定：

a. 对法定条款的任何援引应包括对其不时作出的修订或重新颁布的版本或合并之后确立的版本，只要此类修订或重新颁布的版本或合并之后确定的版本适用或能够适用于下文所规定的任何交易；

b. 单数形式的单词应包括其复数形式，反之亦然，且对自然人定义的单词应包括所有性别、合伙企业、公司、合资企业、信托、协会、组织或其他实体（无论是否拥有单独的法人实体资格）；

c. 标题仅供查阅便捷之用，不视为对本协议的解释，也不影响对本协议进行解释；

d. 在本协议中以大写字母开头且有定义的术语具有本协议所赋予其的含义；

e. 词语"包括"应解释为没有限定；

f. 本协议下的"日"指一个公历日；

g. 本协议下的"月"指一个公历月；

h. 提及的任何协议、契约、文书、许可证或文件均应解释为对这些提及的契约、文书、许可证或其他文件进行过修订、变更、补充、修改或暂停使用后的最新版，但均不得以任何方式增加"授权机构"的责任或义务；

i. 除非另有规定，否则提及的引言、条款、子条款、段落、附件或附录均应视为提及本协议的引言、条款、子条款、段落附件和附录。

j. 要求任一当事方根据本协议提供或其要求提供的任何协议、同意、批准、授权、建议、通知、通信、信息或报告，只有经其正式授权的代理人以书面形式作出才有效，而非通过其他方式；

k. 任何"从"某一指定日期"至"某一指定日期的期间均应包括这些日期本身。

1.4 协议优先级别：

如果本协议与以下协议存在任何冲突

i. 特许协议

ii. 项目协议

应以本协议的规定为准。

2. 资金补助

2.1 依据"特许权人"和"所有权人"所作出的陈述，并且这些陈述是其真实的意思表示，"授权机构"特此根据《计划》向"特许权人"提供且"特许权人"从"授权机构"处获得金额为[_____印度卢比]的项目可行性缺口融资资金补助，以本协议和《计划》条款为准。可行性缺口融资资金补助应由"领衔机构"代表"授权机构"，依第2.2条规定的方式支付给"特许权人"。

2.2 "领衔机构"应代表"授权机构"按照本协议规定的方式、债务余额的比例向"特许权人"支付可行性缺口融资资金补助，并在每次向"特许权人"支付可行性缺口融资资金补助后通知该"授权机构"。

2.3 "领衔机构"应按照与此类债务余额支付相同的方式，按比例将可行性缺口融资资金放款给"特许权人"，并在支付后，视为已由"特许权人"收到款项。

2.4 除非本协议有相反规定，如果发生以下情况：

i. 根据特许协议中止特许权人的权利或终止特许协议；

ii. 根据本协议中止特许权人的权利或终止本协议；或者

iii. 出现拖欠可行性缺口融资的情形。

"授权机构"可独自行使酌处权，视具体情况而定，中止或终止支付尚未偿付的可行性缺口融资资金补助，"授权机构"或"领衔机构"无须就此对"特许权人"或"所有人"承担任何形式的法律责任。视具体情况而定，中止或终止未支付的可行性缺口融资资金补助，应视为当事各方同意的情形。

2.5 "特许权利人"及"领衔机构"承认并同意，项目总成本因存在资金缺口而有必要对其进行融资，因此可行性缺口融资用于且仅仅用于对项目总成本资金缺口部分进行融资，不能用于任何其他目的。

2.6 "特许权利人"和"领衔机构"承认且"所有人"确认，只有"特许权利人"根据一揽子融资计划认购且缴清项目所要求的"特许权利人"股权出资后，才能获得支付《计划》项下的可行性缺口融资资金补助。

3. 陈述与保证

3.1 "担保方"对"授权机构"和"领衔机构"各自就如下内容作出的陈述提供担保和保证：

a. 项目成本总不包含在"所有人"所承担的项目土地成本之内；

b. "特许权利人"是通过符合《计划》规定的透明公开的竞标程序选出的；

c. 项目应根据《特许协议》提供服务并通过预先确定的费用/向用户收费获得款项；

d. 依据特许协议就特许权利人提供的服务应向其支付预先确定的费用/向用

户收费，不能增加这些费用来消除或减少可行性资金缺口，资金缺口需由"所有人"依《计划》提出项目可行性缺口融资申请；

e. 《特许协议》项下的特许期限不能为减少可行性缺口而延长，资金缺口需依《计划》提出可行性缺口融资申请；

f. 项目总成本合理且是基于通常适用于同类项目的标准和规范，并且不能限制它们以减少可行性资金缺口，资金缺口需"所有人"依《计划》提出可行性缺口融资申请；

g. "所有人"向"特许权利人"支付的或可能后续支付的用于项目总成本（或部分成本）的资金补贴总计不得超过项目总成本的20%。

3.2 "特许权利人"向"授权机构"和"领衔机构"作出陈述并保证：

a. "特许权利人"是根据印度法律正式组建且有效存续的，并拥有执行和履行本协议规定义务的全部权力和权限来执行该协议；

b. "特许权利人"已依据适用法律采取一切必要的公司和其他行动来授权本协议的执行和交付，并履行本协议项下的义务；

c. 本协议构成其合法、有效和具有约束力的义务，可根据本协议的条款对其强制执行，并且其在本协议下的义务将具有法律效力和约束力，并可根据其条款对其强制执行；

d. 本协议的执行、交付和履行，不与"特许权利人"在以下文书中的要求相冲突，或导致其违约或构成违约：特许权利人的备忘录和公司章程的任何条款要求；或任何适用法律；或任何契约、合同、协议、谅解备忘录；或与其作为一方当事人或其资产会受到影响的任何法院的任何法令或命令的法院指令或命令；

e. 提供给"授权机构"、"领衔机构"和"所有权人"的在本协议订立之日或之前更新的所有信息的所有实质性内容都是真实准确的；

f. 没有任何据其所知的由任何法院或其他司法的、准司法的或其他机构或团体处理的以其为当事人的未决法律诉讼或调查，且这些法律诉讼或调查可能导致本协议项下的违约；

g. 实质性内容均遵守所有的适用法律和适用许可；

h. 它并未违反《特许协议》或任何项目协议或融资协议；

i. 其在此协议或在特许协议或其他文件中均未向"授权机构"或"所有人"或"领衔金融机构"提供包含任何虚假或误导性的重要事实，且也不会遗漏或在将来遗漏提供对于此类陈述及保证所必需的真实重大事实。

3.3 如果在本协议生效期间内的任何时候发生了本协议一方当事人获悉本协议下上述任何陈述或保证是不真实或错误的，则该当事方应立即通知本协议的其他当事方。此类通知对已发现的不正确或不真实的此类陈述或保证不具有任何补救效力。

4. 项目监督

4.1 "领衔机构"同意并承诺在符合本协议规定的前提下，其依据特许协议中规定的商定进度和履约水平对项目进行定期监督和评估,并依据特许协议中规定的商定进度和履约水平通过定期报告和建议向授权机构通报关于进度延误或类似情形,并简要说明延误的原因。如果本协议中有规定的话,在不损害上述一般性的前提下,"领衔机构"作为其监督义务的一部分,应承担以下责任:

4.1.1 自本协议签订之日起,"领衔机构"应通过其代表每月检查项目现场,并应保存记录项目进度的定期检查报告;

4.1.2 "领衔机构"每季度应向授权机构发送项目进度报告,并简要说明其中的延误或不合规原因。

5. "领衔机构"的作用

5.1 特许权利人和领衔机构承认,领衔机构仅作为授权机构关于可行性缺口融资补助的受托人,除此之外领衔机构不以任何方式享有可行性缺口融资权利。

5.2 授权机构特此授权领衔机构行使本协议赋予其的各项权利、权力、权限和酌处权,以及本协议下合理附带条款中的权利、权力、权限和酌处权。

5.3 在履行本协议规定的职能和职责时,领衔机构应根据本协议的规定,代表授权机构或其被指定人、继任者或特许权利人,为他们的利益行事。

5.4 领衔机构须对其根据本协议所支付的所有可行性缺口融资资金进行准确确认,并须在每个月的第15日向授权机构提供其在上一个月的金额副本及显示可行性缺口融资资金中未支付余额的暂定支付时间表,该副本须经授权机构获准的领衔机构官员正式核准。

5.5 领衔机构在履行其在本协议项下的职责和义务时:

a. 可以在无失信或重大疏忽的情况下,依据由特许权利人董事会正式授权的特许权利人的官员签署的证书,获悉在其知情范围内的任何事实;

b. 可以在没有失信或重大过失的情况下依据一切其认为是真实的信息或文件的真实性;

c. 应在收到通知后的5个工作日内,向授权机构提交其作为授权机构或其他任何此协议下的或与此协议有关的人的受托人能够收到的通知或文件的副本;

d. 应在收到通知后的5个工作日内,向特许权利人提供一份其从本协议授权机构收到的与此有关的任何通知或文件的副本。

5.6 领衔机构同意不对任何尚未向特许权利人支付的可行性缺口融资资金行使索赔或抵销权、银行留置权或其他权利或补救措施。为免生歧义,领衔机构特此确认并同意:如果领衔机构持有从授权机构收到的尚未向特许权利人付清的可行性缺口融资资金,则这些资金不得被视为特许权利人资产的一部分,而应被视为授权机构信托的信托财产,且在领衔机构破产或清算的情况下,这些资金应在破产或清算中完全被排除在领衔机构的资产之外,并应被交给授权机构或其代理人。

6. 可行性缺口融资违约

6.1 除非因不可抗力或授权机构的任何作为或不作为而发生此类拖欠事件，否则以下事件构成本协议项下的特许权利人违约（"可行性缺口融资违约"）事件：

a. 特许权利人导致领衔机构将可行性缺口融资资金转移到特许权利人的任意账户，并且无法在5个工作日的补救期内通过将相关资金存入指定账户或子账户来解决此类违约行为；

b. 特许权利人导致的任何其他违反本协议条款的行为；

c. 特许权利人的任何陈述和保证在任何时候被发现是虚假或不正确，并且未能在5个工作日的补救期内得到补救；

d. 所有人的任何陈述和保证在任何时候被发现是虚假或不正确的，并且未能在5个工作日的补救期内得到补救；

e. 特许权利人对本协议的违约，除非该违约仅由"所有人"违反特许协议或因不可抗力而造成；

f. 特许权利人被判决破产或无力偿债，或被勒令通过有效决议来解决其破产，或其资产的全部或主要部分被指定接管人接管。

6.2 一旦发生可行性缺口融资资金违约情形，其后果应视为特许权利人严重违反特许协议，并视为特许协议下的特许权利人违约情形，并应根据并按照相应的特许协议规定解决。

7. 协议有效期

7.1 本协议自执行之日起生效，只要领衔机构或特许权利人对授权机构的义务仍未履行完毕，或在本协议执行之日起的7年内，本协议仍然具有全部效力，以时间较晚者为准。

8. 免责条款

8.1 对所有因特许权利人对本协议或项目协议或融资协议的任何违约行为而引起的诉讼或第三方索赔，从而引起的任何损失、赔偿、成本或费用，或因特许权利人未能遵守适用法律或适用许可，或因其未能支付可行性缺口融资资金或部分资金，但特许权利人都将会使授权机构和领衔机构免责，为其进行抗辩，使其不承担任何责任。

8.2 对于所有因领衔机构未能履行本协议规定的义务而导致的一切诉讼和第三方索赔所造成的一切损失、损害、成本和费用，领衔机构都将始终为授权机构进行抗辩而使其不承担任何损失并使其免责，但不包括领衔机构及其官员、雇员、代理人在履行其合法职能时因所采取的行为而造成的一切损失、赔偿、成本和费用。

8.3 对于所有因授权机构未能支付本协议下的可行性缺口融资资金或因授权

机构未能履行本协议规定的义务或领衔机构代表授权机构或按照授权机构依据本协议给予的一切指示造成的未能履约,而导致的一切诉讼和第三方索赔所造成的一切损失、损害成本和费用,授权机构都将始终为领衔机构进行抗辩,使其不承担任何损失并使其免责,但不包括授权机构及其官员、雇员和代理人在履行其合法职能时因所采取的行为而造成的一切损失、赔偿、成本和费用。

8.4 如果本协议的任何一当事方收到第三方提出的索赔,而该第三方依据本协议有权获得免责或有权获得赔偿,则受偿方应在收到索赔之日起 15 日内通知对此负责赔偿的另一方,且未经赔偿方事先批准,不得解决或支付索赔,该批准不得被无理拒绝或延迟。如果赔偿方希望质疑索赔或提出异议,可以以受偿方的名义进行诉讼,并承担争议所涉及的一切费用。受偿方应在索赔质疑上提供一切合作和协助,并应按照赔偿方可能提出的合理要求签署所有与索赔质疑有关的此类文书和文件。

9. 争议解决

9.1 由本协议引起的或与本协议有关的任何争议、分歧或索赔,若在[_____]个通信日内未能友好解决,应最终通过仲裁提交给三人仲裁小组解决。该仲裁小组的三名仲裁员由该争议中的索赔方和授权机构各自指定一名,第三名则根据位于新德里的国际非诉讼纠纷解决中心的仲裁规则指定。此类仲裁应按照上述规则进行,并应遵守《1996 年仲裁与调解法》的规定。

9.2 仲裁员应当作出合理的裁决,裁决是终局性的,对双方具有约束力。仲裁地点为德里,仲裁语言为英语。

10. 杂项条款

10.1 适用法律及司法管辖权

本协议应根据印度法律来进行解释和说明,并且新德里法院对由本协议引起的或与之相关的所有事项拥有管辖权。

10.2 放弃主权豁免

授权机构无条件且不可撤销地:

a. 同意其对本协议的执行、交付和履行构成具有商业目的的商业行为;

b. 同意在任一管辖权下的对其或对其旗下资产、财产、收益提出的与本协议或本协议下的交易有关的诉讼,其或其代理人不得就此类诉讼中的其资产获得任何豁免(无论是出于主权还是其他原因);

c. 放弃此时其或其资产、财产或收入可能获得的任何豁免权以及其在将来可能获得或拥有的在任一司法管辖内的豁免权;

d. 全面同意就在任何司法管辖区针对其作出的判决或判决执行提供任何救济或签发诉讼文书(包括作出、强制执行或签署任何针对其任何资产、财产、收益,不论其用途或拟定用途,或与之有关的判决)。

10.3 特许权利人享有的权利

特许权利人在可行性缺口融资中的权利和救济,包括未向特许权利人支付的可行性缺口融资资金余额,均在本协议中完整列出。除此之外,领衔机构和特许权利人对可行性缺口融资资金和尚未向特许权利人付清的补助余额没有任何其他的权利或救济。

10.4 协议修订

对本协议作出的所有增补、修改和变更均有效,且对协议当事各方和"所有人"具有约束力,前提是以书面形式作出并由其各自的正式授权代表签署。

10.5 弃权声明

10.5.1 任何一当事方放弃另一当事方在遵守和履行本协议下的任何条款或义务时做出的违约行为:

a. 不构成任何其他或随后对本协议下其他条款或义务的违约;

b. 必须经当事各方正式授权的代表以书面形式签署,否则无效;

c. 本协议的有效性或可执行性不得因此受到任何影响。

10.5.2 任何一当事方对本协议条件和条款或任何义务的不履行,以及一当事方给予另一当事方的延迟或其他延期行为,均不视为放弃此类违约或接受任何变更或放弃本协议下的任何此类权利。

10.6 无第三方受益人

本协议受益人仅为当事各方,任何其他人或实体都不拥有本协议下的任何权利。

10.7 存续

10.7.1 本协议的终止:

a. 不得免除当事各方明示或暗示在本协议终止后应履行的本协议下的任何义务;

b. 除本协议任何条款另有规定,否则明确限制一当事方的责任,不得免除该当事方在协议终止失效之前或因协议终止引起、造成、作为或不作为对另一当事方产生损失或损害带来的任何义务或责任。

10.7.2 本协议解除、期满或终止后的所有义务自本协议终止或期满之日起3年内有效。

10.8 独立性条款

如果因任何原因而造成本协议的任何条款无效、非法或不可执行,或由任何具有管辖权的法院或任何其他机构宣称本协议的任何条款无效、非法或不可执行,则其余条款的有效性、合法性或可执行性不得以任何方式受到影响,各当事方应本着诚意进行协商来达成一项或多项条款以替代此类无效的、不可执行或非法的条款,尽可能使这无效的、非法的或无法执行的条款具有实用性。未能就任何此类替代条款达成一致意见的,不应依据本协议第10.1条或其他方式解决争议。

10.9 继任者与受让

本协议系为当事各方及其各自的继任者的利益签订且可以转让,应具有约束力。

10.10 通知

本协议下发出的所有通知或其他通信均应采用书面形式,亲自送达或通过邮递或挂号信的方式送达,且以传真的方式寄送副本。当事各方的送达地址及其传真号码在其签名页面上以其名称列出。通知应在实际收到后生效,但在工作日下午5点30分之后或在非工作日收到的通知,应被视为在实际收到之日后的第一个工作日收到。在不损害前述规定的情况下,通过传真送达通知的一方应立即亲自递交其副本,或通过邮递或挂号信的方式将副本发送给该通知或通信的收信人。特此同意并承认,当事各方可通过通知的方式来更改接收此类通知或通信的地址,当所有缔约方都收到了变更信息通知后,此类变更即生效。

10.11 语言效力

本协议下的或与本协议有关的所有通知、证书、信件和程序均采用英文。

10.12 授权代表

当事各方应通过书面通知的方式指定其各自的授权代表,只能通过该授权代表来进行所有通信。本协议的一方有权通过类似通知解除和/或替代或重新任命该授权代表。

10.13 协议正本

本协议一式四份,每份在执行和送达时都具有正本效力。

10.14 担保方

"所有人"已作为"担保方",确认"所有人"的陈述和担保,同意并签署本协议。

本协议当事各方在上述日期年月日执行本协议,特此为证。

领衔金融机构的代表:

姓名:

职务:

特许权利人的代表:

姓名:

职务:

授权机构的代表:

姓名:

职务:

公证人:

1. _____ 2. _____

确认和批准本协议"所有人"的陈述和担保条款以及本协议的全部条款

"所有人"的代表：

姓名：

职务：

公证人：

1. _____   2. _____

三、《将提议转给经济事务司以确定其适格性的指南》[①]

为延续 2006 年 1 月 23 日偶数编号的通告，需要注意的是，依据印度政府的《可行性缺口融资计划》向授权机构提出正式请求前，资助 PPP 项目的机关如果希望，可以将其项目理念提交至经济事务部，以确定其基于该计划的强制性条件，项目可以根据《可行性缺口融资计划》具有可受理性。就这一点而言，提议可以附件形式提交至经济事务司。收到正式填写表格后的 7 个工作日内，经济事务司要向项目机关表明项目提议是否可能提交给授权机构予以考虑。如果对于项目依据《可行性缺口融资计划》是否会被受理存在疑虑，可以作出这样的提议。一旦收到经济事务司的批复，项目机关就可以准备详细的项目提议，并根据 2006 年 1 月 23 日偶数编号的通告中所规定的形式提交提议，一并提交的还有为授权机构予以考虑所需的支撑文件。

印度政府联合秘书
Arvind Mayaram

《可行性缺口融资计划》

经济事务司备忘录

项目名称

邦州/中央部门项目

行政管理部委

项目发起机关（sponsoring authority）

实施机构

地点

[①] 注意：将提议转给经济事务司以评估提议与《计划》是否具有适格性的指南是财政部经济事务司出台的，参阅 2006 年 9 月 4 日编号为"OM NO.1/4/2005/PPP"的备忘录。

部门
提议活动
PPP 类型
所寻求的可行性缺口融资类型

A.《可行性缺口融资计划》的条件

编号	条件	评价
1.	项目是否是由标的资产所有者政府或者法定实体提议	
2.	项目是否是由私营部门实体在项目有效期内实施,即开发、融资、建造、维护及运营	
3.	项目是否来自指南中确定的部门	
4.	私营部门实体是否由作为项目所有者的政府或者法定实体通过透明开放且鼓励竞争的招投标过程筛选出	
5.	项目是否是提供服务并通过事先确定的费用获得款项	
6.	是否由政府或者法定机关确定向用户收费/费用	
7.	作出提议的政府/法定实体是否已经合理证明或能够证明： (1) 不能增加费用/向用户收费以去除或者减少 PPP 可行性缺口 (2) 不能为减少可行性缺口延长项目有效期 (3) 资本成本是合理且基于同类项目通常适用的标准和规定,且不能为了减少可行性缺口而进一步限制资本成本	
8.	可行性缺口融资总额是否在指南规定的缺口内	
9.	被提议的项目是否是(或将)基于相关政府正式批准的标准化/示范文件	

B. 其他与项目相关的信息(如果有)

编号	条件	评价
1.	项目总成本(以印度卢比计价)	
2.	寻求从印度政府获得的可行性缺口融资(以印度卢比计价)	
3.	可行性缺口融资占项目总成本的百分比	
4.	从项目发起机关获得的额外拨款	
5.	建造期(财务结算)	
6.	寻求可行性缺口融资可能的年份	
7.	项目没有可行性缺口融资是否可行	
8.	如果不可行,有了可行性缺口融资是否可行	
9.	特许协议的状态 ——是否已经最终确定 ——如果没有,是否提议基于示范文件确定	

适格享有可行性缺口融资的部门

2012年2月2日发布的公告

编号为3C/1/2012-PPP
印度政府财政部
经济事务司PPP机构

新德里秘书大楼北座（North Block）
2012年2月2日

公　告

主题：对基础设施领域公私合营伙伴关系项目（PPP）提供支持的计划——适格部门

执行根据《对基础设施领域PPP项目提供金融支持的计划》第3.2条规定的但书条款所赋予的权力，决议用下列条款取代第3.2(d)条。

"(d)'经济特区'的基础设施项目以及'国家投资和制造业区'的内部基础设施"。征得财政部长同意发布本公告。

印度政府联合秘书
Rajesh Khullar

适格享有可行性缺口融资的部门

2011年3月17日发布的公告

编号为3C/1/11-PPP
印度政府财政部
经济事务司PPP机构

新德里秘书大楼北座（North Block）
2012年2月2日

公　告

**主题：对基础设施领域公私合营伙伴关系项目（PPP）
提供支持的计划——适格部门**

执行根据《对基础设施领域PPP项目提供金融支持的计划》第3.2条规定的但书条款所赋予的权力，决议在第3.2条所列部门的基础上增加下列部门。

"（f）用以创造现代仓储能力包括生鲜食品冷链及采后存储的资本投资。"

征得财政部长同意发布本公告。

印度政府联合秘书
Rajesh Khullar

适格享有可行性缺口融资的部门

2012年5月24日发布的公告

编号为3C/1/2012-PPP
印度政府财政部
经济事务司PPP机构

新德里2011年3月17日

公　告

**主题：对基础设施领域公私合作伙伴关系项目（PPP）
提供支持的计划——适格部门**

执行根据《对基础设施领域PPP项目提供金融支持的计划》第3.2条规定的但书条款所赋予的权力，决议在第3.2条所列部门的基础上增加下列部门。

"（g）教育、健康及无年金的技能开发。"

征得财政部长同意发布本公告。

印度政府联合秘书
Rajesh Khullar

适格享有可行性缺口融资的部门

2012年5月24日发布的公告

编号为3C/1/2012-PPP
印度政府财政部
经济事务司PPP机构

新德里秘书大楼北座(North Block)
2012年5月24日

公　　告

主题：对基础设施领域公私合作伙伴关系项目(PPP) 提供支持的计划——适格部门

执行根据《对基础设施领域PPP项目提金融供支持的计划》第3.2条规定的但书条款所赋予的权力，决议在第3.2条所列部门的基础上增加下列部门。

"(h) 石油/燃气/液化天然气(LNG)存储设施(包括城市燃气输送网络)；

(i) 石油及燃气管道(包括城市燃气输送网络)；

(j) 灌溉(水坝、水渠、堤岸等)；

(k) 通讯(固定网络,包括光纤/电缆/提供宽带或互联网的有线网络)；

(l) 通讯塔；

(m) 农产品集散市场；

(n) 农贸市场中的共同基础设施；

(o) 土壤测试实验室。"

征得财政部长同意发布本公告。

印度政府联合秘书
Rajesh Khullar

（甘翠平译，其中《三方协议》部分由褚恒恬翻译。）

公私合作伙伴关系资格要求[①]

印度政府规划委员会制

由规划委员会"公私合作伙伴关系及基础设施"秘书处出台
新德里议会大街 110001 号
www.infrastructure.gov.in

2014 年 4 月第三版

目　录

序言
框架概述
《财政部指南》
《资格要求》免责声明
术语表
参与资格审查的邀请
1. 引言
　　1.1　背景情况
　　1.2　招投标过程的简要说明
　　1.3　招投标过程时间表
　　1.4　提交申请前的会议
2. 申请人须知
　A. 总体情况
　　2.1　申请范围
　　2.2　申请人的适格性
　　2.3　企业联合体组成发生变更

[①] 有人将这个文件译成《PPP 项目投标资格预审指南》。

2.4 申请书数量及其成本
2.5 实地考察项目地址及核实信息
2.6 申请人的确认
2.7 接受或拒绝任何或所有申请书/投标书的权利

B. 文书

2.8 《资格要求》的内容
2.9 澄清(clarification)
2.10 《资格要求》的修订

C. 准备和提交申请书

2.11 语言
2.12 申请书的格式和签署
2.13 申请书密封和标注
2.14 申请到期日
2.15 逾期提交申请书
2.16 修改/替换/撤回申请书

D. 评审过程

2.17 开启及评审申请书
2.18 保密义务
2.19 响应能力测试
2.20 澄清

E. 符合资格要求及投标

2.21 筛选入选者名单及通知
2.22 提交投标书
2.23 数据的所有权人
2.24 与申请人的通讯

3. 评审标准

3.1 评审参数
3.2 参加评审应具备的技术能力
3.3 关于经验的详细情况
3.4 参加评审应提供的财务信息
3.5 筛选入选的申请人名单

4. 欺诈及腐败行为
5. 提交申请书之前的会议
6. 其他条款

附录

附录 1　构成资格预审申请书部分的致函
　　附件 1　申请人的详细信息
　　附件 2　申请人的技术能力
　　附件 3　申请人的财务能力
　　附件 4　适格项目的详细信息
　　附件 5　法定资格声明
附录 2　签署申请书和投标书的授权委托书
附录 3　指定企业联合体领头成员的授权委托书
附录 4　联合投标协议
附录 5　印度财政部收回投资司（disinvestment）指南
附录 6　适用于具体申请的条款列表

序　　言

　　在基础设施领域促进公私合作伙伴关系（PPP）的合理性在于，PPP 除了吸引私营资本对公共项目提供融资，还可以更低成本改善服务质量。但是，这一预测是基于政策和监管框架可以提供公平、透明且鼓励竞争的环境这一前提。框架中存在的瑕疵可能会导致意想不到的后果。因此，在制定参与规则方面有必要采取审慎和勤勉的方法。

　　决定 PPP 项目是否取得成功的关键因素之一是挑选项目发起人（project sponsor）所采用的标准，特别是此类项目是长期向用户提供生活必需的基础设施服务，往往涉及巨额资本投资。一方面，缺乏足够技术能力和财力的投标人会危及项目实施且会有损政府承诺提供的服务质量。另一方面，基于谈判或者不充分竞争方式挑选投标人会导致财政部长和用户无法确信他们支付的是具有竞争力的价格。

　　不同部门内挑选 PPP 项目投标人的原则和做法都存在差异。项目主管机关过去采用各种技术的、财务的及其他的标准，且在有些情况下，将邀请技术提议方案/投标和财务报价一起发布。过去有些资格参数显得具有主观性，因此容易引发争议和争端。在一些情况下，详尽的技术提议方案伴随的申请成本很高，从而抑制了投标参与度。招投标过程中的参与度不足曾引起司法审查，随之造成项目执行的延迟。因此，有必要对一直以来的实践进行全面回顾。

　　为了对已制定的资格审查指南和挑选提交财务报价的申请人的指南进行审议，由总理担任主席的基础设施委员会（CoI）组建成立了支出司秘书领导下的部际工作组。经过与利益相关方和专家们广泛磋商,工作组提交了建议,且该建议由基础设施委员会予以考虑后接受。

印度财政部曾于 2007 年 5 月出台了《财政部指南》。自此之后,几大部委、邦州政府以及其他项目主管机关在进行资格预审和挑选各自的 PPP 项目投标人时一直使用《资格要求范本》。通过回顾各种项目实践从而对《资格要求》进行评估的经验实践表明,《资格要求范本》中有些条款需要修改和/或澄清。

行业协会也有代表寻求对其进行某些修改。经决议,所有的建议都由部际工作组在规划委员会成员的领导下加以审视,目的在于提出必要的修改意见。工作组的修改意见已被政府接受且已经对《资格要求范本》进行了相应修改。

这些指南包括《资格要求范本》文件,中央政府部委和自治机构都要遵守。本示范性文件也将作为最佳实践文件,可供邦州政府采用。希望采用这些指南能够增强投标人挑选过程的公平性、透明度和竞争性,能有利于成功开展基础设施领域的 PPP 项目。

2009 年 6 月 29 日
规划委员会副主席顾问
Gajendra Haldea

框 架 概 述

为确保以鼓励竞争的、高效的、经济的方式提供服务,挑选投标人通过公私合作伙伴关系(PPP)来承担基础设施项目建设时应当做到公平、透明和价格合理。本着这一目标,PPP 项目投标人资格预审框架指南已经被制定出。这些指南本质上属于宽泛的一般性指南,旨在为整个投标过程提供可预测性,使决策能够客观且迅速作出。这些指南涉及在挑选投标人过程中必须遵守的最低要求。

期望采购 PPP 项目的行政管理部委/自治机构在涉及提交财务投标"呈送提议方案"阶段将遵守这些规范投标人挑选过程的指南。指南的主要内容如下:

"两步走"的遴选过程

PPP 项目投标过程通常分为两个阶段。在第一阶段,遴选出适格的潜在投标人入围。这一阶段一般称为"资格预审"或者"项目意向书"(EOI),目的在于挑选出适格的投标人进入第二阶段。在第二阶段即最终阶段,一般称为"呈送提议方案"或者"发出财务投标邀请"阶段,投标人在提交他们的财务报价前对项目进行全面审视。

资格要求

资格要求审查阶段的目的在于遴选符合预审资格要求的申请人入围,让他们再在"呈送提议方案"阶段提交财务标书,目的在于识别出那些可信的、拥有承担项目所需的技术能力和财务能力的投标人。为鼓励国内外可信的投资者更广泛地参与,《资格要求》文件不得要求参与人(respondent)在准备投标阶段承担大笔开销。总体上,为资格预审目的而寻求获取的信息应限定为与项目有关的技术能力和财务能力,此类信息应当是精确的、量化的,如此才能确保挑选入围者名单的过程是公平的、透明的,且不会让政府陷入争议或争端。

避免违背公共利益

为避免投标人之间串通一气或者形成企业同盟,已经制定出的一套指南对透明度提出要求,以杜绝投标人当中存在任何违背公共利益的情形。

进入资格预审阶段的投标人数量

需要仔细考虑进入资格预审阶段的人数并从中挑选出一定数量的入围者进入投标的最后阶段(即"呈送提议方案"阶段)。一方面,进入资格预审阶段的投标人数量应充足,以确保在投标过程中实现真正的竞争。另一方面,大量的投标人入围会被视为抑制重要投标人参与的一大因素,从而会降低投标过程的竞争性。因为如果被纳入考虑的参与者人数过多、范围过于宽泛,资信可靠的投资者通常不愿意花费必要的时间和金钱进行具有竞争力的 PPP 投标。

与投标购买商品和服务不同的是,PPP 项目投标涉及的风险更大、投资额更巨大且参与周期长。由于基础设施领域的 PPP 项目为广大用户提供至关重要的服务,因此服务的质量和可靠性显得更为重要。此外,将投标人的人数限定为最佳的可获得水平能提高 PPP 项目运作的成功率,国际上的最佳实践经验即挑选出大约 3 到 4 名投标人进入最终投标阶段。考虑到所有这些因素,《资格要求》中已经明确规定,在资格预审阶段挑选出大约 6 到 7 名投标人入围,确保财务投标质量良好且具有竞争力。为实现这一目的,有必要在"呈送提议方案"阶段确立公平透明的评估制度。

明确规定严格的资格预审标准

严格的适格标准将确保投标人的预审资格符合"呈送提议方案"阶段的要求,但是如此操作也会减少符合《资格要求》的投标人数量。因此,需要平衡好这个矛盾,以实现为"呈送提议方案"阶段挑选出数量合理的入围投标人这一目的。为确定诸如技术能力和财务能力适格标准而制定原则时,应当考虑到这些因素。

适用于具体项目的灵活性

《资格要求范本》提供足够的灵活性，使得其条款可满足具体部门和具体项目的需要。项目主管机关可以对范本中方括号里的条款进行修改，以满足其各自的需求。范本文件还可以通过在脚注中规定备选项的方式提供更多的灵活性。此外，项目主管机关可以在各自的《资格要求》文件中增加具体项目应满足的条件。

评估标准

挑选投标人入围的标准应当分为技术参数和财务参数两大类，具体规定如下：

技术能力

申请人应当已经取得足够的建设基础设施项目的经验和能力。这可以从申请日期之前的五年时间里申请人已经承担/被委托的施工工程方面考量，或者从其 BOT/BOLT/BOO 项目的收入方面考量，或者结合两者综合考量。如有必要，也可以就申请人的运营和维护经验约定适格条件。评估投标人的技术能力可从如下参数加以考量：

（a）具体部门中从事 BOT 项目的项目经验；
（b）核心部门中从事 BOT 项目的项目经验；
（c）具体部门中的施工经验；
（d）核心部门中的施工经验；
（e）运营和维护经验。企业联合体中可以包括一名持有至少 10% 的参股比例且具有相关运营和维护（O&M）经验的成员。或者，可以要求竞标成功的投标人与具有同等经验的实体签订运营和维护（O&M）协议。如果采取此种安排，建议提供足够的灵活性以修改这些条件来满足具体部门/具体项目的需求。

申请人若要通过资格预审，必须已经承担过资本成本/收入等于"预估项目成本"两倍的项目。

财务能力

申请人的最低净资产值应相当于其投标项目预估成本的 25%。如此才可以确保通过资格预审的申请人有足够的承担项目的财力。

企业联合体成员的利益

申请人入围所依靠的企业联合体成员应当在项目中拥有实质性利益。每一个成员应当在项目"特殊目的工具"（SPV）中持有至少 26% 的股份，且应当在被委托项目后的两年时间里至少持有项目总成本 5% 的股份。这样可以确保持有少数股份的成员不是仅为通过资格预审这一目的而被包含在企业联合体中。换句话说，只有那些在项目执行过程中拥有实质性利益的企业联合体成员的经验和净值才会被纳入考虑。

在资格预审阶段进行技术评估

如果要求在"呈送提议方案"阶段进行技术评估,通常会需要对复杂的提议方案进行全面而缜密的评估,且评估成本偏高,因为从提议方案的性质上说是非常难以作出对比的,不同的投标人提交的技术提议方案会大不相同。除了基于普通的一套参数难以评估不同提议的优劣外,这样的评估也会暗示,不是政府决定遴选出的入围投标人应提供何种资产和服务,而是申请人的技术投标会决定结果。从逻辑上而言,政府应当规定技术参数,并仅仅要求申请人呈送财务投标,从而让投标人在设计和打造项目包括服务产出方面享有足够的灵活性,同时又符合预先规定的标准和规范。

如果项目特别复杂且项目主管机关认定投标人必须提交技术提议方案/计划,则应当对此类要求作出详细具体的规定,且应当在资格审查阶段要求提交此类提议方案/计划,或者和最初的申请书一道或者在投标阶段前的中期阶段提交。只有通过资格预审的申请人才能获邀参与投标阶段,投标阶段应当仅仅邀请投标人提交财务报价。

经验值得分的对等性

为了在发达国家执行的项目和印度执行的项目之间实现对等性,在经济合作与发展组织国家(OECD)执行的项目经验值得分应折算为其名义经验值得分的三分之一。

社会部门项目的资格预审

已拟定授权条款对《资格要求》文件进行具体修改,以满足社会部门和其他项目的需求。但是,与投标过程相关的基本原则仍将继续适用。

结论

已经在上述原则的基础上制定了《资格要求范本》文件。该文件本质上属于通用性文件(generic),旨在将透明度和可预见性引入整个过程,以能客观地、快速地作出决策。文件也通过用方括号插入几项条款的方式对具体部门和具体项目适用提供必要的灵活性,从而使项目主管机关可以对范本条款进行必要的补充和替换。在可能的程度上,相关部委应当对方括号内的条款加以标准化,从而将逐案对条款加以修改的情况降至最低。还应通过脚注解释的方式进一步提供范本文件适用的灵活性,从而使具体项目/具体部门可以在脚注授权的限度内对范本文件进行具体修改。在必要情况下,还可以增加其他的适用于具体项目的条件。

《资格要求范本》文件对于开展公平的、透明的资格预审程序所应当遵守的关键要求加以规范。有意向通过 PPP 购买基础设施项目的中央政府行政管理部委/自治机构会遵守这些指南,并采用《资格要求范本》文件用于遴选入围申请人进入提交提议方案/财务投标阶段。《资格要求范本》文件也被邦州政府推荐使用。

《财政部指南》

财政部支出司财政规划二处
F. No. 24(1)/PF. II/07 号文件

新德里,2007 年 12 月 5 日

办公备忘录[①]

1. 主题:PPP 项目投标人资格预审指南

1.1 为通过公私合作伙伴关系实施项目而提交财务标书的适格投标人,其资格审查和入围遴选可以遵守如下指南。

1.2 这些指南应适用于印度中央政府的所有部委和部门、所有在印度中央政府管控下的法定实体以及所有的中央公共部门企业(CPSUs)。

2. "两步走"的遴选过程

PPP 项目投标过程通常分为两个阶段。在第一阶段,遴选出适格的潜在投标人入围。这一阶段一般称为"资格预审"或者"项目意向书"(EOI),目的在于挑选出适格的投标人进入第二阶段。在第二阶段即最终阶段,一般称为"呈送提议方案"阶段或者"发出财务投标邀请"阶段,投标人在提交他们的财务报价前对项目进行全面审视。

3. 资格要求

资格要求审查阶段的目的在于遴选符合预审资格要求的申请人入围,让他们再在"呈送提议方案"阶段提交财务标书,目的在于识别出那些可信的、拥有承担项目所需的技术能力和财务能力的投标人。为鼓励国内外可信的投资者更广泛地参与,《资格要求》文件不得要求参与人(respondent)在准备投标阶段承担大笔开销。总体上,为资格预审目的而寻求获取的信息应限定为与项目有关的技术能力和财务能力,此类信息应当是精确的、量化的,如此才能确保挑选入围者名单的过程是公平的、透明的、且不会让政府陷入争议或争端。

---

① 经 2009 年 7 月 14 日编号为"No. 24(23)/PF.11/2008"的备忘录修订。

4. 进入资格预审阶段的投标人数量

4.1 需要仔细考虑进入资格预审阶段的人数并从中挑选出一定数量的入围者进入投标的最后阶段(即"呈送提议方案"阶段)。一方面,进入资格预审阶段的投标人数量应充足,以确保在投标过程中实现真正的竞争。另一方面,大量的投标人入围会被视为抑制重要投标人参与的一大因素,从而会降低投标过程的竞争性。因为如果被纳入考虑的参与者人数过多、范围过于宽泛,资信可靠的投资者通常不愿意花费必要的时间和金钱进行具有竞争力的 PPP 投标。

4.2 与投标购买商品和服务不同的是,PPP 项目投标涉及的风险更大、投资额更大且参与周期长。由于基础设施领域的 PPP 项目为广大用户提供至关重要的服务,因此服务的质量和可靠性显得更为重要。此外,将投标人的人数限定为最佳的可获得水平能提高 PPP 项目运作的成功率,国际上的最佳实践经验即挑选出大约 3 到 4 名投标人进入最终投标阶段。考虑到所有这些因素,《资格要求》中已经明确规定,在资格预审阶段挑选出大约 6 到 7 名投标人入围,以确保财务投标质量良好且具有竞争力。为实现这一目的,有必要在"呈送提议方案"阶段确立公平透明的评估制度。

5. 明确规定严格的资格预审标准

严格的适格标准将确保投标人的预审资格符合"呈送提议方案"阶段的要求,但是如此操作也会减少符合"资格要求"的投标人数量。因此,需要平衡好这个矛盾,以实现为"呈送提议方案"阶段挑选出数量合理的入围投标人这一目的。为确定诸如技术能力和财务能力适格标准而制定原则时,应当考虑到这些因素。

6. 评估标准

6.1 挑选投标人入围的标准应分为技术参数和财务参数两大类,具体规定如下:

技术能力

6.2 申请人应当已经取得足够的建设基础设施项目的经验和能力。可以从申请日期之前的五年时间里申请人已经承担/被委托的施工工程方面考量,或者从其 BOT/BOLT/BOO 项目的收入方面考量,或者结合两者综合考量。如有必要,也可以就申请人的运营和维护经验约定适格条件。

6.3 评估投标人的技术能力可从如下参数加以考量:

(a) 项目/建造经验:在确定申请人的技术能力时,其在规定的具体部门或者其他核心部门中实施适格项目的经验应当纳入考虑。

(b) 运营和维护经验:申请人应当在规定的具体部门中具有五年以上的运营及维护项目经验。如果缺乏此类经验,可以要求申请人与具有相等经验的实体签订一份运营及维护协议（O&M）。如果采取此种安排，建议提供足够的灵活性以修改这些条件来满足具体部门/具体项目的需求。

财务能力

6.4 申请人的最低净资产值应相当于其投标的项目预估成本的25%。如此才可以确保通过资格预审的申请人具有足够的承担项目的财力。

7. 经验的适格性

主张在资格要求中拥有经验或净资产的企业联合体成员应当在企业联合体中持有至少26%的股份。这一条件是必要的，以确保只有那些具有实质性利益的成员的经验才能在资格审查阶段被纳入考虑，而那些持有少数股份的成员不是仅仅为提高资格预审排名这一目的而被包含在企业联合体中。

8. 在资格预审阶段进行技术评估

8.1 如果要求在"呈送提议方案"阶段进行技术评估，通常需要对复杂的提议方案进行全面而缜密的评估，且评估成本偏高，因为从提议方案的性质上说是非常难以作出对比的，不同的投标人提交的技术提议方案会大不相同。除了基于普通的一套参数难以评估不同提议的优劣外，这样的评估也会暗示，不是政府决定遴选出的入围投标人应提供何种资产和服务，而是申请人的技术投标会决定结果。从逻辑上而言，政府应当规定技术参数并仅仅要求申请人呈送财务投标，从而让投标人在设计和打造项目包括服务产出方面享有足够的灵活性，同时又符合预先规定的标准和规范。

8.2 如果项目特别复杂且项目主管机关认定投标人必须提交技术提议方案/计划，则应当对此类要求作出详细具体的规定，且应当在资格审查阶段要求提交此类提议方案/计划，或者和最初的申请书一道或者在投标阶段之前的中期阶段提交。只有通过资格预审的申请人才能获邀参与投标阶段，投标阶段应当仅仅邀请投标人提交财务报价。

9. 《资格要求范本》文件

9.1 已经在上述原则的基础上制定了《资格要求范本》文件。该文件本质上属于通用性文件（generic），旨在将透明度和可预见性引入整个过程，以能客观、快速地作出决策。文件也通过用方括号插入几项条款的方式对具体部门和具体项目适用提供必要的灵活性，从而使得项目主管机关可以对范本条款进行必要的补充和替换。在可能的程度上，相关部委应当对方括号内的条款加以标准化，从而将逐案对条款加以修改的情况降至最低。还应通过脚注解释的方式进一步提供范本文件适用的灵活性，从而使具体项目/具体部门可以在脚注授权的限度内对范本文件进行具体修改。如果具体部门或者项目还需要进一步的灵活性，可以在实现征得公私合作项目评估委员会同意的前提下对范本文件作必要的修订。

9.2 《资格要求范本》文件对于开展公平的、透明的资格预审程序所应当遵守的关键要求加以规范。有意通过 PPP 购买基础设施项目的中央政府行政管理部委/自治机构会遵守这些指南，并采用《资格要求范本》文件用于遴选入围申请人进入提交提议方案/财务投标阶段。

10. 这些须知应取代 2007 年 5 月 16 日的备忘录文件且立即生效。

《资格要求》免责声明

该《资格要求》文件中所包含的信息，或者后续由主管机关或其官员或顾问提供的，或者代表主管机关或其官员或其顾问提供的信息，无论是以口头形式或文件形式或任何其他形式，都是基于《资格要求》中规定的条款和条件提供给申请人，且要遵守其他提供此类信息的条款和条件。

该《资格要求》不是协议，也不是主管机关向潜在申请人或者任何其他人士发出的要约（offer）或要约邀请（invitation）。该《资格要求》文件的目的在于为相关利益方依据《资格要求》制作资格审查申请书时提供对其可能有用的信息。《资格要求》文件包括反映主管机关就与项目有关的情况作出各种推定和评估的声明。此类推定、评估和声明的目的不在于囊括每一个申请人可能请求获得的所有信息。该《资格要求》可能不适合所有人士，且主管机关、其官员或顾问也不可能考虑到每一个阅读或使用该《资格要求》文件的相关方的投资目标、财务状况和具体需求。该《资格要求》中所包含的推定、评估、声明和信息可能是不全面、不精确、不充分或不正确的。因此，每一个申请人应当自行开展调查和分析，且应当检查《资格要求》文件中所包含的推定、评估、声明和信息的精确性、充分性、正确性、可靠性、全面性，并从合适的渠道获取独立的建议。

该《资格要求》中向申请人提供的信息涉及诸多事项，有些信息可能取决于对法律的解释。它所提供的信息不是为了穷尽式地列出所有的法定要求，也不应被视为完全的或权威的法律陈述。主管机关对该《资格要求》文件中所表述的对法律的任何解释或者观点的精确性或其他情形不承担责任。

主管机关、其官员和顾问不对任何人，包括任何申请人或投标人，发表任何声明陈述或作出任何保证，也不承担法律责任，无论其依据哪一法律、成文法、法规或规章，侵权行为、恢复原状原则、不当得利或者其他情形，对于该《资格要求》中所包含的任何内容可能引起的或招致的或遭受的，或者通过资格预审的申请人参与招投标过程所产生的任何损失、损害、成本或花费提出主张,这些内容包括《资格要求》的精确性、充分性、正确性、全面性或可靠性,以及该《资格要求》所包含的或被视为是该《资格要求》的构成部分中所包含的任何评估、推定、声明或信息。

主管机关对疏忽或任何其他形式所导致的后果,包括申请人因信赖该《资格要求》文件中的声明而导致的后果,不承担任何性质的责任。

主管机关可以全权行使酌处权决定是否更新、修订或补充该《资格要求》文件中所包含的信息、评估或推定,但并无如此行事的任何义务。

该《资格要求》文件的出台不表示主管机关必定要选择并挑选出通过资格预审的申请书进入到投标阶段,也不一定要为项目指定入选的投标人或特许权利人。视具体情况而定,主管机关保留拒绝所有或任何申请书或标书的权利,而无须说明任何理由。

申请人应承担与准备和提交申请书相连或相关的所有成本,包括但不限于准备、复印、邮寄和投递费用以及主管机关可能要求申请人进行演示或展示所产生的花费或者任何其他与申请书相关或相连的成本。所有此类成本和花销都由申请人承担,主管机关无须以任何方式对此或申请人为准备或提交申请书所产生的任何其他成本或花销承担责任,无论招投标的过程或结果如何。

术 语 表

申请人	参见第 1.2.1 条中的定义
申请	参见免责声明中的定义
申请到期日	参见第 1.1.5 条中的定义
关联体	参见第 2.2.9 条中的定义
主管机关	参见第 1.1.1 条中的定义
投标	参见第 1.2.3 条中的定义
投标到期日	参见第 1.2.3 条中的定义
投标保证金	参见第 1.2.4 条中的定义
投标人	参见第 1.1.1 条中的定义
招标文件	参见第 1.2.3 条中的定义
投标过程	参见第 1.2.1 条中的定义
投标阶段	参见第 1.2.1 条中的定义
[BOT]	建造、运营及转让
特许权利人	参见第 1.1.2 条中的定义
特许协议	参见第 1.1.2 条中的定义

避免违背公众利益	参见第 2.2.1(c) 条中的定义
企业联合体	参见第 2.2.1(a) 条中的定义
[DBFOT]	参见第 1.1.1 条中的定义
适格的经验	参见第 3.2.1 条中的定义
适格的项目	参见第 3.2.1 条中的定义
预估的项目成本	参见第 1.1.4 条中的定义
经验值得分	参见第 3.2.6 条中的定义
财务能力	参见第 2.2.2 条中的定义
政府	＊＊＊政府
拨款(grant)	参见第 1.2.8 条中的定义
出价最高的投标人	参见第 1.2.8 条中的定义
联合投标协议	参见第 2.2.6(g) 条中的定义
领头成员(lead member)	参见第 2.2.6(c) 条中的定义
LOA	授标函(letter of award)
成员	企业联合体的成员
资本净值	参见第 2.2.4(ii) 条中的定义
O&M	运营及维护
PPP	公私合作伙伴关系
额外费用(premium)	参见第 1.2.8 条中的定义
项目	参见第 1.1.1 条中的定义
资格	参见第 1.2.1 条中的定义
资格审查阶段	参见第 1.2.1 条中的定义
Re. 或 Rs. 或 INR	印度卢比
RFP 或者呈送提议方案	参见第 1.2.1 条中的定义
RFQ(资格要求)	参见免责声明中的定义
SPV(特殊目的工具)	参见第 2.2.6 条中的定义
技术能力	参见第 2.2.2(A) 条中的定义
技术能力门槛	参见第 2.2.2(A) 条中的定义

这些词语和表述中以大写字母开头以及文件中有给出定义的,除非文件中另有相矛盾的规定,否则应以本术语表以及下面条款中的含义为准。

参与资格审查的邀请

* * *

[主管机关的名称]

1. 引　　言①

1.1　背景情况②

1.1.1　[印度国家公路主管机关]致力于发展[公路]作为其工作内容的一部分,主管机关决定通过公私合作伙伴关系(PPP)以[设计、建造、融资、运营及转让]的模式承担＊＊＊＊项目的开发及运营/维护,且由此决定在招投标过程中挑选出[私营实体③]投标人,并将项目授标给该投标人。[从主管机关官方网站 www. ＊＊＊＊上公布的《项目信息备忘录》中可看到项目的简要介绍．]项目的简要信息如下：

[公路]名称	[公路里程,以公里数计]	指示性项目成本④
		(以印度卢比计)⑤
[Jaipur-Kishengarh 国家公路-8 处]	[94]	[500]

主管机关拟通过资格预审程序挑选出适格的申请人("投标人")参加招投标阶段的竞标,并根据下文规定的程序以公开的、鼓励竞争的招投标程序将项目授标给

---

① 申请人须知
注意事项 1：方括号中的条款应由申请人在《资格要求》文件出台后根据需要修改。(参见附录6)
注意事项 2：空格处由申请人在《资格要求》出台后根据格式填写具体内容。(参见附录6)
注意事项 3：《资格要求》文件相应条款中标有"＄"符号的供申请者参考。附件中的脚注若标有"＄"符号或者以其他非数字的符号标注,应由申请者在提交各自申请时予以删除。(参见附录6)

② 主管机关须知
该"资格要求"文件可依据如下注意事项进行适用于具体项目的个性化修改：
注意事项 1：《资格要求》中以数字编号的脚注供主管机关参考,如有需要,应予以删除后再发布给潜在申请人。(参见附录7)
注意事项 2：《资格要求》中适用于具体项目的条款均已用方括号括起来,如有必要,可在发布给潜在申请人之前加以修改。在进行必要修改时应当去掉方括号。(参见附录7)
注意事项 3：《资格要求》中的星号等符号在发布给潜在申请人之前,应当用适用于具体项目的细节信息替代。(参见附录7)
注意事项 4：发布《资格要求》之前应当略去注意事项1到4。

③ 如果允许公共实体公司进行投标,该条款应作相应修改。

④ 如果项目协议不涉及项目资本成本所引起的或与其相关的任何义务或责任,这一栏可以省略。

⑤ 这个数额通常应当包括可能的建造成本,再加上该数额的 25% 当作融资成本、涨价应急准备金等。

中标人。

　　1.1.2　中标人可以是一家已根据《1956/2013年公司法》设立的公司,或者是拟在特许协议执行前如此成立的一家公司("特许权利人"),应根据特许权利人和主管机关之间按照主管机关所规定的形式签订的一份[长期]的特许协议,负责[设计]、管理、融资、采购、建造、运营以及维护项目。

　　1.1.3　工程范围广,包括[翻新、升级及拓宽现有的车道为四车道标准并修建新的人行道,翻新现有的人行道,建造和/或翻新主要的大桥和小桥、涵洞、道路交叉口、立交桥、排水沟等]以及这些设施的管理、运营及维护。

　　1.1.4　指示性项目成本会在项目投标文件中予以修改和具体说明。但是,实际成本预估必须由投标人自行开展。

　　1.1.5　主管机关应根据本《资格要求》文件以及主管机关不时对其作出的修改、变更、修订和澄清来接收投标申请,且所有的申请应根据这些条款规定准备并在第1.3条规定的日期或该日期之前提交申请。

1.2　招投标过程的简要说明

　　1.2.1　主管机关已经采用"两步走"的招投标过程(合称为"招投标过程")来挑选投标人,并向中标人授标。第一阶段("资格预审阶段")涉及根据本《资格要求》文件的条款提出申请的利益方/企业联合体(即申请人,除非文件有相反表述,否则该词语应包括企业联合体的成员)的资格。在提出申请之前,申请人应向主管机关支付5万印度卢比作为资格审查过程的成本费①。第一阶段接近尾声时,主管机关将宣布[6名]适格的通过资格预审的申请人入围名单,这些申请人进入招投标过程的第二阶段("投标阶段")。第二阶段由"呈送提议方案"构成。

　　关于寻求通过收回投资程序购买任何公共部门企业股份的投标人资格审查,印度政府已经出台相关指南(参见附录5)。这些指南在细节上作的必要修改应适用于招投标过程。主管机关有权根据上述指南在招投标过程的任何阶段认定某申请人不合格。申请人必须自行证明他们有投标资格,且应致力于按照附件1中规定的格式提供此类证明。

　　1.2.2　在资格审查阶段,会要求申请人提供这份《资格要求》文件所规定的所有信息。只有那些被主管机关认定通过资格预审并入围参与第二阶段的申请人,才能获邀提交项目投标书。主管机关可能提供相对较短的项目投标期限。因此,建议申请人访问网站熟悉项目情况。

---

① 《资格要求》阶段的成本费可以每10亿印度卢比的预估项目成本支付1万印度卢比的比例确定。因此,根据本《资格要求》文件,50亿印度卢比的项目应支付5万印度卢比的成本费。如有必要,主管机关可以规定更高金额的投标保证金,但不得超过预估项目成本的2%。如果项目预估成本为200亿印度卢比或更高,则主管机关可以降低投标保证金,但在任何情况下都不得低于预估项目成本的0.5%。

1.2.3 在投标阶段,会要求投标人根据《呈送提议方案要求》文件及主管机关规定的其他文件(合称为"招标文件")提交其财务报价。项目招标文件应在其支付呈送提议方案要求程序下的成本费后提供给每一位投标人,金额大约为第1.2.4条所规定金额的4倍。投标有效期限应不少于120天,从第1.3条规定的提交投标书之日起算。

1.2.4 根据呈送提议方案要求,投标人要在投标时存入一笔投标保证金[等于预估项目成本的约1%],自投标到期日起算的不超过60天内退还,但入围投标阶段的投标人的投标保证金将保留至该投标人根据特许协议提供履约保证金之时。投标人可以选择以即期汇票形式或者主管机关能够接受的银行保函①形式提供投标保证金。如果是以银行保函形式提供,其有效期限应为自投标到期日起算不少于180天,包括60天的求偿期限,且可能根据主管机关和投标人双方商议不时予以延长。如果投标没有提供投标保证金,则应立即拒绝。

1.2.5 总体而言,出价最高的投标人应为中标人。其余的投标人应作为备选且可根据RFP所规定的程序,在出价最高的投标人撤标或者因为任何原因没有竞标成功时要求他们与出价最高的投标人竞标。如果其余的投标人无人能与出价最高的投标人竞标,则主管机关可以酌情处理,在剩余的投标人中发出新的投标邀约,或者根据情况取消招标过程。

1.2.6 在投标阶段,投标人要详细地审视项目并自行承担成本开展相关研究,因为提交各自的投标书而为获得特许权授标(包括执行项目)时可能需要。

1.2.7 作为招标文件的一部分,主管机关要提供一份特许协议草案,并由[主管机关/其咨询顾问]准备一份可行性报告以及其他与项目有关/相关的信息。

1.2.8 发出项目投标邀请,将基于投标人为执行项目而要求的[最低数额的财政拨款。投标人甚至不寻求拨款,为获得授标,其可向主管机关以收入分成和/或预付款的形式支付一笔额外费用,何种形式视具体情况而定]。特许期限应事先确定,且在作为招标文件一部分的特许协议草案中加以说明。[拨款/额外费用数额]应构成评估投标书的唯一标准。项目应授标给这样的投标人:额外费用报价最高的,以及如果没有投标人给出额外费用报价,则为寻求最低数额拨款的投标人。

在这份《资格要求》文件中,术语"出价最高的投标人"的意思是[额外费用报价最高的投标人,以及如果没有投标人给出额外费用报价,寻求最低数额拨款的投标人即为出价最高的投标人]。

1.2.9 考虑到特许权利人的投资和服务,应有权[向用户征收事先确定的使用费/收取统一的费用]。

---

① 银行保函的格式已经作为《呈送提议方案要求》文件的部分出台。

1.2.10 投标阶段应遵守的程序细则及其条款应在招标文件中清楚地说明。

1.2.11 关于本《资格要求》文件提出的任何问询或者附加信息请求,应以书面形式由特快专递/快递/专差以及电子邮件形式提出,以便能在规定的日期前送达给第 2.13.3 条中指定的官员。信封/通讯上应清晰地载有如下身份信息/头衔:

"问询/请求获得更多信息:关于＊＊＊＊＊项目的资格预审要求。"

1.3 招投标过程时间表

主管机关应致力于遵守如下时间表:

事件描述	日期
资格审查阶段	
1. 接收问询的最后日期	从《资格要求》之日起的 25 天
2. 申请前的会议	从《资格要求》之日起的 25 天
3. 主管机关就问询作出回应最晚日期	从《资格要求》之日起的 35 天
4. 申请到期日	从《资格要求》之日起的 45 天
5. 选拔入围名单	申请到期日的 15 天内
投标阶段	预估日期
1. 出售招标文件	[有待规定]
2. 接收问询的最后日期	[有待规定]
3. 投标前第一次会议	[有待规定]
4. 主管机关就问询作出回应的最晚日期	[有待规定]
5. 投标前第二次会议	[有待规定]
6. 投标到期日	[有待规定]①
7. 开标	投标到期日当天
8. 授标函(LOA)	投标到期日的 30 天内
9. 投标的有效期	投标到期日的 120 天
10. 签署特许协议	授予授标函的 30 天内

1.4 提交申请前的会议

申请前召开会议的日期、时间和地点应为:

日期:＊＊＊＊＊

时间:1100 小时

地点:＊＊＊＊＊

---

① 如果项目复杂,投标前召开会议的次数可能是两次甚至更多。

2. 申请人须知

A. 总体情况

2.1 申请范围

2.1.1 主管机关希望收到申请书后进行资格审查,以便挑选出有经验的、有实力的申请人进入投标阶段。

2.1.2 挑选出的入围申请人可以随后获邀提交项目投标书。

2.2 申请人的适格性

2.2.1 为确定申请人的适格性,对其进行本文件项下的资格审查应适用以下规定:

(a) 接受资格审查的申请人可以是为执行项目而来的一家实体或者是实体组合("企业联合体")。但是,单独或者作为企业联合体成员之一提出申请的申请人,均不得为另外一个申请人的成员。本文件中所使用的表述"申请人"应适用于单个实体及企业联合体;

(b) 申请人可以是自然人、私营实体、[政府所有的实体]或者它们之间的任何一种组合,有着签订协议的正式意向或者是根据现有的协议成立企业联合体。企业联合体应有被考虑的资格,以下面第2.2.6条规定的内容为准;

(c) 申请人不得违背公共利益影响招投标过程。任何申请人若被认定违背公共利益,则应视为丧失资格*。申请人如果存在以下情况,应视为违背公共利益影响招投标过程:

(i) 申请人、其成员或者关联体(或者其任何构成者),以及任何其他申请人、其成员或者任何关联体(或其任何构成者)拥有共同的控股股东或者其他所有者利益。但是,这种丧失资格的情况不适用于:申请人、其成员或者关联体(或者其任何股东持股超过该申请人、成员或关联体,视具体情况而定,已经认购和缴纳的股本的5%)直接或间接控制另一个申请人、其成员或者关联体已经认购并缴清的股本少于5%;丧失资格的情况也不适用《2013年公司法》第2条第72款所指的银行、保险公司、养老金基金或者公共金融机构的所有权情况。就本文件第2.2.1(c)条而言,通过一个或更多中间人间接控股应以下述方式计算:(aa) 如果中间商是由自然人通过管理或者其他方式控制,此种被控制的中间商在另一个人("标的人")中所持有的全部股份,应被纳入到此类控股人对于标的人的控股情况计算中;(bb) 在遵守上述(aa)条款的前提下,如果一个人对一个中间商没有控股,而中间商对标的人控股,计

---

* (i)、(ii)、(iii)中的规定不适用于政府企业。

算此人对标的人间接控股情况时应采取按比例计算的方式。但是,(bb)条款下此种控股情况不应加以考虑,如果此人对于中间商的控股少于该中间商认购和缴清的股本的26%;或者

(ii) 此申请人的构成者也是另一个申请人的构成者;或者

(iii) 此申请人或其任何联合接收或者已经接收任何其他申请人或其任何关联体的任何直接或间接的补贴、拨款、优惠贷款或次级债务,或者已经提供任何此种补贴、拨款、优惠贷款或次级债务给任何其他申请人、其成员或关联体;或者

(iv) 此申请人出于申请目的与任何其他申请人有着相同的法人代表;或者

(v) 此申请人或其关联体与另一个申请人或其联合体有关系,使其直接或者通过共同的第三方,一方可以享有另一方或者双方可以共享彼此关于或会影响申请的信息;或者

(vi) 此申请人或其任何关联体已经以咨询顾问身份参加了主管机关准备项目的任何文件、设计或者技术规范。

(d) 申请人应被取消资格,如果主管机关的任何与项目有关的法律、财务或者技术咨询顾问为申请人、其成员或者关联体,以任何方式就项目有关的或附带的事项工作。为避免疑义,此种取消资格的情形不适用于前述咨询顾问在过去为申请人、其成员或者关联体工作,且任务已经到期或者在申请到期日前已终止。此种取消资格的情况也不适用于前述咨询顾问自项目商业运营之日起的3年后为申请人工作。

解释:如果申请人是企业联合体,则第2.2.1条中使用的术语"申请人"应包括该企业联合体的每一个成员。

[(e)其他适格条件应包括:*****]①

2.2.2 为通过资格预审和申请入围,申请人应符合以下适格条件:

(A) **技术能力**:为展现其技术能力和经验,申请人应在申请到期日前的5个财政年度里,已经:

(i) 支付或者接收到建造适格项目的款项;和/或

(ii) 支付第3.2.1条规定的第1类和/或第2类适格项目的开发费用;和/或

(iii) 收取和划拨第3.2.1条中规定的第1类和/或第2类适格项目的收益。

上述数额总计超过[100亿印度卢比]。②

---

① 其他的视具体部门而定的适格条件或者限制,如果有,可在此处列明,如对外国直接投资(FDI)的限制。如果是港口和机场部门,主管机关可能会具体规定限制条件,以避免同一实体取得超过事先确定的数量的项目。如果有部门内存在着相对较短的时间里发布大量项目的情况,如高速公路部门,主管机关可以具体规定限制条件,以避免同一实体入围大量项目申请从而造成降低有效竞争的潜在后果。

② 这个数额应等于邀约投标项目的预估项目成本的两倍。如果有必要,主管机关可以以预估项目成本的一半的幅度增加/降低该数额。

（B）财务能力：申请人的最低资本净值①在前一个财政年度末应达到[12.5亿印度卢比②]。

如果是企业联合体，则其每一个成员在"特殊目的工具"(SPV)中应拥有不少于26％的股份，且成员的综合技术能力和资产净值应当满足上述的适格条件；每一个成员自项目商业运营之日起的2年时间里应持有的股份不得少于：(i) SPV已经认购和缴清的股份的26％；(ii) 特许协议中规定的项目总成本的5％。

2.2.3 运营及维护经验：[如果申请人没有具备所需的运营及维护经验，它应与符合上述要求且具有相关运营及维护履约义务经验的实体签订一份协议，协议期限为自商业运营日期(COD)之日起的5年；或者让有经验有资质的人员依据特许协议的条款履行其运营及维护义务，未能如此行事会导致特许协议终止]。

2.2.4 申请人根据附录1的格式要求随申请书一道附上如下文件*：

(i) 申请人的法定审计师或其关联体或相关客户，提供证书证明在过去的5年时间里与上述2.2.2(A)条中规定的项目有关的款项已支付/接收或者工作已经完成，视具体情况而定。如果某个具体的工作/合同是由申请人（作为企业联合体的一部分）共同执行的，应通过法定审计师或者客户提供证书的形式进一步证明具体工作/合同中申请人分工完成的部分；且

(ii) 申请人的法定审计师或其关联体提供证明申请人在前一个财政年度末资产净值的证书，并证明计算此资产净值的采取的方法符合第2.2.4(ii)条的规定。就本《资格要求》文件而言，资产净值的意思是认购且缴清的股本数额加留存再扣除重估价准备金、没有核算的杂项开支以及不能分配给股东的准备金。

2.2.5 申请人应根据附录2规定的格式提交一份委托书，授权委派申请书上的签名人作为申请人。如果是企业联合体，根据附录3的规定，其成员们应提交委托书支持领头成员作为申请人。

2.2.6 如果申请人是一个单独的实体，可以要求其根据印度《2013年公司法》成立一个合适的"特殊目的工具"(SPV)，以执行特许协议和实施项目。如果申请人是企业联合体，其除了成立SPV外，还应遵守如下额外要求：

(a) 企业联合体中成员数量不得超过6个，但申请书中所要求的信息可以限制为4名成员，以其股权出资高低排序；

(b) 在遵守上述(a)条款的前提下，申请书应包含企业联合体每一个成员的所

---

① 已经采用"资本净值"作为评估财务能力的标准，因为这是一个判断申请人财务能力的综合指标。但是，在例外的情况下，主管机关可以规定最低年营业额和/或净现金收益作为衡量申请人现金流和财务健康状况的指标。

② 这个数额应为邀约投标项目预估项目成本的25％。

* 如果提供的包含所需细节信息的年度财务报表经由正式认证的审计师审计，则无须如第2.2.4条规定另外由法定审计师提供证明。在没有法定审计师的司法法域内，对申请人或其联合的年度报表进行审计的审计事务所可以提供本《资格要求》文件要求的资格证明。

需信息;

(c) 企业联合体的成员应提名一名成员作为领头成员,该成员在 SPV 认购和缴清的股本中至少持有 26% 的股份。根据附录 3,提名应得到委托书支撑,且应由企业联合所有其他成员签名;

(d) 申请书应包括对每一个成员作用和职责的简要说明,特别要提及承担的财务、技术以及运营和维护义务;

(e) 个人申请人不得同时以企业联合体的成员身份参加资格预审。同时,具体企业联合体的成员不得以任何其他企业联合申请人成员的身份参加资格预审;

(f) 如果授标给企业联合体,则企业联合体的成员应成立一个合适的"特殊目的工具"执行项目;

(g) 企业联合体的成员应大体上依据附录 4 规定的形式签订具有拘束力的《联合投标协议》,目的在于在被挑选为入围申请人名单时提出申请递交标书。共同的招投标协议与申请书一道提交,此外,应:

(i) 表达有意向依据本《资格要求》文件成立具有控股/所有权承诺的"特殊目的工具",它将签订特许协议并随后依据特许协议履行特许协议项下的所有义务,如果承担项目的特许权被授予该企业联合体;

(ii) 清晰界定每一个成员拟承担的作用和职责,如果有;

(iii) 承诺每一个成员持有的最低股权;

(iv) 承诺每一个成员出于本《资格要求》文件项下经验评估目的,认购 26% 以上已缴清的 SPV 股份,且进一步承诺每一个此类成员自项目商业运营日起算的 2 年时间里持有的股本资本不少于:(i) SPV 认购且缴清的股本的 26%;(ii) 特许协议中规定的项目总成本的 5%;

(v) 企业联合体的成员承诺,在自项目商业运营日起算的 2 年时间里,他们始终统共持有 SPV 所认购且缴清的股份的至少 51%;

(vi) 包含一份声明,说明企业联合体的所有成员有责任共同且分别承担与项目特许权利人有关的所有义务,直至根据特许协议实现项目财务结项;

(h) 除非本《资格要求》及招标文件中有规定,否则未事先征得主管机关同意不得对联合招标文件进行任何修改。

2.2.7 任何实体如果被[中央/邦州政府]禁止参与任何项目(BOT 或者其他形式),且该禁止在申请日仍然持续,则该实体或者任何由其控股的实体,不得独自或者作为企业联合体成员提交申请书。

2.2.8 申请人包括任何企业联合体成员或者关联体,在过去 3 年时间里,不得有任何被仲裁机构或司法机关予以处罚证明其未履行合同的情况,或者有不利于申请人的司法宣告或仲裁裁决,视具体情况而定,也不得有任何公共实体将其从项目或合同中除名(expelled),或者因其违约而被公共实体终止合同的情况。但是,如果申请人主张因第 2.2.8 条规定的原因或事项而被取消资格,则不反映:(a) 与该原因或事项有关的任何违反行为;(b)故意违反或者显然违反相关合同的实质性条款;(c)与此类合同有关的任何欺诈、欺骗或虚假陈述;(d)任何解除或者放弃此类合同的行为申请人可以就此向主管机关进行陈述并寻求免责使自身不丧失资格,主管机关可以全权处理,如果主管机关接受陈述中给出的理由且认为免责不会对招投标过程或项目执行产生任何实质性的负面影响,可以以书面形式将免责原因记录在案并提供弃权免责书。

2.2.9 根据第2.2.2条、第2.2.4条及第3.2条计算申请人/企业联合体成员的技术能力及资产净值时,其各自关联体的技术能力和资产计算根据本文件也可计入在内。

就本《资格要求》而言,关联体是指与申请人/企业联合体成员相关的,对申请人/企业联合体成员控股或者被申请人/企业联合体成员控股或者和申请人/企业联合体成员有着共同控股人的实体。在本定义中,"控股"一词是指,就企业或者公司而言,直接或者间接拥有其50%以上投票权,以及就不是企业或者公司的自然人而言,依法指导其管理和政策的权力。

2.2.10 提交申请书时应遵守如下条件:

(a)如果附件中规定的表格空间不够,申请人附上的纸张应标注清晰且页码连续。或者,申请人可以对规定的表格进行编辑以提供所有要求提供的信息;

(b)申请人(或者是企业联合体的其他成员构成者)所提供的信息必须与申请书中指明的申请人、成员或者关联体一致,除非是另有具体要求,否则不得是其他关联企业或公司。邀请提交投标的邀约只能出具给资格预审阶段身份和/或构成完全一致的申请人;

(c)为回应资格预审阶段提交的材料,申请人应依据下文第3.1条展示其能力;

(d)如果申请人是企业联合体,每一个成员都应当充分满足本文件所规定的资格预审要求。

2.2.11 资格对来自任何国家的人员开放,但须符合如下条款:

(a)如果在申请日当天,申请人或其成员所发行、认购及缴清的股本的25%或以上是由居住在印度以外的人员持有,或者申请人或其成员是由居住在印度以外的人员控制;

(b)如果在申请日之后的任何后续阶段,由居住在印度以外的人员收购或者控制25%或以上申请人或其成员发行、认购及缴清的股本。

此类申请人的资格或者在上述(b)条款规定的事项情形下继续申请人的资格,应以主管机关考虑国家安全和公共利益从而是否予以同意为准。主管机关就此作出的决定具有最终效力且对申请人具有拘束力。

上述控股或者收购应当包括直接或间接控股/收购,包括直接或间接转让法定或受益所有权或控股权,包括由人员自行或共同决定此种控股或收购,主管机关应以2011年《印度证券和交易委员会(实质性收购股票和接管)条例》或者该条例在此类收购发生日起有效的任何替代法律中所包含的原则、先例及定义为指导。①

申请人应将上述控股变动情况及时通知主管机关,如果未能如此行事,会导致申请人丧失参与招投标过程的资格。

2.2.12 除非本文件中有任何相反规定,否则如果申请日正好落在申请人最近的财务年度关账的3个月时间里,申请人为申请目的考虑应该无视这种财务年度且提供其最近的财务年度之前的5年或1年(视具体情况而定)时间里所有的信息和资格。为避免争议,出于本文件项下申请目的考虑,财务年度应指申请人在正常营业期间所遵从的会计年度。

2.3 企业联合体组成发生变更

2.3.1 主管机关不允许在资格审查阶段企业联合体组成发生变更。

2.3.2 如果投标人②是企业联合体,投标阶段企业联合体的组成发生变更可以获得主管机关许可,但只有当:

(a) 申请此类变更在投标到期日之前的15天时间里提出;

(b) 领头成员继续担任企业联合体的领头成员;

(c) 替代者至少在技术能力方面等同于寻求被替代的企业联合体成员,且变更后的企业联合体应继续符合申请人资格预审和申请入围标准;

(d) 新的成员(们)明确采纳代表企业联合体已经提出的申请,如同其一开始就是成员之一,且不是投标此项目的任何其他企业联合体的申请人/关联体。

2.3.3 是否批准企业联合体的组成发生变更应由主管机关酌情处理,且必须由其书面作出批准。

2.3.4 变更后的/重组后的企业联合体应在投标到期日之前提交一份经过修改的联合招投标协议。

2.3.5 除非第2.2.1(c)(i)条中有任何相反规定,申请人可以在申请到期日后的10天时间里,从其企业联合体中将任何违背公共利益的成员除名,而此类除名应视为解决了此种违背公共利益的问题。

2.4 申请书数量及其成本

2.4.1 申请人提交的项目申请书不得超过一份。以个人身份或者作为企业联合体成员提交申请的申请人,不得另行以个人身份或者作为任何其他企业联合体成员提交申请书。

---

① 可以依据印度政府的指示不时对第2.2.11条予以修订。

② 根据第2.3.2条,申请人可以对企业联合体的组成进行变更,可以是作为企业联合体或者是作为单独实体通过资格预审的申请人。如果是单独实体申请人在投标阶段增加一个企业联合体成员,该单独实体申请人应为企业联合体的领头申请人。但是,企业联合体的成员不得是申请人或者是已经通过资格预审的企业联合体的成员。

2.4.2　申请人应承担其准备申请和参与招投标过程相关的所有费用。主管机关不负责或者以任何形式承担此种成本,无论招投标的过程或结果如何。

2.5　实地考察项目地址及核实信息

鼓励申请人在提交各自的申请书之前实地考察项目地址,实地查明地质条件、车辆情况、位置、环境、气候、能源供应、供水及其他施工设施、进场通道、材料处理和存储、天气数据、适用法律和法规以及任何其他应考虑的事项。

2.6　申请人的确认

2.6.1　申请人提交申请书应视为申请人已经:
(a)对《资格要求》文件进行了完全的、仔细的解读;
(b)已经从主管机关处接收到全部所需信息;
(c)接受《资格要求》文件里提供的或主管机关提供的或主管机关代表提供的与上述第2.5条提及的事项有关的信息不足、误差或错误导致的风险;
(d)同意根据本《资格要求》文件及其条款承受其赋予的任务的约束。

2.6.2　主管机关不对上述条款有关的任何遗漏、错误或过失负责,也不对因《资格要求》文件或招投标过程产生的或与其相关的任何事项负责,包括主管机关提供的任何信息或者数据中的任何过失或错误。

2.7　接受或拒绝任何或所有申请书/投标书的权利

2.7.1　尽管本《资格要求》文件中有任何规定,主管机关保留随时接受或拒绝任何申请以及取消招投标过程并拒绝所有申请/投标的权利,且无须对此种接受、拒绝或取消承担任何责任或义务,也无须对此提供任何理由。如果主管机关拒绝或取消所有投标,它可以酌情处理,邀请所有适格投标人根据本文件提交新的投标书。

2.7.2　主管机关保留拒绝任何申请书和/或投标书的权利,如果:
(a)在任何时候,有实质性陈述不实或未披露的;或者
(b)申请人没有在主管机关规定的时间内提供主管机关为评估申请书之目的而要求其补充的信息。

如果申请人/投标人是企业联合体,则整个企业联合体可能会被取消资格/拒绝。如果在开标之后出现此种取消资格/拒绝的情形且出价最高的投标人被取消资格/被拒绝,则主管机关保留如下权利:
(i)邀请其余的投标人依据《呈送提议方案要求》,参照出价最高的投标人出价/提交投标书;
(ii)主管机关全权处理并采取其认为合适的任何措施,包括取消招投标过程。

2.7.3　如果在评估期间或在签署特许协议之前的任何时间,或者在执行特许协议之后且在特许协议存续期间,包括主管机关依据特许协议授予特许权,发现申

请人不符合一个或一个以上的资格预审条件,或者申请人有实质性陈述不实,或者给出任何实质性不准确或错误的信息,如果尚未以签发授标函或签署特许协议的形式指定特许权利人,则应立即取消申请人的资格。如果已经向申请人/SPV 签发了授标函或者已经签署了特许协议,视具体情况而定,即使授标函或特许协议或《资格要求》文件有任何相反规定,主管机关以书面形式通知申请人终止授标函或特许协议的效力,主管机关不以任何形式对申请人承担责任,且不影响主管机关依据《资格要求》文件、招投标文件、特许协议或者适用法律所享有的其他任何权利或者救济。

2.7.4 主管机关保留核实申请人为回应资格预审要求所提交的所有声明、信息和文件的权利。主管机关进行此种核实或者未进行此种核实均不应视为减轻申请人的义务或责任,且不影响主管机关所享有的权利。

B. 文 书

2.8 《资格要求》的内容

本《资格要求》文件包括上述免责声明、下面所列的内容,且包括依据第 2.10 条出台的任何附加文件(Addenda)。

参加资格审查阶段的邀请

第 1 条 引言

第 2 条 申请人须知

第 3 条 评审标准

第 4 条 欺诈及腐败

第 5 条 其他

附录

1. 申请书所包含的信函
2. 签署申请书的委托书
3. 指定企业联合体中领头成员的委托书
4. 企业联合体的共同投标协议
5. 收回投资部的指南
6. 适用于具体申请的条款列表

2.9 澄清(clarification)

2.9.1 需要就《资格要求》文件获得澄清的申请人可以依据第 1.2.11 条以书面形式特快专递/快递/专差以及电子邮件形式告知主管机关。他们应在第 1.3 条招投标过程时间表所规定的日期之前提出问询,主管机关也应尽力在该时间表规定的期限内就这些问询作出回复,最晚应在申请到期日前的 10 天内以电子邮件作出回复。主管机关将所有的问询和就此作出的回复一并抄送给《资格要求》的所有购买人,且隐去问询者的信息。

2.9.2 主管机关应尽力回复申请人所提出的问题或者回复其寻求获得澄清的请求。但是,主管机关保留不对任何问题回复或者不提供任何澄清的权利,这由其全权决定。本条款任何内容不得视为或解读为强制要求或者要求主管机关对任何问题进行回复或者提供任何澄清。

2.9.3 主管机关如果认为有必要,也可以主动地向所有申请人提供解释和澄清。主管机关所作出的所有澄清和解释应视为《资格要求》的一部分。主管机关或其员工或其代表所给出的任何言语的澄清和信息,不以任何方式对主管机关构成拘束力。

2.10 《资格要求》的修订

2.10.1 在提交申请之前的任何时间里,主管机关可以出于任何理由,主动地或者为回复申请人提出的澄清请求,而通过出台附加文件的形式修改《资格要求》。

2.10.2 如此出台的附加文件将以书面形式送达给《资格要求》的所有购买人。

2.10.3 为了给申请人提供合理的时间来考虑附加文件,或者出于任何其他理由,主管机关可以全权处理并延长申请到期日。①

C. 准备和提交申请书

2.11 语言

申请书以及所有相关信函和与投标过程有关的文件均使用英文。申请人在准备申请书时提供的支撑性文件和印刷品可使用符合规定的任何其他语言,并附上所有相关文档的英文翻译件,且经过申请人正式核实和认证。未提供英文翻译件的支撑性材料可能不被考虑。解释和评审申请书时,以英文翻译件为准。

2.12 申请书的格式和签署

2.12.1 申请人应提供《资格要求》项下要求提供的所有信息。主管机关仅评审所接收到的符合格式要求且各方面齐全的申请书。不齐全和/或附有条件的申请书可能被拒绝。

2.12.2 申请人应准备一套申请书原件(随附依据《资格要求》要求提交的文件)并清晰地标明"原件"字样。此外,申请人还应提交一份申请书以及随附文件的复印件,并标明"复印件"字样。申请人还应提供两份上述文书的光盘(CD)软拷贝

---

① 因考虑到附加文件因素而延长申请到期日时,主管机关应适当考虑申请人请求应对附加文件中所规定的修订所需的时间。如果进行了重大修订,在修订日期和申请到期日之间至少需要提供15天的时间,如果进行了细微修订,至少要提供7天的时间。

件。如果原件和复印件拷贝件之间存在差异,则以原件为准。

2.12.3 申请书及其复印件应电脑打字输出或者以不可擦的笔墨书写,应由申请人授权的签字人签署,并在申请书的每一页上(包括每一个附件和附录)用蓝色水笔签上其姓名的首字母。印刷和出版的文件,只需在封面上签上签字人姓名的首字母。对申请书作出的所有变更、删减、增加或者任何其他的修订,均应由签署申请书的人士(人们)签上其姓名的首字母。申请书应标注页码并以不能替换任何一页的方式装订。

2.13 申请书密封和标注

2.13.1 申请人应根据附录1所规定的格式提交申请书、根据第2.13.2条的规定随附文件,并将申请书密封到信封内,且在信封上标注"申请书"字样。申请人应将原件和复印件及其各自的随附文件分别装入信封内密封,且在信封上标注"原件"及"复印件"字样。然后再将这些信封装入一个大信封,且应根据第2.13.2条和第2.13.3条作相应标注。

2.13.2 每一个信封内应包含:
(i) 按照规定格式提供的申请书以及附件和支撑性文件;
(ii) 依据附录2规定的格式准备的签署申请书的委托书;
(iii) 根据附件4规定的格式准备的指定企业联合体中领头成员的委托书,如果适用;
(iv) 企业联合体共同的投标协议复印件,一般采用附录4规定的格式;
(v) 如果申请人是法人团体,准备备忘录及公司章程的复印件;如果是合伙企业,准备合伙协议复印件;
(vi) 经正式审计过的申请人过去5年时间里的资产负债表及损益表复印件;
(vii) 申请书的光盘(CD)软拷贝复印件两份;
(viii) 主管机关可能规定的任何其他适用于具体部门或项目的要求。

每一个信封上应清楚地载有如下标记:"＊＊＊＊项目的资格申请书",且应清楚地标有申请人的姓名和地址。此外,申请书到期日也应标注在每一个信封的右侧。

2.13.3 每一个信封应写上收信人:
头衔: ＊＊＊＊先生
地址: ＊＊＊＊
电话号码: ＊＊＊＊
电子邮件地址: ＊＊＊＊

2.13.4 如果信封没有密封且没有按照上述要求标注,主管机关不对申请书错放或者提前开启负责,如果因此造成丢失,申请人后果自负。

2.13.5 不接受通过传真、电传、电报或电子邮件提交的申请书。

2.14 申请到期日

2.14.1 应在申请到期日印度标准时间 11:00 点之前按照本《资格条件》规定的方式和格式将申请书提交至第 2.13.3 条规定的地址,且收据应从第 2.13.3 条规定的人员处获得。

2.14.2 主管机关可以全权决定,根据第 2.10 条面向所有申请人出台附加文件以延长申请到期日。

2.15 逾期提交申请书

在规定的申请到期日之后接收到的申请书,主管机关不予考虑且应立即拒收。

2.16 修改/替换/撤回申请书

2.16.1 申请人可以在提交后修改、替换或者撤回其申请书,条件是主管机关在申请到期日之前收到书面的修改、替换或撤回通知。在申请到期日当天或之后不得修改、替换或者撤回申请书。

2.16.2 修改、替换或者撤回申请书的通知应依据第 2.13 条准备、密封、标注及送达,且要根据具体情况在信封上标注"修改""替换"或者"撤回"字样。

2.16.3 除非主管机关明确要求,否则在申请到期日之后对申请书进行任何改动/修改或者补充额外信息,主管机关不予理会。

D. 评审过程

2.17 开启及评审申请书

2.17.1 主管机关应在申请到期日印度标准时间 11:30,在第 2.13.3 条规定的地点,在决定出席的申请人面前开启申请书。

2.17.2 对于已经依据第 2.16 条提交撤回通知的申请书,则不予开启。

2.17.3 主管机关随后将依据第 3 条规定的条款审查并评审申请书。

2.17.4 申请人的资格预审由主管机关全权处理。申请人将被视为对此已经理解并同意,主管机关不会对招投标过程或筛选的任何方面进行解释或合理性说明。

2.17.5 申请书中包含的任何信息,不得在任何方面视为对主管机关、其代理人、继任者或受让人具有拘束力,但是如果此后根据此类信息将项目授权给申请人,则此类信息对申请人具有拘束力。

2.17.6 主管机关保留在任何时间不再继续招投标过程的权力,无须通知和承担责任,且有权拒绝任何或者所有申请书而无须给出任何理由。

2.17.7 如果发现申请人提供的任何信息是不齐全的或申请人提供信息的形

式不符合规定,主管机关可以全权处理,在计算申请人的经验值得分时不将相关项目纳入计算。

2.17.8 如果申请人声称某个适格项目可以得分,但是主管机关认为此种声称不正确或者有误,主管机关应拒绝这一声称并同样不将其纳入经验值得分计算之中,且在计算申请人的经验值总分时,进一步等额扣除据此拒绝其声称后应扣除的分数。如果发现任何信息存在明显的错误或者属于实质性陈述不实,主管机关保留其依据第2.7.2条和第2.7.3条拒绝申请书和/或投标书的权利。

2.18 保密义务

与为筛选符合预审资格条件申请人而进行的审查、澄清、评审及建议相关的信息,不得披露给与该过程不相关的公职人员或者不是受聘于主管机关为其就招投标过程或招投标过程中引起的事项或相关事项而提供专业咨询的人员。主管机关将对所有作为申请书部分而提交的信息保密,且要求所有能接触到此类信息的人员对这些信息保密。主管机关不得泄露此类信息,除非任何法定实体依法要求其披露信息,或者要执行或行使法定实体和/或主管机关的任何权利或特权,或者依法或与任何法律程序相关而要求其如此。

2.19 响应能力测试

2.19.1 主管机关在对申请书进行评审之前,应确定每一份申请书是否符合《资格要求》。如果符合下列条件,则申请书被视为达到响应能力要求:

(a) 根据附录1的格式要求提交;

(b) 在申请到期日截止前提交,包括根据第2.14.2条对该日期所作的任何延展;

(c) 根据第2.12条和第2.13条规定,以硬拷贝件形式进行签署、密封、装订及标注;

(d) 根据第2.2.5条规定附上委托书,如果申请人是企业联合体,则依据第2.2.6(c)条附上委托书;

(e) 包含《资格要求》所需的所有信息和文件(各方面都齐全);

(f) 包含依据《资格要求》所规定的格式而提供的信息;

(g) 包含法定审计人[①]依据《资格要求》附录1规定的格式为每个适格项目提供的资格证书;

(h) 包含一份经证实的主管机关依据第1.2.1条规定的《资格要求》收费程序

[①] 如果提供的是经正式认证和审计过的包括所需细节信息的财务年报,则无须依据第2.19.1条另行提供法定审计人出具的资格证书。在没有法定审计人的司法区域,对申请人年度报表进行审计的审计师事务所可以提供《资格要求》项下的证书。

而出具的收据副本;

(i)依据第2.2.6(g)条规定,附上一份针对具体项目的共同投标文件(就企业联合体而言);

(j)没有包含任何条件或限制;

(k)没有任何表示其不作出响应的内容。

2.19.2 主管机关保留其拒绝任何不进行响应的申请书的权利,且对申请书提出改动、修改、替换或撤回的请求可不予理会。但是,主管机关可以行使酌处权,允许申请人对任何问题或疏忽之处加以修正,如果此种修正不对申请书构成实质性修改。

2.20 澄清

2.20.1 为加速申请书评审过程,主管机关可以全权决定,就申请书要求申请人作出澄清。出于此目的而作出的澄清应在主管机关规定的时限内作出。寻求作出澄清的要求以及对此作出的澄清回应都应以书面形式进行。

2.20.2 如果申请人在规定的时限内没有提供依据上述第2.20.1条提出的澄清要求,则此申请书有被拒收的风险。如果申请书没有被拒收,主管机关可以继续对其进行评审,且对需要申请人作出澄清的细节内容作最有利于自身的解释,申请人随后不得对主管机关的此种解释提出质询。

E. 符合资格要求及投标

2.21 筛选入选者名单及通知①

主管机关在对申请书进行评审之后,会宣布通过资格预审要求的入选申请人名单(投标人),他们享有参与投标阶段的资格。与此同时,主管机关会通知其他未入选的申请人。主管机关将不予理会未通过资格审查要求的申请人所提出的任何询问或给予其进一步解释的要求。

2.22 提交投标书

投标人要依据招投标文件中规定的格式和方式提交投标书。

主管机关只会要求通过资格审查要求的申请人提交项目投标书。主管机关可能只提供相对较短的一段时间供申请人提交项目投标书。因此,建议申请人在提交申请书前访问网站,熟悉项目。主管机关可能不考虑延长其可能在邀请书中规定的

---

① 如果项目特别复杂且主管机关因此认为投标人必须提交其技术企划/计划,则此种要求应予以详细规定。此企划/计划要求应在资格审查阶段提出,可以与初始申请书一道提交或者在中期阶段提交。这应作为资格审查程序的一部分,且仅仅通过资格预审要求的申请人才会获邀参与投标阶段并提交投标书。投标阶段应仅仅包括邀请提交财务报价。

提交投标书的时限。

2.23 数据的所有权人

主管机关所提供的或者申请人向主管机关所提交的所有文件和其他信息应为主管机关所有。申请人要对所有的信息严格保密,且除了准备和提交申请书之外不得用于任何其他目的。主管机关不会返还任何申请书或者任何与申请书一道提供的任何信息。

2.24 与申请人的通讯

除非《资格要求》有所规定,否则主管机关对于申请人关于接受或拒绝任何申请书的任何通讯不予理会。

3. 评 审 标 准

3.1 评审参数

3.1.1 只有符合第 2.2.2 条和第 2.2.3 条规定的适格性标准的申请人才有资格参加该部分项下的评审。应拒绝不符合这些标准的申请人公司/企业联合体参加评审。

3.1.2 拟通过以下参数确定申请人的实力和能力:

(a) 技术能力;

(b) 财务能力。

3.2 参加评审应具备的技术能力[①]

3.2.1 在遵守第 2.2 条的前提下,具有下列类别的经验将具有第 3.2.3 条和第 3.2.4 条所规定的与适格项目有关的技术能力和适格经验:

第 1 类:具有符合第 3.2.3 条项下的[公路]部门内适格项目的项目经验;

第 2 类:具有符合第 3.2.3 条项下的核心部门内适格项目的项目经验;

第 3 类:具有符合第 3.2.4 条项下的[公路]部门内适格项目的建造经验;

第 4 类:具有符合第 3.2.4 条项下的核心部门内适格项目的建造经验。

就本《资格要求》之目的而言:

(i) [公路部门会被视为包括公路、高速公路、桥梁、隧道及停机坪][②];

---

① 如果是卫生、教育等社会部门,可以对第 3.2.1 条、第 3.2.3 条、第 3.2.4 条以及第 3.2.6 条的内容适当加以修改,以满足具体部门和具体项目要求。

② 如果《资格要求》不适用于某个公路项目,则以(i)中的相关项目代替公路项目,并将公路及桥梁包括在(ii)中。

(ii) 核心部门会被视为包括电力、电信、港口、机场、铁路、地铁轨道、工业园区、地产、物流园区、管道、灌溉、供水、排污及房地产开发①。

3.2.2 每一类别下的适格经验仅仅为适格项目进行测算。

3.2.3 一个项目要符合第1类和第2类项下的适格项目资格：

(a) 应当是以 BOT、BOLT、BOO、BOOT 或者其他类似形式开展的 PPP 项目，向公共部门实体提供其产品或服务，或者根据其章程、特许协议或合同，视具体情况而定，向用户提供非歧视性准入。为避免疑虑，构成自然垄断的项目诸如机场或港口，即使其不是基于和公共部门达成的长期协议，通常也应当包括在这一类中；

(b) 主张具有经验的实体应当已经在其主张具有适格经验的一整年时间里拥有适格项目的公司内占有至少 26% 的股份；

(c) 项目的资本成本应当高于[10亿印度卢比]②；

(d) 主张具有经验的实体应当在申请到期日之前的5个财务年度里，已经(i)支付了项目开发费(不包括土地成本)，和/或(ii)从用户处收取并划拨了用户使用固定项目资产而支付的费用，诸如因公路、机场、港口以及铁路基础设施而收取的费用，但是不应包括诸如电力、煤气、石油产品、通讯或车费/运费③以及公司拥有项目而具有的其他收入。

3.2.4 一个项目要符合第3类和第4类项下的适格项目资格，申请人应当在申请到期日之前的5个财务年度里已经支付该项目全部或者部分的建造费用，或者已经从其客户处收到所执行的工程建造费用，而且仅仅只有在这5个财务年度内所实际支付的或者所接收到的付款(总额)，视具体情况而定，才符合资格可纳入经验值的计算。但是，付款/收款少于[10亿印度卢比]④不得视为适格项目的付款/收款。为避免疑虑，建造工程不应包括提供货物或设备，除非这些货物或设备构成成套项目的建造合同/工程总承包合同(EPC)的一部分。此外，土地成本也不应包括在内。

3.2.5 申请人只能引用任何一类情况下的与特定适格项目相关的经验，即使申请人(无论是个体还是与企业联合体的成员一道)可能在所引述的项目中扮演多重角色，特定适格项目的任何形式的双重计算都不被允许。

3.2.6 在遵守第3.2.7条的前提下，测算和表述申请人的经验采取分值形式("经验值得分")。特定类别项下的适格项目的经验值得分构成第2.2.2(A)条所规

---

① 房地产开发不应包括居民公寓，除非它们构成申请人所建造的房地产综合体或者镇区的一部分。

② 这个数额不得低于预估项目成本的20%。如果项目的预估项目成本是100亿印度卢比或更高，则这个数额可以适当降低，但在任何情况下都不得低于10%。

③ 对于发电站项目的资格要求，主管机关可以行使其酌处权，包括全部或部分的电力销售收入。电话通讯项目或其他具体部门的收入也可以采取类似的分配方式。

④ 这个数额应当与第3.2.3(c)条规定的一致。

定的适格付款和/或收款,除以一千万(one crore)再乘以表 3.2.6 中的适用系数。如果申请人具有跨不同类别项下的经验,则每一个类别中的得分都以上述方式计算,然后再合计得出其经验值得分。

表 3.2.6　跨类别的经验值计算系数①

类别	系数
第 1 类	1.25
第 2 类	1.00
第 3 类	0.75
第 4 类	0.50

3.2.7　如果适格项目是位于经济合作与发展组织(OECD)成员国中的发达国家,则依据第 3.2.6 条所确定的经验值得分还需再乘以系数 0.5,依此所得的结果才是此适格项目的经验值得分。

3.2.8　不得由两个或两个以上的企业联合体成员对与适格项目有关的任何活动所得的经验提出应归其所有的主张,换句话说,企业联合体不得就同一经验进行双重计算,无论何种方式都是不被允许的。

3.3　关于经验的详细情况

3.3.1　申请人应当在申请到期日前的过去 5 个财务年度里提供适格经验的详细情况。

3.3.2　申请人必须依据附录 1 中附件 2 规定的格式提供与技术能力有关且必要的信息。

3.3.3　申请人应当依据附录 1 中附件 4 规定的格式提供所需的具体项目的信息及证据来支撑其具备技术能力的主张。

3.4　参加评审应提供的财务信息

3.4.1　申请书必须附上提出申请到期日前的过去 5 个财务年度里申请人(如果是企业联合体,则需要附上每位成员)的经审计的年度报告。

3.4.2　如果最新的一个财务年度的年报尚未审计因而申请人无法提供,则申请人应为此努力寻求法定审计人提供此类证明。在此种情况下,申请人应提供未经审计的年度报告所在年度之前的 5 年时间里已经审计过的年报。

3.4.3　申请人必须证实其具有第 2.2.2(B)条所规定的最低资本净值,并依据附录 1 中附件 3 规定的格式提供详细情况。

---

① 主管机关可以修改这些系数,每一类别的浮动可以达到其系数的 15%。

3.5 筛选入选的申请人名单

3.5.1 适格申请人的资质应以其经验值得分的形式测算。所有适格项目的经验值总分应为特定申请人的"经验值总计得分"。如果是企业联合体，则将每一个拥有该企业联合体至少 26％股份的成员的"经验值总计得分"汇总，最终算出该企业联合体的"经验值总计得分"。

3.5.2 此后将基于申请人各自的"经验值总计得分"对其排名，然后筛选出提交投标书的入围申请人名单。主管机关预期中符合资格预审并参加投标阶段的名单人数为 6 个[①]。但是，主管机关保留通过增加一名额外申请人的形式来增加符合资格的入围申请人人数的权利。

3.5.3 主管机关可以行使其酌处权，保留一份通过资格预审的申请人后备名单，可以后续邀请他们取代那些撤出投标程序或者是未能达到所规定的条件的入围申请人；但是，应至少给予替代申请人 30 天的提交投标书的时间。

4. 欺诈及腐败行为

4.1 申请人及其各自的执行官、员工、代理人和顾问在投标程序中应遵守最高的道德标准。即使本文件中可能包含与此相反的内容，如果主管机关认为申请人在投标程序中直接地或间接地或者通过代理人从事腐败行为、欺诈行为、胁迫行为、不良行为或限制性行为，主管机关也可以拒绝其申请而无须以任何方式向申请人承担法律责任。

4.2 如果主管机关发现申请人在投标程序中直接地或间接地或者通过代理人从事或者恣意从事任何腐败行为、欺诈行为、胁迫行为、不良行为或限制性行为，在不妨碍主管机关依据第 4.1 条享有的权利的前提下，此申请人在主管机关发现其直接地或间接地或者通过代理人从事或者恣意从事任何腐败行为、欺诈行为、胁迫行为、不良行为或限制性行为（视具体情况而定）之日起的 2 年时间里，不再享有参与任何投标或者主管机关出台的资格审查程序的资格。

4.3 下列术语分别具有以下含义：

（a）"腐败行为"是指：(i) 直接地或间接地提供、接收、索要任何有价之物以影响任何与投标程序有关人士的行为（为避免疑问，直接地或间接地向任何直接或间接与投标程序、出具授标函（LOA）有关的官员或在执行特许协议前后处理与特许协议相关事项的官员提供就业机会或雇佣他们从事任何此类行为，如果发生在此类官员辞去在主管机关的工作或从主管机关退休之日起算的一年届满之前的任何时间

[①] 主管机关在重复性项目吸引大量投标人的情况下，或者在总项目成本低于 50 亿印度卢比的情况下，可以将入围投标人增至 7 位。如果是基于收费投标法定指南而授标的电力项目，且其无买断项目资产的义务或法律责任或者任何类似的责任，则主管机关可以适当增加入围投标人的人数。

内,都视为构成影响与投标程序有关的人士的行为);(ii)除第2.2.1条(d)所允许的情况之外,在投标程序中,或在授予授标函之后,或在执行特许协议之后,视具体情况而定,以任何方式让任何与项目或授标函或特许协议有关的人士,且该人士已担任过或现在还是主管机关的法律顾问、财务顾问或技术顾问,从事任何与项目有关的事项;

(b)"**欺诈行为**"是指为影响投标程序不实陈述事实或遗漏事实或掩盖事实或不完全披露事实;

(c)"**胁迫行为**"是指直接地或间接地损害或伤害或威胁要损害或伤害的任何人或财物,以影响任何人参与投标程序或在投标程序中的所为;

(d)"**不良行为**"是指:(i)与任何与主管机关有关联的或受雇于主管机关或为主管机关工作的人士建立联系,目的在于拉拢、游说或以任何方式影响或试图影响投标程序;(ii)存在利益冲突;

(e)"**限制性行为**"是指成立垄断联盟(cartel)或在申请人之间达成任何谅解或协议,目的在于限制或操纵投标程序中完全且公平的竞争。

5. 提交申请书之前的会议

5.1 应在指定的地点、日期及时间召开由利益相关方参与的申请前会议。只有那些已经购买《资格要求》文件的人士才能获准参加申请前会议。已经从主管机关的网站上(www.＊＊＊＊＊)下载《资格要求》文件的申请人应当通过其参加会议的代表提交第1.2.1条中规定的应对《资格要求》程序花费所需数额的即期汇票。每一个申请人最多可以请3名代表参加制作申请人授权书。

5.2 在申请前会议期间,申请人可以自由寻求主管机关作出澄清,并提供建议供主管机关考虑。主管机关应尽力作出澄清,并酌情提供其认为合适的进一步信息,以促进公平、透明、鼓励竞争的投标程序。

6. 其他条款

6.1 投标程序应适用印度的法律并依其予以解释,且主管机关所在邦州的法院对因投标程序所产生的、依据投标程序和/或与投标程序有关的所有争议享有排他性管辖权。

6.2 主管机关全权行使酌处权且不承担任何义务或责任,对下列诸项随时保留权利:

(a)中止和/或撤销投标程序和/或修改和/或补充投标程序或修改日期或其他与投标程序有关的条款;

(b)与任何申请人进行磋商,以接收澄清或进一步的信息;

(c)让任何申请人通过资格预审或不通过资格预审和/或与任何申请人进行磋

商,以接收澄清或进一步的信息;

(d) 保留申请人或代表申请人向主管机关提交的和/或与申请人有关的提交给主管机关的任何信息和/或证据;

(e) 独立地核实、判断、拒绝和/或接受任何申请人提交的或代表申请人而提交的任何材料或其他信息和/或证据。

6.3 申请人提交申请书将被视为是同意且不可撤销地、无条件地、完全而最终地,免除主管机关及其员工、代理人、顾问承担的任何和所有法律责任,因其:在适用法律所许可的最大范围内,行使本文件及招投标文件项下的、与投标程序有关的权利和/或承担履行义务而提出的主张、产生的损失、损害、成本、花销或任何责任;放弃就此可能拥有的任何和所有的权利和/或主张,无论实际的或是可能产生的,无论是现存的或是从今往后产生的。

附 录

附录 1
构成资格预审申请书部分的致函

(参见第 2.13.2 条)

致: 日期:

_____

_____

主题:拟参与_____项目的资格预审申请书

尊敬的先生:

关于贵部委于_____(日期)出台的《资格要求》文件,我/我们已经过仔细阅读并已经理解了该《资格要求》文件的内容,兹特向贵部委就上述项目提交我们的资格预审申请书。该申请不附加任何条件和限制。

我/我们意识到,主管机关将依赖申请书及申请人为申请上述项目资格而与申请书一道附上的文件中所提供的信息,我们确认:申请书及附件 1 至 5 中提供的信息都是真实正确的;没有遗漏任何会造成对信息误解的内容;与申请书随附上的所有文件都是各自原件的真实副本。

作出该声明的明确目的就是为了有资格成为上述项目[开发、建设、运营及维护]的投标人。

我/我们应向主管机关进一步提供其认为需要提供的信息或者应其要求补充或认证资格申请声明。

我/我们承认主管机关有权拒绝我们的申请而无须说明任何理由，我们放弃在适用法律所许可的最大程度内就主管机关无论基于何种理由而拒绝我们申请而提出质疑的权利。

我/我们证实在过去三年时间里，我们/企业联合体的任何成员或者我们/企业联合体的任何成员的关联体没有未能履约的情形，且未履约是经仲裁机关或司法机关施加处罚或者以司法判决或者仲裁裁决而证实的；没有被任何公共职权机关从项目或合同中除名的情形；也没有因我方违约而被公共职权机关终止任何合同的情形。

我/我们声明：

（a）我/我们已经仔细阅读《资格要求》文件及主管机关发布的补充文件且对其没有作出任何保留条款；

（b）我/我们依据第2.2.1(c)条和第2.2.1(d)条不存在任何利益冲突；

（c）与主管机关发布的任何招标或呈送提议方案要求（request for proposal）相关的活动或者与主管机关或者任何其他公共部门企业或者任何中央或邦州政府所签订的任何协议相关的活动中，如《资格要求》文件第4.3条所规定的，我/我们没有直接地或间接地或者通过代理人从事或恣意从事任何腐败行为、欺诈行为、胁迫行为、不良行为或限制性行为；

（d）我/我们确认已经采取措施以确保符合《资格要求》文件中第4部分项下的条款，我们的任何代理人或代表没有从事或将从事任何腐败行为、欺诈行为、胁迫行为、不良行为或限制性行为。

我/我们理解，根据《资格要求》文件第2.17.6条，你们可能会随时取消招投标过程，且你们既没有接受任何可能接收到的申请书的义务，也没有邀请申请人参与项目投标的义务，不会因此对申请人构成任何法律责任。

我/我们认为，我们/我们的企业联合体/拟组成的企业联合体符合《资格要求》文件所规定的资产净值标准并满足所有的要求，因此有资格提交投标书。

我/我们声明，我们/企业联合体的任何成员或我们/企业联合体任何成员的关联体，都不是其他提出资格申请的任何企业联合体的成员。

我/我们确认，事关国家安全和完整之外的事项，我们/企业联合体的任何成员或者我们/任何企业联合体成员的关联体都没有被法院判处罪名成立或者指控，或者被管理机关下达过会使我们承担项目的能力遭受质疑的不利命令，或者被下达过造成影响社区道德的重大犯法行为相关的命令。

我/我们进一步确认，事关国家安全和完整的事项，我们/企业联合体的任何成员或我们的/企业联合体的任何成员的关联体都没有在政府机关有案件记录或者被法院判处罪名成立。

我/我们进一步确认，没有管理机关针对我们/企业联合体的任何成员或者针对我们/企业联合体的关联体或者针对我们的首席执行官或者我们的董事/经理/员工开展未结案的调查。①

我/我们进一步确认,依据印度政府出台的通过收回投资程序寻求收购公共部门企业股份的《投标人资格指南》(参阅收回投资部2001年7月13日编号为"OM 6/4/2001-DD-II"的指南,该指南经细节上做必要的修改也同样适用于投标程序),我们有提交投标书的资格。上述指南的副本构成《资格要求》的部分且列在附录5中。

我/我们确认,[中央政府/邦州政府]或者由其控股的任何实体,均未禁止我们/企业联合体的任何成员或我们的/企业联合体的任何关联体参与任何项目(BOT或任何其他形式),申请日当天也没有禁令存在。

我/我们理解,如果在招投标程序中因为事实或情形发生任何变化,致使我们依据该《资格要求》的条款而丧失资格,我们应立即将此情况告知主管机关。

随附上根据《资格要求》附录1附件5所规定的格式提供《法律能力声明》,且该声明经过正式签署。随附上签署申请书的授权委托书以及指定企业联合体领头成员的授权委托书分别根据《资格要求》附录2和附录3提供。

我/我们理解,筛选出的投标人是一家根据《印度1956/2013公司法》组建且存续的公司,或者是在执行《特许协议》之前如此组建的公司。

我&/我们兹确认,我们应遵守第2.2.3条所规定的运用及维护(O&M)要求。

我/我们兹不可撤销地放弃我们在任何阶段可能依法享有的或其他任何形式可能产生的任何权利或救济,不得挑战或质疑主管机关关于上述项目的条款和执行来挑选申请人、挑选投标人或与筛选/招投标程序本身而作出的任何决定。

我/我们同意且承诺遵守《资格要求》文件项下的所有条款。

我/我们确认,依据《资格要求》,我的/我们的资产净值为_____(印度卢比),且经验值总计得分为_____(用数字)_____(用文字)。

我们同意且承诺根据《特许协议》共同且连带承担作为特许权利人的所有法律义务和责任,直至依据《特许协议》进行财务结算。②

鉴此,我/我们依据《资格要求》的条款规定提交申请书。

此致
敬礼!

日期: (被授权签字人的签名、姓名及头衔)
地点: 申请人/企业联合体领头成员的姓名及签章

---

① 如果申请人不能提供第13段规定的证明,可以在段落之前加上"例外情况如附表……所述"(except as specified in Schedule……)。证明的例外情形或者与此有关的任何披露可以附表的形式清晰地阐述,并和申请书一道随附上。主管机关将会考虑此类附表的内容并决定这些例外情形/披露是否对于申请人资格的适格性是实质性证明。

② 如果申请人不是企业联合体,则省略第23段。

附录1之附件1

附件1
申请人的详细信息

1. (a) 名称;
(b) 公司设立地所在国;
(c) 公司总部所在地地址,以及位于印度的分支机构,如果有;
(d) 公司成立日期和/或开业日期。
2. 公司简介,包括公司主营业务的详细信息以及拟在本项目中所承担的职责。
3. 担任申请人的联系人/沟通人的个人详细信息:
(a) 姓名;
(b) 头衔;
(c) 公司;
(d) 地址;
(e) 电话号码;
(f) 电子信箱。
4. 申请人的授权签字人的详细信息:
(a) 姓名;
(b) 头衔;
(c) 地址;
(d) 电话号码。
5. 如果是企业联合体:
(a) 应提供企业联合体所有成员的上述1—4的信息;
(b) 第2.2.6(g)条中规定的《联合投标协议》的副本应随附申请书一道提供;
(c) 每一个成员的职责信息应根据下表格式提供:

编号	成员名称	职责$	在企业联合体中所占的股份(百分比)$$
1			
2			
3			
4			

$ 每一个成员的职责可由申请人确定,但应根据第2.2.6(d)条和附件4中的第4条标注。

$$ 所占的股份百分比应符合第2.2.6(a)、(c)、(g)条的规定。

6. 还应提供申请人的如下信息,包括企业联合体每一个成员的信息:

申请人/企业联合体的成员名称:

编号	标准	是	否
1	申请人/企业联合体的成员是否被[中央/邦州]政府或由其控股的任何实体禁止参与任何项目(BOT 或其他)		
2	如果第 1 项的答案为"是",禁令在申请日当天是否仍然存在		
3	申请人/企业联合体的成员是否已经缴付在过去三年时间里因延迟而造成的金额为合同价值 5%以上的违约赔偿金,或者是否因与合同执行有关的任何其他原因而被处罚过		

7. 申请人及企业联合体的每一位成员(如果情形适用)或其关联体所作的声明,如披露在过去的项目中存在实质性未履约或合同履行违约的情形,应在下方提供近期合同纠纷和诉讼/仲裁信息(如有必要,另附表格)。

附录 1 之附件 2

附件 2
申请人的技术能力@

(参见《资格要求》第 2.2.2(A)条和第 3.3 条)

申请人类型#(1)	成员代码¥(2)	项目代码¥¥(3)	类别$(4)	经验£(以印度卢比计)$$			经验值得分££(8)
				建造第 3 类和第 4 类适格项目的付款/收款(5)	开发第 1 类和第 2 类适格项目的付款(6)	来自第 1 类和第 2 类适格项目的收入(7)	
单个实体申请人		a b c d					
企业联合体成员 1		1a 1b 1c 1d					
企业联合体成员 2		2a 2b 2c 2d					

(续表)

申请人类型[#] (1)	成员代码[¥] (2)	项目代码[¥¥] (3)	类别[$] (4)	经验[£]（以印度卢比计）[$$]			经验值得分[££] (8)
				建造第3类和第4类适格项目的付款/收款 (5)	开发第1类和第2类适格项目的付款 (6)	来自第1类和第2类适格项目的收入 (7)	
企业联合体成员3		3a 3b 3c 3d					
企业联合体成员4		4a 4b 4c 4d					
经验值得分总计=							

[@] 仅提供申请人以其自身名称和/或第2.2.9条所规定的关联体已经承担的项目信息，和/或第3.2.3(b)条项下的适格项目公司承担的项目信息。在第1类和第2类情形下，仅包括预估资本成本超过第3.2.3(c)条规定金额的项目；在第3类和第4类情形下，仅包括付款/收款金额超过第3.2.4条中规定的项目。如果申请日期在最近一个财务年度结算的3个月内，则参见第2.2.12条。

[#] 由单个实体构成的申请人应当根据"单个实体申请人"一行填写信息，无须填写"企业联合体成员"行。如果是企业联合体，则可忽略"单个实体申请人"行。如果主张某关联体相关，则需依据第2.2.9条提供证据证明申请人和关联体之间的关系。

[¥] 成员代码在单个实体申请人情形下不适用，应标注"不适用"（NA）。对于其他成员，建议采用如下缩写，即：LM代表"领头成员"，TM代表"技术成员"，FM代表"财务成员"，OMM代表"运营和维护成员"，OM代表"其他成员"。

[¥¥] 参见附录1之附件4。如有必要，可增加表格行列。

[$] 参见第3.2.1条。

[£] 在第1类和第2类中的适格项目中，可以增加第6列和第7列中的数据用于计算相关项目的经验值得分。在第3类和第4类的情况下，项目建造不包括货物或设备供应，除非此类货物或设备构成成套项目建造合同/EPC合同的部分。在任何情形下，计算适格项目的经验值得分时均不得包括土地成本。

[$$] 将美元换算成印度卢比时，兑换比率应为[60]印度卢比兑换1美元。在其他货币单位情形下，应在申请日期之前的60天将其换算成美元，再将如此得出的美元金额依上述兑换率换算成印度卢比计价。此类货币的兑换率应以国际货币基金组织在相应日期公布的当日汇率为准。

[££] 将经验值一列的数额除以一千万印度卢比，再将所得结果乘以表3.2.6中适用系数，得出每一个适格项目的经验值得分。如果适格项目位于经合组织国家（OECD），如此得出的经验值得分应依据第3.2.7条，再乘以0.5，依此得出的结果应为此类适格项目的经验值得分。

附录1之附件3

附件3
申请人的财务能力

（参见《资格要求》第 2.2.2(B)条、第 2.2.4(ii)条及第 3.4 条）

（单位为一千万印度卢比）

申请人类型[$$]	成员代码[£]	现金净额					资本净值[££]
(1)	(2)	第1年(3)	第2年(4)	第3年(5)	第4年(6)	第5年(7)	第1年(8)
单个实体申请人							
企业联合体成员1							
企业联合体成员2							
企业联合体成员3							
企业联合体成员4							
总计							

申请人的银行名称及地址：

[$] 将其他货币单位换算成印度卢比,参见附录1之附件2的表下注释。

[$$] 由单个实体构成的申请人应填写"单个实体申请人"行的信息,忽略"企业联合体"部分。如果是企业联合体,则可忽略"单个实体申请人"部分。

[£] 成员代码参见附录1之附件4的第4条须知。

[££] 申请人应提供其自身财务能力或第2.2.9条所规定的关联体的详细信息。

须　　知

1. 申请人/企业联合体的成员应附上申请到期日之前5年的资产负债表、财务报表及年度报告副本。财务报表应：

（a）反映申请人或企业联合体成员及其关联体的财务状况,如果申请人依赖关联体的财务能力；

（b）由法定审计人予以审计；

（c）是完整的,包括财务报表的所有附注；

（d）与已经完成的和审计过的会计期间相符（不得要求或接受部分会计期间的报表）。

2. 现金净值应指"税后利润"＋"折旧"（depreciation）。

3. 资产净值是指（认购并缴清的股份＋准备金）减去（增值准备金＋未摊销的杂项支出＋不分配给股东的准备金）。

4. 第1年应为投标前最近的一个已经完成的财务年,第2年应为第1年之前的那一年,以此类推。如果申请到期日在最近的一个财务年结算的 3 个月内,参见第 2.2.12 条。

5. 如果是企业联合体,应依据《资格要求》文件第 2.2.6(g)条提交《联合投标协议》的副本一份。

6. 依据《资格要求》文件第 2.2.4(ii)条,申请人应提供说明申请人资产净值以及说明计算该资产净值所采用方法的审计人证书。

附录 1 之附件 4

附件 4
适格项目的详细信息

(参见《资格要求》第 2.2.2(A)条和第 3.3 条)

项目代码:　　　　　　　　　　　　　成员代码:

事项 (1)	参见须知第几条 (2)	项目详情 (3)
项目名称及性质		
类别	5	
相关年份的(a)建造收款/付款;(b)PPP 项目开发付款和/或(c)拨款	6	
为哪个实体建造/开发项目	7	
地点		
项目成本	8	
项目/合同的开始日期		
竣工/委任日期	9	
持股(及持股期间)	10	
是否有关联体协助适格项目(是/否)	15	

须　　知

1. 申请人要提供本附件中每一个适格项目相关的信息,所填入的每一个项目必须符合《资格要求》第 3.2.3 条和第 3.2.4 条所规定的适格性标准,根据具体情况适用。本部分提供的信息旨在为申请书中提供的信息提供佐证。申请人也应参阅下面的须知。

2. 对于单个实体申请人,项目代码应为 a、b、c、d 等。如果申请人是企业联合体,则成员1的项目代码为1a、1b、1c、1d等,成员2的项目代码为2a、2b、2c、2d等,依此类推。

3. 每一个适格项目均应单独附上表格。

4. 如果是单个实体申请人,则应在成员代码处标注"不适用"(NA)。对于其他成员,建议采用如下缩写,即:LM代表"领头成员",TM代表"技术成员",FM代表"财务成员",OMM代表"运营和维护成员",OM代表"其他成员"。如果适格项目与申请人或其成员的关联体相关,则应在成员代码处写上"关联体"。

5. 类别编号参见《资格要求》第3.2.1条。

6. 每一个适格项目的收款/付款和/或拨款总额均应在附录1之附件2中注明。此处提供的数额应注明过去5个财务年度的明细。第1年应为申请到期日之前的财务年,第2年应为第1年之前的那一年,第3年应为第2年之前的那一年,依此类推(参见第2.2.12条)。对于第1类和第2类,应提供项目开发支出和/或拨款信息,依具体情况而定,但仅仅是与预估资本成本超过第3.2.3(c)条规定数额的项目相关的信息。如果是第3类和第4类,应提供与项目建造有关的收款/付款信息,但仅针对收款/付款数额超过第3.2.4条所规定最低额的项目。工程建造付款仅仅包括资本支出,不得包括修理和维护支出。

7. 如果是第1类和第2类项目,可以提供所有人/权力机关/代理人(如特许权授予者等)的名称、地址和合同细节等详细信息。如果是第3类和第4类项目,需要提供客户的类似详细信息。

8. 提供适格项目的预估资本成本。参见第3.2.3条和第3.2.4条。

9. 对于第1类和第2类项目,应注明项目的委托日期。如果是第3类和第4类项目,应注明建造竣工日期。项目在建的情况下,应注明可能的竣工或委托日期,视具体情况而定。

10. 对于第1类和第2类项目,需要提供申请人在适格项目所有人公司中所主张的适格经验持续期间的持股情况。

11. 与适格项目有关的任何活动经验不得由企业联合体的两个或两个以上成员提出主张。换句话说,不允许企业联合体以任何方式对同一经验进行重复计算。

12. 申请人的法定审计人$^$或其客户所提供的证书,必须根据下表中每一个适格项目相应的格式提供。在没有法定审计人的行政区域,对申请人/成员/关联体的年报进行审计的审计人可以提供所需的证明。

13. 如果申请人主张具有第1类和第2类$^£$项目下的经验,则应以如下格式提供申请人或其关联体的法定审计人证明:

有关 PPP 项目的法定审计人证明⁺

　　基于其会计账簿和其他公开的经其核实的信息，兹证明_____（申请人/成员/关联体的名称）是/曾是_____（项目公司的名称）的股东，且自_____（日期）至_____（日期）ᵞ持有项目公司的_____印度卢比（大写_____）的股份（占已认购且缴清的股份的_____%ᵋ）。曾经/可能会在_____（项目的委托日期）进行项目委托。

　　我们进一步证明，项目的预估总资本成本为_____印度卢比（大写金额_____印度卢比），其中_____印度卢比（大写金额_____印度卢比）的资本支出发生在过去五个财务年度，具体如下：
_____
_____

　　我们还证明，根据《资格要求》第 3.2.1 条和第 3.2.3(d) 条，上述项目公司在过去五个财务年度里所收取和划拨的适格年收入为_____印度卢比，具体情况如下：
_____
_____

审计公司的名称：
审计公司的印章：
日期：（被授权签字人的签名、姓名及头衔）

$ 如果提供的正式认证过的财务年度报表包含所需详细信息，则无需由法定审计人另行提供证明。

£ 参见《资格要求》第 3.2.1 条。

⁺ 只能根据该格式提供证明。如有必要，证明之后另附说明。在没有法定审计人的行政区域，对申请人或其关联体的年报进行审计的审计公司可以提供《资格要求》项下所需的证明。

□ 参见附件 4 中的第 10 条须知。

ᵞ 如果项目所有人是申请人公司，可将语言适当修改为："兹证明_____（申请人的名称）自_____（日期）至_____（日期）建造和/或拥有_____（项目名称）。"

　　14. 如果申请人主张具有第 3 类和第 4 类＊项目下的经验，则应依照如下格式提供法定审计人或客户出具的证明：

有关建筑工程的法定审计人/客户证明[Y]

基于其会计账簿和其他公开的经其核实的信息,[兹证明_____(申请人/成员/关联体的名称)/曾接受_____(项目公司的名称)的委托,以_____(项目性质)执行_____(项目名称)]*。项目建造开始于_____(日期)且曾于/可能会于_____(日期,如果有)接受委托。兹证明,_____(申请人/成员/关联体的名称)因上述建筑工程收款/付款_____印度卢比(大写金额_____印度卢比)。

我们进一步证明,项目的预估总资本成本为_____印度卢比(大写金额_____印度卢比),根据《资格要求》第3.2.1条和第3.2.4条,其中申请人/成员/关联体在过去五个财务年度里每年的收款/付款为_____印度卢比(大写金额_____印度卢比),具体如下:

_____
_____

[兹进一步证明,上述付款/收款仅限于作为合伙人或合资企业/企业联合体成员从事这些工程的申请人所占的份额。]※

审计公司的名称:

审计公司的印章:

日期:_____(被授权签字人的签名、姓名及头衔)

* 参见《资格要求》第3.2.1条和第3.2.4条。

[Y] 只能根据该格式出具证明。如有必要,可在证明后另附解释性说明。对于没有法定审计人的行政区域,对申请人/成员/关联体的年报进行审计的审计人可以提供本《资格要求》项下所需证明。

* 如果申请人是适格项目的所有人且委托承包商从事建筑施工,可将该语言修改为:"兹证明_____(申请人/成员/关联体的名称)通过_____(承包商的名称)承担_____(项目名称)的建造施工时,在_____(项目公司的名称)中持有26%或更高份额的已认购且缴清的股本。"

※ 这份证明仅在职位/合同执行是作为合伙企业/合资企业/企业联合体一部分时才提供。证明中写明的付款仅仅限于申请人在此类合伙企业/合资企业/企业联合体中所占的份额。如果合同不涉及合伙企业/合资企业/企业联合体,则可以省略这一部分。如果不是以合伙企业/合资企业/企业联合体的方式进行工程建造,可以删除此段。

15. 如果关联体在适格经验中有协助,如第2.2.9条所规定,则申请人应当也以如下格式提供证明:

法定审计人/公司出具的关于关联体的证明$

基于公司已经核实的记录,兹证明_____(申请人/企业联合体成员/关联体的名称)已认购且缴纳的投票权股份中,50%以上是由_____(关联体/申请人/企业联合体成员的名称)直接地或间接地£持有。通过上述持股方式,后者对前者行使控制权,构成《资格要求》第 2.2.9 条项下的关联体。

上述直接或间接持股情况的简要描述如下:

[描述申请人/企业联合体及关联体的持股情况。如果关联体和申请人/企业联合体成员共同受控于某公司,可适当描述该关系并在此处提供类似证明。]

_____

审计公司的名称:
审计公司的印章:
日期: (被授权签字人的签名、姓名及头衔)

$ 如果申请人/企业联合体成员依法对关联体拥有控制权,则可适当修改该证明表述,并附上且参见相关法律副本。

£ 如果是间接持股,所有权关系链中的中介公司应当也是关联体,即在此类公司中的持股应当超过 50%,以确定"控股"关系链不被打破。

16. 值得注意的是,如果上述证明中缺少任何细节信息,则信息可能会被视为不充足,并可能导致在计算经验值得分时将相关项目排除在外。①

附录 1 之附件 5

附件 5

法定资格声明

(通过申请人/企业联合体领头成员的信笺转发)

证明日期:
致:

_____
_____
_____

---

① 参见《资格要求》第 3.2.6 条。

尊敬的先生：

我们兹确认我们/我们企业联合体的成员(成员组成情况已在申请书中陈述)符合《资格要求》文件中规定的条款和条件。

我们已经达成协议,由_____(填写个人的姓名)担任我们的代表/担任企业联合体的代表①,且正式授权由其提交《资格要求》。此外,赋予经授权签字人必要的权力来提供此类书信并证实此类书信的真实性。

此致
敬礼！

（被授权签字人的签名、姓名及头衔）

附录2
签署申请书和投标书的授权委托书②

（参见第2.2.5条）

我们_____(公司的名称及注册办公地址)特此以不可撤销的方式,任命、提名、指定及授权_____(姓名)先生/女士_____的儿子/女儿/妻子,其目前住址位于_____,目前受雇于我们/我们企业联合体的领头成员,头衔为_____,作为我们真实合法的代理人(以下简称代理人),如有必要或在需要时,就_____(主管机关)提议或开发的"_____项目"以我们的名义并代表我们开展与提交资格审查申请书以及提交投标书相关的行为和事项,这些行为和事项包括但不限于：签署与提交所有的申请书、投标书及其他文件；参与资格申请及其他会议并向主管机关提供信息/作出答复；在主管机关面前就所有事项代表我们；签署并执行所有的合同包括《特许协议》及我们的投标书被接受后所承担的所有任务；总体上就上述项目投标和/或向我们授标项目和/或与主管机关签订《特许协议》相关的或相连的或由此产生的所有事项与主管机关打交道。

我们还特此同意、批准和确认我们上述代理人根据并执行此授权委托书所赋予的权力而开展的或因其而开展的所有行为和事项,且我们上述代理人为执行该授权委托书赋予的权力而开展的所有行为和事项应始终视为如同我们所为。

我们_____,即上述委托人,于____年____月____日将此授权委托书生效。特此授权。

委托人：
（签名、名称、头衔及地址）

---

① 请划去两者中任一不适用的情况。
② 提交原件。

见证人：
1.
2.
(业已公证)

(签名)
(代理人的名称、头衔及地址)

接受上述委托。
注意：
- 授权委托书生效形式应依据适用法律和委托人的公司章程文件所规定的程序，如果有的话，且如有要求，应根据程序要求加盖公章。
- 如有要求，申请人应当提交公司章程文件及董事会或股东决议/授权委托书的摘要，确认支持上述人士使该授权委托书生效并据此授权代表申请人行事。
- 对于在印度国外生效的授权委托书，应经过印度大使馆认证且由授权委托书签署管辖地公证。但是，《1961年海牙立法公约》缔约国的申请人提供的授权委托书，如果上面载有相符性的旁注证书，则无须经过印度大使馆认证。

附录3
指定企业联合体领头成员的授权委托书[①]

鉴于_____（主管机关）已邀请利益相关方就_____（项目）提交申请书；

鉴于_____，_____，_____及_____（合称为"企业联合体"）作为企业联合体的成员有意向根据《资格要求》文件、《呈送提议方案要求》以及其他与项目有关的相关文件的条款规定参与项目投标；

鉴于企业联合体成员有必要指定他们中的一员作为领头成员行使所有必要的权力和职权，来为企业联合体并代表企业联合体就企业联合体进行项目投标和执行项目而开展所有可能必要的行为和事项；

特此，在以下见证人的见证下，我们，注册办公地位于_____的_____，注册办公地位于_____的_____，注册办公地位于_____的_____，以及注册办公地位于_____的_____（合称为"委托人"），兹不可撤销地指定、提名、任命和授权企业联合体成员之一且注册办公地位于_____的_____作为企业联合体的领头成员和企业联合体真实合法的代理人（以下简称代理人）。我们特此不可撤销地授权代理人（可以让渡其代理权）为企业联合体并代表企业联合体及我们每一个成员开展投标过程中的所有事宜，如果企业联合体获得特许权/合同授标，则在执行项目期间为企业联合体并代表企业联合体开展所有的或任何与企业联合

[①] 需提交原件。

资格预审及提交项目投标书而需要的或必要的或相关的行为或事项,包括但不限于签署与提交所有的申请书、投标书及其他文件,接受授标函,参与招投标及其他会议,就问询作出回复,提交信息/文件,签署并执行合同,企业联合体投标被接受后的后续工作,以及总体上代表企业联合体就企业的项目投标有关的或因此而产生的所有事项和/或授标后直至与主管机关签订特许协议前,与主管机关和/或任何其他政府机关或任何个人打交道。

我们特此同意、批准和确认,并在此批准和确认我们上述代理人根据该授权委托书并行使其赋予的权力而开展的或因其而开展的所有行为及事项,且我们上述代理人根据该授权委托书行使权力而开展的所有行为及事项应当且始终应当视为我们/企业联合体所为。

上面所列的我们所有委托人于____年____月____日将此授权委托书生效,特此授权。

委托人:_____
（签名）
_____
（姓名及头衔）

委托人:_____
（签名）
_____
（姓名及头衔）

委托人:_____
（签名）
_____
（姓名及头衔）

见证人:

1.

2.

(生效人)
（由企业联合体的所有成员授权生效）
注意事项:
• 授权委托书生效形式应依据适用法律和委托人的公司章程文件所规定的程序,如果有的话,且如有要求,应根据程序要求加盖公章。
• 如有要求,申请人应当提交公司章程文件的摘要以及董事会或股东的决议/授权委托书,确认支持上述人士使该授权委托书生效并据此授权代表申请人行事。

• 对于在印度国外生效的授权委托书,应经过印度大使馆认证且经由授权委托书签署管辖地公证。但是,《1961年海牙立法公约》缔约国的申请人提供的授权委托书,如果上面载有相符性的旁注证书,则无须经过印度大使馆认证。

附录 4
联合投标协议

(参见第 2.13.2 条)
(需要在恰当纸质的邮票纸上签署)

此《联合投标协议》由以下当事方于 20____年____月____日签署,包括:

1. _____一家依据《1956/2013 年公司法》[①]组建的有限责任公司,其注册办公地位于_____(以下简称甲方,除非另有相反的规定,该表述包括其继承者及获得许可的受让人);

2. _____一家依据《1956/2013 年公司法》组建的有限责任公司,其注册办公地位于_____(以下简称乙方,除非另有相反的规定,该表述包括其继承者及获得许可的被转让人);

3. _____[一家依据《1956/2013 年公司法》组建的有限责任公司,其注册办公地位于_____(以下简称丙方,除非另有相反的规定,该表述包括其继承者及获得许可的被转让人)]

4. _____[一家依据《1956/2013 年公司法》组建的有限责任公司,其注册办公地位于_____(以下简称丁方,除非另有相反的规定,该表述包括其继承者及获得许可的被转让人)][②]

上述各当事方甲方、乙方、[丙方及丁方]合称为"当事方",单指时称"当事一方"

鉴于:

(A) 印度国家公路管理局依据 1988 年《印度国家公路管理局法》成立,由其主席作为法人代表,主营业地位于印度新德里德瓦尔卡的 10 区 G-5 和 6 区,邮编为 110075(以下简称主管机关,除非另有相反规定或含义,否则该表述应包括其行政管理者、继任者及受让人),已经通过_____日编号为_____的《资格要求》发出提交申请的邀请,以进行资格预审并挑选通过公私合作伙伴关系开发运营及维护_____项目的投标人。

(B) 当事方有意向作为企业联合体,根据《资格要求》文件及与项目有关的其他招投标文件对项目进行联合投标。

---

① 在印度国外注册的投标人可以将这个表述即"依据《1956/2013 年公司法》注册成立的公司"替换成"正式组建且依据组建地法域的法律有效存续的公司"。如有必要,在"鉴于条款"部分进行类似修改。

② 当事方的编号应在此呈现,但最多不得超过 6 个。

(C) 依据《资格要求》,一个必要的条件就是企业联合体的成员们应该签订一份《联合投标协议》并在提交申请书时提供该协议的副本一份。

兹达成如下协议:

1. 定义及解释

在本协议中,除非另有要求,大写的术语应具有《资格要求》项下的含义。

2. 企业联合体

2.1 当事方兹不可撤销地成为企业联合体,以联合参与项目招投标过程。

2.2 当事方特此承诺只通过此企业联合体参与项目招投标过程,而不以个体名义和/或通过组建任何其他企业联合体,无论是直接地还是间接地或者通过其任何关联企业。

3. 盟约

当事方兹承诺,如果宣布该企业联合体作为入选投标人且获得项目授标,它应依据《2013年公司法》成立一个特别目的工具,以与主管机关签订《特许协议》并依据项目《特许协议》条款履行作为特许权利人应承担的所有义务。

4. 当事方的职责

当事方兹承诺依据如下规定履行其职责:

(a) 甲方应为该企业联合体的领头成员且应获得所有当事方的授权委托,在招投标过程中,直至根据《特许协议》规定的指定日期 SPV 所有的义务生效之时,为该企业联合体的利益并代表该企业联合体开展所有事务;

(b) 乙方应为[企业联合体的技术成员]。

[(c) 丙方应为企业联合体的财务成员。]

[(d) 丁方应为企业联合体的运营及维护成员/其他成员。]

5. 连带责任

当事方兹承诺依据《资格要求》《呈送提议方案要求》《特许协议》的条款对项目相关的所有义务和责任承担连带责任,直至根据《特许协议》项目结账期止。

6. SPV 中的持股

6.1 当事方同意当事方在 SPV 中的持股比例如下:

甲方:

乙方:

[丙方:]

[丁方：]

6.2 当事方承诺由甲方[乙方及丙方]持有在 SPV 中认购及缴清的至少 26%的股本,且应始终持有直至项目商业运营日两周年时止,其经验和净资产已经依据《资格要求》在资格审查和挑选项目申请人时计算过。

6.3 当事方承诺,上述第 6.2 条所规定的当事各方应在项目商业运营之日起至该日期的两周年时止,始终在 SPV 中持有的已认购且缴清的股本应相当于项目总成本的至少 5%。

6.4 当事方承诺,他们始终共同持有 SPV 已认购且缴清的股本的至少 51%,直至项目商业运营日的两周年时止。

6.5 当事方承诺,他们应遵守《特许协议》中规定的所有股份锁定条件。

7. 当事方的意思表示

各当事方自本协议生效之日起向其他当事方表示:

(a) 本当事方依据设立地法律正式设立、有效存续且信誉良好,而且具有所需权力和职权签订本协议;

(b) 本当事方使本协议生效、递送及履行时,都经过所有必要且适宜的公司或政府行为,且支持使本协议生效、授权代表为企业联合体行事的公司章程摘要及董事会决议/授权委托书副本附在本协议之后,据其所知,不得有:

(i) 任何未获得的同意或许可;

(ii) 违反任何现存的且对其适用的适用法律;

(iii) 违反该当事方的备忘录、公司章程、公司规章或其他适用的组织文件;

(iv) 违反任何官方许可、许可证、特许、授权、执照或其他政府授权、许可、意见、命令或法令或任何抵押协议、契约,或该当事方作为一方当事人的任何其他文件,或对该当事方的任何财产或资产具有拘束力或在其他方面对该当事方应适用的任何其他文件;

(v) 创设或施加任何留置权、不动产抵押权、抵押权、请求权、担保权、收费权、产权负担或义务,以对当事方或其财产创设留置权、抵押权、担保权、产权负担或不动产抵押,除非产权负担单独地或共同地不会对该当事方的财务状况或财务前景或商业活动产生致使该当事方无法履行本协议项下义务的实质性负面影响。

(c) 本协议对该当事方具有法律上的拘束力,该当事方应该履行该协议条款对其所规定的义务;

(d) 据该当事方所知,没有其或其关联体作为当事方之一的未决诉讼,在当下影响着或者会对该当事方的财务状况或财务前景或商业活动产生致使该当事方无法履行本协议项下义务的实质性负面影响。

8. 协议终止

本协议自上述日期起生效且持续有效直至根据《特许协议》项目结账,如果企业联合体获得项目授标。但是,如果企业联合体没有通过项目资格审查或者没有被选中获得项目授标,本协议在申请人没通过资格审查时或在主管机关向投标人退还投标保证金时终止效力,视具体情况而定。

9. 杂项条款

9.1 该联合投标协议适用印度法律。

9.2 当事方承认并接受本协议未经主管机关事先书面同意不得由当事方修改。

上述当事方使本协议自首页顶端所载日期之日起生效并递送,特立此据。

为领头成员并代表其签名、盖章及递送	为乙方并代表其签名、盖章及递送
(签名)	(签名)
(姓名)	(姓名)
(头衔)	(头衔)
(地址)	(地址)
为丙方并代表其签名、盖章及递送	为丁方并代表其签名、盖章及递送
(签名)	(签名)
(姓名)	(姓名)
(头衔)	(头衔)
(地址)	(地址)

见证人:

1.   2.

注意事项:

联合投标协议生效形式应依据适用法律和使之生效的当事方公司章程文件所规定的程序,如果有的话,且如有要求,应根据程序要求加盖公章。

每一份联合投标协议应附上支持上述人士使该协议生效并据此授权其代表企业联合体成员执行该协议的公司章程文件摘要及决议/授权委托书的副本。

对于在印度国外生效的联合投标协议,应经过印度大使馆认证且经由授权委托书签署管辖地公证。

附录 5[①]
印度财政部收回投资司(disinvestment)指南

(参见第 1.2.1 条)

由印度政府财政部收回投资司颁布
文件编号:6/4/2001-DD-II

颁布日期:2001 年 7 月 13 日
地址:新德里 CGO Complex Block 14

备 忘 录

主题:寻求通过收回投资程序购买公共部门企业(PSE)股份的投标人资格指南

印度政府已仔细考虑制定综合且透明的指南来界定有意向开展 PSE 收回投资的投标人标准,目的在于通过鼓励竞争的招投标程序筛选当事人的方式,以提升公信力。早先,印度政府已对诸如"净资产""经验"等标准予以过规范。基于经验和相关部分的磋商,印度政府决定对通过收回投资方式购买公共部门企业股份的当事人资格/不符合资格进一步制定如下标准:

(a) 关于国家安全和统一之外的事项,法院的任何定罪或监管机构的起诉书/不利命令如果对获准减资(be disinvested)的投标人管理公共部门的能力产生怀疑,或者与构成资格不符的严重违法行为相关,将构成取消资格。严重违法行为应界定为其性质触犯了社会道德观。就违法行为的性质作出决定应由印度政府在考虑案件事实和相关法律原则后逐案判定。

(b) 关于与国家安全和统一相关的事项,投标方或投标方的任何姐妹公司因违法行为在政府机关有案件记录/被法院判处有罪将导致其资格不符。对于投标方与其姐妹公司之间的关联将基于相关事实经审查两者是否由同一个人/相同人士实质性控制而作出判定。

(c) 在(a)和(b)中,资格不符持续的时间由印度政府判断多久为宜。

(d) 被认定为不符合参与收回投资程序资格的任何实体,不得继续参与该程序,不得因其就资格不符的命令提起上诉而继续参与该程序。上诉结果悬而未决不对其资格不符的判定产生任何影响。

(e) 资格不符标准立即生效且对所有投标人在各类尚未完结的收回投资交易

[①] 印度政府可以不时修改或替换这些指南。

中适用。

（f）在确定资格不符之前,应向投标人出具一份《述因通知》并为其提供一次解释机会。

（g）因此,上述标准应在向有意向的当事方寻求《项目意向书》(EOL)的广告中予以规定,要求有意向的当事方与《项目意向书》一道提供上述标准相关的信息；要求投标人在提供《项目意向书》时一并承诺没有任何主管机关针对其开展任何调查。如果针对投标人或其姐妹公司或其首席执行官或其任何董事/经理/员工开展调查尚未结案,应向印度政府披露包括调查机关的名称、被调查的指控/违法行为、被调查的人员姓名和职衔以及其他相关信息在内的全部细节,直至其满意为止。对于其他标准,也应在提交《项目意向书》时作出类似承诺。

附录6
适用于具体申请的条款列表[①]

A. 脚注中含有货币计量的条款

1. 引言
2. 第1.2.4条:投标过程的简要描述
3. 第2.2.1(c)条:申请人的适格性
4. 第2.2.4条:申请人的适格性
5. 第2.3.2条:企业联合体组成发生变更
6. 第2.10.3条:《资格要求》的修订
7. 第2.19.1(g)条:响应能力测试
8. 第3.2.1条:为通过评审而应具备的技术能力

注意:不得删除上述条款脚注中带有的"＄"符号。它们应保留在《资格要求》文件中发布给潜在申请人。

B. 带有非数字标号脚注的附录

附录中所有不是数字编号的脚注应当保留在各附录文件中供申请人参考。申请人在提交各自的申请书时可将其删除。

C. 文字中使用方括号的附录

1. 附录1之附件4:构成资格申请书部分的致函。

[①] 本附录6包含的是需要根据具体申请条款而加以适当修改的条款和附录内容列表。因此,本附录6可以包括在发布给潜在申请人的《资格要求》文件中。

2. 附录 4：签署《联合投标协议》的当事方 3 和 4；第 4 条及第 6 条。
注意：申请人适当考虑自身情形后应当删除这些方括号部分。

D. 带有空格的附录

附录中所有的空格部分应当保留在《资格要求》中。申请人在使用相应的附录格式时对这些空格部分填充内容。

（甘翠平　译）

关于公私合作伙伴关系的国家政策

(磋商草案)

目　录

序言
1. 公私合作伙伴关系模式的定义
2. 适用于开展公私合作伙伴关系模式的原则
3. 公私合作伙伴关系模式的过程
4. 促进公私合作伙伴关系模式实施制度框架
5. 制度框架及治理机制

序　　言

印度政府致力于改善其全国范围内经济及社会基础设施服务的水平和质量。为实现这一目标,印度政府认为公私合作伙伴关系模式(PPP)在将私营部门的投资和运作效率引入到公共资产和服务的提供方面会发挥重大作用。

在过去的 15 年时间里,印度已经见证了公私合作模式的高速发展。由于印度中央政府以及许多邦州政府采取了诸项政策和体制改革,印度已经成为全球范围内公私合作模式发展位居前列的市场体之一。印度政府成立了"公私合作项目评估委员会"(PPPAC),对项目评估和批准程序进行精简,而且建立了透明的、竞争性的招投标程序。为促进在更广范围内实现跨领域的公私合作,印度政府已经通过诸如项目发展基金、可行性缺口融资、改革向用户收费制度、提供长期融资和再融资以及体制化和个性化的能力建设等方式大力发展公私合作伙伴关系模式。目前,公私合作伙伴关系被视为是高速公路、港口以及机场等诸多领域内备受青睐的项目执行模式,公私合作伙伴关系被日益更多地运用到城市及社会领域。在过去数年时间里,一套促进公私合作伙伴关系发展的生态机制已经形成,其中涉及政府机构、项目开发商、融资人、股权投资者等主体以及配套政策和程序。

公私合作模式的发展趋势,特别是它在过去十年时间里的发展势态表明,需要制定一个统领性的政策框架,对林林总总跨部门之间合作的众多项目执行作出原则性规定,如此才能匹配举国上下全面发展的愿景。《关于公私合作伙伴关系的国家政策》致力于,如若适当执行,通过以下方式一贯地、高效地推动公私合作模式的发展:

(1) 规定适用于公私合作模式项目的普遍原则;

(2) 提供确定、安排、授予和管理公私合作项目的框架;

(3) 规划促进和执行公私合作模式的跨部门机构设置和机制;

(4) 对公私合作模式中一些至关重要的解释和过程予以规范化,以期在一些关键问题上采取清晰的、一致的、共同的立场;

(5) 确定公私合作模式的发展趋势,对其进行迭代升级、扩容以及加速发展等。

该政策旨在从以下方面助推中央政府、邦州政府机关以及寻求发展公私合作伙伴关系的私营部门:

(1) 以精简的程序和原则开展公私合作项目;

(2) 项目规划和安排时确保在项目周期理论(life cycle approach)的指导下实现风险最优分配、确保资金收益;

(3) 设置治理机构以促进PPP项目采购中的竞争性、公平性及透明度;

(4) 对公私合作项目发挥适度的公共监督和监管。

1. 公私合作伙伴关系模式的定义

1.1 "公私合作伙伴关系模式"是指一方为政府/法定实体/政府所有的实体,另一方为私营实体,就提供公共资产和/或公共服务签订协议,私营实体在规定的一段时间里进行投资和/或管理,私营实体和公共实体之间有着明确的风险分担,且私营实体的回报(payment)与其履约相关,履约标准在协议中加以具体规定及事先约定,由公共实体或其代表予以评定。

1.2 上述定义中的基本条件如下:

(1) **与私营实体签订的协议**:该协议项下的资产和/或服务由私营实体提供给用户。若非政府所有权占有绝大多数的实体,即持有51%或更高比例的股份,则将其视为私营实体[①];

(2) **为公共福利所提供的公共资产或服务**:所提供的设施/服务传统上是由政府行使主权功能而向民众提供的,为更好地体现该意图,两个关键概念作如下解释:

(a) "公共服务"是指国家有义务向其市民提供的或者国家传统上一直向其市民提供的服务;

---

① "私营部门公司"是指公司51%或以上所认购、缴付的股份是由私人实体所持有和控制。"私营实体"如果是公司,则指不属于《1956年公司法》第617条和第619B条范畴内的公司;如果是其他实体,则指非政府控股("控股"是指通过子公司直接或间接地拥有该实体一半以上的投票权)。

(b) "公共资产"是指与"公共服务"交付紧密相关的资产使用,或者是利用或整合主权资产以交付公共服务的资产。"政府所有权"不一定暗示它是公私合作模式。

(3) **私营实体进行的投资和/或管理**:协议可以规定私营部门进行的金融投资和/或非金融投资;协议的意图在于利用私营部门向用户交付高质量服务的效率;

(4) **在规定的一段时间里运营或管理**:协议不会永久有效。在事先约定的时限届满后,与私营部门实体的协议就到期终止;

(5) **与私营部门分担风险**:单纯的外包合同不属于公私合作伙伴关系模式;

(6) **回报与履约相关**:核心关注点是履约质量,而不仅仅是提供设施或服务;

(7) **达到履约标准**:关注点是服务交付方面的一个核心要素,且符合有关权力机关(Sponsoring Authority)事先规定的评定标准。

1.3 上述定义仅仅提及被认定为公私合作模式协议的基本条件。除此以外,公私合作模式所满足的一些可取条件或"良好操作"包括如下几方面:

(1) 以最优化的方式将风险分配给最适合风险管理的当事方;

(2) 私营部门实体就其投资和管理的公私合作项目回收现金流,可以通过从政府实体处获得与履约相关的费用报酬和/或从其提供服务的消费者处收取用户服务费的方式;

(3) 一般而言双方之间达成的是长期协议,但也可以是更短期的,具体取决于公私合作项目所处的部门或者关注点;

(4) 协议中的激励及处罚安排,确保依据服务交付标准评定私营部门交付的服务(be benchmarked against);

(5) 公私合作项目的结果通常都是预设为产出参数,而不是拟建设的资产的技术规格,尽管可能需要确定最低的技术规格。如此安排,是为私营部门实体在执行/开展项目中进行创新和技术转让留有空间。

1.4 标的资产的所有权在合同期限内属于公共实体,且在合同终止后项目回转给公共实体,这种模式是最受青睐的公私合作伙伴关系模式。最终决定 PPP 采取何种形式是进行性价比分析的决定因素。

1.5 通常采取的 PPP 项目模式包括管理合同、建造—运营—转让(BOT)及其衍生形式、建造—租赁—转让(BLT)、设计—建造—运营—转让(DBFOT)、运营—维护—转让(OMT)等。

1.6 鉴于政府资源有限,且如果不履约而对违约方施加处罚情况复杂,加上提早终止合同时对标的基础资产估值的复杂性,"建造—拥有—运营"(BOO)模式通常不是公私合作模式所青睐的类型。印度政府不承认服务合同、工程采购和施工合同(EPC)以及资产剥离属于 PPP 模式。

1.7 政府承诺在所有的利益相关者——公共实体、私营实体、最终用户以及社会大众中遵从"伙伴关系"精神。现有的建立强有力的公私合作伙伴关系倡议如果继续施行,随着 PPP 协议下利益相关者的能力及完备程度进一步提升,政府在合适的时机会有选择性地考虑更新模式的"公私合作伙伴关系",这种关系会更为简明、灵活,且会促进协议各当事方更大程度的参与。

表 1 政府支持的 PPP 模式

基于用户付费的 BOT 模式	大中型 PPP 项目主要出现在能源和交通次级部门(道路、港口及机场)。尽管形式上有所差别,但在过去的时间里,PPP 模式已经变成趋向投标许可权竞争,成本回收主要通过向用户收费的形式(在有些情况下,部分是通过政府给予可行性缺口融资的形式)。
基于年金的 BOT 模式	对于很难通过向用户收费回收巨额成本的部门/项目,出于社会—政治—可承受性考虑,例如在农村部门、城市部门、健康和教育部门,政府通过基于效益/履约水平的付款合同引入私营部门的效能。开展"年金模式"需要必备的框架条件,例如通过持续多年的预算支持、专项资金以及信用证等方式建立付款担保机制。政府可以考虑建立单独的扶持窗口,鼓励基于年金的 PPP 项目。这种方式的一种变体可以是在施工期间支付大额预付款(例如项目成本的 40%)。
基于履约水平的管理/养护合同	在经济资源受限的环境中,能够提升效能的 PPP 会显得更加重要。鼓励采取诸如基于履约水平的管理/养护合同等 PPP 模式。适合采取此类模式的包括供水、公共卫生、固体废弃物管理及道路养护等部门。
改良的"设计—建造"(交钥匙 DB)合同	在传统的"设计—建造"合同中,保证私营承包商在完工时获得一笔固定金额的付款。"设计—建造"合同的主要优势包括节约时间和成本、进行有效的风险分担以及提升工程质量。政府可以考虑"设计—建造"方式,在施工进入实质性的中期重要阶段(而不是完工时予以一次性付款)以及承担短期养护/修缮责任随即付款。这一方式包含延迟/提早完工的处罚/激励机制以及对私营部门合作伙伴提供履约担保(保证)的要求。此后,随着市场情形变化,这些项目可以通过"运营—养护—收费特许权"方式提供给私营部门。

1.8 主动竞购/瑞士挑战(Swiss Challenge)提议

政府不推崇主动竞购/瑞士挑战提议。公共部门不乐意采用主动竞购提议的原因在于它缺乏透明度,没有公正和平等地对待潜在的竞标人。最初的方案提议者(Original Proponent)和其竞争者之间存在"信息不对称"和"竞标不对称"因素。竞标不对称在于时间和价格不对称,本质上只有最初的方案提议者才能有机会在一轮或几轮谈判后作出最佳及最终的报价(BAFO)——其竞争者未被授权就谈判提交同等数量的反馈,因此被剥夺了这样的竞标机会。在例外情形下,如果传统上没有 PPP 安排的部门或者涉及购买专利技术,如果"性价比"分析(VFM)确认需要作出此类决定,则可能会考虑发展这种方式的各种衍生形式,但需事先取得有关职能部门的许可。

2. 适用于开展公私合作伙伴关系模式的原则

2.1 出于实现广泛发展及可持续性发展之目的,政府承认需要通过 PPP 制度

框架推动在诸多部门中发挥私营部门的作用。此种伙伴关系的首要目标如下：

2.1.1 在资产创造、维护及交付服务中利用私营部门的效能。

2.1.2 在项目开发中关注项目生命周期，包括资产创造及维护的生命周期。

2.1.3 创造机会引入创新及技术提升。

2.1.4 以负责任的及可持续的方式，向用户提供其可承受的且质量提升的服务。

2.2 发展PPP需要注意以下广泛适用的原则：

2.2.1 提供一个公平的、透明的制度框架，以促进和鼓励PPP执行模式提供公共资产和/或相关服务。

2.2.2 确保对项目进行规划、予以优先处理并加以管理，以惠及用户并实现股东的经济回报最大化。

2.2.3 采取高效的、公正的、一贯的、透明的、鼓励竞争的过程来挑选私营合作伙伴，并确保在项目周期内进行高效管理。

2.2.4 保护最终用户、项目相关人、私营部门和公共部门实体以及其他股东的权益。

2.2.5 鼓励利用私营部门现有的最佳技术、知识和资源，以其精通且富有创新性的做法，高效地交付公共服务。

2.2.6 在投资利用方面提升效率，通过制定促进项目施行的框架，提升私营部门在建造公共资产和确保对这些资产进行长期维护方面的参与度。

2.2.7 提供必要的预算以应对项目发起人政府（sponsoring government）的或有负债，可以采取各种形式，例如合同终止时对借贷人承担法律责任（liabilities towards lenders）、保证最低收益等。

2.3 意识到加速发展高效的公私合作伙伴关系以实现整体的发展目标势在必行，政府将基于上文列举的广泛适用的原则制定计划、指南和操作方法，且在其认为必要的时候修改立法和商务规则，以最优化的方式提供公共服务。政府设想作出如下几项关键政策干预：

2.3.1 备受推崇的PPP执行模式

政府将正式确立PPP作为其推崇的项目执行模式，这方面已经有足够的案例和良好的实践。因此，在任何可适用的情形下，政府将规定优先执行的PPP模式，这将为政府实体提供足够的明晰度并鼓励它们优先采用所规定的PPP模式。

2.3.2 增强PPP项目中的透明度

确保政府程序的透明度是政府首要关注的优先事项，只有保证PPP项目过程透明度才能赢得股东们的信任。政府已经公布了采购PPP项目时采用的严格的程序。这些可确保向所有对项目感兴趣的竞标者提供一个公平的竞争平台。为进一步强化透明度，政府将：

（1）出台单独的具有强制性的文件及公平操作指南，且其应在所有PPP项目中得到遵守；

（2）建立完善的争端解决机制，处理与PPP项目招标和投标有关的问题；

（3）基于市场需要开发新的产品，诸如独立的投标前评级（pre-bid rating），以协助投资人识别结构良好的（well-structured）PPP项目；

（4）探索建立PPP网络市场的可能性，公开、透明地对正在进行的以及即将进行的PPP项目机会进行营销。

2.3.3　PPP规则

安排PPP项目时，要求政府官员进行判断并作出决定，平衡包括政府在内的不同利益相关者的权益。为了给官员提供指南，政府将出台明确的PPP规则，包括项目规划确定和采购程序、争端解决机制和仲裁等的关键合同条款、不可抗力事件及合同终止情形、项目监管以及授权政府官员进行项目安排和决策的合同管理事宜等方面。

2.3.4　拍卖

在PPP项目提供隐含的使用权/所有权或者排他性权利时，基于市场行情查明此类自然资源价格就会是PPP招投标和决标中首要考虑的因素。或者，若提供的资源是用于某种特定用途，诸如土地用于交通项目，则禁止采取其他的土地使用方式，且这一点没有商讨的余地。

2.3.5　如果一个PPP项目有赖于另一个项目且这两个项目不属于同一个一揽子项目，则公共职权部门应促进且确保每一个项目完工，以促进另一个项目完工。

3. 公私合作伙伴关系模式的过程

3.1　为作出规划、开发及顺利执行PPP项目的决策，大体上可将其分为四个阶段，即项目确认阶段、开发阶段、采购阶段以及合同管理和监管阶段。

3.2　阶段1：项目确认阶段

活动涉及战略规划、项目的预先可行性分析、性价比分析、PPP项目适当性审查以及获得内部许可以开始PPP开发工作等。

3.3　一些关键的助推程序阐述如下：

3.3.1　PPP规划旨在形成一套稳定的PPP项目结构安排

为高效利用现有资产并更加高效地利用新的投资，政府应在一段时间内为各部门制定长期展望和规划文件，确定公共部门和私营部门如何参与。在每一个财政年度，基于预先决定和设想的公共服务提供水平，政府不同机构应制定年度PPP规划，确认总体展望下的各类项目并具体规定规划中每一项目私营投资所占的比重。

3.3.2 预先可行性分析

由项目倡议人（project proponent）开展，对每一个设想通过 PPP 模式采购的项目进行广泛的可行性评估，识别项目中关键的风险因素，以确立项目可能的成本流和收入流。

3.3.3 助推高性价比的程序

性价比评估在对投资优先事项进行决策以及挑选与介绍采购方式中发挥核心作用，特别在基于年金的付款安排中特别重要，这一安排中需要依据一个框架来进行评估，即在以更加传统的采购方式作为备选项的情况下，PPP 是否是合适的采购方式。

（1）应进行性价比分析，以支撑关键决策的作出。一开始，进行性价比分析是为了确定是否将一个项目以 PPP 模式开发。此后，进行性价比分析应当是为了证实是否基于收到的投标而将 PPP 合同授予投标人。性价比分析在 PPP 结构安排中是最为显著的方法，该方法通过将源于财务分析的影子投标与公共部门比对标准（或者是传统采购成本）进行比较，（附录中对性价比分析进行简要说明）

（2）应对每一个项目进行性价比分析，以便确定以 PPP 采购的项目对于公共部门而言是符合性价比要求的，即使不要求有财政资助，也要进行性价比分析，因为成本可能通过向用户收取费用的形式收回（因为政府有义务确保用户支付的费用是公平且合理的）；

（3）应基于高效节能的标准进行性价比分析和评估，实现高效节能的方式可以是利用私营部门的管理技能、设计、建造及服务运营环节的整合和协作、风险分担最优化、项目完整生命周期内的成本核算、创新、注重产出以及具有活力且具有竞争性的过程来获得最佳投标报价；

（4）意识到信息的可获得性是作出性价比分析的制约因素，且意识到不同部门所具有的不同特点影响着性价比分析的结果。公共部门实体直接或者通过"PPP 机构"（PPP Cells）等机构建立机制，以创建促进性价比分析的数据库。

3.3.4 与邦州和部门法律的合规性

安排 PPP 项目之前，应评估查明根据现有法律是否允许私营部门参与提供公共服务。如果现有法律不允许，但是又认为采取 PPP 是合理的，则要对立法进行适当的修改/修正。

3.3.5 遵守过程

除了上述诸项外，应视为项目适合采取 PPP 形式，只要分配风险的方式能使利益相关者利益最大化，且执行机关承诺遵守项目开发、采购以及决标后的管理过程。如果在 PPP 适当性评估后发现项目不适合采取 PPP 形式，执行机构要考虑采取工程采购和施工合同（EPC）、公司赞助、社区参与等替代性方法继续推进项目实施进程。

3.4 阶段2:开发阶段

涉及项目准备(包括技术可行性分析及财务生存能力分析)、项目安排、合同文件以及项目许可和批准取得等。在这个阶段中,应本着如下目标开展活动:

a. 明确项目范围,执行政府机关的要求,并规定当事方的角色/职责;
b. 确定收益模式在整个项目周期具有活力且具有持续性;
c. 确保对潜在风险加以界定并在缔约方之间适当地分配;
d. 确保合同协议和文件精确地反映出项目的范围、当事方的角色和义务、履约标准、监管安排、惩罚条款、汇报要求、争端解决机制、合同终止如何安排以及决标后有效的治理机制等;
e. 查明合同安排是政策、法律法规准许的;
f. 确保整个过程中利益相关者的买入和承诺是有保障的。

3.4.1 作为项目开发活动的一部分,执行机关要就与技术、市场分析、金融及法律相关问题开展研究和调查,可在任何有需要的情况下获得顾问/咨询师的帮助。项目开发活动的产出,在可行的程度内,在整个招投标过程中,要向潜在的投标者提供。这一阶段一些至关重要的核心活动在下文中阐述。

3.4.2 经济的、财务的及可负担性评估

(1)为项目安排最优化,执行机构将从经济视角评估项目(以确认项目是否合理正当——公共需要),然后确认项目是否对私营部门产生积极的价值(财务生存能力评估),最后确认既定的具有可行性的PPP是否优于传统采购方式或者确认既定的具有可行性的PPP项目中哪一个更具有吸引力(性价比分析)。所有这些分析将基于相同的评估方法——计算资产净现值,将来的受益(收益)和成本(资本、运营及维护成本)也都要进行折算以体现当前的价值;

(2)经济分析将成为关于项目(公共)需求进行决策的核心要素,除了现金流以及具有财务影响的因素之外,还将包括其他外在成本和股东收益,无论它们是否具有任何财务影响。经济分析会对将来的经济收益和成本进行评估及折算,使用体现项目系统风险的折算率;

(3)财务分析将评估项目是否为资本提供者产生足够的收益,使他们获得可以接受的回报率。将来的财务收益和成本(就现金流而言)进行折算,使用反映资本成本的折算率,也将项目的系统风险纳入考虑;

(4)可负担性分析对于执行机构(既有负债、或有负债,如土地购买成本、改造和安置成本、年金支付、管理费用等)以及可能的用户(税费、使用费等)而言,是除性价比分析之外的一个关键决定因素,据此判断是否采用PPP模式开展项目。可负担性分析也是确立财务分析中假设的合理性的有效工具;

(5)也会进行可融资性评估,以评估拟开展的项目中债务还本付息的能力。

"债务还本付息比率"(DSCR,用于偿付债务的现金流除以债务偿付额)是评估项目信贷价值的关键措施。如果分析表明项目不具有可融资性,执行机构可能考虑设立信贷加强机制,诸如进行可行性缺口资助、建设补助金或维护补助金以及包括影子用户费用等的替代性收益结构。可以通过机构设置条款及合同条款来加速建立此类信贷加强机制;

(6)现有的贷款、担保、其他法定之债和合同之债、或有负债,影响着项目倡议人的财政资源,在安排PPP合同时要予以考虑。

3.4.3 性价比分析

性价比量化评估采取类似的方法。与传统采购方式进行比较(如同在经济分析和财务分析中所采用的),对采取PPP方式获得的将来收益及成本进行评估和折算,使用反映项目系统风险的折算率。

3.4.4 风险管理

(1)政府通过执行机关明确项目周期过程中的风险类型及风险程度,并配置适当的减损措施,目标在于使项目风险分配最优化,而不是最大程度地将风险转移给私营部门。这种尝试将股东合法的关切事项纳入考虑,将风险分配给最适合管理风险的当事方;

(2)在通常情况下,公共部门不应承担私营部门更有能力承担的风险。但是,在公共部门正常处理公务的情况下,如果公共部门更有能力减少/承担风险,诸如确保获得项目用地且不被征作他用,或者在项目开始前获得监管机关的强制许可。此类风险由公共部门承担;

(3)要在合同文件中规定风险如何分配,且在正常情形下,在项目决标后不得更改。制作合同文本要为借贷方提供足够的保护,以应对不可抗力、监管变更、合同终止等非商业性风险。合同还应规定关键的履约指标及产出参数,以确保交付的服务符合期望达到的水准。

(4)为确保项目符合PPP的指导原则,政府已公布《核心部门公私合作项目规划、评估及批准指南》。所有核心部门公私合作项目都应继续遵守这些指南中所规定的程序。邦州被鼓励建立类似的机制。

(5)必要时,政府要建立定期评审机制,并重新分配在整个合同期间不能转移的风险。

表 2　合法有力的合同中的关键因素

有一个明确的、具有立法权和监管权的基金会(foundation),能促使公共部门/实体签订可取的 PPP 合同和协议,以确保:
1. 基础设施项目的挑选过程是透明的、客观的,顾及特许权利人对于"性价比"的关切以及对公众福利的考虑,要实现这样的目标,过程设计必须符合公共采购的适用框架;
2. 有一个明晰界定的批准、合规和履约监管的司法管辖权(jurisdiction)。这一点在与地方的和其他职权机关(诸如发展局、市政局、村务委员会等)的权利相关事项方面特别重要;
3. 在适用文件中清晰界定各当事方的角色、职责和权利,包括公共服务的范围、服务标准、定价以及政府干预或扶持的范围;
4. 私营当事方参与和/或管理公共资产所有权,和/或交付公共设施服务;
5. 赋予私营当事方如下权利:
(a) 收取和保留收益以及划款以支付执行 PPP 项目所产生的合理费用,包括事先确定的/商定的资金使用回报;
(b) 寻求依据特许协议修改收费和/或收款,旨在加速项目规划和融资。
6. 特许权利人在维护和管理 PPP 资产/服务以及控制基础设施进入权和使用权中所发挥的作用;
7. 决定可融资性的范围以及特许权、项目资产和收益(包括可转让性)的证券化,目的在于使特许权获得者能够争取到贷方并利用其能够承受得起的债务融资。

3.5　阶段 3:采购阶段

包括采购和项目决标。要遵守透明的、问责的、非歧视性的、鼓励竞争的、准时的采购程序,以鼓励私营部门进行最大程度的参与并获得公众对于程序的信任。政府出台的 PPP 规则应对采购 PPP 项目的规范和程序加以规定。

3.5.1　用于私营部门采购的招投标文件可能包含一个或一个以上的关于利益、资格要求以及投标申请书的表述,应依据项目的复杂性寻求投标技术方案,以评估私营部门对于预期结果的鉴别能力。财务方案理想的形式是使用单一客观的参数。

3.5.2　政府通过不时发布公告的形式规定了基础设施部门中 PPP 项目的招投标程序及招投标文件范本(即《资格要求范本》及《征询方案要求范本》)。执行机构应遵守所规定的程序,或者采纳主管机关就与其部门有关的程序作出的且应在招投标程序开始前接受的批准程序。

3.5.3　基于促进更广范围内的参与度和程序透明度的项目要求,鼓励采取包括电子招标及拍卖在内的网络市场形式。

3.5.4　合同协议草案[①]规定,当事方的职责和义务、履约标准和监管安排、汇报要求、处罚条款、不可抗力条款、争端解决机制和合同终止安排,应作为招投标文

---

① 印度政府如果出台《特许协议范本》,执行机构则使用同一范本。《特许协议范本》是相关主管部委的分管部长依据《印度政府规则》第 4 条("商业交易"),在取得所有相关部委同意后所批准的文件。这应取得被磋商诸部委的分管部长的同意,如果部委之间存在分歧,可依通常程序将事项提请内阁商议。

件的一部分提供给潜在投标人。

3.5.5 项目购买人(procurement entity)应在投标文件中指出采购过程中所应遵守的时间表。为将延误降到最低程度,采购实体应努力且及时地从主管机关处获得项目所需的所有许可。

3.5.6 采购人(procuring entity)应尽最大可能为加快 PPP 项目快速执行提供所需的一切许可。

表 3　在例外情况下提供"竞争性对话"以推动私营部门的创新与设计

在复杂的合同中,由于开发项目存在诸多可能的技术、法律和/或财务选择,执行机构无法客观地确定实现项目目标所需的精确的项目参数,而竞争性的对话过程或许可以提供一种解决办法明晰最优的项目范围。这涉及执行机构与可能的投标者之间的合作,以开发所有可能的技术、商业和法律选项,并通过迭代过程找到最优的解决方案。主管机关找到解决方法或者解决方法满足其需要时对话即终止。执行机构在建立适当的基础财务和项目模型时也必须如此行事,且要鼓励竞争、公平、透明的招投标过程,避免对任何当事方存在歧视或者偏见。投标人然后呈送基于对话形成的解决方案标书(submit tenders)。"竞争性对话"不能被视为默认立场,且必须获得主管机关事先批准后方能使用。

3.6　阶段 4:合同管理及监管阶段

涵盖项目执行和在 PPP 项目周期内的监管。合同管理不是进行被动的诸项核查/汇报;它是一个积极的需要诸多技能的过程。由于项目不是静止的,且情况会发生变化,因此公权力部门与私营部门当事方交流互动的能力至关重要。需要授权合同经理人快速响应且采取有效行动,只上报那些无法在项目管理界面解决的会引起连锁反应的问题。这要求管理过程有效且高效,需要具有项目管理、商业专业知识以及谈判技能等综合能力(或者有时是能够获得这些技能)的适格人员。

3.6.1 政府和执行机构应努力确保项目执行及时、顺畅。执行机构应提供适宜的合同管理框架,在合同有效期内,对项目履行中的关键阶段进行监管。

3.6.2 项目执行机构应建立适宜的诸如"项目监管单位"(PMU)的监管项目机制以及跨部委的委员会,监督项目执行,促进部委之间的协作,并在争端解决事件或仲裁中提供帮助。所确定的合同管理团队在进入合同管理阶段之前应做好充分的准备、具备充足的资源。特别是那些负责管理合同的人员应深入了解和理解相关的合同条款,特别是相关履约标准和付款机制。

3.6.3 争端解决机制应符合合同条款和所适用的法律。执行机构应致力于在合同期间通过调解等适宜程序快速解决和处理争端。

3.6.4 政府意识到适格的能力对于有效进行监管项目至关重要,因此将针对以上情形建立适宜的人力资源和管理系统。

3.7 管理信息系统

为在项目周期内持续地监管PPP项目的履约情况,政府应建立PPP项目信息管理系统(MIS)。应将PPP项目评估情况制成表格且提供概要,方便在将来将这些信息用于提高服务交付水平和质量以及PPP项目的可持续性。项目数据库不仅应包含在建项目的信息,也应为项目周期内各个阶段的监管提供框架。开发数据库的目的应该是为进行性价比分析生成信息。"PPP单位"(PPP Cells)负有建立信息管理系统的责任,并不时地将信息传播给政府机关,以便基于先前管理PPP项目的经验,进行适当的政策变更。

3.8 项目决标后的谈判

一般认为,在PPP合同中加入允许当事一方就决标和执行后情况进行谈判的条款是不合理的,而且合同必须尽量涵盖所有可能需要后续调整的方面。因此,合同条款中的修改应是很少发生的,而且必须符合以下原则:

3.8.1 执行机构必须有充足的理由证明,由于发生了当事方不可控的罕见情况,与风险分配阶段相比风险情形已经发生显著变化。

3.8.2 任何此类决标后的谈判应本着遵守项目开发阶段所确定的性价比分析的精神进行。

3.8.3 执行机构应事先取得部门管理者(如果有的话)、评估实体以及批准项目投资决策的职能部门的批准,方能对合同进行任何变更。

3.8.4 所有的谈判都应以透明的方式进行,旨在让利益相关了解最初的招投标及合同条款,以及拟进行的变更和合理化说明。本文件中的透明化要求应包括当事双方的强制性信息披露。

3.8.5 所有此类谈判和合同变更都应接受职能部门的审核,包括阶段审核。

4. 促进公私合作伙伴关系模式实施制度框架

4.1 政府致力于继续创造一个有利的环境,促使全国范围内的PPP项目通过促进其实施的基金(enabling funds)、计划、指南、制度架构以及程序等倡议得到发展。接下来对这些关键的促进因素进行阐述,并有待进一步对其加以探索和发展以适用于相关部门、地域(geographies)及项目。

4.2 融资机制

4.2.1 印度政府拥有一套支持PPP项目发展的先进的融资系统。政府已经将诸多计划落实到位,以支持PPP项目开发或者缺口融资资金以及项目周期投资。一些关键举措包括:印度基础设施项目开发基金(IIPDF),可行性缺口融资(VGF),基于年金/实用性的付款资源,长期借贷,再融资工具,基础设施债务基金,等等。政府应不时地根据需要开发和提供更多政策性干预措施来促进实施更多PPP项目。印度政府意识到,在新的寻求公私合作伙伴关系的部门中,例如卫生和教育部门,基于年金的公私合作伙伴关系可以产生重大影响。

4.2.2 政府会继续提供立法和政策支持,面向股权投资者、债务和资本市场、保险部门等国内及国际金融投资者,开发股权、债务、组合方式以及适宜的增强信贷方式。

4.2.3 执行机构会鼓励诸如《尼赫鲁全国城市改造计划》(JNNURM)、《建设印度计划》(Bharat Nirman)等杠杆资金以及市政债券、集资金融安排、养老金基金等替代性融资渠道,投入PPP模式。

4.2.4 政府在需要和适宜时,会考虑向用户收费获得财务来源,用于改造、再开发、建造或者更换项目资产以及进行项目运营和维护,以提供高质量的公共资产和/或相关服务。此类向用户收费的决定,在没有监管者的情形下,应基于这些原则作出决策,包括但不限于部分或完全收回成本、为用户节省开支、提高效用、支付意愿、需要明确的补贴以及可承受性等。

4.2.5 为促进金融资源的快速流动并为PPP项目开发新的创新性金融工具,政府应定期与银行、金融机构及私营部门接洽。

4.3 土地

4.3.1 在一定时限内,快速提供无产权负担的土地/公共事业用地,对于提供公共资产和/或相关服务来说是至关重要的。发起PPP项目的政府机关,全力负责确保项目用地不受妨碍并获得相关监管机关的许可,而且还应确保依据现有法律全力保护土地所有者的权益。

4.3.2 如果不需要将资产安放于某个特定地点,可允许投标者提议各种安放地点解决方案,并由其负责购得该地点。与土地条件、地理位置以及其他因素相关的风险将更适宜地转移给私营部门。

4.4 能力建设措施

政府意识到,识别适宜采取PPP形式的项目,以商业形式安排PPP项目,制作合同文件、分配公共和私营合作伙伴之间的风险以及以透明的方式管理项目招投标交易,需要对公共机构、公职人员、私营部门、用户以及其他利益相关者进行能力建设。政府已发起诸多能力建设干预措施,以逐步发展组织和个人识别、采购、管理PPP项目的能力。这些措施所倡议的例证有加强"PPP单位"、创建网上工具包和手册以及向邦州政府、城市本地机构、中央政府部门分阶段提供公私合作伙伴关系培训的"全国PPP能力建设计划"。

4.5 参与和沟通机制

政府意识到,在发展PPP项目时需要清晰且持续地沟通,利益相关者之间会产生一系列回应。采取连贯的、战略性的沟通方式,为利益相关者提供信息并鼓励其参与,这对于广泛调动力量来支持项目成功开发和执行是至关重要的。公众将参与项目开发阶段,这对其解释项目产生影响,并提供机会让所有利益相关者提出其关切。监管和法律框架也会提升和保护包括公共服务用户在内的更大范围的公众利益。

4.6 设在经济事务部内的"PPP 机构"将为政府部委和其他发展 PPP 项目的职权机关提供专业知识和技术支持。它将拥有来自不同领域(金融、法律、工程、规划等)的专家,在公共部门和私营部门都有丰富的经验。赋予"PPP 机构"的权力包括:进行能力建设,开发测试 PPP 模式的试点项目,提供技术建议和支持,就项目评估进行经验交流以及协调全国范围内的 PPP 项目。在合适的时机,可由财政部创设 PPP 模式的公司,既有公共部门也有私营部门的股东,为"PPP 机构"有效履职提供支持。"PPP 机构"也将在每一个阶段促进对项目进行独立审查,包括投标评估阶段,以及事先对财务收尾阶段进行合理评估,以便向政府职权部门确认最终的结果是"物有所值"。

5. 制度框架及治理机制

5.1 公私合作伙伴关系的制度框架

5.1.1 强有力、界定明确的制度架构是 PPP 项目可持续发展的基石。除了治理和尽职调查职责外,制度框架培育并鼓励新的模式、创新以及发展能力,以便成功履行 PPP 项目所需的不断变化的职责。

5.1.2 政府支持在邦州或部门层面创立诸如"PPP 机构"等下属机关。"PPP 机构"等负责 PPP 项目的下属机关的职责设想如下,且要通过适当的资源以及技术人力来强化"PPP 机构"以履行这些职责:

(1) 确认项目、使项目概念清晰化、创设项目,并建议批准合适的项目予以执行 PPP 模式;

(2) 在咨询专家的帮助下作出初步可行性报告;

(3) 任命/挑选开发项目的咨询专家;

(4) 确保严格遵守管理、有效透明的招投标程序;

(5) 创立协作式、高效的 PPP 机制,各类可行的交易面向市场招标,且每笔交易的成本要实现规模经济;

(6) 与相关部委磋商制定内部评估指南,对项目进行评估;

(7) 以 PPP 能力建设代理机关的身份行事,通过培训和技术支持,增加适格项目的交易流程;

(8) 确保向消费者、投资人及其他政府实体宣传 PPP 模式在特定部门的优势和程序；

(9) 视察、参观、审查及监管执行中的 PPP 项目。

5.2 公私合作伙伴关系的决策程序

5.2.1 鉴于印度政府促进 PPP 项目发展的倡议，并考虑到政府在 PPP 项目中大范围的曝光率，政府已经建立公私合作项目评估机制。因此，印度政府内阁经济事务委员会创立了"公私合作项目评估委员会"（PPPAC），由以下人员组成：

a. 经济事务司秘书（担任主席）；

b. 规划委员会秘书；

c. 开支司秘书；

d. 法律事务部秘书；

e. 项目资助部委秘书。

5.2.2 中央政府层面的每一个 PPP 项目，即使那些不需要资金补贴的项目，也要获得"公私合作项目评估委员会"的许可。[①] 许可程序的目的在于，确保招标项目从商业视角看是强有力的，合同文件中的条款保障着用户及公共利益，且限定了政府的或有负债。

5.2.3 "公私合作项目评估委员会"鼓励利用标准化的合同文件，制定与风险分配、或有负债和保证金（guarantees）、服务质量和履约标准相关的标准条款，以及标准化的招投标文件，例如已经公布的《资格要求范本》及《征询方案要求范本》等。

5.2.4 联邦内阁及其委员会确立了年度参数和部门履约目标，作出了增强投资的决策。

5.3 审计机制

5.3.1 为保持项目开发和执行的透明、公正和公平，政府会继续加强治理过程以及对利益相关者负责的机构。财务管理、问责及审计义务、核实项目的活力、所采取的采购程序以及公共部门实体的运作，都要依据适用法律行事。

5.3.2 考虑到要确保遵守合同中规定的神圣不可侵犯的关键履约指标，监管会延伸到私营实体的挑选方式、不时发放款项所遵守的程序、服务质量的审核/监管以及"物有所值分析"中。监管延伸也是为了确保遵守合同条款中关于先决条件、性价比履约评估、违约时的处罚、项目到期时的款项结算等。任何决标后的谈判和/或合同更改都要成为监管过程中重点关注的方面。

5.3.3 这些条款不适用于私营部门实体（包括为提供公共资产和/或相关服务而设立的特别目的工具），无论是否有增加任何财务资助（通过用户收费、年金、可行

[①] 或者根据财政部出台的《核心部门公私合作项目规划、评估和批准指南》的相关规定办理。

性缺口补助或者任何其他形式/手段)。

5.4 监管机制

由于许多公共资产和/或相关服务的提供具有天然的垄断特点,需要对其加以监管以确保用户及服务提供者的权益得到保护,同时考虑到用户的可承受性、定价的确定性以及向私营实体当事方提供的收益流。监管是通过独立的(可跨部门,如果具有可行性)监管者进行,如果没有具体部门的监管者,则通过合同协议进行监管。如果监管机制在 PPP 合同执行后才开始运作,政府应以使监管风险最小化的合同条款为准。

(甘翠平 译)

俄罗斯

俄罗斯联邦特许协议法

制定于 2005 年 7 月 21 日　第 115 号
修订于 2018 年 4 月 3 日　第 261 号

修订版文献目录

2007 年 11 月 8 日第 261 号联邦法律修订
2007 年 12 月 4 日第 332 号联邦法律修订
2008 年 6 月 30 日第 108 号联邦法律修订
2009 年 7 月 17 日第 145 号联邦法律修订
2009 年 7 月 17 日第 164 号联邦法律修订
2010 年 7 月 2 日第 152 号联邦法律修订
2011 年 7 月 19 日第 246 号联邦法律修订
2011 年 11 月 28 日第 337 号联邦法律修订
2011 年 12 月 7 日第 417 号联邦法律修订
2012 年 4 月 25 日第 38 号联邦法律修订
2013 年 5 月 7 日第 103 号联邦法律修订
2013 年 12 月 28 日第 438 号联邦法律修订
2014 年 6 月 28 日第 180 号联邦法律修订
2014 年 7 月 21 日第 265 号联邦法律修订(2014 年 12 月 29 日版)
2015 年 11 月 3 日第 307 号联邦法律修订
2015 年 11 月 28 日第 358 号联邦法律修订
2015 年 12 月 29 日第 391 号联邦法律修订
2015 年 12 月 30 日第 460 号联邦法律修订
2016 年 7 月 3 日第 275 号联邦法律修订
2017 年 7 月 18 日第 177 号联邦法律修订
2017 年 7 月 29 日第 279 号联邦法律修订
2017 年 12 月 31 日第 503 号联邦法律修订
2018 年 4 月 3 日第 63 号联邦法律修订

目　　录

第一章　总则

第1条　本联邦法的目的和对象

第2条　俄罗斯联邦特许协议相关法律

第3条　特许协议

第4条　特许协议客体

第5条　特许协议双方

第6条　特许协议的有效期

第7条　特许协议的支付条款

第8条　特许权受让方的权利和义务

第9条　特许权出让方监督特许协议履行情况的权利

第10条　特许协议条款

第11条　特许权受让方接受和使用土地、森林、水体和地下资源的条款

第12条　特许权受让方对特许协议客体质量的责任

第13条　特许协议的签订、更改和终止

第14条　终止特许协议的结果

第15条　基于法庭判决的特许协议终止

第16条　特许协议双方的责任

第17条　争端解决程序

第二章　特许权受让方权利和合法利益的保障

第18条　从事符合特许协议规定的活动业务保障

第19条　对于特许权受让方平等权利的保障

第20条　特许权受让方权利的保障

第三章　特许协议签订程序

第21条　特许协议签订权的招标

第22条　特许协议签订决议书

第23条　招标文件

第24条　招标标准

第25条　招标委员会

第26条　招标通告

第27条　递交投标申请书

第28条　投标申请书开封

第29条　对投标者的预审

第30条　提交标书

第31条　标书开封

第32条　标书的审查和评估程序

第33条　中标者裁定程序

第34条　招标结果纪要的内容及其签署期限

第35条　公布和发布招标结果公告,通知投标者招标结果

第36条　特许协议签订程序

第37条　在不进行招标的情况下签订特许协议

第38条　本条自2017年1月1日起失效

第四章　在客体为供热工程、集中冷水供应系统、集中热水供应系统和(或)集中排水系统以及上述系统的个别工程的特许协议筹备、签订、履行、更改和终止的过程中关系调整的特性

第39条　客体为供热工程、集中冷水供应系统、集中热水供应系统和(或)集中排水系统以及上述系统的个别项目的特许协议

第40条　客体为供热工程、集中冷水供应系统、集中热水供应系统和(或)集中排水系统以及上述系统的个别工程的特许协议双方

第41条　客体为供热工程、集中冷水供应系统、集中热水供应系统和(或)集中排水系统以及上述系统的个别工程的特许协议租让费

第42条　客体为供热工程、集中冷水供应系统、集中热水供应系统和(或)集中排水系统以及上述系统的个别项目的特许协议条款

第43条　客体为供热工程、集中冷水供应系统、集中热水供应系统和(或)集中排水系统以及上述系统的个别工程的特许协议更改特性

第44条　按照客体为供热工程、集中冷水供应系统、集中热水供应系统和(或)集中排水系统以及上述系统的个别项目的特许协议规定对特许权受让方权利进行担保

第45条　针对客体为供热工程、集中冷水供应系统、集中热水供应系统和(或)集中排水系统以及上述系统的个别项目的特许协议作出签订决定

第46条　针对客体为供热工程、集中冷水供应系统、集中热水供应系统和(或)集中排水系统以及上述系统的个别工程的特许协议签订权利举办招标所必需的招标文件特性

第47条　针对客体为供热工程、集中冷水供应系统、集中热水供应系统和(或)集中排水系统以及上述系统的个别工程的特许协议签订权的招标标准

第48条　针对客体为供热工程、集中冷水供应系统、集中热水供应系统和(或)集中排水系统以及上述系统的个别工程的特许协议签订权招标递交参与申请的特性

第49条　针对客体为供热工程、集中冷水供应系统、集中热水供应系统和(或)集中排水系统以及上述系统的个别工程的特许协议提交、审理和评估标书的特性

第50条　针对客体为供热工程、集中冷水供应系统、集中热水供应系统和(或)

集中排水系统以及上述系统的个别工程的特许协议签订权举办招标的特性

第 51 条　客体为供热工程、集中冷水供应系统、集中热水供应系统和(或)集中排水系统以及上述系统的个别工程的特许协议签订的特性

第 52 条　根据潜在投资者的提议签订客体为供热工程、集中冷水供应系统、集中热水供应系统和(或)集中排水系统以及上述系统的个别工程的特许协议

第 52-1 条　在供热价格区内签订客体为供热工程、集中冷水供应系统、集中热水供应系统和(或)集中排水系统以及上述系统的个别项目的特许协议的特性

第 53 条　通过本章规定对符合特许协议规定所建造的不动产客体和未完成建设客体的所有权进行国家登记的特性

第五章　结语

第 54 条　结语

第一章　总　　则

第 1 条　本联邦法的目的和对象

1. 本联邦法的目的是将资本引入俄罗斯联邦经济建设,通过特许协议保障国有和市政资产得到有效利用,提高面向消费者的产品、工程和服务的质量水平。

2. 本联邦法负责调节特许协议的筹备、签订、履行、更改和终止过程中产生的相互关系,并对特许协议签订双方的权利和合法利益予以保障。

(2014 年 7 月 21 日第 265 号联邦法律版本)

第 2 条　俄罗斯联邦特许协议相关法律

1. 俄罗斯联邦特许协议相关法律由本联邦法、其他联邦法及由此产生的联邦相应法律文件构成。

2. 如俄罗斯联邦参加的国际公约对本联邦法所涉及条款另有规定,则适用国际公约。

第 3 条　特许协议

1. 根据特许协议,一方(特许权受让方)应自筹资金建造和(或)改造本协议所指的产权归属或未来将归属另一方(特许权出让方)的资产(不动产或者因技术因素而密不可分并进行本特许协议规定活动的动产和不动产,以下简称特许协议客体),并进行特许协议客体的使用(运营)活动,而特许权出让方应在本协议规定期限内,向特许权受让方提供进行上述活动所需的特许协议客体的拥有权和使用权。

(2010 年 7 月 2 日第 152 号联邦法律版本)

1-1. 若特许协议客体为本联邦法第 4 条第 1 款第 11 项中规定的资产,则双方在筹备、签订、履行、更改和终止特许协议的过程中必须遵循本联邦法第四章的规定。

(由 2016 年 7 月 3 日第 275 号联邦法律修订)

2. 特许协议是包含联邦法所要求的各种合同要件的合同。特许协议双方的关系在相应部分适用于民法中有关合同的规则，其要件包含于特许协议，除非超出本联邦法或特许协议实质内容。

3. 在本联邦法目的中改建特许协议客体包括：在应用新技术、实现机械化和自动化生产、淘汰和更新旧设备的基础上对特许协议客体进行改建，改良特许协议客体或其部件的技术或功能，以及其他与改善特许协议客体内在性能和使用特性相关的行为。

4. 需要改建的特许协议客体在特许协议签约时应当归特许权出让方所有。特许权出让方将此特许协议客体转让给特许权受让方时应当不受第三方支配。若此特许协议客体为本联邦法第4条第1款第1项中规定的资产，则在双方签订特许协议时此资产可以由国有或市政单一制企业享有经营权。若此特许协议客体为本联邦法第4条第1款第1项中规定的资产，则在双方签订特许协议时此资产可以由国家事业单位享有管理经营权。

（由2008年6月3日第108号、2010年7月2日第152号、2012年4月25日第38号和2016年7月3日第275号联邦法律修订）

4-1. 若特许权出让方和受让方签署交接文件，则特许权出让方已将特许协议客体转让给特许权受让方。

（由2010年7月2日第152号联邦法律修订）

5. 特许协议客体不得因改建而变更用途。

6. 特许权受让方不得将特许协议客体转为抵押物或转让给他方。

7. 如特许协议无特殊约定，特许权受让方通过特许协议所确定的经营活动取得的产品和收入归特许权受让方所有。

8. 如特许协议无特殊约定，特许协议客体若出现意外灭失或损坏，则由特许权受让方自行承担。特许协议可以要求特许权受让方承担出资为特许协议客体办理意外灭失和（或）损坏保险的义务。

（由2008年6月30日第108号、2010年7月2日第152号联邦法律修订）

9. 特许协议可规定，如特许权出让方的某类资产与特许协议客体配套并且（或者）该类资产对特许权受让方从事特许协议规定的活动非常必要，则特许权出让方可以将该类资产交与特许权受让方掌控和使用。在上述情况下，特许协议中应描述此类资产及其组成、确定特许权受让方使用（运营）的用途和期限，以及特许协议中止时特许权受让方返还该资产的程序。特许协议可规定，特许权受让方应当承担优化改造该类资产、及时更换落后和老化设备、改善该类资产的内在性能和使用特性、自付费用为该类资产办理意外灭失和（或）损坏保险的义务。

（由2008年6月30日第108号、2014年7月21日第265号联邦法律修订）

10. 如特许协议无特殊约定，特许权受让方在从事特许协议规定的活动时建造和（或）获得动产，且该动产不构成特许权出让方按照特许协议转让给特许权受让方的其他资产,则该动产的所有权归特许权受让方。如特许协议无特殊约定,在从事特许协议规定的活动时,特许权受让方征得特许权出让方同意后建造不动产,且该不动产既不属于特许协议客体,也不构成特许权出让方按照特许协议转让给特许权受让方的其他资产,则该不动产的所有权归特许权受让方。在从事特许协议规定的活动时,特许权未受让方征得特许权出让方的同意私自建造不动产,且该不动产既不属于特许协议客体,也不构成特许权出让方按照特许协议转让给特许权受让方的其他资产,则该不动产的所有权归特许权出让方,且特许权出让方无须向特许权受让方补偿该不动产的价值。

(由2008年6月30日第108号联邦法律修订)

11. 如特许协议无特殊约定,特许权受让方在履行特许协议过程中自付费用取得的独占性知识产权归特许权出让方所有。

12. 如特许协议无特殊约定,特许权受让方承担因履行特许协议义务而产生的费用。

13. 特许权出让方必须承担建造和(或)改造、使用(运营)特许协议客体的部分费用,并按照俄罗斯联邦预算法律的规定向特许权受让方提供国家或市政的担保。特许权出让方承担的费用数额以及特许权出让方向特许权受让方提供国家或市政担保的数额、程序和条件应当在签订特许协议的决议、标书及特许协议中标明。如设置特许权出让方费用是竞标标准,则特许权出让方必须偿还费用。

13-1. 本款自2017年1月1日起失效。

14. 特许权受让方应按照俄罗斯联邦法律规定的程序运营所建造或改造的特许协议客体。

15. 不动产构成特许协议客体的,以及特许权出让方根据本条第9款向特许权受让方提交不动产的,特许权受让方应对上述不动产的拥有权和使用权进行国家注册,并作为特许权出让方所有权的负担。特许权受让方对上述不动产的拥有权和使用权的国家注册与特许权出让方对该不动产的所有权的国家注册可以同时进行。在特许权受让方开始运营特许协议客体之日起一个月内,特许权受让方应当提交对俄罗斯联邦、俄罗斯联邦主体或市政机关建造的上述特许协议客体进行国家登记的材料。特许协议确定特许权受让方违反此期限应当承担的责任。

16. 特许协议客体和特许权出让方按照特许协议转让给特许权受让方的其他资产应当反映在特许权受让方的平衡表上,并与特许权受让方的资产分离开。特许权受让方应当履行特许协议义务,对上述特许协议客体和其他资产进行单独核算并登记折旧情况。

17. 不得对特许权受让方的特许协议客体和特许权出让方按照特许协议转让给特许权受让方的其他资产的欠款追加罚金。

第4条 特许协议客体

1. 特许协议客体包括:

（由 2010 年 7 月 2 日第 152 号联邦法律修订）

（1）公路或公路地段、道路防护设施、人工道路设备、生产设施，即公路大修小补和保养时使用的设施、公路配套设施（包括停车点）、收费设施（包括收费站）和服务区；

（2）铁路运输工程设施；

（3）管道运输工程设施；

（4）海港与河港，包括人工地段、港口水利工程设施及其生产和工程基础设施工程；

（5）海船和内河船，（海—河）混装船，用于破冰引导、水文地理、科研考察的船只，摆渡用船，浮动和干船坞；

（6）机场或用于飞行器起飞、降落、滑行、停靠的建筑和（或）设施、用于组织民间和国家航空器飞行的航空基础设施以及空中交通、航行、降落和联络媒介；

（7）机场生产性和工程性基础设施工程；

（8）本项由 2007 年 12 月 4 日第 332 号联邦法律规定失效；

（9）水利工程建筑；

（10）电力生产、传输及配送的工程设施；

（11）供热工程、集中冷水供应系统、集中热水供应系统和（或）集中排水系统以及上述系统的个别工程；

（12）地铁和其他公共交通设施；

（13）卫生保健设施，包括疗养工程项目；

（14）教育设施、文化设施、体育设施、度假和旅游设施以及其他社会文化设施；

（15）用于堆积、保存和修理俄罗斯联邦武装力量资产的房屋、建筑和设施，上述房屋建筑和设施的生产型及工程型基础设施工程项目；

（16）包含在经俄罗斯联邦政府根据俄罗斯联邦农业发展法律确定的清单中并由俄罗斯联邦政府标准确定的农业产品生产、初加工和（或）再（工业）加工、保存项目；

（17）用于加工、堆积、再利用、无害处理和分配公共固态废料的设施；

（18）本款第 10、11、17 项未指出的市政基础设施工程项目或公共经营设施，包括供电设施、城市和乡村地区照明设施、地区装饰设施；

（19）社会市民服务项目；

（20）燃气供应设施。

2. 如特许协议客体和其他非特许权出让方所有的资产被特许权受让方配套使用、用于保障统一技术流程并开展特许协议规定的业务，则该特许权出让方有权与上述资产的所有者签订民事法律合同（受益者为第三方的合同），并确定特权出让方向特许权受让方转让上述资产的条件和程序，但此合同所产生的权利和义务必须附属于特许协议关系下。

3. 俄罗斯联邦国家执行机关、各联邦主体执行机关以及自治机关必须在自己的职权范围内且在每年2月1日之前对本年度需要签订特许协议的客体清单作出批示。俄罗斯联邦国家执行机关、各联邦主体执行机关以及自治机关一旦批准上述清单,必须将其公示在俄罗斯联邦行政主体的互联网官方网站上以便公众知晓俄罗斯联邦政府将针对该清单举行拍卖活动,同时公布在特许权出让方的互联网官方网站上。如行政主体没有互联网官方网站,则上述机关必须将此清单公示在此行政主体所属的联邦主体的互联网官方网站上。上述清单具有通报性质。如上述清单缺乏某一客体,特许权出让方应当照常按照本联邦法第37条第4-1款和第52条的规定与协议签订提议方签订特许协议。

4. 如特许协议双方有意针对联邦资产私有化签订特许协议,在俄罗斯联邦主体或市政资产私有化文件中,如特许权受让方自愿履行特许协议条款,则特许权受让方在特许协议期限结束前拥有赎买特许协议客体的优先权。上述赎买优先权的实施程序由2001年12月21日第178号《俄罗斯联邦国有资产和市政资产私有化法》设定。

5. 特许协议双方可以针对本条第1款中不同特许协议客体签订一份特许协议。如针对数个特许协议客体签订一份特许协议不会禁止、限制和消除竞争,则允许协议双方针对数个特许协议客体签订一份特许协议。

6. 俄罗斯联邦政府下属国家权力执行机关对特许协议的签订与执行情况进行监督,其中包括特许协议双方为完成协议目标指数所承担义务的履行情况、义务履行期限、吸引资金数额以及其他特许协议条件。上述监督程序由俄罗斯联邦政府批准。

第5条 特许协议双方

1. 特许协议双方为:

(1) 特许权出让方:其代表为俄罗斯联邦政府或其下属国家权力执行机关的俄罗斯联邦、其代表为下属地方权力执行机关的俄罗斯联邦主体或其代表为地方自治机关的行政区。特许权出让方的个别权利和义务可以由其授权机关和法人按照俄罗斯联邦法律、俄罗斯联邦其他法律条文、俄罗斯联邦主体法律和地方自治机关法律执行,并且特许权出让方应当告知特许权受让方上述机关和法人名单其所享有的权利和所履行的义务。特许权出让方的职权可以由按照《俄罗斯联邦"俄罗斯公路"国有企业法以及俄罗斯联邦个别法律更改法》规定成立的国有企业执行。

(2) 特许权受让方:个体工商者、本国或外国法人以及未签订普通合伙合同(或合作合同)并组成一个法人的两个及以上有效法人。

1-1. 如特许协议客体为本联邦法第4条第1款第1、11、17—20项规定的资产并且上述资产的经营权由国有或市政单一制企业享有,则上述企业履行特许权出让方的特许协议义务,并与符合本联邦法规定的他方一起行使特许权出让方部分职权。上述企业所行使的特许权出让方职权,包括特许协议客体转让权和(或)特许权出让方按照特许协议要求向特许权受让方转让其他资产的权利,由特许协议确定。在此情况下,该国有或市政单一制企业将不动产的经营权和使用权转让给特许权受让方并与其签订相关接手出让文件,此不动产构成特许协议客体和(或)特许权出让方按照特许协议要求向特许权受让方所转让的其他资产。

1-2. 如特许协议客体为本联邦法第4条第1款第1、11、17—20项规定的资产并且该资产的管理经营权在双方决定签订特许协议时由国家事业单位享有,则该国家事业单位可以履行特许权出让方的特许协议义务,并与符合本联邦法规定的他方一起行使特许权出让方部分职权。在按照特许协议的规定转让上述资产后,该国家事业单位不得放弃行使本单位章程规定的活动、目标和客体。该国家事业单位行使的职权由特许协议签订决议书确定。

1-3. 如在双方签订特许协议时,特许权出让方打算建造和(或)改造特许协议客体,并且该特许协议客体的一部分正在或将要归多个行政机关所有,则在发布特许协议签订权利竞标通告之前,上述行政机关需签订共同参与竞标协议,协议内容包含:

(1)竞标组织者和竞标协议签订方信息;

(2)竞标协议签订方的权利、义务和职责,包括竞标协议签订方赋予竞标组织者的职权;

(3)竞标涉及的特许协议对象和特许协议客体;

(4)制定与确认标书的程序和期限、竞标所持续的大致期限;

(5)争端受理程序;

(6)特许协议有效期;

(7)在官网上公示信息的程序;

(8)其他反映竞标协议签订方之间相互关系的信息。

1-4. 如特许协议客体为用于堆积、保存和修理俄罗斯联邦武装力量资产的房屋、建筑和设施及其生产客体和工程基础设施,则除俄罗斯联邦所签国际合约、联邦法律和俄罗斯联邦总统令另有他约,否则外国投资者[包括外国自然人和(或)外国法人]、外国自然人和(或)外国法人直接或间接决定其所作决定的机构、外国政府及外国政府机关不得担任上述特许协议客体的特许权受让方。

2. 可以在征得特许权出让方同意的情况下通过条件让步或债务转让的形式变更特许协议双方当事人的行为。除本条第4款规定外,特许权受让方无权抵押特许协议规定的自身权利。在变更特许协议双方当事人行为时,不得更改特许协议中的**特许协议客体技术特性条件**。

3. 特许权受让方法人改组为另一个法人的,只有在改组法人或改组后新成立的法人符合本联邦法以及标书规定的竞标参与者要求时,上述特许权受让方法人的权利与义务才能够转让。

4. 如特许协议客体为本联邦法第4条规定的资产,并且特许权受让方为履行特许协议规定的义务吸收债权人的资金,则特许权受让方可以按照本联邦法和特许协议规定的程序和条件将特许协议规定的自身权利用来保证本单位履行对债权人的义务。在此种情形下,特许权出让方、特许权受让方和债权人应当签订确定各方权利和义务的协议(其中包括特许权受让方在未履行或未完全履行自身对特许权出让方和债权人的义务时应当承担的责任)。如特许权受让方未履行或未完全履行特许协议中的自身义务而造成特许协议重要条件被破坏和(或)对他人的生命或健康造成损害或有可能造成损害,则只要俄罗斯联邦政府、俄罗斯联邦各主体国家权力机关或自治机关作出签订特许协议的决定,债权人可以在不举行竞标的情况下按照上述决定更换特许权受让方。新特许权受让方在被转让特许协议权利和义务时应当满足本联邦法和标书确定的竞标参与者要求。

5. 如特许权受让方未履行或未完全履行本单位对债权人的义务,则特许权出让方可以通过举办竞标并遵守下列竞标要求的方式变更特许权受让方:

(1) 根据特许权出让方的特许协议签订决定确定特许协议签订权利竞标的竞标方式(公开竞标或不公开竞标)、变更特许权受让方的竞标条件和标准;

(2) 除按照竞标开始之前特许权受让方实际履行特许协议义务情况发生变更的竞标标准等条款外,特许权受让方变更竞标标书条款应当符合特许协议签订权利竞标标书要求;

(3) 特许权受让方变更竞标条件以及本款第1项规定的竞标条件为竞标获胜者必须履行的原特许权受让方对债权人的责任,并且竞标获胜者必须以与债权人协商的程序和条件以及特许权受让方变更竞标标书确定的程序和条件履行上述责任。

5-1. 如特许权受让方未履行或未完全履行本单位对债权人的义务,则特许权出让方应当按照本条第7款规定在不举办竞标的情况下变更特许权受让方。

6. 特许权出让方按照本联邦法第三章规定举办特许权受让方变更竞标并确定竞标获胜者。特许权出让方和竞标获胜者签订特许权受让方变更协议。自签订上述协议之时起,原特许权受让方的权利和义务终止。

7. 在变更特许权受让方时,特许权出让方按照竞标举办前特许权受让方实际履行义务情况以及竞标获胜者所提方案和优于特许协议的条件更改特许协议条件。

第6条 特许协议的有效期

1. 特许协议的有效期将参考特许协议客体的建造和(或)改造周期、投资规模、资金回收期、特许权受让方总收入期以及特许权受让方和(或)特许权出让方其他义务履行期等因素在特许协议中予以确定。特许协议有效期可以延长,但不得超过五年,需得到特许协议双方同意,基于俄罗斯联邦政府(针对俄罗斯联邦担任特许权出让方的特许协议)、俄罗斯联邦主体最高权力执行机关(针对俄罗斯联邦主体担任特许权出让方的特许协议)或地方行政区(针对行政区担任特许权出让方的特许协议)决议。

2. 特许权出让方为俄罗斯联邦主体或行政区的特许协议有效期延长需得到反

垄断机关同意。

3. 俄罗斯联邦政府确定特许协议有效期延长依据以及反垄断机关同意延长特许协议有效期的程序。

第 7 条　特许协议的支付条款

1. 特许协议约定,在特许协议客体使用(运营)期间特许权受让方向特许权出让方支付租金(以下简称租金)。租金可在使用(运营)期末一次付清,也可在使用(运营)的单个期限内支付。租金的数额、形式、支付程序和期限可依据特许协议签约决议在特许协议中注明。

1-1. 本款自 2017 年 1 月 1 日起失效。

2. 租金可按下列形式确定:

(1) 采用固定金额,分期或一次性向相应级别的财政支付;

(2) 根据特许权受让方执行特许协议过程中生产产品或经营所得的比例予以确定;

(3) 特许权受让方将所拥有的资产转让给特许权出让方。

3. 特许协议可对本条第 2 款中所涉及的所有租金形式进行组合。

第 8 条　特许权受让方的权利和义务

1. 在履行特许协议时特许权受让方有权:

(1) 在特许权出让方同意的情况下,以俄罗斯联邦法律和特许协议条款规定的程序,将特许协议客体和(或)特许权出让方转让给特许权受让方的其他资产交由第三方使用,第三方使用期限不得超过该特许协议客体使用(运营)期,并且第三方必须履行特许协议中特许权受让方的义务。在这种情况下,特许权受让方对上述第三方的行为负全部责任。如特许协议终止,则第三方使用特许协议客体和(或)特许权出让方转让给特许权受让方的其他资产的权利终止;

(2) 依靠自身实力和(或)按照特许协议条款吸收第三方加入来履行特许协议。在这种情况下,特许权受让方对第三方的行为负全部责任;

(3) 按照特许协议所约定的程序,在遵守该协议保密条款情况下,为了完成特许协议所规定义务,无偿使用特许协议履行过程中特许权受让方自行取得的排他性知识产权。

2. 在履行特许协议时特许权受让方必须:

(1) 在特许协议规定的期限内建造和(或)改造特许协议客体并将其投入使用(运营);

(2) 按照特许协议规定的程序和用途使用(运营)特许协议客体;

(3) 从事特许协议所约定的业务活动,在未征得特许权出让方同意的情况下,不得中止(暂停)此项业务,本联邦法第 13 条 3-7 款规定的情形除外;

(4) 保障在特许协议业务开展过程中消费者能够得到相应的产品、工程和服务;

(5) 向消费者提供联邦法、俄罗斯联邦主体法律、地方自治机关法规所约定的优惠,包括按照特许协议约定的情况和程序支付产品、工程和服务时的优惠;

(6) 维护特许协议客体,保障其处于完好状态,自付费用进行日常维修和大修,如特许协议无特殊约定,承担该客体的保养支出;

(7) 与供能组织签订为履行特许协议所需能源的供应合同并为上述能源支付费用。

3. 在履行特许协议时特许权出让方有权按照本联邦法的规定对特许权受让方履行特许协议的情况进行监督。

4. 特许权出让方必须按照特许协议规定的期限向特许权受让方转让特许协议客体和(或)其他资产。

5. 在国家事业单位享有的资产管理经营权按照俄罗斯联邦法律规定被终止后,只需满足下列任一条件,本联邦法第4条第1款第1项规定的以及国家事业单位享有管理经营权的资产可以按照法定程序转让给特许权受让方:

(1) 在签订客体为上述资产的特许协议之前,该国家事业单位已确定将被改组或清算;

(2) 在转让特许协议的不动产后,该国家事业单位可以继续从事本单位章程规定的活动、目标和对象。

第9条 特许权出让方监督特许协议履行情况的权利

1. 特许权出让方对特许协议履行情况的监督由相关机关或法人代表负责。相关机关由特许权出让方按照本联邦法第5条规定授权,法人代表按照特许协议规定具有自由接触特许协议客体以及业务活动规范文件的权利。

2. 特许权出让方监督特许权受让方履行特许协议条款的情况,包括是否按约定期限建造和(或)改造特许协议客体,是否对建造和(或)改造工程注入资本,是否保证特许协议客体的经济技术指标与特许协议的要求相符,是否开展特许协议所约定的业务,是否按照特许协议所确定的用途使用(运营)特许协议客体。

3. 本条第1款所列机关的代表无权:

(1) 干涉特许权受让方的经营活动;

(2) 泄露特许协议中确定为机密的信息或商业秘密。

4. 特许权出让方监督特许权受让方履行特许协议条款的程序在特许协议中加以规定。

5. 针对特许权受让方履行特许协议条款情况的监督结果,特许权出让方需开具监督结果证明文件。

6. 自开具监督结果证明文件之日起,特许权出让方需将上述文件公示在本单位互联网官方网站上五个工作日,如行政区没有互联网官方网站,则特许权出让方需将上述文件公示在该行政区所属俄罗斯联邦主体的官方网站上。特许权出让方应当确保上述文件在特许协议有效期内以及自特许协议有效期满期三年内可以查阅。

7. 如特许协议客体信息包含国家机密或特许协议客体对保障国防能力和国家安全具有战略意义,则特许权出让方不得将监督结果证明文件公示在互联网上。

第 10 条 特许协议条款

1. 特许协议应包含以下条款:

(1) 特许权受让方建造和(或)改造特许协议客体及按时完成工程的义务;

(2) 特许权受让方开展特许协议所约定业务的义务;

(3) 特许协议有效期;

(4) 特许协议客体的描述,包括经济技术指标;

4-1) 向特许权受让方转让特许协议客体的期限;

(5) 向特许权受让方提供用于从事特许协议所约定业务的土地的程序、特许权受让方签订上述土地租赁(转租)合同的期限,如开展特许协议规定的业务必须签订土地租赁(转租合同)、在特许协议有效期内租用某块土地或某些土地租金数额(租金费率)或按照俄罗斯联邦法律以及特许权出让方土地拥有和使用权规定的义务缴费数额计算在特许协议有效期内租用某块土地或某些土地的租金数额(租金费率)公式;

(6) 特许协议客体使用(运营)的用途和期限;

6-1) 确保特许权受让方履行特许协议义务的方法[提供不可撤销的银行担保、特许权受让方将本单位的银行存款(存款)权利抵押给特许权出让方、为规避特许权受让方违背特许协议的风险办理保险]、保证金缴纳数额和期限;

6-2) 除本条第 1-1 款规定的情况外的租让费数额、形式、收取程序和期限;

6-3) 在特许协议提前被废除时双方费用补偿程序;

6-4) 特许权出让方和(或)特许权受让方筹备特许协议客体建造和(或)改造用地以及(或者)从事特许协议规定活动业务的义务;

6-5) 如特许协议客体为本联邦法第 4 条第 1 款第 11、17 项中规定的资产,则特许协议应当包含特许权受让方在履行特许协议过程中所获总收入数额的条款,其中包括特许协议有效期内每年的总收入数额条款,以及特许权受让方按照可调节价格(费率)和(或)附加价格(费率)生产产品、实施工程并提供服务的条款;

(7) 其他联邦法涉及的实质性条款。

1-1. 如特许权受让方在从事特许协议规定的活动时,特许权受让方按照可调节价格(费率)和(或)附加价格(费率)生产产品、实施工程并提供服务,并且特许协议客体并非为供热工程、集中冷水供应系统、集中热水供应系统和(或)集中排水系统以及上述系统的个别工程,则特许协议以及本条第 1 款中的实质性条款应当规定,特许权受让方必须吸收足够的投资资金,以便其能够在整个特许协议有效期内完成特许协议客体建造和(或)改造工作,并且按照俄罗斯联邦法律规定价格(费率)发生调整特许权受让方有待补偿以及在特许协议有效期终止时未补偿的费用应当补偿给特许权受让方。在这种情况下，本条第 1 款第 6-1 项规定的特许权受让方履行特许协议条款的保证金数额由特许权受让方吸引的投资资金数额决定，该投资资金用于实施符合俄罗斯联邦法律规定的投资项目，并且该投资资金不包括俄罗斯联邦预算系统的预算资金以及特许权受让方通过生产产品、实施工程和提供服务的可调节价格（费率）和（或）附加价格（费率）获得的收入。

1-2. 本款自 2017 年 1 月 1 日起失效。

2. 除本条第 1、1-1 款以及第 42 条所述实质性条款外，特许协议还可包含其他不违反俄罗斯联邦法律的其他内容，包括：

（1）从事特许协议所规定业务的产品生产、工程实施、服务提供的规模；

（2）产品生产、工程实施、服务提供的可调节价格（费率）和（或）附加价格（费率）制定与更改程序和条件、按照俄罗斯联邦政府设定的程序与权力执行机关或地方自治机关协商调整特许权受让方的长期活动并按照俄罗斯联邦价格（费率）调整法律调整价格（费率）；

（3）建造和（或）改造特许协议客体所需投资规模；

3-1) 特许协议客体组成内容；

（4）建造和（或）改造的特许协议客体的交付使用的工期，该客体应符合特许协议规定的经济技术指标要求；

（5）特许权受让方在特许协议规定期限内在内销市场销售所产产品、工程、服务的义务；

（6）特许权受让方按照约定的价格（费率）加价幅度和可调整的价格（费率）销售所产产品、工程、服务的义务；

（7）特许权受让方向消费者提供联邦法、俄罗斯联邦主体法律、地方自治机关法规所约定的优惠，包括支付产品、工程和服务时的优惠的义务；

（8）特许权受让方自费为特许协议客体或特许协议出让方转让给特许协议受让方的其他资产办理意外灭失和（或）损坏保险的义务；

（9）特许权出让方对建造和（或）改造、使用（运营）特许协议客体的部分费用进行融资的义务、特许权出让方向特许权受让方提供国家或市政担保的义务、特许权出让方承担费用的数额、特许权出让方的报酬数额、特许权出让方向特许权受让方提供的国家或市政担保金额、程序和条件；

（10）特许权受让方用于更新和更换特许权出让方转让其的资产、改善该资产的内在性能和使用特性的资金数额；

（11）特许协议的更改程序；

（12）特许权受让方制作特许协议客体项目文件的义务；

（13）本项自 2015 年 2 月 1 日起失效；

（14）本项已失效；

（15）双方违反特许协议所需支付的违约金数额、条件、程序和期限；

（16）当特许协议被提前废除时，双方按照本联邦法第13条第5款第2项的规定确定费用补偿的程序；

（17）特许权受让方补偿特许权出让方组织特许协议签订权竞标并制作标书的费用的义务。

3. 当俄罗斯联邦法律规定使用联邦预算系统的预算资金对向公民或其他消费者提供的某种产品、工程和服务进行全额融资时，对于此类产品、工程和服务的提供，特许协议不应规定由公民或其他消费者自付费用。

4. 针对本联邦法第4条第1款规定的部分特许协议客体，俄罗斯联邦政府需颁布特许协议范本。针对向特许权受让方提供不可撤销银行担保的银行，针对特许权受让方在其处办理银行存款并且特许权受让方可以将自己的银行存款权利抵押给特许权出让方的银行，针对特许权受让方与其签订规避违反特许协议风险的保险合同的保险机构，俄罗斯联邦政府需对上述特许权受让方提出要求。

4-1. 本款自2017年1月1日起失效。

5. 如特许权受让方从事特许协议规定的活动，特许权受让方基于可调节价格（费率）和（或）附加价格（费率）生产产品、实施工程、提供服务，则特许协议有效期内建造和（或）改造的所有客体、为完成上述客体的建造和（或）改造工作吸引的投资数额和来源由特许权受让方的投资项目决定，由俄罗斯联邦价格（费率）调整法律批准。

第11条　特许权受让方接受和使用土地、森林、水体和地下资源的条款

1. 特许协议客体所处土地和（或）特许权受让方从事特许协议规定活动所需土地；对于建造和（或）改建特许协议客体以及从事特许协议规定的活动必要的森林［建筑水利工程，海港基础设施工程，河港基础设施工程，码头基础设施工程，供电线，通讯线，道路，道路保护设施（不包括绿化成分），桥隧（不包括冬季雪上道路、冰上渡口、隧道），生产项目（即公路大修、维修和保养项目），公路附属设施，收费设施（包括收费站），服务区，管道，其他线性项目，用于堆积、保存和修理俄罗斯联邦武装力量资产的房屋、建筑和设施，上述房屋、建筑和设施的生产项目和工程设施项目，农产品生产、初加工、再（工业）加工和保存项目，运动保健项目，体育设施项目，体育技术项目］，水体［建设码头，船舶抬升设施，船舶修理设施，固定平台和（或）流动平台，人工岛屿，水利工程，桥梁，高架桥和类似设施，水下通道，地下通道，管道，水下通讯线路，其他线性工程，水下交通线，与水体底部与河岸变化相关的疏浚作业、爆破作业、钻探作业和其他作业］，地下资源（建设并运营与开采矿产资源无关的地下设施），上述土地、森林、水体和地下资源由特许权出让方按照俄罗斯联邦土地、森林、水体、地下资源法律的规定租赁（转租）给特许权受让方，租赁（转租）的期限由特许协议确定，不超过特许协议有效期。如标书未规定其他期限或特许协议中不存在本联邦法第38条中的情形，则自签订特许协议之日起60个工作日内，特许权出让方应当与特许权受让方签订土地租赁（转租）合同。特许权受让方应当按照俄罗斯联邦土地、森林、水体和地下资源法律的规定使用被提供的土地、森林、水体和地下资源。

1.1 自国家对本联邦法第 4 条第 1 款第 4 项规定的土地实行登记核算之日起 60 个工作日内,特许权转让方与特许权受让方应当针对上述土地签订租赁(转租)合同。

2. 除非土地租赁(转租)合同另有其他规定,否则特许权受让方无权转租给其他方。

3. 一旦特许协议被终止,该特许协议在土地、森林、水体和地下资源方面赋予特许权受让方的权利也就终止。

第 12 条 特许权受让方对特许协议客体质量的责任

1. 在建造和(或)改造特许协议客体过程中,如特许权受让方违反特许协议要求和(或)建造和(或)改造特许协议客体的技术细则要求、设计文件要求和其他必要的质量要求,则特许权受让方需要对特许权出让方承担责任。

2. 如发生本条第 1 款所述违反要求的情况,则特许权出让方有权要求特许权受让方在合理期限内无偿改正违约行为。

3. 如特许权受让方未改正本条第 1 款所述违反要求的行为,或者上述违反要求的情况过于严重,则特许权出让方有权要求特许权受让方赔偿上述违反要求情况造成的损失。

4. 在特许协议约定期限内,特许权受让方对特许权出让方承担保证特许协议客体质量的责任。如无相应规定,则自该客体交付特许权出让方之日起 5 年内,特许权受让方对特许权出让均需负责。如特许协议中约定的期限少于 5 年,当该期限结束后,且自该客体交付特许权出让方之日起未满 5 年的期间内,若发现建造和(或)改造的特许协议客体存在违反质量要求的情况,且特许权出让方能够证明违反质量的情况是在客体交付之日前就已发生或是由于交付之日前的原因而发生,则特许权受让方须对特许权出让方负责。

第 13 条 特许协议的签订、更改和终止

1. 除本联邦法第 37 条规定的情况外,特许协议的签订通过招标方式进行。

2. 按照本联邦法第 10 条第 4 款约定的特许协议范本签订特许协议。该特许协议应当包含本联邦法和其他联邦法规定的实质性条款,可以包含一些不受上述特许协议范本控制并且不违反俄罗斯联邦法律规范和标书规定的条款。

3. 特许协议可在双方协商后予以更改。特许协议条款受限于特许协议签订决定和符合招标标准的特许权受让方投标书,则该特许条款可以经双方协商后按照俄罗斯联邦政府(针对俄罗斯联邦担任特许权出让方的特许协议)、俄罗斯联邦主体的国家权力机关(针对俄罗斯联邦主体担任特许权出让方的特许协议)和地方自治机关(针对行政区担任特许权出让方的特许协议)的决议以及本联邦法本条第 3-1 款、第 5 条第 7 款、第 20 条第 1、3、4 款和第 54 条的规定予以更改。

3-1. 如特许协议涉及经俄罗斯联邦政府批准的全国性投资项目,担任该特许协议的特许权出让方的是俄罗斯联邦或俄罗斯联邦主体,该特许协议规定特许权受让方必须筹备特许协议客体,该特许协议符合投标书要求、规定投资规模和特许协议客体的技术指标,则在特许协议客体的项目文件具有积极的鉴定结果,并且同时满足下列各要求的情况下,经双方协商后特许协议可予以变更,以使采用的技术方案更加高效:

(1) 如决定签订特许协议的人士提供的特许协议客体预算造价降低,则特许权出让方建造和(或)改造特许协议客体所需费用以及特许权出让方的特许协议价格也会相应降低;

(2) 特许协议客体的质量要求和使用性能不发生变更;

(3) 其他基于投标书的特许协议条款不发生变更。

3-2. 本款自2017年1月1日起失效。

3-3. 如因发生不可抗力而导致特许协议在规定期限内无法得到履行,或双方当时签订特许协议的条件发生巨大变化,或法院和联邦反垄断机关判决由于国家机关、地方自治机关和(或)负责人员的决定、行为(或不作为)而导致特许权受让方或特许权出让方无法履行特许协议条款,则特许权出让方必须受理特许权受让方提出的更改特许协议实质性条款的要求。

3-4. 自特许权受让方基于俄罗斯联邦政府(针对俄罗斯联邦担任特许权出让方的特许协议)、俄罗斯联邦主体的最高国家权力机关(针对俄罗斯联邦主体担任特许权出让方的特许协议)和地方行政区(针对行政区担任特许权出让方的特许协议)的决议提出更改特许协议实质性条款的要求之日起30天内,特许权出让方必须针对上述要求作出更改决定。

3-5. 如特许权出让方所作特许协议更改决定会导致俄罗斯联邦预算收益(或花费)发生变更,则上述决定必须充分考虑俄罗斯联邦预算法律要求。在这种情况下,在特许权受让方提出要求之日起30天内,特许权出让方必须告知特许权受让方其已经开始考虑制定本财政年度(本财政年度和计划期)相关预算法律(决议)草案的问题,或告知特许权受让方拒绝其要求的依据。

3-6. 如在特许权受让方提出要求之日起30天内特许权出让方未作出是否更改特许协议实质性条款的规定,未告知特许权受让方其已经开始考虑制定本财政年度(本财政年度和计划期)相关预算法律(决议)草案的问题,或未告知特许权受让方拒绝其要求的依据,则特许权受让方有权暂停履行特许协议条款,直至特许权出让方作出更改特许协议实质条款的决定或给出拒绝依据。

3-7. 针对特许权出让方由俄罗斯联邦主体或行政区担任的特许协议实质性条款,特许权出让方需要与反垄断机关协商后作出更改。

3-8. 俄罗斯联邦政府对特许协议实质性条款更改依据和反垄断机关同意更改特许协议实质性条款的程序作出规定。

4. 应特许协议一方的请求,依据《俄罗斯联邦民法典》作出的法庭判决可以对特许协议进行更改。

5. 当出现下列情况时特许协议即予终止:

(1) 特许协议有效期结束;

(2) 双方协商终止;

(3) 法庭判决特许协议提前废除;

(4) 如特许协议双方未履行或未完全履行特许协议义务的行为对他人生命或健康造成损害或可能造成损害,则遵守俄罗斯联邦政府或其授权权力执行机关(针对俄罗斯联邦担任特许权出让方的特许协议)、俄罗斯联邦主体的国家权力机关(针对俄罗斯联邦主体担任特许权出让方的特许协议)和地方自治机关(针对行政区担任特许权出让方的特许协议)的决议。

6. 特许协议客体为用于堆积、保存和修理俄罗斯联邦武装力量资产的房屋、建筑和设施,上述房屋、建筑和设施的生产性和工程性基础设施工程项目,如特许权受让方未履行或未完全履行特许协议义务,则俄罗斯联邦国防部按照俄罗斯联邦政府决议提前终止该特许协议。

第 14 条　终止特许协议的结果

1. 特许权受让方必须在特许协议规定的期限内向特许权出让方转让特许协议客体、特许协议约定的其他资产和本联邦法第 3 条第 9 款规定的其他资产。

2. 特许权受让方向特许权出让方转让的特许协议客体、特许协议约定的其他资产、本联邦法第 3 条第 9 款确定的其他资产,应处于特许协议约定的状态,能够用于从事特许协议约定的业务活动,符合本联邦法的各项要求,且不侵犯第三方权益。

3. 特许权受让方转让、特许权出让方接受特许协议客体和特许协议约定的其他资产以及本联邦法第 3 条第 9 款确定的其他资产的行为,通过特许协议双方在交接文书上签字的方式完成。

4. 如本联邦法和特许协议无特殊约定,特许权受让方向特许权出让方转让特许协议客体和特许协议约定的其他资产、本联邦法第 3 条第 9 款确定的其他资产的义务,以特许权出让方接收该客体或该资产、特许协议双方签订相应交接文书为终结。如特许协议一方拒绝在交接文件上签字,则认为该方拒绝履行特许协议。

5. 特许协议客体和特许协议约定的其他资产、本联邦法第 3 条第 9 款确定的不动产的拥有权和使用权的终止,应按照俄罗斯联邦法律规定的程序进行国家登记。

第 15 条　基于法庭判决的特许协议终止

1. 如特许协议一方实质性违反特许协议条款、实质性改变签订特许协议时所约定的双方义务,以及出现本联邦法和其他联邦法或特许协议规定的情况,应特许协议另一方的请求,法庭可判决终止特许协议。

1-1. 如特许协议一方未履行或未完全履行特许协议义务,则特许协议另一方需向其发送书面通知,告知其必须在合理期限内完成上述义务。如特许协议一方在合理期限内未妥善履行上述义务,则特许协议另一方可以向法院提交更改或提前废除该特许协议的请求。

2. 特许权受让方违反特许协议条款的重大行为包括:

(1) 由于特许权受让方的过错,特许协议客体的建造和(或)改造工作不能如期完成;

(2) 将特许协议客体使用(运营)于非特许协议约定的用途,并违反特许协议客体使用(运营)的程序;

(3) 特许权受让方未按照特许协议规定从事业务活动而给特许权出让方造成重大损失;

(4) 在未取得特许权出让方同意的情况下特许权受让方擅自终止或暂停特许协议和其他法律条文规定的业务活动,不包括本联邦法第13条第3-7款规定的业务活动;

(5) 特许权受让方未履行或者未完全履行特许协议中向公民和其他消费者提供产品、工程和服务,包括供水、供热、供气、供电、排水、公共运输等义务。

2-1. 特许权出让方违反特许协议条款的重大行为包括:

(1) 在规定时间内未向特许权受让方转让特许协议客体;

(2) 特许权出让方转交给特许权受让方的特许协议客体不符合特许协议条款(包括特许协议客体的描述、技术经济指标和用途),并且上述不符合的特许协议条款的情形在特许协议双方签订交接文书之日起一年内被发现,或在特许权出让方将该特许协议客体转让给特许权受让方时未被发现,该不符合特许协议条款的情形完全由特许权出让方的过错引起的;

(3) 特许权出让方未承担特许协议客体建造和(或)改造费用、使用(运营)费或特许协议费用。

3. 除本条第2款和第2-1款所列违反特许协议条款的重大行为外,还可在特许协议中规定特许权出让方或特许权受让方违反特许协议条款的重大行为(不作为)。

4. 一旦特许权受让方法人改组或改组后新建法人不符合本联邦法和标书规定的竞标者要求时,特许协议必须被废除。

5. 如特许协议提前被废除,特许权受让方有权要求特许权出让方补偿其建造和(或)改造特许协议客体所花费用,不包括特许权受让方已承担的特许协议客体建造和(或)改造费用。如特许权受让方按照特许协议的规定从事活动业务,则特许权受让方按照可调节价格(费率)和(或)附加价格(费率)生产产品、实施工程和提供服务,特许权出让方按照特许权受让方符合俄罗斯联邦法律规范有待补偿的费用数额以及特许协议被废除时尚未补偿的费用数额向其补偿建造和(或)改造特许协议客体所花费用。上述补偿行为的程序和期限由特许协议条款规定。

第16条 特许协议双方的责任

1. 特许协议双方对于未履行或未完全履行自身义务承担本联邦法、其他联邦法及特许协议规定的经济责任。

2. 如特许协议双方因未履行或未完全履行特许协议义务而补偿所造成的损失并支付违约金,则特许协议的某一方并不会因此无须履行该义务。

第 17 条　争端解决程序

特许权出让方与特许权受让方之间产生的争端由俄罗斯联邦普通法院、仲裁法院和调停法院按照俄罗斯联邦法律规定解决。

第二章　特许权受让方权利和合法利益的保障

第 18 条　从事符合特许协议规定的活动业务保障

1. 在特许权受让方从事特许协议规定的业务活动时,根据《俄罗斯联邦宪法》、俄罗斯联邦参加的国际公约、本联邦法、其他联邦法和其他俄罗斯联邦法规文件的规定,保证其权利和合法利益受到保障。

2. 特许权受让方有权按照《俄罗斯联邦民法典》对国家机关、地方自治机关或上述机关负责人员的非法行为(不作为)造成的损失提出赔偿要求。

3. 如特许权受让方按照可调节价格(费率)和(或)附加价格(费率)生产产品、实施工程和提供服务,价格(费率)调节机关基于特许协议规定的用于建造和(或)改造特许协议客体、更新和更换特许权出让方转让给特许权受让方的其他资产、改善其内在性能和使用特性改善的投资规模和完成期限,设定生产产品、实施工程和提供服务的价格(费率)和(或)附加价格(费率)。

4. 特许协议客体所有权的转移并不能成为更改或终止特许协议的依据。

第 19 条　对于特许权受让方平等权利的保障

特许权受让方,包括由外国法人担任的特许权受让方,享受俄罗斯联邦法律所规定的平等权利,以避免其受到歧视性措施和其他阻碍特许权受让方自由支配投资及履行特许协议规定业务后所取得的产品和收益的法律待遇。

第 20 条　特许权受让方权利的保障

1. 如联邦法律和(或)俄罗斯联邦、俄罗斯联邦主体以及地方自治机关出台的法律条文会导致特许权受让方的总体税务负担增加或促使特许权受让方处于不利地位,导致特许权受让方在很大程度上丧失其签订特许协议时取得的权益,并且上述法律和(或)法律条文针对特许权受让方设定禁令和限制,则特许权出让方必须采取必要措施,确保特许权受让方能够回收成本并获得收益[按照可调节价格(费率)生产产品、实施工程和提供服务所获进款,进款数额不得低于特许协议最初设定的数额]。作为确保特许权受让方能够回收成本并获得收益[按照可调节价格(费率)生产产品、实施工程和提供服务所获进款,进款数额不得低于特许协议最初设定的数额]的措施,特许权出让方可以增加本方的特许协议费、经特许权受让方同意延长特许协议期限、增加本方建造和(或)改造特许协议客体费用并向特许权受让方提供额外的国家或市政担保。特许协议客体的质量要求和使用性能不得予以更改。本款对特许权出让方采取措施确保特许权受让方能够回收成本并获得收益[按照可调节价格（费率）生产产品、实施工程和提供服务所获进款，进款数额不得低于特许协议最初设定的数额]的义务作出规定，该规定不适用于因特许权受让方未满足特许协议规定的集中冷水供应系统、集中热水供应系统和（或）集中排水系统以及供热工程安全性、质量和能效计划值而导致价格（费率）发生变更和调整的情形。本款中上述措施的采取程序和相关条款变更程序由特许协议确定。

2. 如技术细则以及涉及地下资源、生态环境和居民健康保护的其他俄罗斯联邦法律标准文件发生变更，则本条第1款中规定的特许协议条款更改情况不予适用。

3. 如果在特许协议有效期内，特许权受让方按照可调节价格（费率）和（或）附加价格（费率）向消费者提供商品、工程和服务，当出现本条第1款和第2款所述更改情况时，应当对按照特许权受让方提出更改请求对该特许协议条款予以更改。

4. 如果在特许协议有效期内，特许权受让方按照可调节价格（费率）和（或）附加价格（费率）向消费者提供商品、工程和服务，如上述可调节价格（费率）和（或）附加价格（费率）设定的特许权受让方长期活动业务调节参数不符合特许协议规定，应当对按照特许权受让方提出更改请求对该特许协议条款予以更改。

5. 本款自2017年1月1日起失效。

第三章 特许协议签订程序

第21条 特许协议签订权的招标

1. 特许协议签约权的招标（以下简称招标）可以是公开的（任何人都可递交投标申请书），或者是非公开的（根据签订特许协议的决议书受邀参加投标的人士才有权递交投标申请书）。

2. 当特许协议客体的相关信息属于国家机密，以及当特许协议客体对保障国防能力和国家安全具有战略意义时，此类特许协议的签署适用于非公开招标，不包括俄罗斯联邦供水和排水法律规定的情形。在进行非公开招标时，特许权出让方、招标委员会和投标者应遵守俄罗斯联邦国家保密法。按照俄罗斯联邦国家保密法的规定，属于国家机密的信息不得公布在大众传媒上、不得发布在因特网上，也不得体现在基于签订特许协议的决议书而发送给投标者的招标通知中。

3. 在进行公开招标时，本联邦法第24—26、28—29、31、33—35条规定的信息以及招标委员会记录应当公示在特许权出让方的互联网官方网站上，以便公众获悉经俄罗斯联邦政府批准的招标举办信息。任何人均可无偿获得公开招标的举办信息。

3-1. 本联邦法第28—29、31、33—34条规定的招标委员会记录应当在其经签字确认之日起3天内按照本条第3款规定程序公示在特许权出让方的互联网官方网站上。

4. 本款自2014年1月1日起失效。

5. 在公示特许协议签订权招标信息后,特许权出让方必须按照本联邦法第23条第1款第26项规定程序向通过预选的投标者提供详尽的特许协议客体信息和文件,并确保其能够接触到特许协议客体。

第22条 特许协议签订决议书

1. 特许协议签订决议书按照俄罗斯联邦预算法律的规定作出:

(1)除本条第2款规定的特许协议客体外,如该客体的所有权归俄罗斯联邦,则决议书由俄罗斯联邦政府作出;

(2)对保障国家安全及国防能力具有战略意义的特许协议客体,其决议书由俄罗斯联邦总统授权俄罗斯联邦政府作出;

(3)如特许协议客体的所有权归俄罗斯联邦主体,其决议书由俄罗斯联邦主体的国家权力机关作出;

(4)如特许协议客体的所有权归行政区,其决议书由地方自治机关作出。

2. 签订特许协议的决议书应当规定:

(1)本联邦法第10条和第42条规定的特许协议条款(以下简称招标条款);

(2)招标标准及其参数;

(3)招标类型(公开招标或非公开招标);

(4)在进行非公开招标时应邀参加招标的投标者名单;

(5)将举办公开招标信息公布在官方刊物和公示在互联网官方网站的期限、在进行非公开招标时向某些人士发出参与非公开招标的邀请期限;

(6)特许权出让方授予其以下权力的机关:

a)批准和更改投标文件,不包括特许协议签订决议书中规定的投标文件;

b)组建负责举办招标事宜的招标委员会(以下简称招标委员会)、确定招标委员会的人员构成。

2-1. 如特许权受让方按照特许协议的规定从事活动,特许权受让方按照可调节价格(费率)和(或)附加价格(费率)向消费者提供商品、工程和服务,则特许权出让方的特许协议签订决议书可以规定特许权受让方活动调整长期参数。该规定必须由特许权出让方以俄罗斯联邦政府规定的程序与负责价格(费率)调整的权力执行机关或地方自治机关协商,且必须符合俄罗斯联邦价格(费率)调整法律的规定。

2-2. 如特许权出让方必须将本联邦法第4条第1款第1项规定的资产、特许协议客体的构成资产和(或)其他在作出特许协议签订决议书时运用管理权归国家事业单位的资产转让给特许权受让方,则特许协议签订决议书应当规定,在相关活动领域提供国家服务并行使国家资产管理权的国家权力授权机关作出终止上述国家事业单位对上述资产拥有运营管理权决定的期限。上述资产运营管理权的终止决定按照本联邦法第8条第5款的规定作出。

2-3. 本款自 2017 年 1 月 1 日起失效。

3. 如联邦法律规定采用非招标方式签订特许协议,则在签订特许协议的决议书中规定特许协议条件、特许协议签约程序和对特许权受让方的要求。

4. 对签订特许协议的决议书提出异议可以通过俄罗斯联邦法律规定的程序进行。

第 23 条　招标文件

1. 招标文件应包括:

(1) 招标条款;

(2) 特许协议客体和特许权出让方按照特许协议规定转让给特许权受让方的其他资产的组成与描述,包括其经济技术指标;

(3) 对投标者的要求(包括对其资质、专业技能、业务水平的要求)并依此进行资格预审;

(4) 招标标准及本联邦法第 24 条第 2-2、3、4 款规定的招标标准参数;

(5) 申请者和投标者应提交的详尽文件和资料以及上述文件和资料的提交方式,其中包括以下文件和材料:

a) 申请者提交的、符合招标文件和投标者要求的文件和材料。

b) 符合招标文件要求的投标申请书和投标书;

c) 包含招标文件信息的文件和材料。

(6) 公布、刊登举行招标活动的期限,或根据特许协议签订决议书向指定人士发送招标通告并同时发送投标邀请书的期限;

(7) 提交投标申请书的程序和要求;

(8) 提交投标申请书的地点和期限(期限的起止日期);

(9) 递交招标文件的程序、地点和期限;

(10) 对招标文件条款进行解释的程序;

(11) 标示用于保障特许权受让方履行特许协议所规定义务的方法,如特许协议客体为供热工程、集中冷水供应系统、集中热水供应系统和(或)集中排水系统以及上述系统的个别工程,则中标者必须按照本联邦法第 42 条第 4 款的规定提供不可撤销银行担保并确保特许权受让方履行特许协议义务,担保金的数额不得少于招标文件限额;

(12) 为保证履行特许协议签订决议书义务而交纳的保证金(以下称保证金)数额、交纳程序和期限、保证金账户的要素;

(13) 租借金数额、形式、收取程序和期限,不包括本联邦法第 41 条第 1 款规定的内容(在招标标准不包含租借金数额的情况下);

(14) 递交投标书的程序、地点和期限(期限的起止日期及时间);

(15) 更改和(或)撤回投标申请书和标书的程序和期限;

(16) 开启投标申请书的程序、地点和时间;

(17) 对投标者进行资格预审的程序和期限,以及预审纪要的签字日期;

(18) 开标的程序、地点、单个日期或多个日期及时间,如按照本联邦法第30条第1款招标文件规定投标书被装在两个不同的信封中;

(19) 投标书的评审程序;

(20) 确定中标者的程序;

(21) 招标结果纪要的签字确认期限;

(22) 特许协议签约期限;

(23) 要求中标者提交能够按照本联邦法规定的方法履行特许协议中特许权受让方义务的保证书,以及该保证书的要求;

(24) 本项已失效;

(25) 特许权出让方向特许权受让方转让特许协议客体和(或)其他特许协议规定资产的期限;

(26) 特许权出让方提供特许协议客体信息以及接触机会的程序。

1-1. 如特许权受让方按照特许协议的规定从事相关活动,特许权受让方按照可调节价格(费率)和(或)附加价格(费率)向消费者提供商品、工程和服务,并且特许权出让方的决议书对特许权受让方的活动调整长期参数作出规定,则招标文件应当包含上述参数。

1-2. 如特许协议客体为供热工程、集中冷水供应系统、集中热水供应系统和(或)集中排水系统以及上述系统的个别工程,则在招标文件中应当包含本联邦法第45条规定的信息和参数。

1-3. 信息和参数自2017年1月1日起失效。

2. 在按照本联邦法第24条第2-2款内容设定标准时,招标文件应当要求投标者提交投标书、文件和材料,所提交的投标书应当反映特许协议客体建造和(或)改造工程建筑、工艺、结构和工程技术特性,所提交的文件和材料应当符合招标文件的要求,并包含招标文件的信息。

3. 招标文件不应包含无端限制某一投标方参加投标和(或)为某一投标方创造优越条件的条款。

4. 在进行公开招标时,特许权出让方在本联邦法第26条第1款规定期限内将招标文件和举办公开招标的信息同时公示在自己的互联网官方网站上。特许权出让方公示在自己的互联网官方网站上招标文件应当无偿让他人查阅。自特许权出让方在某一官方刊物上和在自己的互联网官方网站上发布举办公开招标通告之日起,特许权出让方和招标委员会必须按照公开招标通告所规定的程序和期限向提出书面申请的相关人士提供招标文件。如进行非公开招标,特许权出让方和招标委员会必须按照招标文件规定的程序和期限向受邀参加非公开招标的人士提供招标文件。如举办招标通告要求申请者支付招标文件的费用,则在申请者支付招标文件费用后,特许权出让方和招标委员会即可向该申请者提供纸质招标文件。

5. 如在不晚于截标之日前 10 天申请方向特许权出让方或招标委员会提出疑问，后者须以书面形式对招标文件条款进行解释。如申请者匿名向特许权出让方或招标委员会提出问询要求，则在不晚于截标之日前 5 天特许权出让方或招标委员会应向每位申请者发送招标文件条款的解释。如进行公开招标，则特许权出让方或招标委员会应当将匿名申请者提出的问询内容以及招标文件条款的解释内容公示在自己的互联网官方网站上。本款所涉及的申请者匿名提出的问询内容以及招标文件的解释内容可以以电子形式发送。

6. 在投标申请书或投标书递交期限延长不少于 30 个工作日的情况下，特许权出让方有权对招标文件作出更改。招标委员会应在招标文件更改之日起 3 个工作日内将相关更改情况发布在特许权出让方指定的官方刊物上，或公示在自己的互联网官方网站上，或发送给参加非公开招标的应邀者。

7. 本款自 2017 年 1 月 1 日起失效。

第 24 条 招标标准

1. 招标标准由特许协议签订决议书确定，并按照本联邦法第 32 条和第 33 条规定的程序用于标书的评估。

2. 特许协议客体为供热工程、集中冷水供应系统、集中热水供应系统和（或）集中排水系统以及上述系统的个别工程情况除外，招标标准可包括：

（1）特许协议客体建造和（或）改造的期限；

（2）自签订特许协议之日起至建造和（或）改造的特许协议客体符合经济技术指标之日的期限；

（3）特许协议客体的经济技术指标；

（4）特许协议所约定的业务活动中提供产品、工程和服务的规模；

（5）特许协议签订之日起至特许协议所约定的业务活动中提供产品、工程和服务达到协议所规定规模的期限；

（6）租让金数额；

（7）在履行特许协议所约定的业务活动中提供的产品、工程和服务的上限价格（费率），附加价格（费率）以及（或者）特许权受让方活动调整长期参数；

（8）特许权受让方自行承担使用（运营）特许协议客体未达到预期收益、在建造和（或）改造特许协议客体以及使用（运营）特许协议客体时产生的额外花费。

2-1. 如果特许协议条款规定转让人需承担特许权协议客体建立和（或）改建、使用和（或）运营的部分花费，或转让人需按照转让权协议付费，则转让人承担的上述部分花费数额以及转让人需按照转让权协议付费的规定应当定为竞标标准。

2-2. 如特许协议规定特许权受让方必须筹备特许协议客体的设计文件，则招标标准可以规定特许协议客体建造和（或）改造方案必须具有良好的建筑、工艺、结构和工程技术特性。该招标标准的考核系数不得超过 0.2。

2-3. 如特许协议客体为本联邦法第 4 条第 1 款第 11 项规定的资产，则招标标准由本联邦法第47条规定。

2-4. 本款自2017年1月1日起失效。

3. 针对本条第2、2-1款规定的每种招标标准设定以下参数：

（1）以数值形式呈现的初始条件（以下简称招标标准初始值）；

（2）标书中招标标准初始值的减少或增加；

（3）招标标准的考核系数。

4. 本条第2、2-1、2-2款中规定的招标标准的考核系数数值为0至1，所有系数总和应当为1。本联邦法第47条中规定的招标标准不适用于本条第3款规定的招标标准参数。

5. 如存在本条第2-2款中招标标准，则以本联邦法第32条规定的程序按照上述标准对标书进行分数评估。

6. 不得使用本联邦法本条或第47条未规定的招标标准。

第25条 招标委员会

1. 为开展招标活动，特许权出让方按照本联邦法第22条规定成立招标委员会。招标委员会的成员不得少于5人。如果招标委员会会议的实际参加人数不少于总成员数的50%，且每人拥有1票发言权，则招标委员会作出的决议具有合法性。招标委员会有权以与会者多数票形式通过决议。如表决票数相等，则招标委员会的主席票可具有最终决定权。招标委员会的决议以纪要形式作出，并由与会成员签字确认。招标委员会有权招募独立专家参加工作。

2. 招标委员会成员和独立专家不得由提交投标申请书的公民担任，或由提交投标申请书组织的成员担任，或由此类组织的股东（参加方）、其领导机关成员或投标者的关联人员担任。如招标委员会成员被发现由上述人员担任，则特许权出让方应予以撤换。

3. 招标委员会履行下列职能：

（1）公布和发布招标信息（在进行公开招标的情况下）；

（2）根据签订特许协议决议书向指定人士发送通知书并同时发放投标邀请函（在进行非公开招标的情况下）；

（3）公布、刊登招标文件更改通知，并根据特许协议签订决议书向指定人士发送上述通知；

（4）接受投标申请书；

（5）按照本联邦法第23条规定提供招标文件并解释招标文件条款；

（6）按照本联邦法第29条的规定开启装有投标申请书的信封并审查投标申请书；

6-1）按照本联邦法第23条第1、5款规定的招标文件要求检查申请者所提交的文件和材料中的信息是否属实；

6-2）确定申请者及其提交的投标申请书是否符合本联邦法和招标文件的要求，

标书是否符合招标标准以及本联邦法和招标文件的要求；

6-3）必要时从相关机关和组织处询问并获取相关信息，检查申请者和投标者提供的信息是否属实；

（7）同意申请者参加招标活动并将申请者视为投标者，或拒绝申请者参加招标活动并向其发送相关通知；

（8）确定投标者；

（9）向投标者发送提交标书的邀请，审查并评估标书，包括按照本联邦法第24条第2-2款的招标标准要求对标书进行打分评估；

（10）裁定中标者，并向其发送中标通知；

（11）签署投标申请书开封纪要、投标者预审纪要、标书开封纪要、标书审查和评估纪要、招标结果纪要；

（12）通知所有投标者招标结果；

（13）公布和发布招标结果的信息。

第 26 条　招标通告

1. 招标通告由招标委员会在招标文件约定期限内，但不得晚于递交投标申请书最后期限前 30 天，发布在特许权出让方指定的官方刊物上和公示在自己的互联网官方网站上（在进行公开招标的情况下），或根据特许协议签订决议书向指定人士发送并附带招标邀请（在进行非公开招标的情况下）。

2. 招标委员会有权通过任意的公共媒体发布招标通告，包括电子形式，但此类发布不能替代本条第 1 款所规定的官方刊物公布和互联网官方网站公示。

3. 招标通告应包括以下内容：

（1）特许权出让方的名称、所在地、通信地址、账户要素、互联网官方网址地址、负责人信息及其他类似信息；

（2）特许协议客体；

（3）特许协议有效期；

（4）对于投标者的要求；

（5）招标标准及其参数；

（6）提供招标文件的程序、地点和期限；

（7）如特许权出让方有偿提供招标文件，则规定该款项的金额、支付程序和期限。此款项的金额不应超过招标文件的工本费和通过邮局向申请者寄送的费用之和；

（8）招标委员会所在地、通信地址、电话号码和其他类似信息；

（9）递交投标申请书的程序和期限（期限起止日期和时间）；

9-1）定金数额、收取程序和期限、定金收取账户要素；

（10）递交标书的程序、地点和期限（期限起止日期和时间）；

（11）投标申请书开封的地点、日期和时间；

(12) 标书开封的地点、日期和时间；

(13) 裁定中标者程序；

(14) 招标委员会成员签署招标结果纪要的期限；

(15) 特许协议签订期限。

第 27 条　递交投标申请书

1. 投标申请书应符合招标文件对于此类申请的要求，并包含申请者符合投标资格的证明文件和资料。本联邦法第 5 条第 1 款第 2 项规定的人士可以成为申请者。

2. 递交投标申请书的期限应在公布、发布招标通告或根据特许协议签订决议书向指定人士发送通知并附带投标邀请之日起，不少于 30 个工作日。

3. 投标申请书用俄文以书面的自由形式起草，一式两份（正本和副本），每份由申请者签字确认，并依据招标文件规定的程序，以单独的密封信封向招标委员会提交。随投标申请书附上提交文件和资料的清单，由申请者签字确认，正本交给招标委员会，副本留在申请者处。

4. 向招标委员会提交的投标申请书应在申请登记簿中登记，按顺序号排序，注明日期和提交时间（小时和分钟），以免和其他投标申请书出现时间重叠。在申请者所交文件和资料的清单副本上应标记提交投标申请书的日期、时间和申请书序号。

5. 在提交投标申请书的最后期限结束后向招标委员会提交的投标申请书不得开封，在其所附文件和资料的清单上注明投标申请书拒收标记后归还申请者。

6. 如提交投标申请书的最后期限结束后所收到的投标申请书少于两份，特许权出让方可于最后期限结束后的次日决定并宣布招标无效。

7. 在向招标委员会提交投标申请书的最后期限结束前，申请者有权在任意时间内改动或撤回己方申请。但此类改动或撤回的通知必须在提交投标申请书的最后期限结束前送达招标委员会，否则无效。

第 28 条　投标申请书开封

1. 装有投标申请书的信封在招标委员会会议上按照招标文件规定的程序开启。与此同时，宣布被开封申请书所属申请者的名称（姓、名、父称）和所在地（居住地）、投标申请书中包含的符合招标文件规定的文件和材料并将其记入投标申请书开封纪要。

2. 申请者或其代表有权参加投标申请书的开封仪式。申请者或其代表有权使用录音、录像和拍照手段，包括使用录像和拍照手段记录投标申请书的内容。针对本联邦法第 4 条第 1 款第 11 项规定的特许协议客体，特许协议签订权的投标申请书中包含的信息不能够被投标者和投标组织认定为商业秘密。

3. 在投标申请书提交期满之前，提交到招标委员会的所有投标申请书都要开封。

第 29 条　对投标者的预审

1. 招标委员会按照招标文件规定的程序对投标者进行预审,该委员会审查:

(1) 投标申请书是否与招标文件要求相符。在此情况下,招标委员会有权要求申请者解释所提交的投标申请书内容;

(2) 个体工商户申请者、法人类申请者或普通合伙法人类申请者是否符合招标文件要求。在此情况下,招标委员会有权要求申请者解释其所提交文件和资料中能够证明其符合上述要求的内容;

(3) 申请者是否符合本联邦法第 5 条第 1 款第 2 项针对特许权受让方规定的要求;

(4) 法人类申请者是否被清算或个体工商户申请者是否被终止活动业务;

(5) 申请者是否被认定为破产者以及申请者是否开始招标生产。

2. 根据对投标者预审的结果,招标委员会裁定有权参加投标的申请者,或者裁定无权参加投标的申请者,并以纪要形式对此决议进行记录,包括通过预审并获得投标资格的申请者名称(针对法人)或姓、名、父称(针对个体工商者),以及没有通过预审、丧失投标资格的申请者名称(针对法人)或姓、名、父称(针对个体工商者)。

3. 招标委员会拒绝申请者参加投标的情况包括:

(1) 申请者不符合参加投标条件和本条第 1 款规定;

(2) 投标申请书不符合相应申请书和招标文件的要求;

(3) 由申请者提供的文件和资料不完整和(或)不真实;

(4) 如招标文件规定在投标申请书提交期满之前向招标委员会支付定金,但申请者没有按照招标文件规定的期限和数额将定金打入账户。

4. 在招标委员会成员签署投标申请者预审纪要之日起 3 个工作日内,但不得晚于向招标委员会提交标书期满之日前 60 个工作日内,招标委员会向投标者发出提交标书的邀请。对于被淘汰者,招标委员会向其发送拒绝投标通知,同时附上上述纪要副本,并且如招标文件规定在投标申请书提交期满之前向招标委员会支付定金,则招标委员会需在其成员签署上述纪要之日起 5 个工作日内退还申请者已付的定金。

5. 招标委员会拒绝其参与投标的申请者可依据俄罗斯联邦法律规定的程序提起申诉。

6. 如按照本联邦法第 27 条第 6 款规定招标被认定为无效,则特许权出让方有权在招标被认定为无效之日起 3 个工作日内按照本条规定的程序将唯一一份投标申请书开封并进行审查。如该申请者及其提交的投标申请书符合招标文件要求,则特许权出让方有权建议该申请者提交按照招标文件规定签订特许协议的提案。申请者提交上述提案的期限不得晚于其自收到特许权出让方建议之日起 60 个工作日。特许权出让方审查该申请者提交的提案的期限由特许权出让方决定,但不得超过自其收到该申请者提交的提案之日起 15 个工作日。按照对上述提案的审查结果,如该提案符合招标文件要求及招标标准,则特许权出让方作出与该申请者签订特许合同的决定。

7. 如发生下列情形,特许权出让方将定金返还给提交投标申请书的唯一一位申请者:

（1）自招标被认定为无效之日起 15 个工作日内,特许权出让方并未建议该申请者提交签订特许协议的提案;

（2）自签订特许协议提案提交期满之日起 5 个工作日之内,该申请者未向特许权出让方提交签订特许协议的提案;

（3）自签订特许协议提案的审查期满之日起 5 个工作日之内,特许权出让方按照审查结果未作出与其签订特许协议的决定。

第 30 条　提交标书

1. 标书用俄文以书面形式起草,一式两份(正本和副本),每份由投标者签字确认,并依据招标文件规定的程序,以单独的密封信封向招标委员会递交。随标书附提交文件和资料的清单,一式两份,由投标者签字确认,正本交招标委员会,副本留在投标者。如招标标准符合本联邦法第 24 条第 2-2 款规定,则招标文件可以规定,投标者以两个单独的密封信封向招标委员会递交标书,一个信封包含本联邦法第 24 条第 2 和 2-1 款规定的标书,另一个信封包含本联邦法第 24 条第 2-2 款规定的标书。

2. 向招标委员会递交的标书应在标书登记簿中登记,按序号排序,注明日期和提交时间(精确到小时和分钟),以免和其他标书提交的时间重叠。在投标者所交文件和资料的清单副本上应标记标书递交的日期、时间和标书序号。如招标文件规定投标者需要在提交投标申请书之日后支付定金,则投标者按照招标文件规定的程序、数额和期限支付定金。在此情况下,投标者不得在标书提交期满之日后支付定金。

3. 投标者有权在招标委员会会议开启标书之即(即标书最后递交期限)递交标书。

4. 在向招标委员会递交标书的最后期限结束前,投标者有权在任意时间内改动或撤回己方标书。但此类改动或撤回的通知必须在标书的最后递交期限结束前送达到招标委员会,否则标书无效。

5. 在标书中,针对每项招标标准,投标者需以数字形式注明投标报价。如特许协议客体为供热工程、集中冷水供应系统、集中热水供应系统和(或)集中排水系统以及上述系统的个别工程,则投标者需按照本联邦法第 48 条要求提交标书。

第 31 条　标书开封

1. 装有标书的信封在招标委员会会议上依据招标文件规定的程序、时间和地点开封。如投标者按照本联邦法第 30 条第 1 款要求以两个单独的密封信封提交标书,则这两个信封在不同日期开封。在开启装有标书的信封时,招标委员会公开每一位投标者的名称和所在地(针对法人)或姓、名、父称和居住地(针对个体工商户)等招标文件要求投标者附在标书中的文件和材料,并将上述信息记录到招标书开封纪要中。如开启符合本联邦法第24条第2-2款所述招标标准的装有标书的信封,则招标委员会需将该投标者所递交的标书符合招标标准的情况以及该标书内容记录到招标书开封纪要中。如开启符合本联邦法第24条第2、2-1款所述招标标准的标书信封,则招标委员会需将该按照招标标准提出的投标报价记录到招标书开封纪要中。如开启符合本联邦法第47条第1款所述招标标准的标书信封,则招标委员会需公布按照招标标准提出的投标报价并将上述报价记录到招标书开封纪要中。

2. 向招标委员会递交标书的投标者或其代表有权参加开标仪式。向招标委员会递交标书的投标者或其代表有权使用录音、录像和拍照手段,包括使用录像和拍照手段记录投标申请书的内容。针对本联邦法第4条第1款第11项规定的特许协议客体,特许协议签订权的标书中包含的信息不能够被投标者和投标组织认定为商业秘密。

3. 在标书提交期满之前,投标者递交到招标委员会的所有标书都要开封,除非递交标书的投标者未遵守招标文件规定的定金支付程序、数额和(或)期限。

4. 投标者在标书递交期满之后向招标委员会递交的装有标书的信封,以及未遵守招标文件规定的定金支付程序、数额和(或)期限的投标者向招标委员会递交的装有标书的信封,招标委员会不得将其开封,并在其所附文件和资料的清单上注明标书拒收标记后与标书一起归还投标者。

第32条 标书的审查和评估程序

1. 对标书的审查和评估按照招标文件所规定的程序由招标委员会进行。招标委员会确定标书是否与招标标准相符,并比对标书中的报价裁定中标人。

2. 招标委员会根据标书审查结果认定标书是否符合招标文件要求。

3. 招标委员会认定标书不符合招标文件要求的情形包括:

(1) 投标者未提交招标文件规定的文件和材料,招标委员会无法据此确定标书是否符合招标文件要求,并且无法鉴别标书中的信息;

(2) 标书条款不符合招标标准所设参数和(或)极限值;

(3) 投标者递交的文件和材料不属实。

4. 针对招标委员会作出的标书不符合招标文件要求的认定,投标者可按照俄罗斯联邦法律规定的程序提起申诉。

5. 按照下列程序,招标委员会对符合本联邦法第24条第2款第1—7项和第2-1款规定的招标标准的标书进行评估:

(1) 如果数值大于招标标准规定的初始值,依据标书标价和招标标准所推算的数值等于该标准的系数乘以该标书所列标价和所有标书中最小标价的差值与所有标书中最大标价和最小标价的差值的比值;

(2) 如果数值小于招标标准规定的初始值,依据标书标价和招标标准所推算的

数值,等于该标准的系数乘以所有标书中最大标价和该标书所列标价的差值与所有标书中最大标价和最小标价的差值的比值;

(3) 根据本条第1款和第2款规定算出每一份标书的所有招标标准数值并进行累加。

5-1. 按照下列程序,招标委员会对符合本联邦法第24条第2款第1—7项和第2-1款规定的招标标准的标书进行评估:

1) 给标书打分——从1分到10分;

2) 依据招标标准推算的数值等于招标文件所设系数和招标标准的考核系数之和乘以标书所得分数与十分的比值。

(第5-2—5-7款自2017年1月1日起失效)

6. 招标委员会将按照本条第3款和第5款规定程序算出的总数与按照本条第5-1款规定程序算出的数值进行比对,并对标书进行评估。如特许协议客体为供热工程、集中冷水供应系统、集中热水供应系统和(或)集中排水系统以及上述系统的个别工程,则招标委员会按照本联邦法第49条规定的程序对标书进行评估。

7. 如招标委员会收到的标书少于两份,或经招标委员会评定符合招标文件要求及招标标准的标书少于两份,特许权出让方认定并宣布招标无效。在招标被认定为无效之日起30天内,特许权出让方有权审查唯一一位投标者递交的标书,并且如该标书符合招标文件要求和招标标准,则特许权出让方有权决定与该投标者签订特许协议。如按照审查结果特许权出让方并未决定与该投标者签订特许协议,则特许权出让方需在上述30天期满之日起15天内归还该投标者已支付的定金。如特许权出让方认定并宣布招标无效,或者按照对唯一一位投标者所递交标书的审查结果特许权出让方并未决定与该投标者签订特许协议,则特许权出让方应当取消特许协议签订决议书或更改向特许权受让方转让特许协议客体的期限,并且在必要时更改特许协议的其他条款。

第33条 中标者裁定程序

1. 按照本联邦法第32条第6款规定的程序确定的并且提供最优条件的投标者被认为是中标者。如特许协议客体为本联邦法第10条第1-2款规定的资产,则最优条件的确定依据为本联邦法第32条第5-2款的规定。

2. 如果两份及以上标书提供的条件同等最优,则认定标书最先送达招标委员会的那个投标者为中标者。

3. 选定中标者的决定以审查和评估标书纪要的形式记录下来,其中包括:

(1) 招标标准;

(2) 标书报价;

(3) 标书审查结果,并指出哪些标书被确定为不符合招标文件要求;

(4) 根据本联邦法第32条第5、5-1、6款规定评估标书的结果;

(5) 中标者的名称和所在地(针对法人),姓、名、父称和居住地(针对个体工商户),招标委员会所裁定中标者的依据。

4. 裁定某一投标者为中标者的决定,可依据俄罗斯联邦法律规定的程序提起申诉。

第 34 条 招标结果纪要的内容及其签署期限

1. 在签署标书审查和评估纪要之日起 5 个工作日内,招标委员会签署招标结果纪要,该纪要包括:

(1) 特许协议签订决议书,并标明招标种类;

(2) 招标公告;

(3) 根据签订特许协议的决议书发送招标公告并附投标邀请的送达人员名单(在进行非公开招标情况下);

(4) 招标文件及其更改内容;

(5) 投标者对招标文件条款的提问,以及特许权出让方或招标委员会对其所作解释;

(6) 投标申请书开封纪要;

(7) 提交给招标委员会的投标申请书正本;

(8) 投标者预审纪要;

(9) 被邀请参加招标的投标者名单;

(10) 标书开封纪要;

(11) 标书审查和评估纪要。

2. 特许协议有效期内,招标结果纪要保存于特许权出让方。

3. 在签署招标结果纪要之日起 5 个工作日内,招标委员会将已付定金返还给除中标者外的其他投标者。

第 35 条 公布和发布招标结果公告,通知投标者招标结果

1. 在招标委员会成员签署招标结果纪要或特许权出让方认定并宣布招标无效之日起 15 个工作日内,招标委员会应在发布招标公告的官方刊物上公布招标结果并注明中标者的名称(针对法人)、姓、名、父称(针对个体工商户),或公布认定并宣布招标无效的结果并指出该结果的依据,或者将上述结果公示在互联网官方网站上。

2. 在招标委员会成员签署招标结果纪要或特许权出让方决定宣布招标无效之日起 15 个工作日内,招标委员会应向投标者通知招标结果或宣布招标无效。通知可以采用电子形式。

3. 任何投标者有权要求特许权出让方对招标结果作出解释,并且在收到上述问询之日起 30 天内,特许权出让方必须以书面形式向其作出解释。

第 36 条 特许协议签订程序

1. 在招标委员会成员签署招标结果纪要之日起 5 个工作日内,特许权出让方向中标者发送 1 份该纪要、符合特许协议签订决议书、招标文件和中标者所提交标书的要求的特许协议草案,以及符合本联邦法和其他联邦法规定的其他条款。特许协议应当在招标文件和招标公告规定的期限内签订。如在招标文件设定或本联邦法第54条规定的特许协议签订日之前,中标者未向特许权出让方提交招标文件和(或)特许协议草案规定的、证明其一定会履行特许协议义务的文件,特许权出让方即可拒绝与该中标者签订特许协议。

1-1. 在招标委员会成员签署招标结果纪要后,特许权出让方按照特许协议签订决议书要求授予某机关权力,该授权机关与中标者或与即将签订特许协议的合法人士举行会谈,商讨特许协议条款以及通过会谈更改特许协议条款的问题。如上述特许协议条款为招标标准,并且(或者)上述特许协议条款受限于即将签订特许协议人士的标书,则即便双方通过会谈也不能更改该特许协议条款。会谈期限和程序取决于招标文件。招标文件应当规定双方不可通过会谈更改的特许协议条款和(或)双方可以按照招标文件规定的程序更改的特许协议条款。特许协议签订公告应当按照俄罗斯联邦政府、俄罗斯联邦主体国家权力机关、地方自治机关的特许协议签订决议书规定的程序和期限发布。

1-2. 如特许协议客体为供热工程、集中冷水供应系统、集中热水供应系统和(或)集中排水系统以及上述系统的个别工程,则本条第1-1款和本联邦法第13条第3款规定的会谈举办条款和特许协议条款更改规定不可适用。

2. 如中标者在特许协议约定期限内拒绝或逃避签约,特许权出让方有权建议按照标书审查和评估结果中标者后一位条件最优的投标者签约。特许权出让方向该投标者发送符合特许协议签订决议书、招标文件和中标者所提交标书要求的特许协议草案,以及符合本联邦法和其他联邦法规定的其他条款。特许协议应当在招标文件和招标公告规定的期限内由双方签订,并且上述期限的开始日期为特许权出让方向该投标者发送特许协议草案之日。未在特许协议规定期限内签约的中标者所付定金恕不退还。如在招标文件设定的特许协议签订日之前,上述投标者未向特许权出让方提交招标文件和(或)特许协议草案规定的、证明其一定会履行特许协议义务的文件,特许权出让方即可拒绝与该投标者签订特许协议并宣布本次招标无效。

3. 如在作出与唯一一位提交投标申请书的申请者签订特许协议决定之日起5个工作日内,特许权出让方按照本联邦法第29条第6款规定与上述申请者签订特许协议,则特许权出让方向该申请者发送符合特许协议签订决议书、招标文件和中标者所提交标书要求的特许协议草案,以及符合本联邦法和其他联邦法规定的其他条款。如在作出与唯一一位投标者签订特许协议决定之日起5个工作日内,特许权出让方按照本联邦法第32条第7款规定与上述申请者签订特许协议,则特许权出让方向该投标者发送符合特许协议签订决议书、招标文件和中标者所提交标书要求的特许协议草案,以及符合本联邦法和其他联邦法规定的其他条款。在上述情况下,特许协议应当在招标文件和招标公告规定的期限内由双方签订,并且上述期限的开始日期为特许权出让方向该申请者或该投标者发送特许协议草案之日。如在招标文件设定的特许协议签订日之前,上述申请者或投标者未向特许权出让方提交招标文件和(或)特许协议草案规定的、证明其一定会履行特许协议义务的文件,特许权出让方即可拒绝与该申请者或该投标者签订特许协议。

3-1. 如特许权出让方向中标者、本条第 2 款规定的投标者、本联邦法第 29 条第 6 款规定的申请者或本联邦法第 32 条第 7 款规定的投标者发送本条第 1—3 款规定的文件后,上述人士被清算、被终止从事其作为个体工商户的活动业务,或者仲裁法院认定上述人士为破产者或已开始从事招标生产,则特许权出让方作出拒绝与上述人士签订特许协议的决定,并且在作出上述决定之日起 5 天内特许权出让方将上述决定告知上述人士。在收到上述决定之日起 30 天内,上述人士可以按照诉讼程序驳回该决定。

3-2. 如特许权出让方作出拒绝与中标者签订特许协议的决定,则特许权出让方有权建议按照标书审查和评估结果该中标者后一位条件最优的中标者签订特许协议。

4. 如中标者或本条第 2、3、3-2 款规定的其他人士提交符合招标文件规定并证明其一定会履行特许协议义务的文件,则特许权出让方以书面形式与上述人士签订特许协议。特许协议自签订之时起立即生效。

第 37 条　在不进行招标的情况下签订特许协议

1. 在本联邦法第 29 条第 6 款、第 32 条第 7 款以及本条第 2、2-1、2-2、4-10 款规定的情形下,与由俄罗斯联邦政府决议确定的特许权受让方,以及在联邦法律规定的其他场合下,特许协议可在不进行招标的情况下签订。

2. 本联邦法规定的资产可以当作特许协议客体,并且该资产对于按照特许协议规定从事活动业务非常必要,上述资产的拥有权和使用权产生于租赁合同,则在满足下列条款的情况下,可以在不进行招标的情况下与上述资产的拥有和使用者签订特许协议:

(1) 所签特许协议的客体为出租方按照租赁合同的规定租赁给承租方的资产,承租方按照租赁合同规定建造和(或)改造的资产,以及按照本联邦法的规定充当特许协议客体的资产;

(2) 租赁合同在 2010 年 7 月 1 日之前签订,并且按照该租赁合同的规定拥有和使用的资产充当特许协议客体。

(第 2-1—2-2 款自 2017 年 1 月 1 日起失效。)

3. 按照本条第 2 款和本联邦法第 51 条规定,可在不进行招标的情况下签订特许协议,但需满足下列要求:

(1) 如出租方和承租方针对充当特许协议客体的资产签订租赁合同,并且按照该租赁合同规定该承租方可以拥有和使用该资产,则需对特许协议有效期结束日期作出规定,并且该日期不得晚于上述租赁合同有效期的结束日期(如特许协议出让方与某位人士签订特许协议,并且该人士按照多个租赁合同的规定拥有和掌握本联

邦法第 51 条规定的资产,则按照众多租赁合同有效期结束日期最晚的日期执行);

(2) 特许协议的签订并不会恶化租赁合同双方以及承租方生产产品、实施工程和提供服务的消费者所处处境;

(3) 所签特许协议包含本联邦法第 10、41 条规定的所有实质性条款,本联邦法第 8 条规定的特许权受让方义务,包括特许权受让方建造和(或)改造特许协议客体的义务以及使用(运营)上述特许协议客体从事自己的业务活动;

(4) 与租赁合同规定的承租方投资数额相比,所签特许协议规定的特许权受让方用于建造和(或)改造特许协议客体的投资数额不得减少。

4. 本款自 2017 年 1 月 1 日起失效。

4-1. 在本联邦法第 5 条第 1 款第 2 项规定的相关人士以及符合本条第 4-11 款要求的相关人士的倡议下,特许协议可按照本条第 4-2—4-10、4-12 款规定的程序签订。

4-2. 倡导签订特许协议的相关人士有权按照特许协议客体的所属权所在地向俄罗斯联邦政府、俄罗斯联邦主体或行政区提交特许协议签订提案并附上特许协议草案,该特许协议草案应当包含符合本联邦法第 10 条规定的实质性条款以及其他不违反俄罗斯联邦法律的其他条款。

4-3. 在特许协议签订提案中,相关人士必须指出自己符合相关要求,并且证明其特许协议签订倡议符合乡镇和城市公共基础设施系统综合开发项目、俄罗斯联邦和俄罗斯联邦主体的国家公共基础设施系统综合开发项目以及行政区公共基础设施系统综合开发项目的要求,不包括特许协议客体为供热工程、集中冷水供应系统、集中热水供应系统和(或)集中排水系统以及上述系统的个别工程的情况。上述特许协议签订提案的形式由俄罗斯联邦政府决定。

4-4. 在相关人士提交特许协议签订提案之日起 30 天内,负责审查上述提案的俄罗斯联邦政府、俄罗斯联邦主体或行政区的授权机关应当审查该提案并作出如下决定:

(1) 针对不动产项目或者因技术原因而密不可分并用于从事本特许协议规定活动的动产和不动产项目,批准其按照上述提案中规定的条件签订特许协议;

(2) 针对不动产项目或者因技术原因而密不可分并用于从事本特许协议规定活动的动产和不动产项目,批准其按照其他条件签订特许协议;

(3) 针对不动产项目或者因技术原因而密不可分并用于从事本特许协议规定活动的动产和不动产项目,拒绝其签订特许协议并指出拒绝依据。

4-5. 本款自 2017 年 1 月 1 日起失效。

4-6. 拒绝相关人士签订特许协议的情形包括:

(1) 提出签订特许协议倡议的相关人士所从事活动以及其使用(运营)特许协议客体的行为不符合俄罗斯联邦法律、俄罗斯联邦主体法律或行政区法令;

(2) 特许协议客体被取消流转或限制流转;

(3) 行政机关未取得特许协议客体的所有权；

(4) 特许协议客体受限于第三方，不包括本联邦法第 3 条第 4 款规定的情形；

(5) 特许协议客体的建造和（或）改造工作不符合乡镇和城市公共基础设施系统综合开发项目、俄罗斯联邦和俄罗斯联邦主体的国家公共基础设施系统综合开发项目以及行政区公共基础设施系统综合开发项目的要求，不包括特许协议客体为供热工程、集中冷水供应系统、集中热水供应系统和（或）集中排水系统以及上述系统的个别工程的情况；

(6) 行政机关无法确保特许协议按照相关人士提议的条件签订和履行；

(7) 特许协议客体不需要改造；

(8) 特许协议客体不需要建造；

(9) 提出特许协议签订倡议的相关人士拒绝通过会谈更改本条第 4-8 款规定的特许协议条款，或者通过会谈双方在特许协议条款方面未达成一致意见；

(10) 特许协议客体为供热工程、集中冷水供应系统、集中热水供应系统和（或）集中排水系统以及上述系统的个别工程，而此系统和工程项目不符合供暖、供水和排水系统规范；

(11) 其他符合俄罗斯联邦法律规定的情形。

4-7. 如负责审查倡议者特许协议签订提案的俄罗斯联邦政府、俄罗斯联邦主体或行政区的授权机关作出允许在其所提议的条件下签订特许协议的决定，则在作出上述决定之日起 10 天内，上述授权机关应当将特许协议签订提案内容公示在举办经俄罗斯联邦政府批准的招标信息的互联网官方网站上，以便其他符合本条第 4-1 款规定的相关人士按照该提案条件提交参与特许协议签订招标的申请。

4-8. 如授权机关作出允许在倡议者所提议的其他条件下签订特许协议的决定，则授权机关应当与特许协议签订倡议者通过举行会谈的方式讨论特许协议条款并按照会谈结果统筹特许协议条款。会谈期限及程序由俄罗斯联邦政府、俄罗斯联邦主体或行政区的授权机关确定，并在所作允许在倡议者所倡议的其他条件下签订特许协议的决定中表明，该决定应当以书面形式告知特许协议签订倡议者。按照会谈结果，提出特许协议签订倡议的人士应当将特许协议草案及其更改内容提交给审理特许协议签订提案的俄罗斯联邦政府、俄罗斯联邦主体或行政区的授权机关，上述授权机关应当在 3 天内对该草案及其更改内容进行审理。如俄罗斯联邦政府、俄罗斯联邦主体或行政区的授权机关与提出特许协议签订倡议的人士针对特许协议草案的更改内容进行协商，则自通过上述提案之日起 10 天内，授权机关应当将特许协议签订提案内容公示在举办经俄罗斯联邦政府批准的招标信息的互联网官方网站上，以便其他符合本条第 4-1 款规定的相关人士按照该提案条件提交参与特许协议签订招标的申请。

4-9. 如在特许协议签订提案内容公示在举办经俄罗斯联邦政府批准的招标信息的互联网官方网站之时起 45 天内，其他符合本条第 4-1 款规定的相关人士按照该提案条件提交参与特许协议签订招标的申请,则审理特许协议签订提案的俄罗斯联邦政府、俄罗斯联邦主体或行政区的授权机关必须将上述信息公布到举办经俄罗斯联邦政府批准的招标信息发布互联网官方网站上。在此情况下,按照本联邦法规定的程序并基于招标签订特许协议。

4-10. 如在特许协议签订提案内容公示在举办经俄罗斯联邦政府批准的招标信息的互联网官方网站之时起45天内,其他符合本条第4-1款规定的相关人士按照该提案条件未提交参与特许协议签订招标的申请,或者如特许协议客体为供热工程、集中冷水供应系统、集中热水供应系统和(或)集中排水系统以及上述系统的个别工程,该特许协议签订倡议者为统一供热组织以及提交特许协议签订倡议的人士,则该特许协议按照特许协议签订提案以及特许协议草案(特许协议草案修订案)中的要求签订,无须按照本联邦法规定程序进行招标,但需考虑以下特性:

(1)在本款规定的期满之后30天内,应当作出本联邦法第22条规定的特许协议签订决议;

(2)在作出特许协议签订决定之日起5个工作日内,授权机关向特许权受让方发送特许协议草案,并规定特许协议签订期限,该期限不得超过1个月;

(3)在授权机关作出特许协议签订决定之前,提出特许协议签订倡议的相关人士必须指出按照特许协议规定从事活动的资金来源并向授权机关提交其资金来源证明文件。

4-11. 提出特许协议签订倡议的相关人士,以及提交特许协议签订申请的其他人士,应当符合下列要求:

(1)法人类申请者(提交特许协议签订申请的人士)未被清算,或者作为个体工商户的自然人类申请者(提交特许协议签订申请的人士)所从事的活动未被终止;

(2)针对提出特许协议签订倡议的相关人士,法院未将其认定为破产者并鼓励其生产;

(3)不存在拖欠上一年税收、费用以及其他应当缴纳给俄罗斯联邦预算系统的欠款(不包括符合俄罗斯联邦税务和收费法律规定的延期支付、分期支付和投资税务借贷数额,上述债款已依法重组,法院判决相关人士已完成上述债款,并且该判决已生效),并且按照上一个会计期会计(财务)报表数据,上述款项的拖欠数目不超过资产账面价值的25%;

(4)具有或可能获得不少于特许协议草案中所申请总投资数目的5%的资金[特许权受让方在特许协议有效期内每一年用于建造和(或)改造特许协议客体所需费用的最小数目]。

4-12. 在提交特许协议签订提案前,提出特许协议签订倡议的人士有权与审理特许协议签订提案的俄罗斯联邦政府、俄罗斯联邦主体或行政区的授权机关进行会谈,商讨特许协议草案筹备事宜。

5. 本款自 2017 年 1 月 1 日起失效。

第 38 条 **本条自 2017 年 1 月 1 日起失效。**

第四章 在客体为供热工程、集中冷水供应系统、集中热水供应系统和(或)集中排水系统以及上述系统的个别工程的特许协议筹备、签订、履行、更改和终止的过程中关系调整的特性

第 39 条 客体为供热工程、集中冷水供应系统、集中热水供应系统和(或)集中排水系统以及上述系统的个别项目的特许协议

(由 2016 年 7 月 3 日第 275 号联邦法律修订)

1. 针对客体为供热工程、集中冷水供应系统、集中热水供应系统和(或)集中排水系统以及上述系统的个别工程的特许协议,如供热、供水和排水领域的费率调整国家权力并未按照俄罗斯联邦主体法律转移到行政区,如在从事特许协议规定的活动时,特许权受让方按照可调节价格(费率)和(或)附加价格(费率)生产产品、实施工程和提供服务,则特许权出让方为行政区,第三方务必为特许权出让方向特许权受让方所转让财产所在的行政区所属俄罗斯联邦主体。

2. 如特许协议客体为供热工程、集中冷水供应系统、集中热水供应系统和(或)集中排水系统以及上述系统的个别工程,则在双方签订特许协议时,上述资产的运营权或管理权可以归国有或市政单一企业、国有或市政事业单位。

3. 如供热工程、集中冷水供应系统、集中热水供应系统和(或)集中排水系统以及上述系统的个别工程由国有或市政单一企业运营或管理,由国有或市政预算机关、国有或市政自治机关管理,则由于上述资产已被完全转让,在不晚于自客体为上述资产的特许协议开始生效之日一年期满,拥有和(或)使用上述资产的上述国有或市政单一企业、国有或市政预算机关、国有或市政自治机关资产应该更改自己的章程(条例或其他规定所从事活动程序的文件),并将在上述资产所在行政区内本方从事供热、供水或排水相关活动的条款删除。

4. 如国有或市政单一企业、国有或市政预算机关、国有或市政自治机关按照本条第 3 款规定更改自己的章程(条例或其他规定所从事活动程序的文件),并将本方之前所从事所有活动的条款删除,则上述单位应当按照法定程序予以撤销。

5. 如特许协议客体为供热工程、集中冷水供应系统、集中热水供应系统和(或)集中排水系统以及上述系统的个别工程,特许权出让方按照该特许协议规定向特许权受让方转让不动产,该不动产因技术和功能因素与特许协议客体密不可分,该不动产归特许权出让方所有,并且(或者)该不动产由国有或市政单一企业运营或管理,由国有或市政预算机关、国有或市政自治机关管理,而特许权出让方创立的上述国有或市政单位未按照俄罗斯联邦法定程序进行国家地籍登记(和)或国家权利登

记,其信息未被登记到国家不动产统一登记簿(以下简称未登记不动产),则在满足下列条件的情况下,该特许协议可以规定,特许权出让方可以将上述特许协议客体和(或)上述不动产中的自来水网、水泵站、排水管网、污水水泵站和供热网转让给特许权受让方拥有和(或)使用:

(1) 具有能够证明特许权出让方拥有未登记不动产所有权(其中也包括1997年7月21日第122号《俄罗斯联邦不动产权利及交易国家登记法》正式生效之日前已存在的所有权)事实和(或)情形的文件,和(或)能够证明特许权出让方创立的国有或市政单一企业、国有或市政预算机关、国有或市政自治机关具有未登记不动产拥有权或使用权的事实和(或)情形的文件;

(2) 未登记不动产的账面价值不超过特许协议客体中所有资产的账面总价值的50%,账面总价值以作出签订特许协议决定前一个会计日的会计报表数据为准;

(3) 在不晚于签订特许协议前3个月内,按照本条第6、7款的规定,特许权出让方在法人、个体工商户和其他经济活动主体的活动国家统一登记簿中公布未登记不动产清单。

6. 如按照特许协议规定计划被转让的资产包含未登记不动产,则在不晚于特许协议计划签订之日前3个月之内,特许权出让方应当在法人、个体工商户和其他经济活动主体的活动国家统一登记簿中公布未登记不动产清单。

7. 未登记不动产清单应当包含按照特许协议规定计划被转让的每一项未登记不动产的信息和描述,包括该不动产的用途和所在地、地籍号和土地号(如有)、特许权出让方及其创立的国有或市政单一企业、国有或市政预算机关、国有或市政自治机关的名称、上述单位的识别号(国家基本注册号和个体纳税号),以及证明上述单位具有该未登记不动产拥有权和(或)使用权的事实和(或)情形的文件副本。

8. 如某一项未登记不动产不在法人、个体工商户和其他经济活动主体的活动国家统一登记簿中的未登记不动产清单上,则该未登记不动产不能成为特许协议客体。

9. 如双方在签订客体为未登记不动产的特许协议,则在法人、个体工商户和其他经济活动主体的活动国家统一登记簿中的未登记不动产清单上需作出每项未登记不动产具有财产留置权的标记。

10. 如未登记不动产按照特许协议进行转让,则特许协议签订决议书需包含未登记不动产清单和描述信息,以及本联邦法律第42条第1款第6项规定的、与该未登记不动产相关的特许权受让方或特许权出让方应当履行的义务。

11. 在签订特许协议之日起3个工作日内,特许权受让方应当按照本条第6款规定在法人、个体工商户和其他经济活动主体的活动国家统一登记簿中注明未登记不动产清单中的每个项目具有财产留置权。

12. 一旦所转让未登记不动产按照特许协议在法人、个体工商户和其他经济活动主体的活动国家统一登记簿中被注明具有财产留置权,则未登记不动产清单中的每个项目被标上具有财产留置权的标记。自法人、个体工商户和其他经济活动主体的活动国家统一登记簿中的未登记不动产清单被标上具有财产留置权的标记之时起,该未登记不动产开始具有留置权。

13. 自未登记不动产按照本条第 6 款规定被进行国家登记和(或)地籍登记之日起,未登记不动产清单中每个项目的财产留置权按照 2016 年 7 月 13 日第 218 号《俄罗斯联邦不动产国家登记法》的规定进行清查。

14. 在未登记不动产清单中的每一个项目在国家统一登记簿中进行国家登记和(或)地籍登记之日起 3 个工作日内,以及在未登记不动产清单中每一个项目的财产留置权进行国家登记之日起 3 个工作日,特许权受让方应当在法人、个体工商户和其他经济活动主体的活动国家统一登记簿中加入未登记不动产的国家登记和(或)地籍登记已经完成的信息,并附上特许权出让方具有未登记不动产清单中不动产项目所有权的证明文件电子副本。一旦在法人、个体工商户和其他经济活动主体的活动国家统一登记簿中加入未登记不动产的国家登记和(或)地籍登记已经完成的信息,即可以将某个(某些)未登记不动产的财产留置权从法人、个体工商户和其他经济活动主体的活动国家统一登记簿中的未登记不动产清单中清除。

15. 如按照本联邦法律规定的程序更改特许协议,将某个未登记不动产项目从未登记不动产清单中清除或在未登记不动产清单中增加某个新未登记不动产项目,则特许权出让方需在法人、个体工商户和其他经济活动主体的活动国家统一登记簿中加入从未登记不动产清单中将某个未登记不动产项目清除的信息或在未登记不动产清单中增加某个新未登记不动产项目的信息,并附上双方更改特许协议协商结果的电子副本。

16. 一旦在法人、个体工商户和其他经济活动主体的活动国家统一登记簿中加入将某个未登记不动产项目从特许协议中清除的信息,则由于某个未登记不动产项目从特许协议中被清除,即可在未登记不动产清单中加入其项目财产留置权终止的标记。一旦在上述登记簿中加入在特许协议中增加新未登记不动产项目的信息,即为未登记不动产清单中的新增项目。

17. 如特许协议被终止,特许权出让方需在法人、个体工商户和其他经济活动主体的活动国家统一登记簿中加入特许协议被终止的信息,并附上证明文件。一旦在上述登记簿中加入特许协议被终止的信息,即可在未登记不动产清单中做出其项目财产留置权被终止的标记。

18. 特许权受让方对特许权出让方未登记不动产所有权进行国家登记所花费用及其地籍登记过程中所花费用,由特许权受让方按照俄罗斯联邦政府国家费率调整法令规定的程序和数额进行计算。

19. 如双方做出特许权出让方按照客体为供热工程、集中冷水供应系统、集中热水供应系统和(或)集中排水系统以及上述系统的个别工程的特许协议规定支付费用,特许权受让方按照可调节价格(费率)和(或)附加价格(费率)生产产品、实施工程和提供服务,则特许权出让方在特许协议有效期内每年的费用等于特许协议出让方利用自己的资金建造和(或)改造特许协议客体以及使用(运营)特许协议客体所花费用。

20. 如本联邦法律第4条第3款规定的计划签订特许协议的客体清单包含供热工程、集中冷水供应系统、集中热水供应系统和(或)集中排水系统以及上述系统的个别工程,则俄罗斯联邦国家权力执行机关、俄罗斯联邦主体国家权力执行机关、地方自治机关应当在本联邦法律第4条第3款规定的互联网官方网站上公布资产技术调查报告副本获得程序,上述资产技术调查报告应当符合俄罗斯联邦政府供热、供水和排水法令要求,并且该资产应当属于特许协议客体。

21. 按照客体为供热工程、集中冷水供应系统、集中热水供应系统和(或)集中排水系统以及上述系统的个别工程的特许协议要求,如在从事该特许协议规定的活动时,特许权受让方按照可调节价格(费率)和(或)附加价格(费率)生产产品、实施工程和提供服务,则特许权受让方同时不得针对几个公共基础设施项目或针对上述资产和其他特写协议客体签订一份特许协议。

第40条　客体为供热工程、集中冷水供应系统、集中热水供应系统和(或)集中排水系统以及上述系统的个别工程的特许协议双方

(由2016年7月3日第275号联邦法律修订)

1. 如客体为供热工程、集中冷水供应系统、集中热水供应系统和(或)集中排水系统以及上述系统的个别工程,则针对上述客体签订特许协议的双方以及特许权受让方不可以是外国法人(外国法人同样不得担任按照《俄罗斯联邦民法》的规定签订资产委托管理合同的中介方)、按照外国法律规定建立的、具有民事权利能力并且没有分公司或代表处入驻俄罗斯联邦的组织和其他集体机构,或者签订普通合伙合同(共同活动合同)并包含上述外国法人的两个及以上法人。

2. 如特许权受让方按照客体为供热工程、集中冷水供应系统、集中热水供应系统和(或)集中排水系统以及上述系统的个别工程的特许协议要求从事活动,则特许权受让方按照可调节价格(费率)和(或)附加价格(费率)生产产品、实施工程和提供服务,如按照特许协议规定,特许权出让方为行政区,且该行政区未依法从俄罗斯联邦主体法处取得调整费率权限、批准从事不固定活动的机构提交的投资项目权限以及补偿该机构所得收益和实际花费的权限,则上述俄罗斯联邦主体必须以特许协议独立方的身份参与特许协议,联邦主体的最高负责人(俄罗斯联邦主体国家权力执行高级机关的领导)可以代表其行使权利。如俄罗斯联邦主体未签订客体为供热工程、集中冷水供应系统、集中热水供应系统和(或)集中排水系统以及上述系统的个别工程的特许协议,则该特许协议无效。

3. 如俄罗斯联邦主体作为独立方参与特许协议,则该联邦主体的特许协议权利和义务由本联邦法、特许协议、特许协议签订决议书和招标文件规定。

4. 如俄罗斯联邦主体作为独立方参与特许协议,则该联邦主体应当承担下列特许协议义务：

（1）按照特许权出让方活动调整长期参数和特许协议费率调节方法调整费率，但乡镇或城市自治机关可以按照俄罗斯联邦法律和参与特许协议的联邦主体所设法律规定调整价格（费率）；

（2）按照特许协议设定的任务和措施、特许权受让方的计划活动、特许协议客体建造和（或）改造可花费用的最大值批准特许权受让方投资项目，但乡镇或城市自治机关可以按照俄罗斯联邦法律和参与特许协议的联邦主体所设法律规定调整价格（费率）；

（3）补偿特许权出让人的收入损失和正当花费，应根据俄罗斯联邦的法规，以参与特许协议的俄罗斯联邦主体的预算予以补偿，包括在国家税费调整执行机关作出修改长期税费和（或）总收入的决定，该执行机关所在俄罗斯联邦主体参与特许权协议，上述长期税费和（或）总收入按照特调节许可受让方活动的长期参数计算，并由特许权协议规定，符合供热、供水、卫生设施和（或）执行机关通过参与特许协议的俄罗斯联邦主体在国家监管俄罗斯联邦关税的国家监管领域中确定的特许经营者活动的长期参数定价原则规定，参与特许协议，和（或）关于设定特许关税的决定和特许活动的调节，比设立或者经俄罗斯联邦关税的国家监管领域行政当局同意特许活动的长期调节参数等的长期参数的基础上参与了特许权协议。按照俄罗斯联邦政府根据本联邦法律规定的方式，对调节特许经营者活动的长期参数进行协调；

（4）参与特许协议的俄罗斯联邦主体所颁法令规定的其他义务。

5. 按照客体为供热工程、集中冷水供应系统、集中热水供应系统和（或）集中排水系统以及上述系统个别工程的特许协议规定，参与特许协议的俄罗斯联邦主体具有以下权利：

（1）参与特许协议的俄罗斯联邦主体可以向特许权受让方提供担保；

（2）参与特许协议的俄罗斯联邦主体发布的法令规定的其他权利。

第 41 条　客体为供热工程、集中冷水供应系统、集中热水供应系统和（或）集中排水系统以及上述系统的个别工程的特许协议租让费

（由 2016 年 7 月 3 日第 275 号联邦法律修订）

1. 如特许协议客体为供热工程、集中冷水供应系统、集中热水供应系统和（或）集中排水系统以及上述系统的个别工程，则该特许协议可以对租让费作出规定。租让费数额不得超过按照俄罗斯联邦法律补偿特许权出让方的花费水平，该花费是因为该特许权出让方拥有特许协议客体所有权而产生的，本条第 2 款规定的情形除外。

2. 如国有和（或）市政企业及机关针对按照特许协议规定所出让财产未支付劳动报酬、支付能源费、偿还用于投资项目的借贷合同债务以及缴纳税务和费用，并且在上述相关债务产生日期和作出签订特许协议决定日期之间的期限超过两年，则在确定租让费数额时，双方可以核算在作出签订特许协议决定时上述企业及机关未履行的债务数额。在确定租让费数额时,有待核算的国有和(或)市政企业及机关债务数额由特许协议签订决议书确定。

3. 如特许权受让方按照俄罗斯联邦政府供暖、供水和(或)排水价格(费率)调整法律规定的程序和数额确定费率,则特许权受让方需要核算相关花费的补偿数额。

第42条 客体为供热工程、集中冷水供应系统、集中热水供应系统和(或)集中排水系统以及上述系统的个别项目的特许协议条款

(由2016年7月3日第275号联邦法律修订)

1. 如特许协议客体为本联邦法第39条第1款和第10条第1款规定的客体,则该特许协议应当包含以下实质性条款:

(1) 如特许权受让方按照可调节价格(费率)和(或)附加价格(费率)生产产品、实施工程和提供服务,需要规定特许权受让方活动调整长期参数值(按照俄罗斯联邦供水和排水法调整的长期参数、按照俄罗斯联邦供热法进行供热价格(费率)调整的长期参数);

(2) 本联邦法第22条规定的任务和基本措施及其基本特性描述;

(3) 特许权受让方在整个特许协议有效期内利用准备(技术)费用进行特许协议客体建造和(或)改造的费用限额;

(4) 集中热水供应系统、集中冷水供应系统和(或)集中排水系统的可靠性、质量和能效预期值,供热工程的可靠性和能效预期值,投标文件规定的上述系统和(或)工程其他经济技术参数预期值(以下简称特许权受让方活动参数预期值);

(5) 如特许权受让方按照可调节价格(费率)和(或)附加价格(费率)生产产品、实施工程和提供服务,并且特许协议有效期结束之时特许权受让方的实际花费未按照俄罗斯联邦供热、供水和排水法律规定被补偿,则应当规定特许权受让方上述实际花费补偿的程序;

(6) 如特许权出让方的某个不动产未被登记,则特许权受让方必须对上述资产进行国家登记,其中包括对上述资产进行地籍登记以及对特许权出让方上述资产的留置权进行国家登记,并且特许权受让方必须按照本联邦法第3条第15款规定,在特许协议正式生效之日起一年期限内对上述资产的留置权进行国家登记;

(7) 如由于经济形势严重恶化,俄罗斯联邦政府按照2012年12月30日第291号《俄罗斯联邦供电、供热、供气、供水和排水费率调整完善个别法律修正案》的要求作出相关决定,则担任供热、供水和排水组织的特许权受让方履行投资义务的期限可以改变;

2. 如特许协议有效期延长至足够补偿特许权受让方花费的时间,但此时限不超过五年,或者如按照投资资金收益率对上述花费进行补偿,则可以按照本条第1款第5项规定的程序对特许权出让方花费进行补偿。

3. 如按照特许协议规定出让给特许权受让方的不动产所有权未按照法定程序

进行登记,则特许权必须在自签订特许协议之时起一年期限内自费对上述资产的所有权进行国家地籍登记和(或)国家登记,并且在必要时还必须完成上述资产的地籍作业。上述期限的起始日期为特许协议签订日期。如特许权受让方向特许权出让方提出获得以特许权出让方名义递交国家地籍登记和(或)国家登记申请权利的请求,则自特许权受让方提出上述请求之日起 30 天内,特许权出让方应当向特许权受让方授予期限为一年的上述权利委托书。如自特许协议签订之时起一年内,未登记不动产的所有权未被登记到不动产所有权及其交易国家统一登记簿,则按照特许协议要求出让给特许权受让方的未登记不动产被视为被返还给特许权出让方并由其拥有和使用,而且针对上述未登记不动产,特许权出让方和特许权受让方应当在不进行招标的情况下签订特许协议有效期内的租赁合同,租赁合同签订程序和条件由俄罗斯联邦政府确定。在双方签订上述租赁合同时,之前特许协议针对有待租赁的未登记不动产规定的特许权受让方义务依然保留。如特许权出让方单方面拒绝履行特许协议,则特许权出让方有权单方面按照特许协议规定解除未进行登记的租赁合作。

4. 按照客体为供热工程、集中冷水供应系统、集中热水供应系统和(或)集中排水系统以及上述系统的个别工程的特许协议要求,银行担保应当不可被转让并符合俄罗斯联邦政府对银行担保的要求,还包括俄罗斯联邦政府对银行担保数值的要求。银行担保数值必须以银行担保与特许权受让方建造和(或)改造(更新)特许协议客体所花费用的百分比形式反映在特许协议中。

5. 如特许权受让方按照客体为供热工程、集中冷水供应系统、集中热水供应系统和(或)集中排水系统以及上述系统的个别项目的特许协议的规定从事活动、按照可调节价格(费率)和(或)附加价格(费率)生产产品、实施工程和提供服务,则俄罗斯联邦政府应当规定费率调整特性,并针对按照上述特许协议规定运营的机构协商、批准和更改投资项目的特性作出规定。

6. 客体为供热工程、集中冷水供应系统、集中热水供应系统和(或)集中排水系统以及上述系统的个别项目的特许协议条款不包含按照本联邦法第 46 条第 1 款第 4—7、9—11 项规定的招标文件价格、数量、数值和参数。

7. 按照客体为供热工程、集中冷水供应系统、集中热水供应系统和(或)集中排水系统以及上述系统的个别项目的特许协议要求,不得发生下列情形:

(1) 特许权受让方不得将按照特许协议规定转让给自己的客体转让给其他人拥有和(或)使用,也不得转租上述客体;

(2) 不得进行债权让渡,不得将特许协议债务转让给外国自然人和法人以及未成立法人的外国组织,也不得将特许协议权利出让给他方信托控制;

(3) 不得将特许协议客体出让给特许权受让方和(或)其他第三方拥有,也不得针对按照特许协议规定所出让资产的优先赎买权进行交易;

(4) 不得违反本联邦法律规定的禁令。

第 43 条　客体为供热工程、集中冷水供应系统、集中热水供应系统和(或)集中排水系统以及上述系统的个别工程的特许协议更改特性

(由 2016 年 7 月 3 日第 275 号联邦法律修订)

1. 为更改客体为供热工程、集中冷水供应系统、集中热水供应系统和(或)集中排水系统以及上述系统的个别工程的特许协议条款,以及为按照双方协商结果并基于国家权力机关或地方自治机关所作决定、招标文件以及符合招标标准的特许权受让方标书更改特许协议条款,特许协议双方需要按照俄罗斯联邦政府规定的程序和条件征得反垄断机关的同意。如特许协议条款按照本联邦法第 20 条第 1、3、4 款规定发生变更,则双方同样需要征得反垄断机关的同意。为按照本联邦法第 13 条第 3-1 款、第 5 条第 7 款、第 44 条第 3-1 款以及第 54 条规定更改特许协议条款,则双方无须事先征得反垄断机关的同意。

2. 如本联邦法第 44 条第 4 款规定的特许权受让方义务履行期限发生更改,则特许协议双方无须事先征得反垄断机关的同意。

3. 为更改本联邦法第 42 条第 1 款第 1 项规定的条款,特许协议双方需要按照俄罗斯联邦供热、供水和排水费率调整法律规定的程序事先征得从事价格(费率)调整的国家权力机关或地方自治机关的同意。

第 44 条　按照客体为供热工程、集中冷水供应系统、集中热水供应系统和(或)集中排水系统以及上述系统的个别项目的特许协议规定对特许权受让方权利进行担保

(由 2016 年 7 月 3 日第 275 号联邦法律修订)

1. 按照客体为供热工程、集中冷水供应系统、集中热水供应系统和(或)集中排水系统以及上述系统的个别项目的特许协议规定,符合俄罗斯联邦法律规范的特许权受让方投资项目应当包含本联邦法第 42 条第 1 款第 2 条规定的特许协议项目。双方应当按照俄罗斯联邦供热、供水和排水法律规定对特许权受让方投资项目的个别项目财务消费需要进行规定。

2. 按照客体为供热工程、集中冷水供应系统、集中热水供应系统和(或)集中排水系统以及上述系统的个别项目的特许协议规定,双方应当按照签订上述特许协议时的有效规则、俄罗斯联邦法律、俄罗斯联邦其他法令、俄罗斯联邦主体法律、俄罗斯联邦主体其他法令以及地方自治机关法令对特许权受让方所生产和交易商品的可调节价格(费率)进行设定、更改和校对。

3. 按照客体为供热工程、集中冷水供应系统、集中热水供应系统和(或)集中排水系统以及上述系统的个别项目的特许协议双方协商结果,以及按照双方与基于俄罗斯联邦价格(费率)调整法律规定从事价格(费率)调整的国家权力机关或地方自治机关的协商结果,除本条第 3-1 款规定外,双方应当按照签订上述特许协议时的有效规则、俄罗斯联邦法律、俄罗斯联邦其他法令、俄罗斯联邦主体法律、俄罗斯联邦主体其他法令以及地方自治机关法令对特许权受让方所生产和交易商品的可调节价格（费率）进行设定、更改和校对。上述协商程序及其标准由俄罗斯联邦供热、供水和排水法律规定。

3-1. 在俄罗斯联邦政府按照 2010 年 7 月 27 日第 190 号《俄罗斯联邦供热法》的规定作出将乡镇和城市归入供热价格区的决定之前，按照客体为供热工程、集中冷水供应系统、集中热水供应系统和（或）集中排水系统以及上述系统的个别项目的特许协议双方协商结果，从事价格（费率）调整的权力执行机关或地方自治机关遵守俄罗斯联邦价格（费率）调整法律，遵守相关费率发生变更之时的有效规则，以俄罗斯联邦供热费率调整法律规定的程序，将所生产热能（效率）的费率改为双重费率。

4. 如俄罗斯联邦政府按照 2010 年 7 月 27 日第 190 号《俄罗斯联邦供热法》的规定或 2011 年 12 月 7 日第 416 号《俄罗斯联邦供水和排水法》的规定作出决定，则按照特许协议双方的协商结果，本联邦法第 42 条第 1 款第 2—4 项规定的特许协议实质性条款的履行期限可以发生变更，前提是上述变更不会促使特许权受让方在之后的特许协议有效期内不履行协议职责。

5. 按照客体为供热工程、集中冷水供应系统、集中热水供应系统和（或）集中排水系统以及上述系统的个别项目的特许协议规定，双方应当对本联邦法第 20 条第 1 和 4 款规定的特许权受让方权利进行担保。

第 45 条 针对客体为供热工程、集中冷水供应系统、集中热水供应系统和（或）集中排水系统以及上述系统的个别项目的特许协议作出签订决定

（由 2016 年 7 月 3 日第 275 号联邦法律修订）

1. 按照客体为供热工程、集中冷水供应系统、集中热水供应系统和（或）集中排水系统以及上述系统的个别项目的特许协议要求，除本联邦法第 22 条第 2 款规定的信息外，特许权出让方所作的特许协议签订决定还需要包含以下信息：

（1）本条第 2 款规定的任务以及特许权受让方活动参数的最小预期值；

（2）作为标书组成部分的投标参与方要求、在统一供热组织的供热价格区内回应签订特许协议建议的特许协议建造和（或）改造项目，确保达成所设目标和特许权受让方活动参数的最小预期值，上述建造和（或）改造项目的基本特性描述；

（3）本联邦法第 41 条第 2 款规定的国有和（或）市政企业及机关的债务清单及组成；

（4）作为独立方参加特许协议的俄罗斯联邦主体享有的权利和应当履行的义务。

2. 任务的设定基于已批准的乡镇和城市供热示意图、供水和排水示意图、集中和非集中供水区域示意图、供热工程、集中冷水供应系统、集中热水供应系统和（或）集中排水系统以及上述系统的个别工程预计所在区域示意图，热能、载热体和（或）热水、饮用水、工业用水的消耗量预测数据，以及污水的数量和组成。此任务应当包含必要供热效率数值、必要供水效率（负荷）数值、必要排水效率数值以及上述供热、

供水和排水设施在某一个提供点、连接(工业连接)点、吸收点、传输点和排出点的必要效率数值、运营和停运的期限。此任务不得包含限制某位人士参与招标活动和(或)赋予某位招标参与者优先权的内容。

第46条 针对客体为供热工程、集中冷水供应系统、集中热水供应系统和(或)集中排水系统以及上述系统的个别工程的特许协议签订权利举办招标所必需的招标文件特性

(由2016年7月3日第275号联邦法律修订)

1. 按照客体为供热工程、集中冷水供应系统、集中热水供应系统和(或)集中排水系统以及上述系统的个别工程的特许协议规定,除本联邦法第23条规定的条款外,招标文件还应当包含以下内容:

(1) 按照本条第3款规定的特许权受让方活动指标的最小预期值以及特许权受让方活动调整的长期参数;

(2) 特许协议客体以及按照本联邦法第45条第2款规定的任务;

(3) 要求招标参与方在标书中注明为达成特许权受让方所设目标和活动指标最小值而采取的基本措施,以及对上述基本措施的基本特性描述;

(4) 特许协议有效期开始前一年热能(热功率)和(或)带热介质的有效产出量以及(或者)出水量和(或)排水量,以及特许协议有效期内热能(热功率)和(或)带热介质的预计有效产出量以及(或者)预计出水量和(或)预计排水量;

(5) 特许协议有效期开始前一年能源价格以及特许协议有效期内能源的预计价格;

(6) 特许协议有效期开始前一年热能(热功率)和(或)带热介质的单位有效产出量以及(或者)单位出水量和(或)单位排水量所需能源的损耗以及单位消耗(针对每一种所使用能源);

(7) 按照俄罗斯联邦供热、供水和排水法律计算所得的未受控制花费数额(不包括能源花费、租让金、某组织所获利润以及单位所拥有资产应缴税收);

(8) 本条第2款规定的任一费率调整手段;

(9) 本联邦法第47条第1款第2—5项规定的招标标准极限[最大和(或)最小]值;

(10) 与上一年相比,特许权受让方按照俄罗斯联邦供热、供水和排水法律的规定从事活动所得必要总收入的极限(最大)增长量;

(11) 按照俄罗斯联邦供热、供水和排水法律规定计算费率的其他价格、数值、数据和参数;

(12) 符合俄罗斯联邦供热、供水和排水法律规定的、针对特许权出让方按照特许协议要求向特许权受让方转让的资产进行技术调查的报告副本;

(13) 如某组织在近三个报告期的某个时间段内运营由特许权出让方按照特许协议规定转交给特许权受让方的资产,并且该组织必须按照俄罗斯联邦会计核算法

律的规定进行会计核算,则需要提供近三个报告期内该组织上述资产的年会计(财务)报告副本;

(14) 在存在价格(费率)设置提议时,某组织在近三年内运营由特许权出让方按照特许协议规定转交给特许权受让方的资产,权力执行机关或地方自治机关按照俄罗斯联邦价格(费率)调整法律规定调节价格(费率),需要将上述组织提交给权力执行机关或地方自治机关的近三年价格(费率)设置提议公布在互联网官方网站上。本款第1、4—7、9—11项规定的价格、数值、数据和参数取决于俄罗斯联邦供热、供水和排水法律。应特许权出让方的要求,按照俄罗斯联邦供热、供水和排水法律规定的程序,参与特许协议的俄罗斯联邦主体权力执行机关应当提供本款第1、4—7、9—11项规定的价格、数值、数据和参数;

(15) 作为被出让特许协议客体组成部分的未登记不动产的组成要素及其描述,还包括确认特许权出让方拥有和(或)使用上述未登记不动产的事实和状况的文件副本。特许权出让方拥有和(或)使用上述未登记不动产的事实和状况的证明文件清单,以及由特许权出让方创立的国有或市政单一企业、国有或市政预算机构或独立机构拥有和(或)使用上述未登记不动产的事实和状况的证明文件清单由俄罗斯联邦政府批准。

2. 在与参与特许协议的俄罗斯联邦主体费率调整授权机关协商后,特许权出让方在招标文件中注明确保投资资金获得收益的方法、投资资金已获得收益的方法、所设费率指数化方法或指数化方法。上述协商过程按照俄罗斯联邦政府设定的程序进行。

3. 在与按照俄罗斯联邦国家价格(费率)调整法律规定调整价格(费率)的俄罗斯联邦主体权力执行机关或地方自治机关协商后,招标文件还可以包含以下特许权受让方活动调整长期参数:

(1) 如招标文件中已注明确保投资资金获得收益的方法(投资资金已获得收益的方法),则招标文件需要规定投资资金的数额和返还期限;

(2) 本联邦法第47条第2款规定的招标标准以外的其他特许权受让方活动调整长期参数,用于招标标准中注明的按照俄罗斯联邦供热、供水和排水法律规定调整费率的方法。

4. 本条第3款中所述特许权受让方活动调整长期参数的协商过程,以及充当招标标准的特许权受让方活动调整长期参数的极限[最大和(或)最小]值的协商过程按照俄罗斯联邦政府设定的程序进行。

5. 按照客体为供热工程、集中冷水供应系统、集中热水供应系统和(或)集中排水系统以及上述系统的个别工程的特许协议要求,无须按照本联邦法第23条第1款第3项规定向招标参与方提出要求。

6. 如特许协议客体为供热工程、集中冷水供应系统、集中热水供应系统和(或)集中排水系统以及上述系统的个别工程,特许权出让方或招标委员会收到更改招标文件或特许协议草案的提议,则在收到上述提议后3个工作日之内,特许权出让方或招标委员会应当在本方互联网官方网站上公布或向所有收到参与非公开招标邀请的人士发送同意或拒绝上述提议的消息,并指出同意或拒绝的原因。如特许权出让方同意上述提议,则特许权出让方应当对招标文件作出相应的更改。在特许权出让方作出更改后3个工作日内,招标委员会应当在特许权出让方指定的官方刊物上或互联网官方网站上公布招标文件已作出修改的消息,或向所有收到参与非公开招标邀请的人士发送招标文件已作出修改的消息。在这种情况下,自作出上述更改之日起,招标参与申请书或标书提交的期限不得延长超过30个工作日。

第47条　针对客体为供热工程、集中冷水供应系统、集中热水供应系统和(或)集中排水系统以及上述系统的个别工程的特许协议签订权的招标标准

(由2016年7月3日第275号联邦法律修订)

1. 按照客体为供热工程、集中冷水供应系统、集中热水供应系统和(或)集中排水系统以及上述系统的个别工程的特许协议要求,招标标准应当包含以下内容:

(1) 特许权受让方建造和(或)改造特许协议客体预计花费的极限值,不包括接通(或技术连接)所需费用;

(2) 如特许协议签订决议书和招标文件规定特许权出让方需要自行承担建造和(或)改造特许协议客体所需费用,则招标标准应该包含特许协议有效期内特许权出让方每年建造和(或)改造特许协议客体所承担的费用;

(3) 如特许协议签订决议书和招标文件规定特许权出让方需要自行承担使用(运营)特许协议客体所需费用,则招标标准应该包含特许协议有效期内特许权出让方每年使用(运营)特许协议客体所承担的费用;

(4) 本条第2款规定的特许权受让方活动调整长期参数;

(5) 特许权受让方活动指标的预计值;

(6) 如招标标准不是本款第2、3项规定的标准,并且如特许协议签订决议书和招标文件规定需要向特许权出让方支付一定报酬,则招标标准应当包含特许权出让方的报酬。

2. 按照本条第1款规定充当招标标准的特许权受让方活动调整长期参数包括:

(1) 特许协议有效期第一年的作业花费基本水平[按照俄罗斯联邦国家价格(费率)调整法律的规定计算特许协议有效期内第一年以后的作业花费基本水平];

(2) 节能指标和能效指标;

(3) 如招标文件中已注明确保投资资金获得收益的方法或投资资金已获得收益的方法,则特许权受让方活动调整的长期参数还应当包括投资资金收益率标准和净资本流转标准;

(4) 如招标文件中已注明所设费率指数化方法或指数化方法,则特许权受让方活动调整的长期参数还应当包括利润标准水平。

3. 本联邦法第 24 条第 3 款规定的招标标准参数不适用于本条第 1 款规定的招标标准。

4. 本条第 1 款第 1 项和本条第 2 款第 1 项规定的招标标准以特许协议有效期第一年的价格进行定价。针对整个特许协议有效期进行设置建造和(或)改造特许协议客体所需费用的极限值。因履行本条第 1 款第 2、3、6 项规定的义务而产生的相关费用,应当由特许权出让方在特许协议有效期内的预算承担。

5. 如多个行政机关参与招标,则每一个拥有按照特许协议要求出让资产的行政机关应当在标书中指出招标标准指标值。

6. 不得使用本条未规定招标标准。

第 48 条 针对客体为供热工程、集中冷水供应系统、集中热水供应系统和(或)集中排水系统以及上述系统的个别工程的特许协议签订权招标递交参与申请的特性

(由 2016 年 7 月 3 日第 275 号联邦法律修订)

1. 按照客体为供热工程、集中冷水供应系统、集中热水供应系统和(或)集中排水系统以及上述系统的个别工程的特许协议要求,除本联邦法第 27 条的规定外,招标参与申请书还应当包含以下人士的信息:

(1) 拥有直接或间接支配超过 50% 整个经纪公司法定资本的投票股票(份额)的投票权的人士,或者在所有合作社成员或合伙企业参与者中直接或间接支配超过 50% 总票数的权利的人士;

(2) 按照合同要求和其他基础取得代替申请者作出决定的权利或职权的人士,其中包括确定申请者从事经营活动的权利或职权;

(3) 拥有任命独任执行机关和(或)掌握申请者集体执行机关超过 50% 组成部分的人士,以及(或者)拥有选举董事会(监事会)或其他申请者集体管理机关超过 50% 人数的绝对机会的人士;

(4) 行使管理申请者公司职权的人士;

(5) 股票(份额)名义持有人直接或间接掌握超过 50% 股票(份额)的申请者,以及在享有优惠税收政策和(或)不要求公开和提供法人信息的外国(海外地区)成立的人士。

2. 本条第 1 款规定的信息提供方式由俄罗斯联邦政府权力执行机关规定。

第 49 条 针对客体为供热工程、集中冷水供应系统、集中热水供应系统和(或)集中排水系统以及上述系统的个别工程的特许协议提交、审理和评估标书的特性

(由 2016 年 7 月 3 日第 275 号联邦法律修订)

1. 按照客体为供热工程、集中冷水供应系统、集中热水供应系统和(或)集中排水系统以及上述系统的个别工程的特许协议要求,针对标书中的每一个招标标准必须以特许协议有效期内每一年数值的形式标出招标参与者提供条件值。

2. 招标委员会按照本联邦法第 47 条第 1 款的招标标准规定对标书中的条件进

行对照并作出评估。标书中最好的条件应当符合以下条件:

(1) 如某一招标参与方的最小贴现收益值与其他招标参与方仅次于最小贴现收益值的数值不同,且其他招标参与方上述两个贴现收益数值相差大于2%,则应当选择贴现收益值最小的那一个招标参与方;

(2) 如某一招标参与方的最小贴现收益值与其他招标参与方仅次于最小贴现收益值的数值不同,且其他招标参与方上述两个贴现收益数值相差小于等于2%,则应当选择与其他招标参与方标书中的相关数值相比标书中特许权受让方活动指标最好预计值数量最多的那一个招标参与方,并且最小贴现收益值与所有标书贴现收益值差距小于等于2%。

3. 某招标参与方的贴现收益可以用以下特许协议有效期第一年价格与贴现系数(以下简称贴现值)的关系进行计算的数值表示:

(1) 按照特许协议有效期第一年可调节价格(费率)交易商品和提供服务所得必要总收入;

(2) 特许权出让方在特许协议期限内每一年使用(运营)特许协议客体所承担的费用数额;

(3) 特许权受让方有待按照俄罗斯联邦供热、供水和排水法律规定接受补偿以及在特许协议有效期结束之前尚未被补偿的费用;

(4) 如特许协议签订决议书和招标文件规定特许权出让方需要自行承担建造和(或)改造特许协议客体所需费用,则贴现收益值等于特许协议有效期内特许权出让方每年建造和(或)改造特许协议客体所承担的费用;

(5) 特许权出让方的报酬。

4. 招标参与方的贴现收益通过使用公布在互联网官方网站上的计算程序确定,该信息是由执行官方网站管理功能的联邦权力执行机关公布的。该计算程序的形式和内容要求由联邦权力执行机关确定。

5. 按照俄罗斯联邦供热、供水和排水法律规定,贴现系数等于负责调整费率的联邦权力执行机关设定的投资资金收益率。贴现值程序由俄罗斯联邦政府确定。

6. 在评估标书时,如按照本条第4款确定的特许协议有效期内某一招标参与者的每一年必要总收入的改变值与上一年相比,超过招标文件设定的特许权受让方通过按照俄罗斯联邦供热、供水和排水法律规定从事活动所获必要总收入的极限(最大)增长值,则该招标参与方不得参与招标。

7. 按照可调节价格(费率)交易商品和提供服务所得必要总收入值必须符合俄罗斯联邦供热、供水和排水法律规定,使用本联邦法第46条规定的费率调整方法以及可调节价格(费率)计算方法指示进行计算。

第 50 条 针对客体为供热工程、集中冷水供应系统、集中热水供应系统和(或)集中排水系统以及上述系统的个别工程的特许协议签订权举办招标的特性

(由 2016 年 7 月 3 日第 275 号联邦法律修订)

1. 必须按照本联邦法规定的程序以及俄罗斯联邦政府设定的特性针对客体为供热工程、集中冷水供应系统、集中热水供应系统和（或）集中排水系统以及上述系统的个别工程的特许协议的签订权举办招标。

2. 如按照客体为供热工程、集中冷水供应系统、集中热水供应系统和（或）集中排水系统以及上述系统的个别工程的特许协议要求，特许权出让方由处于不同俄罗斯联邦主体的多个市政单位担任，则中标方与每一个特许权出让方和特许协议客体所处的每一个俄罗斯联邦主体签订特许协议。

第51条　客体为供热工程、集中冷水供应系统、集中热水供应系统和（或）集中排水系统以及上述系统的个别工程的特许协议签订的特性

（由2016年7月3日第275号联邦法律修订）

1. 除本联邦法第37条第1款规定的条款外，如某一资产按照本联邦法的规定可以用作特许协议客体，并且该资产对从事特许协议规定的活动非常必要，按照一个或多个租赁合同规定某人对该资产具有拥有权和使用权，在同时满足下列条件的情况下，则可以在不举办招标的情况下签订客体供热工程、集中冷水供应系统、集中热水供应系统和（或）集中排水系统以及上述系统的个别工程的特许协议：

（1）特许协议客体为承租者按照单个或多个租赁合同要求获得、建造和（或）改造的资产，并且该资产为集中供热系统、热水集中供应系统、冷水集中供应系统和（或）集中排水系统的组成部分，或者该资产与供热工程、集中冷水供应系统、集中热水供应系统和（或）集中排水系统配套使用并确保技术过程的统一性和特许协议规定的活动得以完成，并且按照本联邦法规定，特许协议客体可以是特许权出让方按照特许协议转让给特许权受让方的其他资产；

（2）承租者以法定程序签订租赁合同并且因此获得充当特许协议客体的资产的拥有权和使用权；

（3）承租者在2015年1月1日前签订的所有租赁合同并因此获得充当特许协议客体的资产的拥有权和使用权；

（4）缺少证明法院单个（多个）判决具有法律效力以及（或者）承认租赁合同双方针对充当特许协议客体的资产欠债，特许协议签订之日存在违约金（罚款、罚金）的现象。

1-1. 除本条第1款规定的内容外，针对客体为供热工程、集中冷水供应系统、集中热水供应系统和（或）集中排水系统以及上述系统的个别工程的特许协议，如出现本联邦法第52-1条规定的情形，则可以在不进行招标的情况下签订上述特许协议。

2. 自按照本条第1款规定的程序签订特许协议之日起，本条第1款所述租赁合同的有效期终止。

3. 本条第1款和第1-1款所述特许协议的特许权出让方应当由一个行政机构充当。

4. 所签特许协议可以规定，与单个或多个租赁合同规定的承租者投资债务相比,特许权受让方所承担的建造和(或)改造特许协议客体的投资债务可以增加,前提是这种投资债务增加涉及供热、供水和排水系统,并且特许权受让方活动调整的长期参数[符合俄罗斯联邦供热或供水和排水法律规定的价格(费率)调整的长期参数、国家供热价格(费率)调整的长期参数]由特许权出让方与从事价格(费率)调整的权力执行机关或地方自治机关以俄罗斯联邦政府设定的程序协商决定。

5. 如在特许协议实行期限内,双方发现与供热工程、集中冷水供应系统、集中热水供应系统和(或)集中排水系统以及上述系统的个别工程在技术和功能方面密不可分的无主供热工程、集中冷水供应系统、集中热水供应系统和(或)集中排水系统以及上述系统的个别工程属于特许协议客体供热系统、供水系统和排水系统的一部分,则在不进行招标的情况下,以《俄罗斯联邦民法》设定的程序,特许权出让方可以通过更改现行特许协议条款的方式将上述无主系统和(或)工程的拥有权和(或)使用权出让给特许权受让方,并且在此种情况下,上述客体的评估总价值不得超过签订特许协议上个报告日的会计报告总价值的10%。在此情况下,特许权受让方不得减少自己的标书和特许协议规定的用于建造和(或)改造特许协议客体的费用数额,并且在特许协议签订决议书和招标文件规定特许权出让方需自行承担使用(运营)特许协议客体费用的情况下,特许权出让方不得增加在特许协议期内每年使用(运营)特许协议所需费用数额,并且热水集中供应系统、冷水集中供应系统和(或)集中排水系统的可靠性、质量和能效预期值、供热工程可靠性和能效的预期值以及特许协议规定的上述系统和(或)工程的其他经济技术参数预期值不得变差。同时,出让上述客体不应当导致竞争受阻、受限或消失。上述资产的权利可以在不进行招标的情况下进行出让,其账面价值限制适用于所有在不进行招标的情况下与权利人所签合同或协议,并且这些合同或协议会将每个供热工程、每个热水集中供应系统、冷水集中供应系统和(或)整个排水系统的拥有权和(或)使用权转让。

6. 如在特许协议实行期限内,双方发现与供热工程、集中冷水供应系统、集中热水供应系统和(或)集中排水系统以及上述系统的个别工程在技术和功能方面密不可分的无主供热工程、集中冷水供应系统、集中热水供应系统和(或)集中排水系统以及上述系统的个别工程属于特许协议客体供热系统、供水系统和排水系统的一部分,则在不进行招标的情况下,通过更改现行特许协议条款,无须考虑本条第5款规定,特许权出让方可以将自己按照《俄罗斯联邦民法》规定获得其拥有权的上述无主客体出让给担任担保组织或统一供热组织的特许权受让方。在此情况下,特许权受让方不得减少自己的标书和特许协议规定的用于建造和(或)改造特许协议客体的费用数额,并且在特许协议签订决议书和招标文件规定特许权出让方需自行承担使用(运营)特许协议客体费用的情况下,特许权出让方不得增加在特许协议期内每年使用(运营)特许协议所需费用数额,并且热水集中供应系统、冷水集中供应系统和(或)集中排水系统的可靠性、质量和能效预期值、供热工程可靠性和能效的预期值以及特许协议规定的上述系统和(或)工程的其他经济技术参数预期值不得变差。

同时,出让上述客体不应当导致竞争受阻、受限或消失。

第 52 条　根据潜在投资者的提议签订客体为供热工程、集中冷水供应系统、集中热水供应系统和(或)集中排水系统以及上述系统的个别工程的特许协议

(由 2016 年 7 月 3 日第 275 号联邦法律修订)

1. 按照潜在投资者的提议,客体为供热工程、集中冷水供应系统、集中热水供应系统和(或)集中排水系统以及上述系统的个别工程的特许协议的签订程序取决于本联邦法第 37 条第 4-2—4-4、4-6—4-10、4-12 款规定以及本条规定、本联邦法第 52-1 条规定。

2. 按照客体为供热工程、集中冷水供应系统、集中热水供应系统和(或)集中排水系统以及上述系统的个别工程的特许协议要求,应特许协议签订提议者的要求,在 30 个工作日内,俄罗斯联邦政府授权机关、参与特许协议的俄罗斯联邦主体授权机关或者市政机关必须提供本联邦法第 46 条第 1 款第 1、4—8、10—14 项规定的文件和材料以及资产组成信息,并确保上述提议者能够认识供热系统、供水系统和排水系统。自收到特许协议签订提议者的要求之日起,上述机关应当位于供热价格区的统一供热组织,该组织的活动范围包含上述要求所涉及的供热工程。

3. 除供热价格区的特许协议签订提议者由统一供热组织担任的情形外,自收到签订特许协议提议之日起 7 个工作日内,俄罗斯联邦政府授权机关、参与特许协议的俄罗斯联邦主体授权机关或市政机关应当将上述提议提交给按照俄罗斯联邦价格(费率)调整法律调整价格(费率)的权力执行机关或地方自治机关审理,协商特许权出让方活动调整长期参数[符合俄罗斯联邦供热、供水和排水法律规定的价格(费率)调整长期参数、供热价格(费率)调整长期参数]和费率调整方法。上述协商过程以俄罗斯联邦政府设定的程序进行。

第 52-1 条　在供热价格区内签订客体为供热工程、集中冷水供应系统、集中热水供应系统和(或)集中排水系统以及上述系统的个别项目的特许协议的特性

1. 供热工程、集中冷水供应系统、集中热水供应系统和(或)集中排水系统以及上述系统的个别项目处于 2010 年 7 月 27 日第 190 号《俄罗斯联邦供热法》规定的供热价格区,针对上述项目签订特许协议的程序取决于本联邦法和本条规定。

2. 在 2010 年 7 月 27 日第 190 号《俄罗斯联邦供热法》规定的供热价格区内,统一供热组织拥有在不进行招标的情况下优先签订客体为供热工程、集中冷水供应系统、集中热水供应系统和(或)集中排水系统以及上述系统的个别项目的特许协议的权利,上述客体处于此统一供热组织的活动范围内。

3. 在 2010 年 7 月 27 日第 190 号《俄罗斯联邦供热法》规定的供热价格区内,如针对供热工程、集中冷水供应系统、集中热水供应系统和(或)集中排水系统以及上述系统的个别项目处于统一供热组织的活动范围内且为客体的特许协议作出签订决定,则俄罗斯联邦政府授权机关、参与特许协议的俄罗斯联邦主体授权机关或审理特许协议签订提议的市政机关必须以书面形式,通过寄挂号信的方式将授予通知、签订特许协议意愿和招标文件附件告知上述供热工程处于其活动范围的统一供热组织。

4. 如统一供热组织拒绝签订客体为供热工程、集中冷水供应系统、集中热水供应系统和（或）集中排水系统以及上述系统的个别项目且处于其活动范围的特许协议，或者如统一供热组织自收到本条第 3 款规定的信息之日起 30 天内未告知相关单位自己已经做好签订该特许协议的准备，则按照本条第 3 款规定的、发送给统一供热组织的招标文件规定条件签订特许协议。

5. 在供热价格区，如潜在投资者提议签订客体为供热工程、集中冷水供应系统、集中热水供应系统和（或）集中排水系统以及上述系统的个别项目的特许协议，并且俄罗斯联邦政府授权机关、参与特许协议的俄罗斯联邦主体授权机关或审理签订特许协议提议的市政机关作出可以与潜在投资者按照本法第 37 条第 4-4 款第 1 项和第 2 项、第 4-7 款和第 4-8 款规定的条件签订特许协议的规定，则自将签订上述特许协议提议公布在俄罗斯联邦政府发布招标信息的互联网官方网站之日起 45 天内，统一供热组织拥有本条第 2 款规定的优先签订特许协议的权利。在行使针对客体为供热工程、集中冷水供应系统、集中热水供应系统和（或）集中排水系统以及上述系统的个别项目的优先签订特许协议的权利时，统一供热组织必须向潜在投资者支付准备签订特许协议提议所花的合理费用。

6. 如在供热价格区统一供热组织提出签订客体为供热工程、集中冷水供应系统、集中热水供应系统和（或）集中排水系统以及上述系统的个别项目的特许协议，则上述特许协议签订程序取决于本联邦法第 37 条第 4-2—4-4、4-6—4-10、4-12 款规定以及本条规定。如俄罗斯联邦政府授权机关、参与特许协议的俄罗斯联邦主体授权机关或审理签订特许协议提议的市政机关同意统一供热组织提议的签订条件，或上述机关商定该特许协议的新条件，不需要将签订上述特许协议提议公布在俄罗斯联邦政府发布招标信息的互联网官方网站上。在无须进行招标的情况下可以与统一供热组织签订客体为供热工程、集中冷水供应系统、集中热水供应系统和（或）集中排水系统以及上述系统的个别项目的特许协议。

第 53 条　通过本章规定对符合特许协议规定所建造的不动产客体和未完成建设客体的所有权进行国家登记的特性

（由 2016 年 7 月 3 日第 275 号联邦法律修订）

1. 如俄罗斯联邦法律要求必须取得相应同意意见，则特许权出让方按照本章规定对符合特许协议规定所建造的不动产客体和未完成建设客体的所有权进行国家登记，并在上述客体取得运营许可的基础上进行国家登记。如特许权出让方按照本联邦法第 42 条第 3 款和其他俄罗斯联邦法律要求给予特许权受让方授权书，则特许权受让方可以对特许权出让方的相关客体的所有权进行国家登记。不得通过本章规定对特许权受让方的特许协议客体（也包括本联邦法第 39 条第 6 款和第 7 款规定的未登记资产清单中的未登记不动产客体）的所有权进行国家登记。

2. 如特许权出让方的土地权利已按照俄罗斯联邦法定程序登记，则无须提供所建不动产项目或未完成建设项目所在地段的法律权利证明文件。

第五章 结 语

第 54 条 结语

(由 2016 年 7 月 3 日第 275 号联邦法律修订)

1. 在 2008 年 12 月 31 日前,针对本联邦法第 4 条第 1 款第 1 项规定客体,根据特许协议签订权利公开招标结果,俄罗斯联邦政府做出签订特许协议的决定,则根据俄罗斯联邦政府的决定以及特许协议签订提议者的提议,特许权出让方有权按照本联邦法第 36 条第 1 款规定对特许协议草案和土地租赁合同中的以下条款作出更改:

(1) 提供用于从事特许协议规定活动的土地的期限和顺序;

(2) 特许协议客体建造和(或)改造阶段;

(3) 如特许权出让方降低用于建造和(或)改造特许协议所需费用、特许协议客体符合技术规格要求或在特许协议正式生效以前特许协议客体现行技术文件要求以及特许协议客体的使用特性得以保留,特许协议客体个别部分和结构元素的技术特性;

(4) 特许协议客体的预算价值降低的数额由特许协议签订人士建议;

(5) 向特许权出让方提供用于证明特许权受让方能够获得资金和(或)拥有足够资金履行特许协议的文件的期限,但不得超过 10 个月;

(6) 提交的文件[通过特许不可撤销的银行保函,转让合同让与人下,银行存款(存款合同权利作为抵押)确认的特许下的特许权协议的义务执行的时间,根据特许权协议特许公司的风险合同责任险]。在这种情况下,在规定时间不得超过设保人的土地用于通过特许权协议规定的各项活动,并设保人通过特许权协议提供特许资金方面的实施特许的条款;

(7) 签订特许协议的人士提交的标书,不包含充当招标标准的标书。

2. 不得更改本条第 1 款未提及、包含在招标文件中、符合特许协议签订决议书和签订特许协议人士所提交标书规定的特许协议草案,以及不得更改本联邦法第 10 条第 1 款第 1—3、6、6-2、7 项规定的特许协议草案实质条款。

(李 旭 译)

关于俄罗斯国家—私营合作、市政—私营合作与单独俄罗斯联邦法案的变更

国家杜马于 2015 年 7 月 1 日通过
联邦委员会于 2015 年 7 月 8 日批准

第一章 总 则

第 1 条 本法的制定目的及调整对象

1. 本法的制定目的是为我国招商引资以及提高商品、劳务、服务的质量提供法律条件,以达到在国家权力机关以及地方政权机关行使职权相关问题上保护消费者的目的。

2. 本法为调整国家—私营合作项目、市政—私营合作项目准备阶段涉及的法律关系以及国家—私营合作协议、市政—私营合作协议订立、履行及终止程序涉及的法律关系提供法律依据,为国家—私营合作协议、市政—私营合作协议各方的权利和合法利益提供保障。

第 2 条 俄罗斯联邦国家—私营合作、市政—私营合作法以及关于市政—私营合作的政府法案

1. 俄罗斯联邦关于国家—私营合作、市政—私营合作的法律以《俄罗斯联邦宪法》《俄罗斯联邦民法典》《俄罗斯联邦预算法》《俄罗斯联邦土地法》《俄罗斯联邦城市建设法》《俄罗斯联邦林法典》《俄罗斯联邦水法典》《俄罗斯联邦空气法典》的相关规定为依据制定,其组成部分为本法、其他联邦法律、其他俄罗斯联邦法案以及其他俄罗斯联邦主体法案。其他联邦法案中包含的以本法为依据的相关法律规定,应当与本法相符。

2. 2005 年 7 月 21 日颁布的第 N115—FZ 号联邦法律《特许权协议》调整了特许权协议的准备、订立、履行及终止程序所涉及的法律关系,并规定了保障特许权协议各方的权利及合法利益。

第 3 条 本法中涉及的基本概念

为实施本法目的使用以下基本概念:

1) **国家—私营合作、市政—私营合作** 规定时限的以资源联合为基础的,一方

为公共合伙人,另一方为私营合伙人开展合作以分散风险的法律形式,在国家—私营合作协议、市政—私营合作协议的基础上实施。上述合同以本法为依据订立,旨在吸引私人投资,由国家权力机关和地方自治机关保障商品、劳务、服务的可达性,并保障其质量的提高;

2) **国家—私营合作方案、市政—私营合作方案** 公共合伙人与私营合伙人在国家—私营合作、市政—私营合作的基础上共同实施的规划;

3) **国家—私营合作协议、市政—私营合作协议** 公共合伙人与私营合伙人订立的民事法律合同,按照本法规定的程序和条件,约定合同期限不少于三年;

4) **公共合伙人** 以俄罗斯联邦名义作为俄罗斯联邦政府或经联邦政府授权的权力机关,或者以联邦主体的名义作为俄罗斯联邦主体的高等权力执行机关,或者俄罗斯联邦主体授权的权力执行机关,或者以行政区名义作为行政区首府或其他依行政区章程设立的地方自治授权执行机关;

5) **私营合伙人** 依据本联邦法律签订协议的俄罗斯法人;

6) **出资人** 法人或非法人按照《两个或多个法人联合经营合同》向私营合伙人提供土地资源用于履行附返还、支付报酬及期限条件的协议;

7) **直接协议** 公共合伙人、私营合伙人与出资人签订的民事法律合同,目的在于调整在合同履行期限内以及变更、终止时的条件和程序;

8) **比较优势** 使用俄罗斯联邦财政系统预算资源的优势,是指在使用俄罗斯联邦财政系统预算资源之前实施方案所需的预算以及履行国家合同、市政合同时所需的预算应当满足如下条件:方案阶段的商品、劳务、服务的价格,商品的数量,劳务量或服务量,所供应商品、所提供劳动作业或服务的质量,其他商品、劳务、服务的特性等同于履行国家合同、市政合同时的商品、劳务、服务的价格,商品数量,劳务量或服务量,所供应商品、所提供劳动作业或服务的质量,其他商品、劳务服务的特性;

9) **协议客体的使用** 使用协议客体,私营合伙人按照《商品生产协议》《劳动作业协议》《提供服务协议》所规定的程序和条件使用该客体开展经营活动;

10) **协议客体的技术维护** 保持协议客体在良好的、安全的、适宜的状态运行并完成日常或全面检修的相关活动;

11) **授权机关** 本法第16条第2款规定的俄罗斯联邦政府授权行使权力的权力执行机关、本法第17条第2款所规定的俄罗斯联邦主体高等权力执行机关授权的权力执行机关、本法第18条第2款所规定的依据行政区章程授权设立的地方自治机关;

12) **联合招标** 两个或多个公共合伙人以实施方案为目的,根据本法规定的程序进行招标,每个公共合伙人与联合招标中的胜出方或符合本法规定的其他人签订协议。

第4条 国家—私营合作、市政—私营合作的原则

俄罗斯联邦国家—私营合作、市政—私营合作以如下原则为基础:

1) 国家—私营合作、市政—私营合作相关信息有公开性和可达性,但涉及国家机密和其他法律保护秘密的信息除外;

2) 竞争保障原则;

3) 无歧视原则,协议各方享有均等权利并且在法律面前享有平等地位;

4) 协议各方善意履行协议约定义务的原则;

5) 公正地分配协议各方之间风险和义务的原则;

7) 协议订立自由原则。

第 5 条 国家—私营合作协议、市政—私营合作协议的缔约方

1. 国家—私营合作协议、市政—私营合作协议的缔约方是公共合伙人和私营合伙人。

2. 下述法人不可作为协议私营合伙人,且不可参与私营合伙人一方行为:

1) 单一制国家及政府企业;

2) 国家及市政机关;

3) 公法公司其他由俄罗斯联邦境内依据联邦法律设立的法人;

4) 俄罗斯联邦、俄罗斯联邦主体或市政府控制下的经营性组织和公司、经营性合伙企业;

5) 本款第 1—4 项所述机构的经营性子公司;

6) 由俄罗斯联邦、俄罗斯联邦主体、市政府以基金形式设立的非营利性组织;

7) 由本款第 1—6 项所述组织以基金形式设立的非营利性组织。

3. 俄罗斯联邦、俄罗斯联邦主体或市政府以及本条第 2 款第 1—4 项所规定机构控制下的经营性组织和公司、经营性合伙企业,如有任一如下特点:

1) 俄罗斯联邦、俄罗斯联邦主体或市政府以及本条第 2 款第 1—4 项所规定的机构之一,控制人的注册资本有权直接或间接支配 50% 以上的投票(股份)总票数;

2) 俄罗斯联邦、俄罗斯联邦主体或市政府以及本条第 2 款第 1—4 项所规定的机构之一,按照合同或其他依据取得权利或职权对控制人作出的决定,包括规定实施经营活动的条件;

3) 俄罗斯联邦、俄罗斯联邦主体或市政府以及本条第 2 款第 1—4 项所规定的机构之一,有权指定唯一执行机关和(或)占股 50% 以上的执行机关的控制人,或者,有绝对权利可以选拔董事会(监事会)成员或其他占股 50% 以上的管理机关的控制人。

4. 公共合伙人单独的权利和义务明细表由俄罗斯联邦政府制定,可以由本条第 2 款规定的机关和(或)公共合伙人授权的法人根据联邦法律、其他俄罗斯联邦法律法规、其他俄罗斯联邦主体法案、市政法案(亦称公共合伙人方的机关和法人)代为执行。

5. 公共合伙人方的机关和法人的行为准则、公共合伙人的独立权利及义务的履行规则，该权利及义务的大小和构成由协议规定，以国家—私营合作、市政—私营合作的《方案实施决定》为基础。

6. 私营合伙人应尽力完成协议约定义务。私营合伙人仅在协议规定条件下有权引入第三人完成自己的协议义务。

7. 私营合伙人仅限于在取得公共合伙人书面同意的前提下引入第三人完成自己的协议义务，公共合伙人制定单独的文件作为协议不可分割的一部分，并可以在文件中指定所引入的第三人明细表及相关身份信息。如果公共合伙人指定了私营合伙人具体可以引入的第三人，那么私营合伙人无权引入其他人完成自己的协议义务，而该明细表中指定的第三人，则无权引入其他第三人履行其义务。

8. 私营合伙人应符合以下要求：
1）未进行法人清算且没有法人破产案件相关的仲裁决定；
2）招标当日，未受到《俄罗斯联邦行政处罚法》规定的法人行政强制停业形式的行政处罚；
3）提交投标申请日之前一个月内无欠缴税款、费用及其他形式的应缴债务，也没有因使用预算所应支付的费用、罚金、罚款，无其他财政制裁；
4）具有俄罗斯联邦法律规定的经营种类许可、允许从事协议约定劳务的自主经营机构证书以及其他实施协议所需的许可文件。

9. 不允许给私营合伙人设置本法未规定的其他要求。

第 6 条　国家—私营合作协议、市政—私营合作协议的要素

1. 在作出实施国家—私营合作方案、市政—私营合作方案的决定时，经本法授权的国家权力机关、自治地方机关通过协议约定的方式按照本章合同要素规定国家—私营合作、市政—私营合作的形式及其实施顺序。

2. 协议要素包括：
1）由私营合伙人建设和（或）改造协议客体；
2）由私营合伙人全部或部分出资建设协议客体；
3）由私营合伙人实施协议客体的运营和（或）技术维护；
4）在根据本法规定的协议客体负担加重条件下，私营合伙人取得协议客体所有权。

3. 为了确定国家—私营合作或市政—私营合作的形式，协议中可能包含以下要素：
1）由私营合伙人制定的协议客体实施方案；
2）私营合伙人实施项目客体全部或部分的运营和（或）维护的资金投入；
3）公共合伙人对私营合伙人建设的协议客体提供部分资金，并且投资运营和（或）维护；
4）私营合伙人有义务将国家—私营合作协议及市政—私营合作协议的客体在协议期限内交付给公共合伙人，但不晚于协议终止之前。

4. 如果公共合伙人投入的协议客体建设金额、公共合伙人按照合同交给私营合伙人的动产和(或)不动产的市场价值,或者此类产权的市场价值(如果协议对私营合伙人取得该权利未作规定)总体上超过了建设此类项目私营合伙人投入的资金总量,则合同要项为本条第 3 项和第 4 项所规定的私营合伙人义务。

5. 协议客体的建设、运营和(或)维护费用由俄罗斯联邦预算系统承担,根据《俄罗斯联邦预算法》通过联邦预算系统实施特别资助。

第 7 条　国家—私营合作协议、市政—私营合作协议的协议客体

1. 协议客体为:

1) 私有公路或私有公路路段、桥梁、道路保护构筑物、人工道路构筑物、施工中(正在进行大修、修缮及公路加固)的项目、公路设备安装工程项目、收费站(包括收费点)、服务站;

2) 除地铁外的公共交通;

3) 铁路项目;

4) 管道运输项目;

5) 海运港口、河运港口、专用港口、建筑物及基础设施,包括土地、除归属国家且不可私用的海港基础设施以外的港口水利设施;

6) 海事船舶与河流船舶、(海洋—河流)综合船舶,以及破冰航线、水文地理科研活动、轮渡、除根据联邦法律规定归属国家且不可私用的设施以外的漂浮点或漂浮站相关的船舶;

7) 航空器、航空站、机场及其他除国家航空财产或空间运行组织统一系统以外的用于保障空间飞行的船舶设施;

8) 施工、传送及配电设施;

9) 水利设施、固定的和(或)漂浮的平台、人工岛屿;

10) 水下和地下技术设施、管道、交流与通信线路以及其他交流与通信线路设施;

11) 保健卫生设施,包括用于疗养治疗的设施以及其他保健卫生领域相关活动所需设施;

12) 教育、文化、运动设施,用于组织全民休闲及旅游活动的设施以及其他社会服务设施;

13) 对固体市政垃圾进行处理、废气回收、消毒的相关设施;

14) 公共事业领域内设施,包括其照明设施;

15) 土地改良系统及其除国家土地改良系统之外的工程设施。

2. 本条第 1 款指定的协议客体仅可以是联邦法律中未规定归国家所有、市政府所有的或未禁止出让或归属为私有的财产。

3. 可以就多个本条第 1 款规定的协议客体订立协议。就多个协议客体签订协议的前提条件是,指定的作为(不作为)不会导致禁令、限制或消除竞争。

4. 需要改造的协议客体在协议订立时应归属公共合伙人所有。指定客体所有权转移至私营合伙人之时应当不涉及第三人权利。

5. 不允许将合同订立时归属国家或市政单一制经营企业或国家/市政财政管理机关所有的协议客体转移至私营合伙人所有(包括转移至其财产组成当中)。

6. 私营合伙人无权将协议客体和(或)协议约定的权利出质,在具有直接协议情况下以向出资人履行义务方式使用的除外。对质押物的追偿仅可以自产生追偿事由之日起一百八十天之内实施,如果私营合伙人未作更改或法院没有因为私营合伙人违约作出提前终止协议的决定。

7. 如有对质押物的追偿,公共合伙人有权以与私营合伙人欠出资人债务等额但不高于质押物价值的价格优先购买质押物。

第二章 制定实施国家—私营合作项目、市政—私营合作项目的报价,授权机构对报价的审议以及作出实施国家—私营合作项目、市政—私营合作项目的决定

第 8 条 制定实施国家—私营合作项目、市政—私营合作项目的报价

1. 如果项目的发起人是公共合伙人,则应确保按照本条第 3 款的要求制定实施国家—私营合作项目、市政—私营合作项目的报价(以下简称项目实施报价),以及将此类报价送交授权机构审议。

2. 根据本联邦法律,私营合伙人有权确保根据本条第 3 款和第 4 款制定项目实施报价,并向公共合伙人发送项目实施报价。同时,提出项目报价并向公共合伙人发送报价的发起人(以下简称项目发起人),需要提供不低于项目预计融资额 5% 的独立担保(银行担保)。如果项目的发起人根据本联邦法律是私营合伙人,则在将此报价发送给公共合伙人之前,在项目发起人和公共合伙人之间,允许进行与项目实施报价制定相关的预先谈判,谈判程序由授权机构规定。

3. 实施项目的报价应包括:

1)项目描述及其现实性的依据;

2)实施项目的目标和任务,需要考虑战略规划文件规定的目标和任务;

3)关于公共合伙人的信息;

4)协议草案包括本联邦法第 12 条规定的基本条件,以及其他不违反俄罗斯联邦法律的条件;

5)项目实施期限或确定此期限的办法;

6)评估各方就项目收入达成协议的可能性;

7)预计的项目融资金额,包括俄罗斯联邦预算系统预算融资的预计金额、私人融资金额,包括私营合伙人自有资金所需数额和(或)所需信贷融资金额,以及信贷融资时偿还贷款和借款的计划期限;

8) 与项目实施相关的风险(如果有)的描述;

9) 关于项目有效性及其比较优势依据的信息;

10) 俄罗斯联邦政府确定的其他信息。

4. 俄罗斯联邦政府应确定实施项目的报价形式以及本条第3款规定的信息要求。

5. 在收到本条第2款规定的报价之日起不超过九十天的期限内,公共合伙人有义务按照俄罗斯联邦政府规定的方式审议该报价,并采取下列决定之一:

1) 提交一份项目实施报价供授权机构审议,以评估其有效性并确定其相对优势;

2) 项目的不可实施性。

6. 当公共合伙人审议项目实施报价时,公共合伙人有权向项目发起人索取其他材料和文件,与项目发起人进行谈判,包括以联席会议的形式进行。这些谈判必须在本条第5款规定的时限内举行,以便按照授权机构确定的方式审议项目实施报价。根据对项目发起人提供的材料和文件以及谈判的研究结果,在项目发起人和公共合伙人的同意下,在作出本条第5款规定的决定之前,可以改变项目实施报价的内容。预先谈判和(或)谈判的结果(如果进行了这些谈判),包括改变项目实施报价内容的决定,都记录在备忘录中,这些备忘录必须由公共合伙人和项目发起人签署,一式两份。关于改变项目实施报价内容的决定必须要有相关的备忘录。

7. 公共合伙人根据本条第2款规定作出的无法实施项目报价的决定应该以下列理由作为支撑和依据:

1) 实施项目的报价不符合国家—私营合作、市政—私营合作的原则;

2) 实施项目的报价与俄罗斯联邦政府规定的项目报价形式不符;

3) 项目内容不符合本条第3款规定的项目内容要求;

4) 根据联邦法律、俄罗斯联邦主体法和(或)地方法律法规,不允许协议转让给私人使用和(或)技术利用,和(或)拥有所有权;

5) 就项目实施报价中规定的协议对象不允许达成协议,或者已经就此对象达成了协议;

6) 实施该项目需联邦预算系统预算资金中拨款,但根据联邦法律和(或)俄罗斯联邦标准法规、俄罗斯联邦各主体的法律和(或)其他标准法规、地方性法规,缺少这笔资金;

7) 公共合伙人对项目实施报价中指定的对象没有所有权;

8) 项目实施报价中规定的对象受第三方权利的约束;

9) 不需要改建项目实施报价中规定的对象,也不需要创建项目实施方案中规定的对象;

10) 项目发起人拒绝就本条第6款规定的项目实施建议报价的变化进行谈判,或者根据谈判结果双方未就这些条件达成一致。

8. 如果公共合伙人决定将本条第2款规定的项目实施报价提交给授权机构,以评估项目的有效性并确定其比较优势,公共合伙人应在作出决定之日起不超过十天,发送项目实施的报价以及初步谈判和(或)谈判协议的副本(如果进行这些谈判)供授权机构审议。

9. 自作出本条第5款规定的、和本条第2款规定的报价有关的决定之日起,公共合伙人应在不超过十天的期间内,向项目发起人发送本决定以及初步谈判和(或)谈判备忘录的原件(如果进行了这些谈判),并将这一决定、项目实施报价和相关备忘录公布在公共合伙人的互联网官方网站上。

10. 可以根据俄罗斯联邦法律规定的程序对本条第5款规定的决定提出上诉。

第9条　授权机构审议实施国家—私营合作项目、市政—私营合作项目的报价

1. 授权机构应审议项目实施的报价,以评估项目的有效性并确定其比较优势。不允许发送违反本联邦法第8条第3款和第4款确定的形式和要求的项目实施报价,或者没有附加本联邦法第8条第8款规定的文件。

2. 在审议项目以确定其基于以下标准的比较优势之前,对项目的有效性进行评估:

1)国家—私营合作项目、市政—私营合作项目的财务效率;

2)实施国家—私营合作项目、市政—私营合作项目的社会经济影响,计算时考虑到相关战略规划文件中确定的任务和目标。

3. 如果项目被认为对于本条第2款规定的每个标准都有效,则允许考虑项目的比较优势。

4. 项目的比较优势是根据以下客体比例确定的:

1)俄罗斯联邦预算系统在实施国家—私营合作项目、市政—私营合作项目时的净折扣支出,以及实施国家合同、地方合同时的净折扣支出;

2)公共合伙人在实施国家—私营合作项目、市政—私营合作项目出现风险时承担的义务水平,以及在实施国家合同、地方合同时承担的义务水平。

5. 授权机构评估项目有效性并确定其比较优势的期限,自授权机构收到此类项目报价之日起不得超过一百八十天。

6. 俄罗斯联邦政府制定了授权机构评估国家—私营合作项目、市政—私营合作项目的有效性并根据本条第2款和第4款规定的标准和指标确定其相对优势的程序。

7. 评估国家—私营合作项目、市政—私营合作项目的有效性的方法,以及根据本条第2款和第4款规定的标准和指标确定其相对优势的方法得到了授权实施国家投资政策的联邦执行机构的批准。

8. 在审议项目报价以评估项目的有效性并确定其比较优势时,授权机构有权要求公共合伙人和/或项目发起人提供其他材料和文件,公共合伙人和项目发起人强制参与预先谈判,包括按照俄罗斯联邦政府规定的程序举行联席会议。根据发给授权机构的材料和文件的研究结果以及所进行的谈判,经授权机构、公共合伙人和发起人的同意(如报价由发起人制定),可以在本条第 10 款规定的结论之日前,改变实施项目报价的内容。

9. 所进行的谈判的结果,包括关于改变项目实施报价的决定,都以备忘录的形式确定。该备忘录必须由授权机构、公共合伙人和项目发起人签署,一式三份。在关于改变项目实施报价内容的决定中必须要有相关的备忘录。

10. 根据项目实施报价的审议结果,授权机构批准关于项目有效性及其比较优势的结论(以下简称授权机构的积极意见)或项目效率低下和(或)缺乏比较优势的结论(以下简称授权机构的否定意见)并向公共合伙人和项目发起人发送相关的意见,以及谈判会议备忘录的原件(如果举行了谈判),并在批准相关决定之后 5 日内,将相关决定、项目实施报价和谈判会议备忘录公布在授权机构互联网官网上,包含国家秘密、商业秘密和其他受法律保护的信息除外。

11. 授权机构批准的否定意见代表拒绝实施国家—私营合作项目、市政—私营合作项目。

12. 对于授权机构的否定意见可以通过俄罗斯联邦法律规定的方式提出上诉。

13. 如果获得授权机构的积极意见,公共合伙人应在五天内将意见转发给本联邦法律规定的国家政府机构、地方政府负责人,就项目实施作出决定。

第 10 条 作出关于实施国家—私营合作项目、市政—私营合作项目的决定

1. 在收到授权机构积极意见之日起不超过六十天的时间内,国家机构、地方自治机构应该作出本条第 2 款规定的实施该项目的决定。

2. 实施项目的决定由以下部门作出:

1) 俄罗斯联邦政府,如果公共合伙人是俄罗斯联邦,或方案在俄罗斯联邦的参与下进行联合招标;

2) 俄罗斯联邦主体国家最高权力执行机构,如果公共合伙人是俄罗斯联邦的主体,或者方案在俄罗斯联邦主体的参与下进行联合招标(俄罗斯联邦参与的联合招标案例除外);

3) 地方政府负责人,如果公共合伙人是地方政府,或者方案在地方政府的参与下举行联合招标(俄罗斯联邦、俄罗斯联邦主体参与的联合招标案例除外)。

3. 项目实施决定确立了:

1) 此类项目的目标和任务;

2) 公共合伙人,以及在公共合伙人一方行事的机构和法人实体名单,如果方案将公共合伙人的某些权利和义务转让给这些机构和法律实体;

3) 协议的重要条款;

4) 项目效率的标准值和其比较优势的指标值,在此基础上得到了授权机构的积极意见;

5) 招标类型(公开招标或封闭招标),以及发送邀请参加招标的人员名单(如果

是封闭招标）；

6）招标标准和招标标准参数；

7）标书或文件的程序和期限；

8）签订协议的招标期限，或者联合招标—签订多个协议；

9）在俄罗斯联邦互联网招标官方网站上发布俄罗斯联邦政府确定的招标时间和程序，公开招标的信息，或者在封闭式招标的情况下，公布发送项目实施决定以参与封闭招标的截止日期、封闭式招标的邀请函；

10）签订协议的程序和条款（如果是联合招标多份协议）；

11）招标委员会的组成及其批准程序。

4. 如果在执行协议期间方案使用俄罗斯联邦预算系统的预算资金，协议签订的期限超过了相关法律（相关决议）关于下一个财政年度预算的有效期和规划期限，则签订协议需要符合俄罗斯联邦预算法律的要求。

5. 如果在项目实施期间方案使用俄罗斯联邦预算系统的预算资金，则只有在联邦法律和（或）俄罗斯联邦标准法规和（或）俄罗斯联邦主体其他标准法规、地方法规规定允许使用此类资金的情况下，才能作出关于项目实施的决定。

6. 如果私营合伙人执行项目规定的活动，私营合伙人生产的货物、所完成的劳务、所提供的服务按照受调解的价格（关税）和（或）考虑既定津贴。根据公共合伙人关于签订协议的决定，可以建立调解私营合伙人活动的长期参数，分别与国家机关和地方自治政府商定，并符合俄罗斯联邦价格立法的价格（税率）调解法。

7. 根据项目实施决定，公共合伙人在本决定之日起不超过一百八十天的时间内，确保组织和进行招标，以签订协议，本条第8—10款规定的情况除外。

8. 如果根据项目发起人制定的项目实施报价作出实施项目的决定，公共合伙人应在作出上述决定之日起不超过十天的时间内，在俄罗斯联邦互联网招标官网上公布招标信息，并在公共合伙人互联网官网上公布上述决定，用以接受其他有意按照决定参加协议签订招标各方的书面申请。

9. 自俄罗斯联邦政府发布招标信息的互联网官方网站公布本条第8款规定的项目实施决定之日起四十五内，如果没有其他以书面形式向公共合伙人提供签订协议的招标申请，并且没有提供数额不小于预计融资5%的银行或其他独立金融机构担保（银行担保），或者如书面招标申请书不符合本联邦法律第5条第8款规定的要求，则公共合伙人可以决定和项目的发起人签订协议不进行招标，并确定签署协议的日期。

10. 自俄罗斯联邦政府发布招标信息的互联网官方网站公布本条第8款规定的项目实施报价之日起四十五天内，如果有其他以书面形式提供签订协议的招标申请，并且提供了数额不小于预计融资5%的银行或其他独立金融机构担保（银行担保），即使只有一方符合本联邦法律第5条第8款的规定，公共合伙人应该在作出决定之日起一百八十天内，组织和进行协议签订权招标。

11. 俄罗斯联邦政府确定参加协议签订招标的申请书形式以及发送给公共合伙人的程序

第 11 条 关于国家—私营合作项目、市政—私营合作项目的信息

1. 在俄罗斯联邦,确保免费访问授权机构互联网官方网站上的信息,包含国家秘密、商业秘密和其他受法律保护的信息除外。

2. 以下信息应放在授权机构的互联网官方网站上:

1) 项目信息;

2) 项目实施决定;

3) 国家—私营合作协议、市政—私营合作协议登记表;

4) 协议执行情况的监督结果;

5) 对私营合伙人履行协议义务情况的检查结果报告;

6) 标书和有关进行招标程序的信息;

7) 根据本联邦法律发布的其他信息。

3. 授权机构互联网官方网站上发布的信息应完整、真实、可靠。

第三章 国家—私营合作、政府—私营合作协议

第 12 条 国家—私营合作、政府—私营合作协议条款

1. 根据协议,私营合伙人必须完全或者部分依靠自有资金或引进资金设立彼此相关联的、作为协议客体不动产,和(或)不动产和动产,完成该资产的使用和(或)技术维护,而公共合伙人必须向私营合伙人提交所有权和使用权,以便完成协议内规定的业务;在遵守本联邦法和协议规定的要求的前提下,确保协议客体私营合伙人的所有权。根据协议,双方必须履行由判断国家—私营合作形式、政府—私营合作形式的协议要素衍生的其他义务。

2. 协议中应包含下列主要条款:

1) 确定国家—私营合作形式、政府—私营合作形式的协议要素,以及上述协议要素衍生出来的协议双方义务;

2) 设计方案效率标准值及其比较优势的指标值,据此获得全权机构的正面结论,以及协议双方根据这些数值确定的协议义务;

3) 协议客体信息,其中包括客体的经济技术指标;

4) 公共合伙人有义务向私营合伙人提供完成协议业务所需的不动产项目(其中包括地块)和(或)有关的不动产和动产;

5) 协议有效期的确定期限和(或)程序;

6) 协议客体私有权产生的条件和程序;

7) 协议双方的义务,确保完成协议的履行措施,其中包括协议要素衍生义务的履行措施,以及上述措施的实施程序,按照每项措施实施进度表规定的期限完成;

8) 协议双方费用补偿程序和期限,其中包括提前终止协议的情况;

9) 私营合伙人履行协议义务的保障方式[银行或者其他信贷机构提供独立担保(银行担保),根据银行账户合同将私营合伙人的权利转移给公共合伙人,即私营合伙人违反协议义务时的责任风险担保],提供的财政担保额度及财政担保提供期限;

10) 协议提前终止情况下的双方义务、更换私营合伙人情况下的双方义务,其中包括私营合伙人按照本联邦法和协议规定的情况,向公共合伙人转交其所属的协议客体的义务;

11) 未履行协议义务或者协议义务履行不当时,协议双方的责任;

12) 联邦法律规定的其他主要条款。

3. 如果协议规定以租赁土地的方式完成项目,则协议内应体现该地块的租赁金额或者租赁确定程序。

4. 如果协议规定,协议期满后私营合伙人有义务将协议客体归还给公共合伙人,则协议内应体现协议客体的归还条件和期限。

5. 如果方案内规定了公共合伙人(每个公共合伙人)义务的财政担保,则协议内应体现该财政担保额度、国家或市政担保额度、担保提交给私营合伙人的程序和条件。此时,公共合伙人有权承担部分协议客体设立经费,有权根据俄罗斯联邦预算法对其进行使用和(或)技术维护。

6. 如果根据协议,需要按照调控价格(税率)和(或)规定价格(税率)附加值来实施生产商品、劳动作业和提供服务,那么,根据本条第 2 款规定的主要内容,协议内应体现吸引定额投资(私营合伙人必须确保该投资额,以便在协议有效期内设立协议客体)的义务,以及私营合伙人花费补偿程序,该花费指的是:根据俄罗斯联邦价格(费率)调控法律应补偿的以及协议有效期结束之时未补偿的花费。此时,本条第 2 款第 10 项规定的私营合伙人履行协议义务保障金额度必须引进来,以实施俄罗斯联邦价格(费率)调控法律程序规定的投资方案。根据协议,应由俄罗斯联邦预算系统预算承担的费用,以及私营合伙人按照调控价格(费率)和(或)规定的价格(费率)附加值所得的商品销售、劳动作业、提供服务收入不列入以上情况。

7. 如果根据协议规定,按照调控价格(费率)和(或)规定的价格(费率)附加值完成商品销售、劳动作业和提供服务,那么确定和更改商品、劳动、服务价格(费率)的程序及条件,以及价格(费率)附加值的程序及条件应根据俄罗斯联邦价格(费率)调控法律完成。

8. 如果根据本联邦法第 5 条第 4 款,公共合伙人的某些权利和义务由其代表机构和法人承担,那么,协议内应体现上述代表机构和法人的明细表,以及上述机构和法人承担的权利和义务的相关资料。

9. 协议内可以对协议客体使用和(或)技术维护期间,私营合伙人为公共合伙人提交的款项(以下简称私营合伙人支付款)进行规定。私营合伙人既可以在协议客体整个使用和（或）技术维护期间提交支付款，也可以在单独使用和（或）技术维护期间内提交。

10. 可以按一种或者多种形式设定私营合伙人支付款：

1）按固定支付额确定，定期或同时提交到对应等级的预算内；

2）私营合伙人完成协议规定业务所得的产品量或收入额；

3）私营合伙人所述财产转交给公共合伙人所有。

11. 根据本条第2款规定的主要内容，协议内可以包含不符合俄罗斯联邦法律的其他条款，具体包括：

1）协议框架内的商品生产、劳动作业、提供服务的范围；

2）履行协议时公共合伙人的预计收入及私营合伙人的收入；

3）在协议规定期限内，私营合伙人完成商品生产、劳动作业和提供服务时承担的义务，以及商品、劳动及服务的质量要求；

4）按照联邦法律、俄罗斯联邦主体法、地方自治代表机关政府法规规定，私营合伙人向消费者提供优惠的义务，其中包括商品、劳动、服务支付优惠；

5）协议双方间的风险分配：协议客体及公共合伙人提供给私营合伙人的其他财产的意外损失和（或）意外损伤；

6）针对协议客体及公共合伙人提供给私营合伙人的其他财产的意外损失和（或）意外损伤风险，私营合伙人自己承担保险的义务；

7）协议变更特点；

8）建立协议客体和（或）完成协议业务时，准备必需的场地时双方的义务，其中包括准备场地规划方案和地界测定方案以及选定地块；

9）公共合伙人的义务包括：审理和批准场地规划方案及地界测定方案，确保其职权范围内义务的完成期限；

10）协议双方在转交执行协议所必需的个性化手段和（或）智力劳动成果时的义务；

11）其他不符合俄罗斯联邦法律的条款。

12. 协议客体投入使用，且在同时完成该客体和不动产所有权阻碍（限制）国家注册后，进行私营合伙人协议客体所有权的国家注册。

13. 在协议有效期期满之前，私营合伙人不允许转让其所属协议客体，根据本联邦法律更换协议私营合伙人的情况除外。此时，国家—私营合作和政府—私营合作协议客体所有权从一个私营合伙人转移到另一个私营合伙人，不能作为终止本条第12款规定的阻碍（限制）的依据。

第 13 条 国家—私营合作协议和政府—私营合作协议的签署、变更和终止，协议权利和义务转移，更换私营合伙人

1. 根据本联邦法，与协议签署权中标人或者其他有权签署该协议的人签署协议。

2. 经公共合伙人和私营合伙人同意,协议可以进行变更。根据私营合伙人的投标建议书及项目实施决议确定的协议条款,国家权力机构或者采取决议的政府首脑有权更改。

3. 如因发生不可抗力情况导致无法按照规定期限履行协议,或者签订协议时双方所依据的情况发生巨大变化,以及经法院或联邦反垄断机构生效决议确定,因国家机构、地方自治机构和(或)其主管人员采取决议、措施(不作为)而无法履行协议规定的义务,则公共合伙人必须审查私营合伙人提交的协议条款变更提案。

4. 除本条第 6 款中规定的决议之外,其他协议条款的变更决议由公共合伙人确定,需在私营合伙人根据国家权力机构或者政府机构首脑决议提交确定。

5. 如果在收到私营合伙人提案之日起三十天内,公共合伙人未采取变更协议条款的决议,且未告知私营合伙人是否开始审理问题[在制定方案期和当前财政年度预算的相应法律方案(相应决议)框架内],或者是未向私营合伙人提供合理的拒绝理由,那么私营合伙人有权终止履行协议,直至公共合伙人采取决议更改现有协议条款或者提供合理的理由。

6. 如果协议条款变更会导致俄罗斯联邦预算系统的预算收入或支出发生变化,那么只有当该变更列入对应财政年度和方案期的相应预算法律(相应决议)内后方可实施。此时,在收到私营合伙人的要求之日起的三十天内,公共合伙人必须通知私营合伙人是否开始在制定方案期和当前财政年度预算的相应法律方案(相应决议)框架内审理问题,或者向私营合伙人提供合理的拒绝理由。

7. 按照俄罗斯联邦法律和俄罗斯联邦国际条约规定,协议一方提出要求时,可以根据法院的决议完成协议变更。

8. 协议终止的情况:
1)有效期满后;
2)经协议双方同意;
3)根据法院决议提前废止协议时;
4)按照协议规定的其他依据。

9. 如果协议内规定私营合伙人有义务将其所有的协议客体划至国营合作伙伴所有,那么该协议提前终止时,私营合伙人应将协议客体转交给公共合伙人,前提是根据协议对私营合伙人进行补偿,补偿额为私营合伙人实际支出额扣除因提前终止给公共合伙人和第三方带来的损失额。

10. 如因私营合伙人违反协议条款,根据法院决议提前终止协议时,协议客体应划拨给公共合伙人。此时,公共合伙人在收到法院决议之日起一天内将决议提交给联邦不动产权登记和交易机构,以便完成该财产的公共合伙人所有权登记。该财产的公共合伙人所有权登记应根据法院决议完成。如果在履行决议过程中,曾为私营合伙人提供过地块、林区、水体、部分水体、地下资源,并且法院已采取提前终止协议的决议,那么自法院决议生效之日起,私营合伙人的地块、林区、水体、部分水体、地下资源使用权随即终止。

11. 除本联邦法规定的情况以外,私营合伙人的协议权利和义务不得转移。

12. 如因机构重组,私营合伙人的协议权利和义务转移给其他法人,那么改组或者改组产生的法人应符合本联邦法和标书规定的投标人要求。

13. 如因私营合伙人未履行其对公共合伙人和(或)投资人的义务,或者义务履行不当而导致更换私营合伙人时,可以转移协议的权利和义务,公共合伙人通过招标实施。在本条第14款规定的情况下,则无须实施招标。

14. 如因私营合伙人未履行协议义务或者履行义务不当,导致违反协议条款和(或)给人们的生命或健康带来危害,或者存在上述危害的威胁和(或)破产危险,可以根据实施项目的国家权力机构和市政府首脑的决议及投资人的书面意见(如果签订了直接协议)更换私营合伙人,无须实施招标。

15. 如果私营合伙人未履行其对于投资人的义务,或者履行义务不当,那么公共合伙人可以实施招标更换私营和合作伙伴(如果协议或直接协议未作其他规定),招标的具体要求如下:

1) 根据签署协议的项目实施决议确定更改协议私营合伙人的招标形式(公开招标或非公开招标)、招标条件和标准;

2) 更改协议私营合伙人的标书条款应符合项目实施决议规定的标书各条款,包括招标标准参数在内的条款除外,该参数会随私营合伙人在实施该招标前履行协议义务的情况而变化;

3) 根据本条第1款规定的招标条件,更改私营合伙人的招标条件指的是中标人履行私营合伙人相对投资人的各项义务,按照与投资人商定的程序和条件实施,并符合标书规定。

16. 根据本联邦法第五章实施更改私营合伙人的招标及确定招标人。公共合伙人与招标人签订更换协议人的协议,自签订更改国家—私营合作协议人和政府—私营合作协议人的协议之刻起,原私营合伙人的权利和义务视为终止。

17. 如因私营合伙人未履行其相对公共合伙人和(或)投资人的义务,或者履行义务不当,那么在不实施招标的情况下更改协议人时,需按照本条第18款规定的规则实施。

18. 更改私营合伙人时,根据招标时私营合伙人实际履行的协议义务情况,按照中标人提交的、包含最佳协议条款的提案修改协议条款。与协议条款更改有关的协议变更需指定补充协议,列入国家—私营合作协议和政府—私营合作协议。

19. 根据本条内容,自确立新的私营合伙人之日起三天内更改原私营合伙人,原私营合伙人根据交接协议将协议客体转交给新私营合伙人。此交接视为原私营合伙人终止协议客体所有权的依据,同样也视为新私营合伙人具备协议客体所有权的依据。

20. 如果自产生更改私营合伙人依据之日起三百六十五天内未完成更换私营

合伙人,根据本条内容,协议提前终止。

第 14 条 公共合伙人有权监督国家—私营合作协议和政府—私营合作协议履行情况

1. 由公共合伙人、公共合伙人的代表机构和法人负责监督协议履行情况,他们有权直接接触协议客体和协议规定的各类业务文件,以便查明私营合伙人是否违反协议条款,以及提前预防此类情况。

2. 根据协议规定的目标,以及设计方案效率标准值及其比较优势的指标值(据此获得全权机构的正面结论),公共合伙人监督私营合伙人是否遵守协议条款,包括是否遵守设计期限、建设合同客体,协议客体拨款、协议客体经济技术指标是否符合协议规定,以及协议规定业务执行情况、协议客体运营情况等。

3. 公共合伙人的代表、代表机构和法人无权实施下列操作:
1) 干涉私营合伙人的经营业务;
2) 泄漏具有保密性质或者属于商业秘密或国际秘密的协议信息。

4. 公共合伙人按照俄罗斯联邦政府规定的程序监督协议执行情况,包括私营合伙人是否遵守协议条款。

5. 私营合伙人是否遵守协议条款的监督结果需形成监督结果报告。

6. 公共合伙人应在监督结果报告形成后五天内将其在自己的互联网官方网站上公示。如果公共合伙人不是政府机构,且政府机构没有互联网官方网站,那么监督结果报告应在为该政府机构划定的俄罗斯联邦主体官方网站上公示。在协议有效期及有效期结束后三年内,都可查询到该监督结果报告。

7. 如果关于协议客体的信息属于国家秘密,或者该客体具有确保国防和国家安全的战略意义,那么监督结果报告不得在互联网信息通道上公布。

第 15 条 履行国家—私营合作、政府私营合作协议时确保私营合伙人的权利和合法利益

1. 完成协议规定的业务时,根据俄罗斯联邦宪法、俄罗斯联邦国际条约、本联邦法、其他联邦法以及其他俄罗斯联邦法规确保私营合伙人的权利和合法利益。

2. 根据俄罗斯联邦民法,因国家机构、地方自治机构和(或)上述机构负责人的非法行为(不作为)给私营合伙人造成损失时,私营合伙人有权要求赔偿。

3. 如果私营合伙人按照调控价格(税率)或者规定的价格(税率)附加值完成商品生产、劳动作业和提供服务,那么负责价格(费率)调控的国家职权机构和地方自治机构根据下列内容确定上述商品、劳动和服务的价格(税率)和附加值:建立和改造协议客体时、更改公共合伙人为私营合伙人提供的其他物资时,以及改善其特性和操作性能时的投资额度、投资期限。

4. 私营合伙人享受俄罗斯联邦法律规定的同等权利保障,以及能够避免采取歧视性措施和其他妨碍私营合伙人自由支配投资、协议框架内所得的产品和收入的法律制度。

5. 如果在协议有效期内,俄罗斯联邦法律、俄罗斯联邦主体法规、政府法规发生变更并生效,且此变更导致私营合伙人税费负担增重,或者与上述变更生效前相比,私营合伙人的情况不利,比如针对私营合伙人的禁止和限制制度导致其丧失协议签订时应有的某些权利,那么公共合伙人必须采取措施,确保私有合作伙伴的投资回收率,使私营合伙人的总收益(按调控价格、费率获取的商品销售、劳动作业、提供服务的收入)不低于协议最初规定额。为确保私有合作伙伴的投资回收率,使其总收益(按调控价格、费率获取的商品销售、劳动作业、提供服务的收入)不低于协议最初规定额,公共合伙人有权增加私营合伙人义务的财政担保,经私营合伙人同意延长协议期限,多承担协议客体建造和(或)技术维护、和(或)使用所需的费用,以及向私营合伙人补充提供国家担保或者政府担保。协议变更的实施依据为俄罗斯联邦政府决议、俄罗斯联邦主体国家权力最高执行机构、政府机构首脑,按照协议规定的程序实施。

6. 为确保宪法体系、保障国家防御和国家安全而采取联邦法,从而需要更改协议条款时,本条第5款的规定不适用。

7. 如果用于调节矿产、环境和公民健康保护的俄罗斯联邦标准法规或技术规程内发生变更,那么本条第5款中所述的协议条款变更规则不适用。

8. 如果在协议有效期内,私营合伙人按照调控价格(税率)或者根据规定的价格(税率)附加值为客户提供商品、劳动和服务,而调控价格(税率)及附加值需重新修改(其中,需考虑到私营合伙人业务长期调节参数变化情况),且不符合协议规定的参数,那么应根据私营合伙人的需求更改协议条款。

9. 协议内还可以为私营合伙人规定不违反本联邦法、其他联邦法、其他俄罗斯联邦法规、俄罗斯联邦主体标准法规、政府法规的其他权利保障。

10. 在协议签订和执行过程中,为达成协议目标,公共合伙人必须协助私营合伙人获取联邦行使权力机构、俄罗斯联邦主体国家权力执行机构和(或)地方自治机构的许可,和(或)上述机构的同意。

11. 根据协议客体设立期限、客体投资额、投资赎回期限、私营合伙人获取协议规定收益(进款)确定协议有效期。

第四章 俄罗斯联邦、俄罗斯联邦主体、政府机构在国家—私营合作、政府—私营合作领域的权利、职权机构

第16条 俄罗斯联邦在国家—私营合作、政府—私营合作领域的权利

1. 俄罗斯联邦政府在国家—私营合作、政府—私营合作领域的权利包括:

1) 设定设计方案实施提案的形式,以及本联邦法第8条第3款规定内容的相关要求;

2) 根据本联邦法第9条第2款设定设计方案效率评估程序及其比较优势的判

定程序；

3）设定监督私营合伙人遵守协议条款时的实施程序；

4）俄罗斯联邦作为公共合伙人时，采取实施国家—私营合作方案的决议；或者方案有俄罗斯联邦参与的联合招标时，采取实施国家—私营合作方案的决议；

5）执行本联邦法、其他联邦法和俄罗斯联邦政府法规规定的其他权利。

2. 有权实施国家投资领域政策的联邦行使权机构具有下列权利：

1）俄罗斯联邦作为公共合伙人时或者方案采取俄罗斯联邦参与的联合招标时，协调各联邦执行权机构在执行国家—私营合作协议时的业务；

2）设定协议执行情况的监管程序；

3）根据本联邦法第9条第2—5款审批方案效率评估方法及其比较优势的判定方法；

4）俄罗斯联邦作为协议的公共合伙人时，根据本联邦法第9条第2—5款评估国家—私营合作方案并判定其比较优势；

5）俄罗斯联邦作为协议的公共合伙人时，与公共合伙人协商标书，以实施确定国家—私营合作协议签订权的招标；

6）对协议执行情况进行监管；

7）在执行协议过程中，协助保护公共合伙人与私营合伙人的权利和合法利益；

8）管理协议登记簿；

9）系统跟踪与方案准备以及协议制定、执行和终止有关的业务；

10）俄罗斯联邦作为协议的公共合伙人时，确保国家—私营合作协议信息公开、可接触；

11）执行本联邦法、其他联邦法和俄罗斯联邦政府法规规定的其他权利。

3. 在本联邦法第17条第3款规定的情况下，如果俄罗斯联邦主体作为协议的公共合伙人，有权实施国家投资业务领域政策的联邦执行权机构根据本联邦法第9条第2—5款，对国家—私营合作方案的效率进行评估，并确定其比较优势。

第17条 俄罗斯联邦主体在国家—私营合作、政府—私营合作领域的权利

1. 如果俄罗斯联邦主体作为公共合伙人，或者方案采取俄罗斯联邦主体参与的联合招标时（方案采取俄罗斯联邦参与的联合招标的情况除外），俄罗斯联邦主体最高国家权力执行机构在国家—私营合作、政府—私营合作领域的权利包括：采取执行国家—私营合作方案的决议，本联邦法、其他联邦法、其他俄罗斯联邦法规、俄罗斯联邦主体法规规定的其他权利。

2. 如果俄罗斯联邦主体作为公共合伙人，则由俄罗斯联邦主体最高国家权力执行机构确定俄罗斯联邦主体的执行权机构，以执行下列权利：

1）俄罗斯联邦主体作为公共合伙人或者方案采取俄罗斯联邦主体参与的联合招标时（方案采取俄罗斯联邦参与的联合招标的情况除外），协调俄罗斯联邦主体各执行权机构在执行国家—私营合作协议时的业务；

2) 俄罗斯联邦主体作为协议的公共合伙人时,根据本联邦法第9条第2—5款,评估国家—私营合作方案并判定该方案的比较优势;以及评估根据本联邦法第9条第2—5款,评估政府—私营合作方案并判定该方案的比较优势;

3) 俄罗斯联邦主体作为协议的公共合伙人时,与公共合伙人协商标书,以实施确定国家—私营合作协议签订权的招标;

4) 对协议执行情况进行监管;

5) 在执行国家—私营合作协议过程中,协助保护公共合伙人与私营合伙人的权利和合法利益;

6) 管理协议登记簿;

7) 俄罗斯联邦主体作为协议的公共合伙人时,确保国家—私营合作协议信息公开、可接触;

8) 俄罗斯联邦主体作为公共合伙人时,或者方案采取俄罗斯联邦主体参与的联合招标时,或者政府—私营合作协议在当地政府签订、执行,但隶属于对应的俄罗斯联邦主体时,将协议执行监管结果提交给俄罗斯联邦政府确定的联邦执行权机构;

9) 执行本联邦法、其他联邦法、俄罗斯联邦主体法律和法规规定的其他权利。

3. 根据本联邦法第9条第2—5款,俄罗斯联邦主体最高国家权力执行机构有权将国家—私营合作方案发送给有权实施国家投资政策的联邦执行权机构,以便评估国家—私营合作方案的效率并判断该方案的比较优势。

第18条 政府机构在政府—私营合作领域的权利

1. 地方政府作为公共合伙人或者方案采取地方政府参与的联合招标时(方案采取俄罗斯联邦参与的联合招标的情况除外),地方政府首脑在政府—私营合作领域的权利包括:采取执行政府—私营合作方案的决议,执行本联邦法、其他联邦法、其他俄罗斯联邦法、俄罗斯联邦法规、俄罗斯联邦主体法规、地方政府法规和章程规定的其他权利。

2. 地方政府首脑根据地方政府章程确立有权执行下列业务的地方自治机构:

1) 执行政府—私营合作方案时协调各地方自治机构的业务;

2) 与公共合伙人协商标书,以实施确定政府—私营合作协议签订权的招标;

3) 完成政府—私营合作协议实施监管;

4) 执行政府—私营合作协议过程中,协助保护公共合伙人与私营合伙人的权利和合法利益;

5) 管理政府—私营合作协议登记簿;

6) 确保政府—私营合作协议信息公开、可接触;

7) 向职权机构提交政府—私营合作协议执行情况监管结果;

8) 执行本联邦法、其他联邦法、其他俄罗斯联邦法、俄罗斯联邦法规、俄罗斯联邦主体法规、地方政府法规和章程规定的其他权利。

3. 根据本联邦法第9条第2—5款,政府首脑有权将政府—私营合作方案发送给俄罗斯联邦主体最高国家权力执行机构确定的俄罗斯联邦主体执行权机构,以便评估政府—私营合作方案的效率并判断方案的比较优势

第五章 私营合伙人关于国家—私营合作、市政—私营合作方案的实施的定义

第19条 订立国家—私营合作协议、市政—私营合作协议的招标

1. 以订立协议资格招标的结果为准签订协议(以下简称招标),本条第2款规定的情况除外。

2. 以下情况可以不经过招标程序订立协议:

1) 方案发起人,如自发起人所准备的方案被批准之日起五日内,在俄罗斯联邦用于发布政府交易信息的官方网站上发布的方案信息后,没有其他人提出参加招标的申请,或者该其他人所提交的申请不符合本法第5条第8款规定的要求;

2) 提交参加投标申请(以下简称申请人)并确认参加招标的人,如该申请人是唯一投标人;

3) 唯一提出参加投标的申请人,如提出投标申请期限届满时仅有一份投标申请提交,且该申请人符合参与招标要求;

4) 唯一提出参加招标的申请人,如其符合标书所规定的要求,包括招标标准。

3. 招标可以是开放式(允许任何人提出投标申请)或者封闭式(仅允许根据《方案实施决定》被邀请的申请人提交投标申请)。在订立协议相关信息属于国家机密的情况下进行封闭式招标。公共合伙人、招标委员会及投标人在招标中应当遵守关于国家机密的联邦法律。有关国家机密的信息根据联邦法律不向公共媒体公开,不在俄罗斯联邦政府官方网站上发布,并且不在向《协议订立决定》相对人发出的招标通知之列。

4. 招标根据《方案实施决定》进行,并包括以下步骤:

1) 在俄罗斯联邦用于发布政府交易信息的官方网站上发布关于举行招标的信息,或者在举行封闭式招标时向《方案实施决定》所规定的申请人发出参加招标邀请;

2) 提交投标申请;

3) 拆封投标申请;

4) 进行投标人预先选拔;

5) 提交投标报价;

6) 拆封投标报价;

7) 审查、评估投标报价并评审出中标方;

8）签署招标结果备忘录，在俄罗斯联邦用于发布政府交易信息的官方网站上发布招标结果，并通知招标方投标结果。

5. 根据《方案实施决定》，对于国家—私营合作协议及市政—私营合作协议订立权的招标可以不经过本条第4款第4项规定的步骤。

6. 招标按照人员构成是开放式的，标书涉及国家机密及其他联邦法律规定的情形除外。封闭式招标无须进行本条第4款第1项规定的步骤，对于有权参加封闭式招标的申请人，通过书面形式向其发出通知。

7. 公共合伙人与职权机关协商确定标书的内容，在俄罗斯联邦政府官方网站上发布举行招标信息的程序、投标申请的提交形式、投标人的预先选拔流程以及招标结果的公布流程。

8. 职权机关对标书与作为《项目实施决定》依据的《方案实施报价》是否符合进行监控，包括对标书是否符合项目有效性评估结果及其相对优势判断结果进行监控。

9. 招标标准包括：

1）技术标准；

2）财政—经济标准；

3）法律标准［协议有效期、公共合伙人及私营合伙人承担的风险，包括公共合伙人及私营合伙人在未能取得预期运营收益和（或）项目技术维护收益的风险、项目建设和（或）其技术维护产生额外支出的风险］。

10. 设定招标标准时应当考虑项目有效性标准的数值以及职权机关正面结论所依据的相对优势参数的数值。

11. 对于本条第9款规定的每项招标标准，设置参数如下：

1）数值形式的起始条件（以下简称招标标准起始值）；

2）增加或减少报价中的招标标准起始值；

3）计入招标标准值的重量系数。

12. 计入招标标准值的重量系数值在本条第9款中可从零变化到一，且所有系数的值应等于1。

13. 禁止使用本条中未规定的使用招标标准。

14. 计入本条第9款的招标标准值重量系数的最大值可采用以下数值：

1）技术标准——从零到零点五；

2）财政—经济标准——从零到零点八；

3）法律标准——从零到零点五。

15. 在标书中规定用于报价评估的招标标准值。

16. 禁止不符合本法第5条第8款要求的申请人提交申请及参加招标。

17. 用于履行协议的私有资金投入额是标书的必要标准。

18. 如协议规定了公共合伙人投入部分项目保障资金，则招标标准的必要程序中包括该投入资金的预测金额。

19. 投标申请、报价的提交期限截止之前,申请人有权变更或撤回其所提交的投标申请、报价。

20. 根据招标委员会的结论,中标方是与其他投标人相比报价条件最优者。

21. 招标委员会关于报价评估和确定中标方的决定应当理由充分且符合标书标准。

22. 审查期限和报价评估依据标书并按照《方案实施决定》确定。

23. 报价评估结果在报价审查和评估备忘录中体现,应当按照招标信息发布程序规定,在报价审查期限截止之日起十日内在俄罗斯联邦政府官方网站上发布。

24. 如有中标方在规定期限内拒绝或回避签订协议,则允许与报价审查与评估结果的条件优越性仅次于中标方的申请人签订协议。与该申请人按照本法第32条规定的中标方签约程序签订协议。

25. 根据公共合伙人的以下决定,可确认不举办招标:
1) 自申请日期届满之日起一天以内,所提交申请少于两份;
2) 申请人预先选拔期限届满之日起一天以内,投标申请人少于两人;
3) 提交报价期限届满之日起一天以内,提交报价少于两份;
4) 报价的审查和评估结果包含最优条件的中标人的签署协议期限届满后一天之内,如在该期限内,或者自该中标人拒绝签署协议之日起一天之内位列中标人最优报价条件之后的其他申请人未签署协议。

第 20 条　国家—私营合作协议、市政—私营合作协议订立权的联合招标

1. 两个或多个公共合伙人为了订立国家—私营合作协议、市政—私营合作协议的目的举行联合招标。

2. 联合招标的程序遵守本章规定。

3. 公共合伙人举行联合招标时的权利、义务和责任由招标协议规定。联合招标的中标人与每一个公共合伙人分别签订协议。

4. 联合招标的组织方是公共合伙人之一,其他各公共合伙人依据联合招标协议给予其授权。

5. 联合招标协议包括以下内容:
1) 联合招标组织方代表人的信息,以及联合招标协议各方的信息;
2) 联合招标协议各方的权利、义务和责任,包括授权组织方的职权范围;
3) 关于实施方案和举行联合招标的协商程序以及作出决定的期限;
4) 联合招标全体各方签订的协议条件信息;
5) 准备和核准标书的程序和期限,举行联合招标的大概期限;
6) 形成招标委员会的程序和期限;
7) 争议解决程序;
8) 在俄罗斯联邦政府官方网站上发布该招标信息的程序;

9）规定联合招标协议各方相互关系的其他信息。

第 21 条　标书

1. 标书应当包括：

1）方案事实决定；

2）招标条件；

3）对预先选拔申请人的业务水平要求；

4）投标申请人、报价人及投标参与人的文件、资料及送达形式的详细明细表；

5）招标标准；

6）在俄罗斯联邦政府官方网站上发布招标信息的期限，或者根据订立协议决定向相对人发送通知及投标邀请函；

7）提交投标申请的程序及要求；

8）提交申请文件的地点和期限（日期、起始时间和截止期限）；

9）提交标书的程序、地点和期限；

10）标书条款说明的提交流程；

11）指定私营合伙人履行协议义务的方式，以及提交载明私营合伙人履行协议义务方式文件的要求；

12）私营合伙人履行协议义务保证金（以下简称保证金）的数额、程序、出资期限、以及收取保证金的账户信息；

13）投标报价的提交程序、地点及期限（日期及起始时间及截止期限）；

14）变更和（或）撤回投标申请及报价的流程及期限；

15）投标申请的拆封程序、地点、日期及时间；

16）举行预先选拔的程序和期限、签署预先选拔备忘录的日期（如招标条件规定了预先选拔程序）；

17）投标报价拆封的程序、地点、日期及时间；

18）投标报价的审查和评审程序；

19）确定中标方的程序；

20）投标结果备忘录的签署期限；

21）签订协议的期限；

22）与中标方进行谈判的期限和程序。

2. 私营合伙人根据协议规定开展活动，按照公共合伙人决定的私营合伙人长期活动调整指数规定的价格（费用）和（或）附加费进行产品生产、劳动作业、提供服务，标书中应当包含上述指数。

3. 标书不应包含对投标人的限制性准入要求和（或）为个别对象设立的参与投标的优先条件。

4. 进行公开招标的，公共合伙人自标书核准之日起五日内在俄罗斯联邦政府官方网站上发布。在俄罗斯联邦政府官方网站上发布的标书应当被免费获取查看。

自在俄罗斯联邦政府官方网站上发布公共申请人举行公开招标的信息之日起,招标委员会应当根据所提交的书面申请按照公开招标中指定的程序和期限向申请人分发标书。公共合伙人举行封闭式招标的,招标委员会应当按照标书中规定的程序和期限向收到邀请函的申请人发送标书。

5. 公共合伙人、招标委员会应当在申请提交截止期限截止前十日内向提交标书规则说明请求的申请人以书面形式提供标书规则说明。公共合伙人、招标委员会按照标书规定的期限但不晚于投标申请提交期限之前五日,向每一位请求标书规则说明的申请人发送标书规则说明并随附申请人的请求书,无须指定具体申请人名称。如在公开招标情况下,附带申请人请求的标书规则说明需在俄罗斯联邦政府官方网站上发布。本款所指的申请人请求及标书规则说明可以电子方式发送给该申请人。

6. 如有必须延长投标申请或报价的提交期限至自该变更之日起三十日以上的,公共合伙人有权对标书进行变更。标书变更作出之日起三日内,应将该变更信息在俄罗斯联邦政府官方网站上发布,或者向收到投标邀请函的相对人发送该信息。

第 22 条　招标委员会

1. 公共合伙人为举办招标设立招标委员会。招标委员会成员数量不得少于五人。招标委员会有权在50%以上成员出席的会议中作出决定,每个委员会成员拥有一票。委员会成员对占有出席会议成员多数票的决定予以通过。平票情况下,招标委员会主席具有决定权。委员会所作的决定被制成备忘录,由参会成员签署。招标委员会有权邀请独立专家参与劳务。

2. 招标委员会成员、独立专家不可以是投标申请人一方的劳务人员,或者其股东(设立人)、管理机关人员或关联人士。如发现委员会中有上述情况的独立专家,公共合伙人应将该人员替换为他人。

3. 招标委员会执行以下职能:
1)(在进行公开招标时)发布招标通知;
2)(在封闭式招标中)向符合《方案实施决定》的相对人发送招标通知书,并同时发送投标邀请书;
3)发布关于标书变更的信息,并向符合《方案实施决定》的相对人发送通知书;
4)接收投标申请、投标报价;
5)提供标书,对标书进行说明;
6)拆封投标申请、投标报价,并审查投标申请、投标报价;
7)审核投标申请人、报价提交人以及投标人提交的文件和资料是否符合标书中规定的要求,审核文件及资料中信息的真实性;
8)确定投标申请人、报价提交人以及报价本身是否符合联邦法律要求,以及报价是否符合招标标准和指定要求;

9) 必要情况下向相关机关和信息机构要求并取得用于审核申请人、投标人所提交信息真实性的相关信息；

10) 作出允许或者拒绝申请人参与投标的决定（关于承认其投标人身份的决定），并向其发送相应通知；

11) 确定投标人；

12) 向投标人发出报价要约，审查并评估报价；

13) 如有《方案实施决定》规定的举行预先选拔的情形，则按照联邦政府规定的程序对投标人实施预先选拔；

14) 确认中标人，并向其发送中标通知；

15) 签署投标报价拆封备忘录、报价审查及评估备忘录、投标结果备忘录；

16) 通知投标人投标结果；

17) 在俄罗斯联邦政府官方网站上发布投标结果。

第 23 条 提交投标申请

1. 投标申请应符合标书对此类申请的要求，包含标书中规定并确认申请人符合投标人资格的文件及资料。

2. 提交投标申请的期限根据《方案实施决定》应当不少于自发布招标信息之日起或者自发送通知之日起的三十日，并同时发送投标邀请函。

3. 投标申请书应为书面任意格式，俄文书写，参照本条第 1 款的规定制成两份（一份原件一份副本），每份附有申请人签章并按照标书规定分别封装提交至招标委员会。投标申请随附申请人签章的文件及材料明细表，原件留存在招标委员会，复印件留存在申请人处。

4. 提交至招标委员会的申请要在设有序号、指定日期和准确提交时间（小时和分钟）的登记册上登记，以避免该申请的提交时间与其他申请重复。申请人提交的文件和资料明细表副本应附申请提交日期和时间标记并指定该申请的具体编号。

5. 申请提交期限截止之前申请人有权在任何时间变更或撤回其投标申请，如变更投标申请或其撤回通知在申请提交期限截止之前提交至招标委员会，则该变更申请或撤回通知视为有效。

第 24 条 投标申请的拆封

1. 招标委员会按照标书规定的程序、日期、时间和地点对投标申请进行拆封。公告并在拆封投标申请备忘录中记载每个申请人的名称、所在地，封装申请的信封被拆开后，标书规定中规定的文件和资料信息随之拆封。

2. 申请人或其代表有权参与投标申请的拆封流程，申请人或其代表有权录音、录像或拍照。

3. 所有提交至招标委员会的投标申请均须在标书规定的提交投标申请期限截止之前拆封。

4. 被注明拒绝接收标记的申请文件，其封装投标申请的信封在提交申请期限截止之前不被拆封,并返还至其申请人处。

第 25 条　进行投标申请人预先选拔

1. 投标申请人预先选拔按照标书规定的程序由招标委员会执行如下:

1) 投标申请是否符合标书的要求。招标委员会有权要求申请人对其提供的投标申请进行说明;

2) 申请人是否符合作为投标人的要求。招标委员会有权要求申请人对其提供的证明文件和资料是否符合要求进行说明;

3) 申请人是否符合本法对于申请人的要求。

2. 招标委员会根据申请人预先选拔的结果作出准予参加招标或拒绝参加招标的决定,并以申请人预先选拔备忘录形式形成该决定,包括根据招标委员会作出决定的相关理由通过预先选拔并允许投标的申请人名称,以及未通过预先选拔的申请人名称。

3. 申请人有如下情况,则招标委员会拒绝其参与投标:

1) 申请人不符合投标人的要求;

2) 申请文件不符合标书中对于投标申请的要求;

3) 申请人提供的文件和资料不全和(或)不真实;

4) 标书要求在提交申请期限截止之前缴纳押金的申请人所应提供的押金没有到账。

4. 招标委员会自其成员签署招标人预先选拔备忘录之日起三天内,但不晚于投标报价提交期限截止日之前六十日向投标人发出提交报价通知。同时,向未被允许参与投标的申请人发送拒绝参与投标通知书随附指定备忘录,标书规定须缴纳押金的,自发送招标委员会成员签署的备忘录之日起五日内返还已缴纳的押金。

5. 对于拒绝准予参加招标的决定,可根据联邦法律规定程序提起申诉。

6. 公共申请人有权拆封带有一份申请的信封并根据本条规定的程序进行审核,于三天之内对不符合招标要求的情况作出决定。如果申请人及其所提交的投标申请符合标书所规定的要求,则公共合伙人有权自作出不举行招标决定起十日内建议该申请人按照标书的条件提出签订协议要约。申请人提起该要约的期限为收到公共合伙人建议之日起的六十日内。公共合伙人审核要约的期限由公共合伙人规定,但不得多于申请提交之日起十五日。根据对要约的审查结果,如该要约符合标书,包括招标标准的要求,则公共合伙人作出与该申请人签订协议的决定。

7. 公共合伙人向唯一申请人返还押金的情况如下:

1) 申请人未向公共合伙人提供协议要约(自收到不举行招标的通知之日起十五日内);

2) 申请人未向公共合伙人提供协议要约(自提供签约要约期限届满之日起五日内);

3) 公共申请人根据对申请人签约要约的审查结果,未通过与申请人签约的决定(自公共合伙人审查签约要约期限届满之日起五日内)。

第 26 条 提交投标报价

1. 投标报价为书面形式,用俄文书写成两份(一份原件一份副本),每份由投标人签章,并按照标书要求的程序提交至招标委员会。投标报价随附投标人签章的提交文件和资料明细表两份,原件在投标委员会留存,副本在投标人处留存。

2. 提交至招标委员会的报价须在设有序号、指定日期和准确提交时间(小时和分钟)的登记册上登记,避免该申请的提交时间与其他申请重复。投标人提交的文件和资料明细表副本应注明申请提交日期和时间标记并指定该申请的具体编号。

3. 如果标书规定申请截止日期之前须缴纳押金,则投标人按照标书所规定的程序、数额和期限缴纳。

4. 投标人有权在投标报价拆封会议上提交报价,拆封会议是提交报价的截止期限。

5. 投标人有权在报价截止日期之前变更或撤回所提交的报价。

6. 变更报价申请或撤回报价通知在报价截止日期之前送至招标委员会视为该变更申请或撤回通知有效。

7. 投标报价中每个招标标准均以数字形式指定投标人的条件值。

第 27 条 报价的拆封

1. 招标委员会按照标书规定的程序、日期、时间和地点对投标报价进行拆封。公告并在拆封投标报价备忘录中记载每个申请人的名称、所在地,封装报价的信封被拆开后,标书所规定的文件和资料信息随之拆封。

2. 投标人或其代表有权参与投标报价的拆封流程,投标人或其代表有权录音、录像或拍照。

3. 除未按照标书要求的程序、数额和(或)期限缴纳押金的封装报价之外,所有提交至招标委员会的投标报价均须在标书规定的提交投标报价期限截止之前拆封。

4. 超期提交至招标委员会的封装报价的信封,以及未按照标书规定的程序、数额和(或)期限缴纳押金的,不予拆封,并将带有拒绝接收标记的文件及资料明细表一同返还至投标人。

第 28 条 报价的审查及评估

1. 对投标人所提交的报价进行审查,封装报价的信封根据本法第 27 条所述,由招标委员会按照标书规定的程序执行,招标委员会确定报价是否符合标书的要求,并对其进行可否作出符合标书要求的评估,以确定中标人。

2. 投标委员会以对报价的审查结果为基础,对其作出符合或不符合标书要求的决定。

3. 招标委员会对报价作出不符合标书要求决定的情形如下:

1) 投标人未按照标书要求提交证明其符合报价要求及证明报价内容信息的文件和资料的;

2）报价中所含的条件不符合招标标准的；

3）投标人所提交的文件和资料不真实的。

4. 对于报价不符合标书要求的决定可以根据联邦法律的规定提起申诉。

5. 投标报价按照以下程序进行评估：

1）如招标标准规定了其起始值，根据投标报价中所含条件计算其大小，通过该标准系数倍增对于该报价中所含条件的值与所有报价所含条件的最小值的差相对于所有报价所含条件中的最大值与所有报价所含条件的最小值的差的方法确定该标准。

2）如果为招标标准设定减小其起始值，根据投标报价中所含条件计算其大小，通过该标准系数倍增对于所有报价中所含条件的最大值与该报价所含条件的值的差相对于所有报价所含条件中的最大值与所有报价所含条件的最小值的差的方法确定该标准。

3）按照本条第 1、2 款的规定，根据全部招标标准计算的每一份报价的值合计并确定总值。

6. 招标委员会根据本条第 5 款规定的程序对通过对合计总值结果进行对比的方法评估报价所含的条件。

7. 公共申请人有权审查仅一人投标人所提供的报价，如其报价符合标书的要求，包括招标标准，则根据所提交报价包含的条件作出与之签订协议的决定，作出决定之日起三十日内承认不举行招标。如公共合伙人未对仅一人投标人所提交的报价作出签约决定，则应当自上述三十日期限届满之日起十五日内返还其缴纳的押金。

第 29 条　中标人的决定程序

1. 根据本法第 28 条规定的程序提供最优报价条件的投标人是中标人。

2. 如果两个或多个投标人的报价条件同为最优，则最早向招标委员会提交报价的投标人是中标人。

3. 通过报价审查和评估备忘录形式作出确定中标人的决定，决定内容包括：

1）招标标准；

2）投标报价的条件；

3）作出不符合标书要求决定的相关报价审查结果；

4）投标报价评估结果；

5）中标人的名称和地址，招标委员会作出确认其为中标人决定的理由，以及根据审查和评估结果报价条件最优者，以及报价条件排在其后者。

4. 对确定中标人的决定可以根据联邦法律规定的程序提起申诉。

第 30 条　招标结果备忘录的内容及其签署期限

1. 招标委员会自签署投标报价审查与评估备忘录之日起五日之内签署确定中标人备忘录，内容包括：

1）注明招标类型的签约决定；

2) 举行招标的信息；

3) 根据《方案实施决定》发出的招标通知书以及同时发送的投标邀请函（封闭式招标）的接收人名单；

4) 标书及相关变更；

5) 投标人关于标书规则说明及公共申请人或招标委员会相应说明的请求书；

6) 投标申请的拆封备忘录；

7) 发送至招标委员会的投标申请书原件；

8) 投标人预先选拔备忘录，如《方案实施决定》中规定进行投标人预先选拔；

9) 发出提交报价邀请的投标人明细表；

10) 投标报价拆封备忘录；

11) 投标报价的审查及评估。

2. 协议生效期间，招标结果备忘录在公共合伙人处保存。

3. 投标人缴纳的押金被全额返还，中标人自签署投标结果备忘录之日起五日内的除外。

第31条 公布招标结果，通知投标人招标结果

1. 招标委员会应自签署招标结果备忘录或公共申请人作出不举行招标决定之日起五日内，根据联邦法律在俄罗斯联邦政府官方网站上发布：

1) 招标结果信息，注明中标方和投标人、根据审查和评估结果认定为具有最优条件的投标报价、报价条件位于其次者；

2) 关于不举行招标的决定，该决定的理由中注明符合本法规定的签约人（如有）；

2. 招标委员会自签署招标结果备忘录或公共合伙人作出不举行招标决定之日起十五日内向申请人、投标人发送招标结果通知。该通知可以电子形式发送。

3. 任何申请人、投标人都可向公共合伙人要求投标结果说明，公共合伙人应当自收到请求之日起三十日内以书面形式提供相应说明。

第32条 国家—私营合作、市政—私营合作协议的签订程序

1. 公共合伙人自招标委员会成员签署招标结果备忘录之日起五日内向中标人发送一份上述备忘录，一份包含《方案实施决定》、标书及投标报价以及其他本法规定条款、其他联邦法律条款规定条件的协议草案。应当在标书规定期限之内，且不早于在俄罗斯联邦政府官方网站上发布招标结果总备忘录之日起十日内签署协议。

2. 如在标书规定的协议签订期限之前，中标人未向公共合伙人提供标书和（或）协议草案规定的文件，则公共合伙人有权作出拒绝与该人签约的决定。

3. 自招标委员会成员签署招标结果备忘录之日起，公共合伙人根据《方案实施决定》与中标人及本法规定的与作出签约决定有关的其他人进行共同会商，旨在根据谈判结果商讨协议的条款及可能作出的变更。但是，不可依据谈判结果变更协议

的实质性条款,以及作为招标保准和(或)与签约决定相关人所提供报价条件相关的内容。进行谈判的期限和程序根据标书确定。标书应当对在谈判过程中不变更的合同条款和(或)按标书规定的程序可变更的条款作出规定,签约通知应当按照联邦政府、俄罗斯联邦主体最高权力机构、《方案实施决定》中指定的市政府首脑所规定的程序和期限在俄罗斯联邦政府官方网站上发布。

4. 根据本条第 3 款进行谈判的结果形成两份备忘录,其中一份发送至中标人。根据该谈判结果,公共合伙人向负责协议是否符合标书的职权机关发送附有谈判备忘录的协议用于商议,包括方案有效性评估结果的计算及相对优势的确定。如职权机关同意协议及随附备忘录,则在五日内向公共申请人发送签署的协议。

5. 协议以书面形式与本法第 19 条第 2 款和 24 款第 1—4 项指定的中标人或其他人签订,上述签约人应提供标书规定的文件,且如标书有归档,则须提供其履行协议义务的证明文件。

6. 如果协议未作其他约定,则该协议自签订之时起生效。

第六章 向私营合伙人提供土地、林地、水体设施、地下资源及其使用权

第 33 条 向私营合伙人提供土地、林地、水体设施、地下资源及其使用权

1. 协议客体位于某地段和(或)根据协议规定必须在某地进行活动,根据土地、林地、水体相关法律、非交易地下资源相关的联邦法律,按照协议规定的期限,向私营合伙人出租实施活动所需的林地(水利设施建筑和专门的港口、输电线路、通信线路、道路及其他线路项目,体育—健康、运动及运动器材),水体设施或部分水体设施(码头建筑、起船和修船设施、固定的和漂浮的平台及人造岛、水利设施、桥梁、水下及地下通道、水下通信线路、其他通信线路设施、实施疏浚、爆破、钻井及其他与改变水体设施底部和沿岸有关的工程)以及与地下资源(与开采地下矿藏无关的地下设施的施工和运营),且不可超期。

2. 土地租赁合同应当自订立协议之日起十五日内与私营合伙人签订,如该土地已经成型且标书未规定其他期限,或者应当在六十日以内签订,如果该土地需要改造且标书对期限未作其他规定。私营合伙人根据土地、林地、水体相关法律、地下资源相关的联邦法律使用向其提供的土地、林地、水体、地下资源。

3. 根据本条提供的土地、林地、水体、部分水体、地下资源应当归公共合伙人所有,且在向私营合伙人转移权利时不涉及第三方权利。

4. 如协议和土地租赁合同未作其他规定,则私营合伙人有权根据土地租赁合同将自己的权利转让给其他人进行分租。

5. 协议终止的基础是土地、林地、水体、地下资源租赁协议根据本条第 1、2 款终止,本条第 6 款规定的情形除外。

6. 协议有效期届满之前不允许私营合伙人按照《俄罗斯联邦土地法》第 39.20 条规定的程序取得其协议客体项下的土地所有权。

第七章　总结条款

第 34 条　《俄罗斯联邦地下资源法》变更

第 5 款　1992 年 2 月 21 日 N2395-I《俄罗斯联邦地下资源法》(1995 年 3 月 3 日 N27-Ф3 联邦法律修订)(俄罗斯联邦人民代表大会公报及俄罗斯联邦最高机构公报 1992，N16，第 83 条；1999，N7，第 879 条；2001，N33，第 3429 条；2002，N22，第 2026 条；2003，N23，第 2174 条；2004，N35，第 3607 条；2008，N18，第 1941 条；N29，第 3418 条)补充信息，由俄罗斯联邦关于国家—私营合作、市政—私营合作的法律提供。

第 35 条　《俄罗斯联邦不动产及其合同国家登记法》变更

1997 年 7 月 21 日 N122-Ф3 号《俄罗斯联邦不动产及其合同国家登记法》(《俄罗斯联邦法律汇编》1997 年，N30，第 3594 条；2004，N27，第 2711 条；N35，第 3607 条；2005，N1，第 15 条；2006，N23，第 2380 条；N50，第 5279 条；2008，N20，第 2251 条；N27，第 3126 条；2009，N52，第 6410 条)在术语"特许权协议"之后补充："国家—私营合作协议、市政—私营合作协议"。

第 36 条　《俄罗斯联邦废物产销法》变更

1998 年 6 月 24 日 N89-Ф3 号《俄罗斯联邦废物产销法》第 24.9 条第 6 款(《俄罗斯联邦法律汇编》1998，N26，第 3009 条；2015，N1，第 11 条)在术语"特许权协议"之后补充"俄罗斯联邦关于国家—私营合作、市政—私营合作的法律"。

第 37 条　《俄罗斯联邦评估活动法》变更

1998 年 7 月 29 日 N135-Ф3 号《俄罗斯联邦评估活动法》(《俄罗斯联邦法律汇编》1998，N31，第 3813 条；2002，N4，第 251 条；2003，N9，第 805 条；2007，N7，第 834 条；2008，N27，第 3126 条；2009，N19，第 2281 条；N29，第 3582 条；N52，第 6419 条；2014，N26，第 3377 条；N30，第 4226 条；2015，N1，第 52 条；N10，第 1418 条)在术语"被委托人"之后补充："或者根据国家—私营合作协议、市政—私营合作协议公共合伙人对私营合伙人"。

第 38 条　《俄罗斯联邦土地法》变更

对《俄罗斯联邦土地法》(《俄罗斯联邦法律汇编》2001，N44，第 4147 条；2014，N26，第 3377 条；N30，第 4218 条，第 4225 条)变更如下：

1) 在第 39.6 条第 2 款第 23 子条款中的术语"协议"之后补充"国家—私营合作协议、市政—私营合作协议"，用术语"签署指定协议"替代术语"签署特许权协议"；

2) 在第 39.8 条第 8 款第 8 子条款中的术语"协议"之后补充"国家—私营合作

协议、市政—私营合作协议",用术语"签署指定协议"替代术语"签署特许权协议"。

第 39 条 《俄罗斯联邦破产法》变更

2002 年 10 月 26 日 N127-ФЗ 号《俄罗斯联邦破产法》(《俄罗斯联邦法律汇编》2002，N43，第 4190 条；2004，N35，第 3607 条；2009，N1，第 4 条，N29，第 3632 条；2011，N1，第 41 条；N19，第 2708 条；2012，N31，第 4333 条；2013，N27，第 3481 条；2014，N11，第 1098 条；2015，N1，第 35 条）变更如下：

1) 第 110 条第 4 款补充如下段落内容：

国家—私营合作、市政—私营合作的协议客体出售时，招标的必要条件是买方须履行私营合伙人在招标前未履行的义务，以招标前私营合伙人实际履行的国家—私营合作、市政—私营合作的协议义务的数据为基础。投标人在出售国家—私营合作、市政—私营合作的协议客体时应遵守俄罗斯联邦关于国家—私营合作、市政—私营合作的法律以及国家—私营合作、市政—私营合作投标文件的要求。

国家—私营合作、市政—私营合作的协议客体未按照本条规定出售的，该客体应当按照本条的规定，转让给国家—私营合作、市政—私营合作的协议的一方——公共合伙人，私营合伙人和(或)出资人应当根据直接协议的支出就私营合伙人未履行义务给公共合伙人及第三人造成的损失进行补偿，具体数额以损失金额为准。

2) 第 132 条第 4 款第 1 段修订如下：

4. 具有社会意义的项目、俄罗斯联邦人民的人文项目（历史和文化纪念碑）及其他项目按照俄罗斯法律规定出售，应当以招标形式实施交易，同时，国家—私营合作、市政—私营合作的协议的客体也应当按照本法第 11 条规定程序出售。

第 40 条 《俄罗斯联邦电力法》变更

对 2003 年 3 月 26 日 N35-ФЗ 号《俄罗斯联邦电力法》作出变更（《俄罗斯联邦法律汇编》2003，N13，第 1177 条；2004，N35，第 3607 条；2005，N1，第 37 条；2007，N45，第 5427 条；2008，N29，第 3418 条；N52，第 6236 条；2009，N48，第 5711 条；2010，N31，第 4156，4157，4158，4160 条；2011，N1，第 13 条；N30，第 4590 条；N50，第 7336 条；2012，N26，第 3446 条；N27，第 3587 条；N53，第 7616 条；2013，N45，第 5797 条；2014，N30，第 4218 条；N42，第 5615 条；2015，N1，第 19 条）

1) 第 21 条第 1 款第 40 段在术语"特许权协议"之后补充"俄罗斯联邦关于国家—私营合作、市政—私营合作的法律"。

2) 第 23 条第 6 款中：

a) 第 1 段术语"特许权协议"之后补充"俄罗斯联邦关于国家—私营合作、市政—私营合作的法律"；

b) 第 6 段术语"特许权协议"之后补充"俄罗斯联邦关于国家—私营合作、市政—私营合作的法律"。

第41条 《俄罗斯联邦城市建设法》变更

对《俄罗斯联邦城市建设法》(《俄罗斯联邦法律汇编》2005,N1,第16条;2006,N1,第10条,21;N52,第5498条;2008,N30,第3604条;2010,N31,第4209条;2011,N13,第1688条;N49,第7015条;2013,N30,第4008条;2014,N43,第580条)作出变更如下:

1) 第二部分术语"协议"后补充"国家—私营合作、市政—私营合作的协议",术语"某个的"替换为"某些的",术语"被委托人"替换成"被委托人、私营合伙人",术语"协议"之后补充"国家—私营合作、市政—私营合作的协议",术语"如他无法证明"替换为"如他们无法证明"。

2) 第5部分第1段术语"被委托人"后补充术语"私营合伙人";

3) 第6部分术语"由被委托人"后补充术语"由私营合伙人";

4) 第8部分术语"被委托人"后补充术语"私营合伙人",术语"由被委托人"后补充术语"由私营合伙人"。

第42条 《俄罗斯联邦水体法》变更

《俄罗斯联邦水体法》第10条第1款(《俄罗斯联邦法律汇编》2006,N23,第2381条;2008,N29,第3418条)补充"以及俄罗斯联邦关于国家—私营合作、市政—私营合作的法律"。

第43条 《俄罗斯联邦保护竞争法》变更

2006年7月26日N135-Ф3号《俄罗斯联邦保护竞争法》第17.1条第2部分(《俄罗斯联邦法律汇编》2006,N31,第3434条;2008,N27,第3126条;N45,第5141条;2009,N29,第3610条;2010,N15,第1736条;N19,第2291条;2011,N10,第1281条;N29,第4291条;N50,第7343条;2013,N27,第3477条;N52,第6961条)补充"俄罗斯联邦关于国家—私营合作、市政—私营合作的法律"。

第44条 《俄罗斯联邦林法典》变更

《俄罗斯联邦林法典》第9条(《俄罗斯联邦法律汇编》2006,N50,第5278条;2008,N30,第3599条;2014,N26,第3377条)在术语"特许权协议"后补充"俄罗斯联邦关于国家—私营合作、市政—私营合作的法律"。

第45条 《俄罗斯联邦公路及公路法及俄罗斯联邦单独法案变更法》的变更

2007年11月8日N257-Ф3号《俄罗斯联邦公路及公路法及俄罗斯联邦单独法案变更法》(《俄罗斯联邦法律汇编》2007,N46,第5553条;2009,N29,第3582条;2011,N7,第901条;2013,N52,第7003条)变更如下:

1) 第36条第2部分第5款补充以下内容:

5) 关于私有公路的国家—私营合作、市政—私营合作由公共合伙人订立;

2) 第38条中:

a) 名称补充术语"国家—私营合作协议、市政—私营合作协议";

b) 第1部分补充术语"以及根据本法及联邦法律、俄罗斯联邦关于国家—私营

合作、市政—私营合作的法律订立的国家—私营合作协议、市政—私营合作协议";

c) 第2部分：

第1段在术语"特许权协议"后补充"或国家—私营合作协议、市政—私营合作协议"、"俄罗斯联邦关于国家—私营合作、市政—私营合作的法律"以及将术语"应当包括（单数）"替换为"应当包括（复数）"；

第2部分 术语"被委托人"后补充"私营合伙人"；

第3部分 术语"由被委托人"后补充"由私营合伙人"，在术语"协议"后补充"国家—私营合作协议、市政—私营合作协议"；

第4部分 术语"给委托人"替换为术语"给公共合伙人"，增加术语"国家—私营合作协议、市政—私营合作协议"；

d) 第2.1部分术语"特许权协议的条件"后补充"国家—私营合作协议、市政—私营合作协议"，在术语"特许权协议的生效"之后补充"国家—私营合作协议、市政—私营合作协议"；

e) 第2.2部分

第一段术语"特许权协议的条件"后补充"国家—私营合作协议、市政—私营合作协议"，术语"特许权协议各方"后补充"国家—私营合作协议、市政—私营合作协议"；

第1款"委托人"后增加术语"公共合伙人"；

第2款"委托人"后增加术语"公共合伙人"；

第3款"委托人"后增加术语"公共合伙人"；

f) 第3部分

第1段"协议"之后补充术语"国家—私营合作协议、市政—私营合作协议"，"关于协议"后补充"俄罗斯联邦关于国家—私营合作、市政—私营合作的法律"，术语"可能（单数）"替换成"可能（复数）"；

第1款"委托人"后补充"公共合伙人"；

第3款"被委托人"后补充"私营合伙人"；

第5款"委托人"后补充"公共合伙人"，"被委托人"后补充"私营合伙人"，"协议"后增加"国家—私营合作协议、市政—私营合作协议"；

第6款"被委托人"后补充"私营合伙人"；

第7款"委托人"后补充"公共合伙人"，"被委托人"后补充"私营合伙人"；

第8款"被委托人"后补充"私营合伙人"，"委托人"后补充"公共合伙人"；

第9款"协议"后增加"国家—私营合作协议、市政—私营合作协议"，"委托人"后补充"公共合伙人"，"被委托人"后补充"私营合伙人"；

第10款 增加"国家—私营合作协议、市政—私营合作协议"；

第11款 增加"国家—私营合作协议、市政—私营合作协议"；

第13款"协议"后增加"国家—私营合作协议、市政—私营合作协议"；

g)第 4 部分"委托人"后补充"公共合伙人","被委托人"后补充"私营合伙人";

3)第 40 条:

a)第 1 部分"与被委托人的特许权协议"替换为"与被委托人、私营合伙人的特许权协议、国家—私营合作协议、市政—私营合作协议";

b)第 2 部分"被委托人"后补充"私营合伙人的","被委托人的"后补充"私营合伙人的";

c)第 3 部分第 1 段"特许权协议应当"替换为"特许权协议、国家—私营合作协议、市政—私营合作协议应当";

d)第 5 部分"特许权协议的被委托人规定"替换为"特许权协议、国家—私营合作协议、市政—私营合作协议的被委托人、私营合伙人规定";

4)第 41 条:

a)第 1 部分第 4 款 补充"或者,由公共合伙人签订关于付费公路、付费路段的国家—私营合作协议、市政—私营合作协议,且此类公路、路段归私营合伙人所有";

b)增加第 3.1 部分,内容如下:

3.1 在国家—私营合作协议、市政—私营合作协议的基础上使用归私营合伙人所有的包括收费路段的公路或者路段,如果协议未作其他规定,公共合伙人作出提供通行收费路段免征费用权的决定,应当与私营合伙人协商;

c)第 5 部分 术语"被委托人"之后补充"或者在国家—私营合作协议、市政—私营合作协议的基础上",在术语"用协议"之后补充"或者用国家—私营合作协议、市政—私营合作协议",在术语"协议"之后补充"国家—私营合作协议、市政—私营合作协议";

5)第 42 条中:

a)第 1 部分 在术语"协议"之后补充"国家—私营合作协议、市政—私营合作协议",使用增加"国家—私营合作协议、市政—私营合作协议";

b)第 3 部分 在术语"被委托人"之后补充"或者在国家—私营合作协议、市政—私营合作协议的基础上"。

第 46 条 《俄罗斯联邦财政体系补充支持手段法》变更

2008 年 10 月 13 日 N173-ФЗ 号《俄罗斯联邦财政体系补充支持手段法》(《俄罗斯联邦法律汇编》2008,N42,第 4698 条;2009,N29,第 3605 条;2010,N31,第 4175 条;2014,N30,第 4276 条)变更如下:

1)第 4 条中:

a)第 1 部分:

第 1 款修订如下:

"1)2019 年 12 月 31 日以前按照年费率 6.25%,包括可能以联邦政府决定为基础续期至 2022 年 12 月 31 日的,包括使用自 2020 年 1 月 1 日起本条第 1.1 部分规定的,用于实施本法第 6 条第 1 部分涉外经济活动的";

第2款修订如下：

"2) 2020年12月31日以前按照年费率7.25%，包括可能以联邦政府资金投放决定为基础续期至2023年12月31日的，包括使用自2020年1月1日起本条第1.2部分规定的、用于实施本法第6.1条第1部分和第1.1部分涉外经济活动的"；

c) 第1.1部分补充如下：

"1.1 联邦政府对涉外经济活动福利基金作出资金投放续期决定的，根据2020年1月1日通过的本条第1部分第1款确定费率，所使费率，俄罗斯联邦商品及服务消费物价指数与联邦权力机关计算的履行国家政治产出职能及官方统计的法律法规调整范围以及社会、经济、民主、生态等信息中的官方统计构成对等，近一年来权力机关公布的过去阶段的收入比例，提高1个百分点，但低于6.25%的年费率"；

c) 增加1.2部分，内容如下：

"1.2 联邦政府对涉外经济活动福利基金作出资金投放续期决定的，根据2021年1月1日通过的本条第1部分第2款确定费率，所使费率，俄罗斯联邦商品及服务消费物价指数与联邦权力机关计算的履行国家政治产出职能及官方统计的法律法规调整范围以及社会、经济、民主、生态等信息中的官方统计构成对等，近一年来权力机关公布的过去阶段的收入比例，提高1个百分点，但低于7.25%的年费率"；

d) 增加1.3部分，内容如下：

"1.3 本条第1.1和1.2部分指定的费率不应高于俄罗斯联邦中央银行规定（存款、借债、发行债券）的信贷费率值（卢布金额），减少至0.25个百分点"；

2) 第6条第1部分 增加第3款内容如下：

"3) 联邦政府对涉外经济活动福利基金作出资金投放续期决定的，根据的本法第4条第2部分有权续期至2022年12月31日，包括根据本部分第2款放给无担保信贷机构的次级贷款（借款）的期限。延长上述从2020年1月1日起发放的次级贷款（借款）所使费率，俄罗斯联邦商品及服务消费物价指数与联邦权力机关计算的履行国家政治产出职能及官方统计的法律法规调整范围以及社会、经济、民主、生态等信息中的官方统计构成对等近一年来权力机关公布的过去阶段的收入比例，提高1.25个百分点，但低于6.5%的年费率。指定的费率不应高于俄罗斯联邦中央银行规定（存款、借债、发行债券）的信贷费率值（卢布金额）"；

3) 第6条增加第1.1部分，内容如下：

1.1 规定外经银行在联邦政府对外经银行福利基金存款作出资金投放续期决定的，根据的本法第4条有权续期至2023年12月31日，包括根据本部分第2款放给无担保信贷机构的次级贷款（借款）的期限。延长上述从2021年1月1日起发放的次级贷款（借款）所使费率，俄罗斯联邦商品及服务消费物价指数与联邦权力机关计算的履行国家政治产出职能及官方统计的法律法规调整范围以及社会、经济、民主、生态等信息中的官方统计构成对等近一年来权力机关公布的过去阶段的收入比例，提高1.25个百分点，但低于7.5%的年费率。指定的费率不应高于俄罗斯联邦中央银行规定(存款、借债、发行债券)的信贷费率值(卢布金额)。

第 47 条　总结条款

1. 俄罗斯联邦主体的法律法规、国家—私营合作、市政—私营合作领域的市政法规应当在 2016 年 7 月 1 日之前按照本联邦法律规定修订。2016 年 7 月 1 日之后,俄罗斯联邦主体及地区所颁布的相关法律法规不得与本法相冲突。

2. 在本法生效之前根据俄罗斯联邦主体的法律法规、国家—私营合作、市政—私营合作领域的市政法规签订生效的协议应用俄罗斯联邦主体法律法规调整。上述协议在协议有效期内由其订立时所依据的法律调整。

3. 如俄罗斯联邦主体的法律法规、国家—私营合作、市政—私营合作领域的市政法规根据本条第 1 部分进行了变更,本条第 2 部分中指定的协议的条件(包括期限)由本法相关条款调整。

第 48 条　本法的生效

1. 本法除第 46 条之外的其他条款自 2016 年 1 月 1 日起生效。

2. 本法第 46 条自本法正式公布之日起生效。

(李　旭　译)

政府与社会资本合作法[①]

第 11079 号法律(2004 年 12 月 30 日)

巴西联邦共和国总统宣布并批准国会通过的以下法律:

第一章 基 本 规 定

第一条 本法规定了中央政府以及各州、联邦区、地市等政府与社会资本合作的招投标和签订合同的一般规则。

独立段:本法适用于行政机关和立法部门的直接行政管理机关、各专项基金、地方自治机关、公共基金、公用事业企业、混合所有制企业,由中央政府以及各州、联邦区和地市政府直接或间接控制的其他实体。(由 2015 年第 13137 号法律修订)

第二条 政府与社会资本合作关系是特许权协议,属行政合同,采用可行性缺口补助或政府付费的方式。

(一) 本法所称可行性缺口补助的特许权,是指 1995 年 2 月 13 日第 8987 号法律所提及的公共事业特许或公共工程特许,除对使用者收费之外,由政府给予社会资本合作方一定经济补助,以弥补使用者付费之外的缺口部分。

(二) 本法所称政府付费的特许权,是指政府行政部门作为直接或间接的使用者,此类协议也涉及工程的执行或资产的供应和财产设施。

(三) 传统的特许经营合同,即 1995 年 2 月 13 日第 8987 号法律中提到的公共事业特许和公共工程特许,如不涉及政府向社会资本合作方支付费用,则不视为本法规定的公共行政中的政府与社会资本合作关系。

(四) 禁止签订政府与社会资本合作合同的情形:

1. 合同价值低于一千万雷亚尔;(由 2017 年第 13529 号法律修订)
2. 服务期少于 5 年;或
3. 唯一目的是提供劳务、设备供应和安装或者公共工程的实施项目。

第三条 政府付费的特许权应符合本法的规定,并符合 1995 年 2 月 13 日第 8987 号法律第 21、23、25、27—39 条以及 1995 年 7 月 7 日第 9074 号法律第 31 条的

[①] 又名《建立公共行政中政府与社会资本合作关系的一般招标和签订合同的规则》。

规定。

（一）可行性缺口补助的特许权应符合本法的规定，并符合1995年2月13日第8987号法律及相关法律有关补贴的规定。

（二）传统的特许经营合同应继续适用1995年2月13日第8987号法律及相关法律的规定，不适用本法。

（三）不具有传统的特许经营合同、可行性缺口补贴特许权或政府付费的特许权特征的合同，应继续适用1993年6月21日第8666号法律及相关法律的规定。

第四条 政府与社会资本合作合同的签订应遵守以下准则：

1. 高效率地执行国家任务和利用社会资源；
2. 尊重服务使用者以及负责执行服务的社会资本实体的利益和权利；
3. 监管职责和司法管辖的不可转移性，行使警察权力和国家专属的其他活动的权力不得转让；
4. 缔结和履行政府与社会资本合作关系的财政责任；
5. 程序和决定的透明度；
6. 双方之间客观的风险分担；
7. 政府与社会资本合作项目的财务可持续性和社会经济优势。

第二章 政府与社会资本合作合同

第五条 政府与社会资本合作合同条款应当遵守1995年2月13日第8987号法律第23条的规定，并应规定下列内容：

1. 合同有效期，与投资实现完成相一致，既不少于5年，也不超过35年，包括任何延期；
2. 政府行政部门和社会资本合作方有违反合同行为时均承担违约责任，并根据违约行为的严重程度和所承担的相应义务确定违约责任的比例；
3. 双方风险分担，包括意外事件、不可抗力、国家行为[①]和重大经济失衡[②]等；
4. 约定实施项目获得回报的具体形式和更新合同价值[③]；
5. 保持现有服务质量的机制；
6. 有关政府行政部门付款违约特征的条款，纠正措施的方式和期限，以及社会资本合作方可以确保其权利得到执行的方式；

[①] 主要指国家决定、政府行为，特别是法律法规变更的情形，与PPP合同本身没有直接关系，而是具有一般性、普遍适用的特点，具有不可预测性，这一行为本身是合法方式进行的行政行为，但对已经签署的PPP合同产生实质性影响，可能导致合同的变更甚至终止。——译者注

[②] 主要是指情势变更，不可预见、无法避免的重大经济失衡使合同的继续执行成为繁重负担的情形。——译者注

[③] 如调整服务价格、增加合同价格以补偿通货膨胀等情形。——译者注

7. 评价社会资本合作方履约情况的客观标准；

8. 社会资本合作方的履约担保，提供与所涉及费用和风险相符的适当执行保证。但是，须遵守1993年6月21日第8666号法律第56条第3款和第5款的限制；关于可行性缺口补助的特许权，则须遵守1995年2月13日第8987号法律第18条第15项的规定；

9. 社会资本合作方在融资过程中因信用风险降低而获得的有效经济收益，如何与政府行政部门分享；

10. 政府行政部门拥有对其可收回占有和所有权的财产的检查权，可以在必要的范围内扣除向社会资本合作方支付的金额，以纠正发现的任何违规行为；

11. 当符合本法第六条第（二）款的相关条件时，在项目投资的阶段性完成和/或在服务可用之后，按时间进度表和范围将资源分期移交给社会合作资本方；（包含于2012年第12766号法律）

（一）自动更新合同价值的条款基于指数和数学公式计算调整金额，而无须政府行政部门批准，例外情况为政府行政部门在提交有关票据后的15天内，在官方公报上公布根据本法规定或合同约定不接受调整合同金额的理由。

（二）合同可另外规定：

1. 政府行政部门可授权将特殊目的公司的控制权或临时管理权移交给与其没有直接公司关系的融资人和担保人的要求和条件，以促进其财务重组和确保提供服务的连续性，并以此为目的，由1995年2月13日第8987号法律第27条第1项所规定；（由2015年第13097号法律修订）

2. 代表项目融资人就政府行政部门的付款债务发行认缴；

3. 项目融资人的适格，以获得提前终止合同的赔偿金，以及保证政府与社会资本合作伙伴关系的基金和国有公司的付款。

第五条 A 款 根据第五条第（二）款第1项所列的目的，认为：（包含于2015年第13097号法律）

1. 特殊目的公司控制其融资人和担保人持有股份或配额的可解除的所有权须符合1976年12月15日第6404号法律第116条的要求；（包含于2015年第13097号法律）

2. 特殊目的公司的临时管理，由融资人和担保人在未转让股份或配额所有权的情况下，授予以下权力：（包含于2015年第13097号法律）

① 在由1976年12月15日第6404号法律管辖的公司中任命股东大会选举产生的董事会成员，或在其他公司中任命由配额持有人选出的董事；（包含于2015年第13097号法律）

② 任命由股东大会或控股股东在股东大会上选举产生的监事会成员；（包含于2015年第13097号法律）

③ 对提交给特许权公司股东或配额持有人投票的任何提案行使否决权，该提

案代表或可能代表本条所列目的的损害赔偿;(包含于 2015 年第 13097 号法律)

④ 实现本条主要部分所述目的的所需的其他权力。(包含于 2015 年第 13097 号法律)

(一)由有权部门授权的临时管理权不得导致向融资人和担保人承担与第三方包括批给人和雇员有关税收、设定负担、抵押、制裁、义务或承诺的责任。(包含于 2015 年第 13097 号法律)

(二)授权须规定临时管理权的期限。(包含于 2015 年第 13097 号法律)

第六条 政府与社会资本合作合同中政府行政部门对应的付款可以通过以下方式进行:

1. 银行支付;
2. 非税收债权转让;
3. 授予政府行政部门实体的权利;
4. 授予公有领域权利;
5. 法律允许的其他方式。

(一)合同可以根据合同中约定的质量以及可用性目标和标准,向社会资本合作方的付款根据其履行合同的表现而变化。(包含于 2012 年第 12766 号法律)

(二)根据 1995 年 2 月 13 日第 8987 号法律第 18 条第 10 项和第 11 项的规定,在招标文件中授权,无论是新合同或是特别法,如果该合同在 2012 年 8 月 8 日前生效,则合同可规定向社会资本合作方提供资金以实现工程和可收回占有和所有权的财产。(包含于 2012 年第 12766 号法律)

(三)根据第(二)款做出的资源贡献的价值可以从以下决定中排除:(包含于 2012 年第 12766 号法律)

① 计算应纳税所得额的净利润和净利润社会贡献费——CSLL 的计算基础;(包含于 2012 年第 12766 号法律)

② 社会一体化费——PIS 和社会保险融资税——CONFINS 的计算基础;(包含于 2012 年第 12766 号法律)

③ 按总收入支付的社会保障金——CPRB 由 2011 年 12 月 14 日第 12546 号法律第 7 条和第 8 条所述公司支付的计算基础,截至 2015 年 1 月 1 日;(包含于 2014 年第 13043 号法律)

(四)截至 2013 年 12 月 31 日,根据 2014 年 5 月 13 日第 12973 号法律第 75 条,2014 年 12 月 31 日之前的未选择权方,应在确定净收入时根据第(三)款排除的部分计算为计算应纳税所得额、净利润社会贡献费计算基数、社会一体化费和社会保险融资税的计算基数,与开展工程和收购资产的成本成比例执行本条第(二)款,包括依据 1995 年 2 月 13 日第 8987 号法律第 35 条通过折旧或终止特许权而实现的。(由 2014 年第 13043 号法律修订)

(五)在合同终止时,社会资本合作方将不会收到与尚未摊销或折旧的可收回占有和所有权的财产相关的投资部分的赔偿,此类投资是根据第(二)款中提到的资源贡献的金额进行的;(包含于 2012 年第 12766 号法律)

(六) 自 2014 年 1 月 1 日起,根据 2014 年 5 月 13 日第 12973 号法律第 75 条的规定,2015 年 1 月 1 日后的未选择权方,应在确定净收入时根据第(三)款排除的部分计算为计算应纳税所得额、净利润社会贡献费计算基数、社会一体化费和社会保险融资税的计算基数,在公共服务提供开始后的合同剩余期限内的每个计算期间计算;(包含于 2014 年第 13043 号法律)

(七) 在第(六)款的情况下,每个计算期间增加的值应为被排除部分的价值除以合同剩余期间所包含的计算期数;(包含于 2014 年第 13043 号法律)

(八) 对于特许公司已在第(六)款所述日期开始提供公共服务的特许权合同,考虑到尚未增加的余额,后续增加应在合同剩余期限的每个计算期间进行;(包含于 2014 年第 13043 号法律)

(九) 根据第(三)款第(3)项排除的部分,应在确定合同施工、更新、扩大、改善将用于提供公共服务的基础设施规定的剩余期间内的每个计算期间计算第(三)款第(3)项所述社会保障缴税的计算依据;(包含于 2014 年第 13043 号法律)

(十) 在第(九)款的情况下,每个计算期间增加的值应为被排除部分的价值除以合同施工、更新、扩大、改善将用于提供公共服务的基础设施规定的剩余期间的计算期数;(包含于 2014 年第 13043 号法律)

(十一) 如果特许权在合同期限到来之前终止,则根据第(三)款第(3)项排除的尚未增加的部分的余额应在确定净收入时计算为计算应纳税所得额、净利润社会贡献费计算基数、社会一体化费和社会保险融资税的计算基数;(包含于 2014 年第 13043 号法律)

(十二) 根据第(六)款对社会资本合作方产生的提供公共服务的收入应适用于社会一体化费和社会保险融资税的计算基数的计算系统。(包含于 2014 年第 13043 号法律)

第七条 在政府行政部门付款之前,应提供政府与社会资本合作合同的服务对象。

(一) 根据协议条款,公共行政部门有权支付与政府与社会资本合作合同中服务对象份额相对应的对价。(包含于 2012 年第 12766 号法律)

(二) 本法第六条第(二)款提到的资源贡献,在社会资本合作方投资各阶段过程中,应与实际采取的步骤成正比。(包含于 2012 年第 12766 号法律)

第三章 担 保

第八条 政府行政部门在政府与社会资本合作合同中订立的付款债务可以通过以下方式担保:

1. 财政收入担保应符合《联邦宪法》第 167 条第 4 项的规定;
2. 创设或使用依法设立的专项基金;
3. 非政府控制的保险公司提供的担保函;
4. 非政府控制的国际组织或金融机构提供的担保函;
5. 为此目的而专门设立的担保基金或国有公司提供的担保函;
6. 法律允许的其他担保方式。

独立段[①]:(包含于 2014 年第 13043 号法律)

第四章　特殊目的公司

第九条　在合同订立前,必须成立一个特殊目的公司,负责实施和管理合作伙伴关系。

(一)特殊目的公司的控制权转让应以政府行政部门根据公示和合同的明确授权为条件,并受到 1995 年 2 月 13 日第 8987 号法律第 27 条独立段的约束。

(二)特殊目的公司可以采取上市公司的形式,允许其证券在证券交易所上市交易。

(三)特殊目的公司应符合公司治理要求,并按照规定采用标准化会计财务报表。

(四)禁止政府行政部门持有本章所述公司的多数表决权资本。

(五)本条第(四)款规定的禁止不适用于在发生融资协议违约的情况下由公共权力控制的金融机构最终取得特殊目的公司的多数表决权资本。

第五章　招　标　程　序

第十条　政府与社会资本合作合同应进行竞争性招投标,招投标程序的开始取决于:

1. 主管机关的授权,基于技术研究证明:
(1)适合选择政府与社会资本合作关系这一形式的合理理由和机会;
(2)产生或增加的费用不会影响 2000 年 5 月 4 日第 101 号补充法律第 4 条第(一)款所述附件中规定的财政结果目标,以及其在以下期间的财务影响被收入的永久性增加或永久性减少开支所抵消;
(3)适用时,根据本法第 25 条公布的规范,即遵守 2000 年 5 月 4 日第 101 号补充法律第 29、30、32 条规定的限制和条件,规定政府行政部门与合同目标有关的义务;
2. 编制政府与社会资本合作合同生效年份的预算和财务影响估算;

---

① 已否决。

3. 授权政府官员宣布支出,即政府行政部门在合同期间承担的付款义务符合预算准则的法律,并在年度预算法中作了规定;

4. 在合同有效期内和财政年度内,对公共资金的流量以及政府行政部门承担的义务进行估算;

5. 目标必须为在签订合同的地区所实施的多年度计划中已规定的;

6. 通过发布在官方媒体、各大报纸和电子媒介手段向公众咨询已提交招标公告和合同的草案,必须告知合同的理由陈述、目标的识别、合同期限及其估计价值,并设定接收公众建议的最短期限为 30 天,该期限至少在拟定的发布公示通知日期的 7 天前到期;

7. 在合同目标要求时,以规章的形式事先颁发环境许可证或企业环境许可指南。

(一)本章中第十条第 1 项第(2)点和第(3)点中提到的证据应包含所使用的假设和计算方法,并遵守公共账户合并的一般规则,不妨碍多年度计划中其他规定的费用审查和预算准则法律的其他规则。

(二)当在公告通知发布以外的情况下进行合同签订时,应当通过更新本章第十条第 1 项至第 4 项所述的研究和声明之前进行。

(三)可行性缺口补助的特许权,其中超过 70% 的社会资本合作方的对价由政府行政部门支付,将取决于具体的立法授权。

(四)关于政府与社会资本合作投资的价值定义的工程研究应具备初步的细节,且投标参考价定义的投资价值应根据市场价值计算,考虑到在巴西或国外类似的总成本,或基于项目具体部门投入市场价值的成本系统计算,无论在何种情况下,通过灵敏的参数方法编制综合预算。(包含于 2012 年第 12766 号法律)

第十一条 投标书征求公告应包含合同草案,明确表明投标书适用本法规范,并酌情遵守 1995 年 2 月 13 日第 8987 号法律第 15 条第(三)、(四)款以及第 18、19、21 条的规定,也可以规定:

1. 投标人的投标要遵守 1993 年 6 月 21 日第 8666 号法律第 31 条第 3 项的限制;

2. ①

3. 根据 1996 年 9 月 23 日第 9307 号法律,允许通过仲裁解决因执行合同而产生的或与合同有关的争议,但必须选择在巴西国内并使用葡萄牙语作为争议解决机制语言。

独立段:公告应在适用时指明政府的付款担保将给予社会资本合作方。

第十二条 政府与社会资本合作关系的招投标竞争应遵守现行有关投标和行

---

① 已否决。

政合同立法的程序,并遵守以下规定:

1. 资格预审可先于技术投标方案的竞争,得分低于最低分的投标人将被取消资格,不得参加以下阶段;

2. 除了遵守 1995 年 2 月 13 日第 8987 号法律第 15 条第 1 项和第 5 项规定的标准外,资格预审的评判标准可规定以下内容:

(1) 政府行政部门须支付的价款较低;

(2) 最佳投标方案是根据招标公告确定的权重,将项目中的标准与最佳技术相结合;

3. 由公告确定投标方案的表述形式,认可:

(1) 投标方案书写在密封信函中;或

(2) 实时投标的书面投标方案;

4. 招标公告可允许补正,以完成有关形式性质的查缺补漏,如果投标人能够在招标公告规定的期限内满足公告要求。

(一) 本条文第 3 项第(2)点的假设中:

1. 公开出价将始终按照书面投标方案评定的相反顺序提供,禁止限制出价数量;

2. 公告可限制书面投标方案比最佳投标方案的价值最多高出 20% 的投标人提交公开出价方式的投标书。

(二) 为了判断技术投标方案,通过与目标有关的要求、参数、结果指标进行资质或资格预审,在招标公告中明确、客观地确定,并采取积极行动完成。

第十三条 招标公告可规定提供预审资格和决策阶段顺序的撤销,在这种情况下:

1. 一旦投标阶段结束或投标过程完成,将打开排名最高的投标人资格文件的信封,以验证其是否符合招标文件中规定的条件;

2. 如满足投标要求,将宣告投标人为中标者;

3. 如排名最好的投标人被取消资格,将分析排名第二位的投标人的资格文件,依此类推,直至出现一个合格的投标人满足招标公告中规定的条件;

4. 宣布招投标的最终结果,中标者将在其提供的技术和经济条件下被授予中标资格。

第六章 适用于联邦政府的规定

第十四条 联邦政府与社会资本合作关系的管理委员会应通过法令设立,并有权:(见 2005 年第 5385 号法令)

1. 确定政府与社会资本合作中服务执行的优先顺序;

2. 规范缔结此类合同的程序;

3. 授权开始竞标并批准相应的招标公告；

4. 评估合同的绩效报告。

（一）本条所提及的管理委员会应当由下列机构指派代表本机构的代表人和候补人组成：

1. 规划预算管理部①，负责协调委员会的运作；

2. 财政部；

3. 总统府行政院。

（二）直接行政管理机关的代表将参加本条所述的管理委员会会议，以审查和讨论政府与社会资本合作项目的权限范围，以及分析其所涉及的合同项目的有关部分。

（三）对于管理委员会关于政府与社会资本合作的审议决定，必须收到事先陈述和证实的文件：

1. 从规划预算管理部了解项目的优点；

2. 财政部提供有关担保及担保形式的可行性，要涉及国家财政面临的风险以及如何遵守本法第 22 条有关法律规定的限制。

（四）为了更好地履行职责，本条提到的管理委员会可以设立一个由公共机构代表组成的技术支持小组。

（五）本条提到的管理委员会应每年向国会和联邦审计法院提交有关政府与社会资本合作合同的绩效报告。

（六）为了遵守本法第四条第 5 项的规定，除分类为机密的信息外，本条第（五）款中提到的报告将提供给互联网上的公众咨询。

第十四条 A 款 众议院和联邦参议院可通过各自下设委员会，处理第十四条有关政府与社会资本合作关系下的事项，并保持第十四条第（三）款第 2 项所述财政部的权限。（包含于 2015 年第 13137 号法律）

第十五条 各部委和监管机构有责任在各自的职权范围内向管理委员会提交招标公告文件，推动招标程序，跟进和监督政府与社会资本合作合同。

独立段：各部委和监管机构应根据法律规定，每半年一次向本法第十四条所述的管理委员会提交政府与社会资本合作合同履行情况的详细报告。

第十六条 联邦政府及其专项基金、地方自治机关及其公共基金和国有公司有权在全球范围内持有最高限额 60 亿雷亚尔的政府与社会资本合作关系担保基金——FGP，其目的是保证联邦政府以及地区、各州、地市政府作为本法所涉及的政府合作方承担的付款义务。（由 2012 年第 12766 号法律修订）

（一）FGP 基金的性质为私募基金，其自有权益与配额持有者权益分开，并受其

---

① 原文为规划预算管理部，后部委调整更名为规划发展管理部。——译者注

自身权利和义务的约束。

(二)基金的资产应由配额持有人通过支付配额以及从其管理获得的收入所产生的资产和权利而形成。

(三)转让给基金的资产和权利应由专业公司评估,该公司应提交合理的评估报告,说明所采用的评估标准,并附上与评估资产相关的文件。

(四)配额的支付可以通过金钱、公债证券、公共房地产、动产,包括联邦混合所有制企业的股份,只要这些股份超过了联邦政府保持对这类公司的控制权所必需的股份或财产价值的其他权利。

(五)FGP基金应通过自身的资产和权利履行其义务,配额持有人除了支付他们认购的配额外,不对基金的任何义务承担责任。

(六)本条第(四)款所述的配额的支付,应通过财政部长提议,经共和国总统事先评估和具体授权,独立于招投标过程。

(七)FGP基金对财产的特殊用途使用或一般使用受到每个经济体行为的限制。

(八)通过预算资源进行的FGP的资本化,将在国家的财政费用框架内,通过为此目的采取的具体预算行动进行。(由2011年第12409号法律修订)

(九)①

第十七条 FGP应由联邦政府直接或间接控制的金融机构,依照1964年12月31日第4595号法律第四条第22项所述的规范,在司法和司法外设立、管理、运营和代表。

(一)FGP的章程和规定应由配额持有人会议批准。

(二)联邦政府在配额持有人会议上的代表权应以1967年2月3日第147号法令第十条第5项规定的形式履行。

(三)金融机构有责任审议FGP资产及权利的管理和处置,同时确保其盈利能力和流动性。

第十八条 基金的章程和规定应决定提供担保的政策,包括基金资产与负债之间的关系。(由2011年第12409号法律修订)

(一)担保应以配额持有人会议批准的形式提供,方式如下:

1. 保证,无需向担保人下达指令;
2. 质押FGP的资产或权利,在执行担保之前不转让有关财产的占有权;
3. 抵押FGP的不动产;
4. 信托让与,在执行担保之前,资产仍由FGP或信托代理人直接持有;
5. 其他具有担保效力的合同,只要其在执行担保之前不将资产的所有权或直

---

① 已否决。

接所有权转让给社会资本合作方；

6. 由于资产分割和属于 FGP 的权利分离而构成的与股东权益相关的对物或个人担保。

（二）FGP 可向保险公司、金融机构和国际组织提供反担保，以保证政府作为配额持有人在政府与社会资本合作合同中承担付款责任。

（三）政府合作方对 FGP 担保的每一笔付款债务的解除，应按比例免除担保。

（四）FGP 可通过市场上现有的合同工具提供担保，包括补充本条第（一）款规定的方式。（由 2012 年第 12766 号法律修订）

（五）社会资本合作方可以在以下情况下启动 FGP：（由 2012 年第 12766 号法律修订）

1. 确定的债权结算，经政府合作方接受的凭证但超过截止日期 15 天后仍未履行的；（包含于 2012 年第 12766 号法律）

2. 政府合作方未接受的票据和所代表的债务在超过截止日期 45 天后，又没有动机行为表示拒绝的。（包含于 2012 年第 12766 号法律）

（六）由 FGP 受领债务后将具有对社会合作资本方权利的代位权。

（七）在违约的情况下，FGP 的资产和权利可能受到司法限制和处置，以履行担保义务。

（八）FGP 可以使用联邦政府配额的一部分来保障其专项资金、地方自治机关、公共基金和国有公司。（包含于 2011 年第 12409 号法律）

（九）FGP 有义务兑现政府合作方接受但未付款的票据。（包含于 2012 年第 12766 号法律）

（十）禁止 FGP 支付被动机行为明确表示拒绝的票据。（包含于 2012 年第 12766 号法律）

（十一）政府合作方应将任何拒绝的票据和拒绝理由在截止日期后 40 天内告知 FGP。（包含于 2012 年第 12766 号法律）

（十二）政府合作方在截止日期后 40 天内未表示接受或未明确拒绝的票据被视为默认接受。（包含于 2012 年第 12766 号法律）

（十三）政府代理人由于作为或不作为导致第（十二）款所述的默示接受行为或在没有动机理由的情况下拒绝票据，应根据现行民法、行政法、刑法的规定，对其造成的损害负责。（包含于 2012 年第 12766 号法律）

第十九条 FGP 不会向其配额持有人支付收入，任何配额持有人都有权部分或全部赎回其仍未用于担保目的的资产的配额。在这种情况下，将根据 FGP 权益条件完成结算。

第二十条 根据配额持有人会议的审议决定，FGP 的解散应以解决全部担保债务或债权人有效解除担保为前提。

独立段：如 FGP 解散，其资产将根据解散之日的权益情况在配额持有人之间分配。

第二十一条 有关 FGP 资产章程要求不得与 FGP 资产的其余部分相联系的资产分配,仅受其构成所依据的担保的约束,不得成为查封、假扣押、剥夺行动自由、搜查和扣押的对象,或由 FGP 的其他义务引起任何司法限制行为。

独立段:资产章程将在凭证和文件登记处登记,如有不动产,在相应的不动产登记处登记。

第二十二条 只有在从已经签约的所有政府与社会资本合作合同中的持续性质的费用总额在上一年没有超过该财政年度预计当期净收入的 1% 的情况下,联邦政府才能签订政府与社会资本合作合同,并且在随后的 10 年中,现有合同的年度支出不超过各财政年度预计当期净收入的 1%。

第七章 最终规定

第二十三条 联邦政府有权根据 2003 年 9 月 11 日第 10735 号法律制定的"激励社会利益项目实施计划——PIPS"的规定,依据政府与社会资本合作合同,对金融机构设立的投资基金投资提供奖励。

第二十四条 国家货币委员会应以相关立法的形式,制定有关政府与社会资本合作合同融资提供信贷的准则,以及封闭式养老金参与的补充条款。

第二十五条 巴西国库秘书处应以相关立法的形式制定关于合并适用政府与社会资本合作合同公共账户的一般规则。

第二十六条 1993 年 6 月 21 日 第 8666 号法律第 56 条第(一)款第 1 项,应修订为:

"第五十六条 ……

(一)……

1. 以现金或公共债务证券为抵押,以规范的形式发行,通过巴西中央银行授权的集中清算和监管系统批准,并根据财政部定义的经济价值进行评估。……"

第二十七条 由联邦政府控制的公用事业企业或混合所有制企业进行的信贷业务,不得超过特殊目的公司财务资源总额的 70%。在人类发展指数(HDI)低于全国平均水平的北部、东北部和中西部地区,这种参与不能超过 80%。

(一)以下信贷业务或出资累计执行不得超过特殊目的公司财务资源总额的 80%,在人类发展指数(HDI)低于全国平均水平的北部、东北部和中西部地区不得超过 90%:

1. 封闭式养老金;

2. 由联邦政府控制的公用事业企业或混合所有制企业。

(二)就本条规定而言,财务资金来源是对特殊目的公司的信贷业务和出资。

第二十八条 如果这些实体已经签订的所有合作合同在上一年度产生的持续

性质的费用支出总额超过当期收入净额的5%，或在其后的10年内生效的合同的年度支出超过当期年度预计的5%，则联邦政府不得向各州、联邦区和地市政府提供担保或自愿转移。（由2012年第12766号法律修订）

（一）各州、联邦区和地市政府通过政府与社会资本合作方式签订项目合同的，须在签订前向联邦参议院和国家财政部提交必要的信息，以遵守本条的规定。

（二）在适用本条规定的限制时，将计算直接行政管理机关、地方自治机关、公共基金、公用事业企业、混合所有制企业、直接或间接控制的除国有企业外的其他实体签订的合作协议产生的费用。（由2009年第12024号法律修订）

（三）[①]

第二十九条 1940年12月7日第2848号法令、1992年6月2日第8429号刑法典、2000年10月19日第10028号不正当行政法、1967年2月27日第201号财税犯罪法令和1950年4月10日第1079号法律规定的刑罚，不影响合同的经济处罚。

第三十条 本法自公布之日起生效。

巴西利亚　2004年12月30日

（赵懿先　译）

附　巴西PPP法简介

华东政法大学金砖国家法律研究院
巴西及葡语国家法律项目主任
赵懿先

2017年9月4日，金砖国家领导人在厦门峰会上通过了《金砖国家领导人厦门宣言》（以下简称《宣言》）。《宣言》在PPP合作方面达成了共识，同时金砖国家财长和央行行长会议通过了《金砖国家政府和社会资本合作良好实践》（以下简称《良好实践》），以分享金砖国家PPP经验，加强金砖各国PPP合作联动。在这一背景下，对金砖各成员国PPP基本法律的介绍和了解就尤为重要。鉴于《良好实践》中对各成员国法律框架的介绍极为简明，有必要通过对法律原文逐条翻译的方式将巴西PPP基本法律的内容以及在社会经济发展影响下法律制度变迁的细节呈现给读者。

[①] 已否决。

首先，需要了解的是，巴西PPP发展与其私有化进程紧密结合。自1990年巴西开展私有化计划以来，基础设施的私人投资经历了三个阶段：第一阶段是1990—1998年有关矿业、钢铁、电信、银行、国有公司的私有化；第二阶段是1998—2002年间收费公路和铁路基础设施的特许经营；第三阶段是2004年《政府与社会资本合作法》颁布后以两种新的PPP模式为代表，对公共服务、基础设施建设、施工、维护、运营提供的一系列鼓励生产性投资的新方案。相应地，行政管理体系中也做了相应调整，如2006年成立部级的PPP中心，2016年改革建立新的PPP中心，即投资伙伴关系署，由董事会和执行秘书处组成，直接向巴西总统汇报，以优化监管和融资条件，改进项目和流程，提高市场竞争力。

其次，巴西作为南美洲联邦政体的大陆法系国家，在立法、司法、行政上具有鲜明的特点。巴西法律渊源体系包括《联邦宪法》以及国家法律、法令、决议、规范性指令、一般规定等，也包括各州、联邦区和地市级政府以及自贸区的地方性规范，同时还兼具融合普通法、衡平法、遵循判例的特点。司法体系既包括联邦法院也包括各州的法院体系，当然，与PPP项目紧密相关的联邦审计法院也是重要一环。同时，实践中的具体行政行为、合同条款、各地特殊政策等均对PPP项目有直接影响。

巴西2004年颁布了《政府与社会资本合作法》（第11079号法律，以下简称《PPP法》），该法又称《建立公共行政中政府与社会资本合作关系的一般招标和签订合同的规则》，是PPP领域中提纲挈领的最根本、最重要法律之一。巴西PPP模式属于特殊的特许权协议，分别采取了可行性缺口补助模式和政府付费两种方式，政府部门将PPP项目或服务委托给社会资本合作方，分别由使用者与政府合作方共同付费，或仅由政府合作方承担付费义务。但是，传统的特许经营合同不由2004年《PPP法》调整规范，有关内容依照1993年《公共采购法》和1995年《特许经营法》的规定执行。

2004年《PPP法》共有七章总计30个条文，由PPP模式的基本规定、政府与社会资本合作合同内容、PPP项目付款义务的担保、特殊目的公司、PPP项目的招投标程序、与联邦政府有关的法律规范以及最终补充性规定组成。

该法对政府合作主体的定义并不局限于"政府部门"本身，而是全面且宽泛地包括"行政机关和立法部门的直接行政管理机关、各专项基金、地方自治机关、公共基金、公用事业企业、混合所有制企业，由中央政府以及各州、联邦区和地市政府直接或间接控制的其他实体"。签订合同必须遵守一些基本原则，例如，更高效地利用社会资源和执行国家任务；尊重使用者和社会资本合作方的利益和权利；明确政府的监管职责不可转让；程序和决定的透明度；明确财政责任，突出财务的可持续性和社会经济优势，并特别强调合作双方客观的风险分担；等等。

对于PPP合同的具体内容，2004年《PPP法》在明确了禁止签订PPP合同情形的同时，也以列举的方式规范了合同的有效期介于5—35年间。双方违约、风险分担、履约担保、权利义务、自动更新合同价值的条款，特别是自动更新合同价值的条款,强调了在符合法律规范的要求下,例如,服务价格调整时提高合同价格以弥补通货膨胀等情形,无须政府合作方的批准即可启动。

2004年《PPP法》也详细规定了政府付款义务的履行方式,以及向社会资本合作方付费时涉及的各类税费与价值计算的详细方法,并以列举的方式介绍了付款义务可以通过哪些形式担保,以增强PPP项目社会资本合作方的信心。

该法要求PPP项目必须以成立特殊目的公司的方式,负责实施和管理合作伙伴关系。同时,详细规定了PPP项目合同签订前招投标的程序,包括政府PPP项目与政府实施的多年度计划,财政预算的关系,招投标征求公告如何通知,如何进行资格预审,投标书的权重和排名,如何淘汰和撤销。

由于考虑到大型PPP项目的合作方与联邦政府密切相关,因此中央层面特别规定了适用于联邦政府的具体条款。例如,建立相应的管理委员会,规范管理委员会的权限、委员构成、各部委和监管机构的职责,审查PPP项目合同的履行情况、绩效表现等。同时,特别规定了如何设立鼓励PPP项目开展的"政府与社会资本合作关系担保基金",以专门的制度确保政府合作方付款义务得到有效担保。2004年《PPP法》花了较大篇幅叙述了这一基金的设立规则和具体规范,体现了巴西政府对于私人合作方参与PPP项目的权利保护的决心和力度。

2016年,巴西又在此基础上出台了《合伙合同法》,作为相应的补充。同时,巴西政府在世界银行的网站上公布了最新《PPP法》的立法草案,该立法草案修订了2004年版法律,共分为五章18条,在保留了2004年《PPP法》的基本框架的同时,简化了一些具体规定。

在翻译2004年《PPP法》时,也同时标注了随后法律的修订、法条相关内容在其他法律中的规范,部分梳理和展现了法律制度变迁的过程以及法律规范之间的效力和关联。总体而言,了解巴西PPP法律框架,从2004年《PPP法》这一创设性法律入手,有利于我国读者从较为全面的视角学习和借鉴金砖成员国的法律发展与结构框架,具有重要意义。

中 国

财政部关于推进政府和社会资本合作规范发展的实施意见

财金〔2019〕10号

各省、自治区、直辖市、计划单列市财政厅（局），新疆生产建设兵团财政局，财政部驻各省、自治区、直辖市、计划单列市财政监察专员办事处：

在公共服务领域推广运用政府和社会资本合作（PPP）模式，引入社会力量参与公共服务供给，提升供给质量和效率，是党中央、国务院作出的一项重大决策部署。为贯彻落实中央经济工作会议和全国财政工作会议精神，有效防控地方政府隐性债务风险，充分发挥PPP模式积极作用，落实好"六稳"工作要求，补齐基础设施短板，推动经济高质量发展，现提出如下意见：

一、牢牢把握推动PPP规范发展的总体要求

近年来，各级财政部门会同有关方面大力推进PPP工作，在稳增长、促改革、惠民生方面发挥了积极作用，但也存在超出自身财力、固化政府支出责任、泛化运用范围等问题。各级财政部门要进一步提高认识，遵循"规范运行、严格监管、公开透明、诚信履约"的原则，切实防控地方政府隐性债务风险，坚决打好防范化解重大风险攻坚战，扎实推进PPP规范发展。

（一）规范运行。健全制度体系，明确"正负面"清单，明确全生命周期管理要求，严格项目入库，完善"能进能出"动态调整机制，落实项目绩效激励考核。

（二）严格监管。坚持必要、可承受的财政投入原则，审慎科学决策，健全财政支出责任监测和风险预警机制，防止政府支出责任过多、过重加大财政支出压力，切实防控假借PPP名义增加地方政府隐性债务。

（三）公开透明。公平、公正、公开择优采购社会资本方。用好全国PPP综合信息平台，充分披露PPP项目全生命周期信息，保障公众知情权，对参与各方形成有效监督和约束。

（四）诚信履约。加强地方政府诚信建设，增强契约理念，充分体现平等合作原则，保障社会资本合法权益。依法依规将符合条件的PPP项目财政支出责任纳入预算管理，按照合同约定及时履约，增强社会资本长期投资信心。

二、规范推进PPP项目实施

（一）规范的PPP项目应当符合以下条件：

1. 属于公共服务领域的公益性项目，合作期限原则上在10年以上，按规定履行物有所值评价、财政承受能力论证程序；

2. 社会资本负责项目投资、建设、运营并承担相应风险，政府承担政策、法律等风险；

3. 建立完全与项目产出绩效相挂钩的付费机制，不得通过降低考核标准等方式，提前锁定、固化政府支出责任；

4. 项目资本金符合国家规定比例，项目公司股东以自有资金按时足额缴纳资本金；

5. 政府方签约主体应为县级及县级以上人民政府或其授权的机关或事业单位；

6. 按规定纳入全国PPP综合信息平台项目库，及时充分披露项目信息，主动接受社会监督。

（二）在符合上述条件的同时，新上政府付费项目原则上还应符合以下审慎要求：

1. 财政支出责任占比超过5%的地区，不得新上政府付费项目。按照"实质重于形式"原则，污水、垃圾处理等依照收支两条线管理、表现为政府付费形式的PPP项目除外；

2. 采用公开招标、邀请招标、竞争性磋商、竞争性谈判等竞争性方式选择社会资本方；

3. 严格控制项目投资、建设、运营成本，加强跟踪审计。

对于规避上述限制条件，将新上政府付费项目打捆、包装为少量使用者付费项目，项目内容无实质关联、使用者付费比例低于10%的，不予入库。

（三）强化财政支出责任监管。确保每一年度本级全部PPP项目从一般公共预算列支的财政支出责任，不超过当年本级一般公共预算支出的10%。新签约项目不得从政府性基金预算、国有资本经营预算安排PPP项目运营补贴支出。建立PPP项目支出责任预警机制，对财政支出责任占比超过7%的地区进行风险提示，对超过10%的地区严禁新项目入库。

三、加强项目规范管理

各级财政部门要将规范运作放在首位，严格按照要求实施规范的PPP项目，不得出现以下行为：

（一）存在政府方或政府方出资代表向社会资本回购投资本金、承诺固定回报或保障最低收益的。通过签订阴阳合同，或由政府方或政府方出资代表为项目融资提供各种形式的担保、还款承诺等方式,由政府实际兜底项目投资建设运营风险的。

(二)本级政府所属的各类融资平台公司、融资平台公司参股并能对其经营活动构成实质性影响的国有企业作为社会资本参与本级PPP项目的。社会资本方实际只承担项目建设、不承担项目运营责任,或政府支出事项与项目产出绩效脱钩的。

(三)未经法定程序选择社会资本方的。未按规定通过物有所值评价、财政承受能力论证或规避财政承受能力10%红线,自行以PPP名义实施的。

(四)以债务性资金充当项目资本金,虚假出资或出资不实的。

(五)未按规定及时充分披露项目信息或披露虚假项目信息,严重影响行使公众知情权和社会监督权的。

对于存在本条(一)项情形,已入库项目应当予以清退,项目形成的财政支出责任,应当认定为地方政府隐性债务,依法依规提请有关部门对相关单位及个人予以严肃问责。

对于存在本条(二)至(五)项情形的,应在限期内进行整改。无法整改或逾期整改不到位的,已入库项目应当予以清退,涉及增加地方政府隐性债务的,依法依规提请有关部门予以问责和妥善处置。

四、营造规范发展的良好环境

各级财政部门要会同有关部门,多措并举,加强规范管理和分类指导,对重点领域、重点项目加大政策支持力度。

(一)鼓励民资和外资参与。加大对民营企业、外资企业参与PPP项目的支持力度,向民营企业推介政府信用良好、项目收益稳定的优质项目,并在同等条件下对民营企业参与项目给予优先支持。中央财政公共服务领域相关专项转移支付资金优先支持符合条件的民营企业参与的PPP项目。研究完善中国PPP基金绩效考核办法,将投资民营企业参与项目作为重要考核指标,引导中国PPP基金加大支持力度。各地在开展PPP项目时,不得对外资企业、中资境外分支机构参与设置歧视性条款或附加条件。提倡优质优价采购,应当根据采购项目需求特点,合理选择采购方式,进一步加强采购需求和履约验收管理,提高采购质量。

(二)加大融资支持。结合自身财力状况,因地制宜采取注入资本金、运营补贴等方式支持规范的PPP项目。引导保险资金、中国PPP基金加大项目股权投资力度,拓宽项目资本金来源。鼓励通过股权转让、资产交易、资产证券化等方式,盘活项目存量资产,丰富社会资本进入和退出渠道。

(三)聚焦重点领域。优先支持基础设施补短板以及健康、养老、文化、体育、旅游等基本公共服务均等化领域有一定收益的公益性项目。加快实施符合经济社会发展需要、决策程序完备、回报机制清晰、融资结构合理的项目。

(四)保障合理支出。符合条件的PPP项目形成的政府支出事项,以公众享受符合约定条件的公共服务为支付依据,是政府为公众享受公共服务提供运营补贴形成的经常性支出。各地要依法依规将规范的PPP项目财政支出纳入预算管理,重诺守约,稳定市场预期。

（五）加强信息披露。依托全国PPP综合信息平台,对PPP项目信息进行全流程公开披露、汇总统计和分析监测,完善项目库"能进能出"的动态调整机制,不以入库为项目合规"背书",不以入库作为商业银行贷款条件。

（六）加强分类指导。对于在建项目,督促各方严格履约,保障出资到位,推动项目按期完工,避免出现"半拉子"项目。对于尚未开工的项目,督促各方严格按照要求加强合同条款审核,规范融资安排。对于进入采购阶段的项目,加强宣传推介和信息披露,吸引各类市场主体特别是民营企业和外资企业平等参与。同时,加强重大项目储备,扎实做好项目前期论证,推动形成远近结合、梯次接续的项目开发格局。

（七）强化PPP咨询机构库和专家库管理。咨询机构和专家要发挥专业作用,遵守职业操守,依法合规提供PPP项目咨询服务。对于包装不规范PPP项目增加隐性债务风险、出具咨询意见违反相关政策规定、收费标准偏离市场合理水平、对PPP项目实施造成消极影响和严重后果的咨询机构和专家,要按照规定严肃追究责任。

五、协同配合抓好落实

各级财政部门要提高站位,主动作为,加快推动建立协同配合、保障有力、措施到位的工作机制。

（一）加强部门协作,强化项目前期识别、论证和入库等环节的沟通协调与信息共享,扎实做好项目前期准备工作,夯实项目实施基础,推进科学决策。

（二）强化跟踪监测。加强对项目全生命周期的跟踪指导和监督检查,建立健全政策落实和项目实施督查机制。加大信息公开力度,主动接受审计监督和社会监督,推动项目规范有序实施。

（三）鼓励地方和部门因地制宜创新工作机制、加大政策扶持力度,加强经验总结和案例推广,工作推进中形成的经验做法和发现的重大问题,及时向财政部报告。

财政部

2019年3月7日

国家发展改革委关于开展政府和社会资本合作的指导意见

发改投资〔2014〕2724号

各省、自治区、直辖市及计划单列市、新疆生产建设兵团发展改革委：

为贯彻落实《国务院关于创新重点领域投融资机制鼓励社会投资的指导意见》（国发〔2014〕60号）有关要求，鼓励和引导社会投资，增强公共产品供给能力，促进调结构、补短板、惠民生，现就开展政府和社会资本合作提出如下指导意见。

一、充分认识政府和社会资本合作的重要意义

政府和社会资本合作（PPP）模式是指政府为增强公共产品和服务供给能力、提高供给效率，通过特许经营、购买服务、股权合作等方式，与社会资本建立的利益共享、风险分担及长期合作关系。开展政府和社会资本合作，有利于创新投融资机制，拓宽社会资本投资渠道，增强经济增长内生动力；有利于推动各类资本相互融合、优势互补，促进投资主体多元化，发展混合所有制经济；有利于理顺政府与市场关系，加快政府职能转变，充分发挥市场配置资源的决定性作用。

二、准确把握政府和社会资本合作的主要原则

（一）转变职能，合理界定政府的职责定位。开展政府和社会资本合作，对转变政府职能、提高管理水平提出了更高要求。政府要牢固树立平等意识及合作观念，集中力量做好政策制定、发展规划、市场监管和指导服务，从公共产品的直接"提供者"转变为社会资本的"合作者"以及PPP项目的"监管者"。

（二）因地制宜，建立合理的投资回报机制。根据各地实际，通过授予特许经营权、核定价费标准、给予财政补贴、明确排他性约定等，稳定社会资本收益预期。加强项目成本监测，既要充分调动社会资本积极性，又要防止不合理让利或利益输送。

（三）合理设计，构建有效的风险分担机制。按照风险收益对等原则，在政府和社会资本间合理分配项目风险。原则上，项目的建设、运营风险由社会资本承担，法律、政策调整风险由政府承担，自然灾害等不可抗力风险由双方共同承担。

（四）诚信守约，保证合作双方的合法权益。在平等协商、依法合规的基础上，

按照权责明确、规范高效的原则订立项目合同。合同双方要牢固树立法律意识、契约意识和信用意识,项目合同一经签署必须严格执行,无故违约必须承担相应责任。

(五)完善机制,营造公开透明的政策环境。从项目选择、方案审查、伙伴确定、价格管理、退出机制、绩效评价等方面,完善制度设计,营造良好政策环境,确保项目实施决策科学、程序规范、过程公开、责任明确、稳妥推进。

三、合理确定政府和社会资本合作的项目范围及模式

(一)项目适用范围。PPP模式主要适用于政府负有提供责任又适宜市场化运作的公共服务、基础设施类项目。燃气、供电、供水、供热、污水及垃圾处理等市政设施,公路、铁路、机场、城市轨道交通等交通设施,医疗、旅游、教育培训、健康养老等公共服务项目,以及水利、资源环境和生态保护等项目均可推行PPP模式。各地的新建市政工程以及新型城镇化试点项目,应优先考虑采用PPP模式建设。

(二)操作模式选择。

1. 经营性项目。对于具有明确的收费基础,并且经营收费能够完全覆盖投资成本的项目,可通过政府授予特许经营权,采用建设—运营—移交(BOT)、建设—拥有—运营—移交(BOOT)等模式推进。要依法放开相关项目的建设、运营市场,积极推动自然垄断行业逐步实行特许经营。

2. 准经营性项目。对于经营收费不足以覆盖投资成本、需政府补贴部分资金或资源的项目,可通过政府授予特许经营权附加部分补贴或直接投资参股等措施,采用建设—运营—移交(BOT)、建设—拥有—运营(BOO)等模式推进。要建立投资、补贴与价格的协同机制,为投资者获得合理回报积极创造条件。

3. 非经营性项目。对于缺乏"使用者付费"基础、主要依靠"政府付费"回收投资成本的项目,可通过政府购买服务,采用建设—拥有—运营(BOO)、委托运营等市场化模式推进。要合理确定购买内容,把有限的资金用在刀刃上,切实提高资金使用效益。

(三)积极开展创新。各地可以根据当地实际及项目特点,积极探索、大胆创新,通过建立合理的"使用者付费"机制等方式,增强吸引社会资本能力,并灵活运用多种PPP模式,切实提高项目运作效率。

四、建立健全政府和社会资本合作的工作机制

(一)健全协调机制。按照部门联动、分工明确、协同推进等要求,与有关部门建立协调推进机制,推动规划、投资、价格、土地、金融等部门密切配合、形成合力,保障政府和社会资本合作积极稳妥推进。

(二)明确实施主体。按照地方政府的相关要求,明确相应的行业管理部门、事业单位、行业运营公司或其他相关机构,作为政府授权的项目实施机构,在授权范围内负责PPP项目的前期评估论证、实施方案编制、合作伙伴选择、项目合同签订、项

目组织实施以及合作期满移交等工作。

(三)建立联审机制。 为提高工作效率,可会同相关部门建立PPP项目的联审机制,从项目建设的必要性及合规性、PPP模式的适用性、财政承受能力以及价格的合理性等方面,对项目实施方案进行可行性评估,确保"物有所值"。审查结果作为项目决策的重要依据。

(四)规范价格管理。 按照补偿成本、合理收益、节约资源以及社会可承受的原则,加强投资成本和服务成本监测,加快理顺价格水平。加强价格行为监管,既要防止项目法人随意提价损害公共利益、不合理获利,又要规范政府价格行为,提高政府定价、调价的科学性和透明度。

(五)提升专业能力。 加强引导,积极发挥各类专业中介机构在PPP项目的资产评估、成本核算、经济补偿、决策论证、合同管理、项目融资等方面的积极作用,提高项目决策的科学性、项目管理的专业性以及项目实施效率。加强PPP相关业务培训,培养专业队伍和人才。

五、加强政府和社会资本合作项目的规范管理

(一)项目储备。 根据经济社会发展需要,按照项目合理布局、政府投资有效配置等原则,切实做好PPP项目的总体规划、综合平衡和储备管理。从准备建设的公共服务、基础设施项目中,及时筛选PPP模式的适用项目,按照PPP模式进行培育开发。各省区市发展改革委要建立PPP项目库,并从2015年1月起,于每月5日前将项目进展情况按月报送国家发展改革委(具体要求见附件1)。

(二)项目遴选。 会同行业管理部门、项目实施机构,及时从项目储备库或社会资本提出申请的潜在项目中筛选条件成熟的建设项目,编制实施方案并提交联审机制审查,明确经济技术指标、经营服务标准、投资概算构成、投资回报方式、价格确定及调价方式、财政补贴及财政承诺等核心事项。

(三)伙伴选择。 实施方案审查通过后,配合行业管理部门、项目实施机构,按照《招标投标法》《政府采购法》等法律法规,通过公开招标、邀请招标、竞争性谈判等多种方式,公平择优选择具有相应管理经验、专业能力、融资实力以及信用状况良好的社会资本作为合作伙伴。

(四)合同管理。 项目实施机构和社会资本依法签订项目合同,明确服务标准、价格管理、回报方式、风险分担、信息披露、违约处罚、政府接管以及评估论证等内容。各地可参考《政府和社会资本合作项目通用合同指南》(见附件2),细化完善合同文本,确保合同内容全面、规范、有效。

(五)绩效评价。 项目实施过程中,加强工程质量、运营标准的全程监督,确保公共产品和服务的质量、效率和延续性。鼓励推进第三方评价,对公共产品和服务的数量、质量以及资金使用效率等方面进行综合评价,评价结果向社会公示,作为价费标准、财政补贴以及合作期限等调整的参考依据。项目实施结束后,可对项目的成本效益、公众满意度、可持续性等进行后评价，评价结果作为完善PPP模式制度体系的参考依据。

（六）退出机制。政府和社会资本合作过程中，如遇不可抗力或违约事件导致项目提前终止时，项目实施机构要及时做好接管，保障项目设施持续运行，保证公共利益不受侵害。政府和社会资本合作期满后，要按照合同约定的移交形式、移交内容和移交标准，及时组织开展项目验收、资产交割等工作，妥善做好项目移交。依托各类产权、股权交易市场，为社会资本提供多元化、规范化、市场化的退出渠道。

六、强化政府和社会资本合作的政策保障

（一）完善投资回报机制。深化价格管理体制改革，对于涉及中央定价的PPP项目，可适当向地方下放价格管理权限。依法依规为准经营性、非经营性项目配置土地、物业、广告等经营资源，为稳定投资回报、吸引社会投资创造条件。

（二）加强政府投资引导。优化政府投资方向，通过投资补助、基金注资、担保补贴、贷款贴息等多种方式，优先支持引入社会资本的项目。合理分配政府投资资金，优先保障配套投入，确保PPP项目如期、高效投产运营。

（三）加快项目前期工作。联合有关部门建立并联审批机制，在科学论证、遵守程序的基础上，加快推进规划选址、用地预审、环评审批、审批核准等前期工作。协助项目单位解决前期工作中的问题和困难，协调落实建设条件，加快项目建设进度。

（四）做好综合金融服务。鼓励金融机构提供财务顾问、融资顾问、银团贷款等综合金融服务，全程参与PPP项目的策划、融资、建设和运营。鼓励项目公司或合作伙伴通过成立私募基金、引入战略投资者、发行债券等多种方式拓宽融资渠道。

七、扎实有序开展政府和社会资本合作

（一）做好示范推进。各地可选取市场发育程度高、政府负债水平低、社会资本相对充裕的市县，以及具有稳定收益和社会效益的项目，积极推进政府和社会资本合作，并及时总结经验、大力宣传，发挥好示范带动作用。国家发展改革委将选取部分推广效果显著的省区市和重点项目，总结典型案例，组织交流推广。

（二）推进信用建设。按照诚信践诺的要求，加强全社会信用体系建设，保障政府和社会资本合作顺利推进。政府要科学决策，保持政策的连续性和稳定性；依法行政，防止不当干预和地方保护；认真履约，及时兑现各类承诺和合同约定。社会资本要守信自律，提高诚信经营意识。

（三）搭建信息平台。充分利用并切实发挥好信息平台的桥梁纽带作用。可以利用现代信息技术，搭建信息服务平台，公开PPP项目的工作流程、评审标准、项目信息、实施情况、咨询服务等相关信息，保障信息发布准确及时、审批过程公正透明、建设运营全程监管。

（四）加强宣传引导。大力宣传政府和社会资本合作的重大意义，做好政策解

读,总结典型案例,回应社会关切,通过舆论引导,培育积极的合作理念,建立规范的合作机制,营造良好的合作氛围,充分发挥政府、市场和社会资本的合力作用。

　　开展政府和社会资本合作是创新投融资机制的重要举措,各地要高度重视,切实加强组织领导,抓紧制定具体的政策措施和实施办法。各级发展改革部门要按照当地政府的统一部署,认真做好PPP项目的统筹规划、综合协调等工作,会同有关部门积极推动政府和社会资本合作顺利实施。

附件:1. PPP项目进展情况按月报送制度
　　　2. 政府和社会资本合作项目通用合同指南

国家发展改革委
2014年12月2日

政府投资条例

中华人民共和国国务院令

第 712 号

《政府投资条例》已经2018年12月5日国务院第33次常务会议通过,现予公布,自2019年7月1日起施行。

总理　李克强
2019年4月14日

第一章　总　　则

第一条　为了充分发挥政府投资作用,提高政府投资效益,规范政府投资行为,激发社会投资活力,制定本条例。

第二条　本条例所称政府投资,是指在中国境内使用预算安排的资金进行固定资产投资建设活动,包括新建、扩建、改建、技术改造等。

第三条　政府投资资金应当投向市场不能有效配置资源的社会公益服务、公共基础设施、农业农村、生态环境保护、重大科技进步、社会管理、国家安全等公共领域的项目,以非经营性项目为主。

国家完善有关政策措施,发挥政府投资资金的引导和带动作用,鼓励社会资金投向前款规定的领域。

国家建立政府投资范围定期评估调整机制,不断优化政府投资方向和结构。

第四条　政府投资应当遵循科学决策、规范管理、注重绩效、公开透明的原则。

第五条　政府投资应当与经济社会发展水平和财政收支状况相适应。

国家加强对政府投资资金的预算约束。政府及其有关部门不得违法违规举借债务筹措政府投资资金。

第六条　政府投资资金按项目安排,以直接投资方式为主;对确需支持的经营性项目,主要采取资本金注入方式,也可以适当采取投资补助、贷款贴息等方式。

安排政府投资资金,应当符合推进中央与地方财政事权和支出责任划分改革的有关要求,并平等对待各类投资主体,不得设置歧视性条件。

国家通过建立项目库等方式,加强对使用政府投资资金项目的储备。

第七条　国务院投资主管部门依照本条例和国务院的规定,履行政府投资综合管理职责。国务院其他有关部门依照本条例和国务院规定的职责分工,履行相应的政府投资管理职责。

县级以上地方人民政府投资主管部门和其他有关部门依照本条例和本级人民政府规定的职责分工,履行相应的政府投资管理职责。

第二章　政府投资决策

第八条　县级以上人民政府应当根据国民经济和社会发展规划、中期财政规划和国家宏观调控政策,结合财政收支状况,统筹安排使用政府投资资金的项目,规范使用各类政府投资资金。

第九条　政府采取直接投资方式、资本金注入方式投资的项目(以下统称政府投资项目),项目单位应当编制项目建议书、可行性研究报告、初步设计,按照政府投资管理权限和规定的程序,报投资主管部门或者其他有关部门审批。

项目单位应当加强政府投资项目的前期工作,保证前期工作的深度达到规定的要求,并对项目建议书、可行性研究报告、初步设计以及依法应当附具的其他文件的真实性负责。

第十条　除涉及国家秘密的项目外,投资主管部门和其他有关部门应当通过投资项目在线审批监管平台(以下简称在线平台),使用在线平台生成的项目代码办理政府投资项目审批手续。

投资主管部门和其他有关部门应当通过在线平台列明与政府投资有关的规划、产业政策等,公开政府投资项目审批的办理流程、办理时限等,并为项目单位提供相关咨询服务。

第十一条　投资主管部门或者其他有关部门应当根据国民经济和社会发展规划、相关领域专项规划、产业政策等,从下列方面对政府投资项目进行审查,作出是否批准的决定:

(一)项目建议书提出的项目建设的必要性;

(二)可行性研究报告分析的项目的技术经济可行性、社会效益以及项目资金等主要建设条件的落实情况;

(三)初步设计及其提出的投资概算是否符合可行性研究报告批复以及国家有关标准和规范的要求;

(四)依照法律、行政法规和国家有关规定应当审查的其他事项。

投资主管部门或者其他有关部门对政府投资项目不予批准的,应当书面通知项目单位并说明理由。

对经济社会发展、社会公众利益有重大影响或者投资规模较大的政府投资项目,投资主管部门或者其他有关部门应当在中介服务机构评估、公众参与、专家评议、风险评估的基础上作出是否批准的决定。

第十二条 经投资主管部门或者其他有关部门核定的投资概算是控制政府投资项目总投资的依据。

初步设计提出的投资概算超过经批准的可行性研究报告提出的投资估算10%的,项目单位应当向投资主管部门或者其他有关部门报告,投资主管部门或者其他有关部门可以要求项目单位重新报送可行性研究报告。

第十三条 对下列政府投资项目,可以按照国家有关规定简化需要报批的文件和审批程序:

(一)相关规划中已经明确的项目;

(二)部分扩建、改建项目;

(三)建设内容单一、投资规模较小、技术方案简单的项目;

(四)为应对自然灾害、事故灾难、公共卫生事件、社会安全事件等突发事件需要紧急建设的项目。

前款第三项所列项目的具体范围,由国务院投资主管部门会同国务院其他有关部门规定。

第十四条 采取投资补助、贷款贴息等方式安排政府投资资金的,项目单位应当按照国家有关规定办理手续。

第三章 政府投资年度计划

第十五条 国务院投资主管部门对其负责安排的政府投资编制政府投资年度计划,国务院其他有关部门对其负责安排的本行业、本领域的政府投资编制政府投资年度计划。

县级以上地方人民政府有关部门按照本级人民政府的规定,编制政府投资年度计划。

第十六条 政府投资年度计划应当明确项目名称、建设内容及规模、建设工期、项目总投资、年度投资额及资金来源等事项。

第十七条 列入政府投资年度计划的项目应当符合下列条件:

(一)采取直接投资方式、资本金注入方式的,可行性研究报告已经批准或者投资概算已经核定;

(二)采取投资补助、贷款贴息等方式的,已经按照国家有关规定办理手续;

(三)县级以上人民政府有关部门规定的其他条件。

第十八条 政府投资年度计划应当和本级预算相衔接。

第十九条 财政部门应当根据经批准的预算,按照法律、行政法规和国库管理的有关规定,及时、足额办理政府投资资金拨付。

第四章　政府投资项目实施

第二十条　政府投资项目开工建设，应当符合本条例和有关法律、行政法规规定的建设条件；不符合规定的建设条件的，不得开工建设。

国务院规定应当审批开工报告的重大政府投资项目，按照规定办理开工报告审批手续后方可开工建设。

第二十一条　政府投资项目应当按照投资主管部门或者其他有关部门批准的建设地点、建设规模和建设内容实施；拟变更建设地点或者拟对建设规模、建设内容等作较大变更的，应当按照规定的程序报原审批部门审批。

第二十二条　政府投资项目所需资金应当按照国家有关规定确保落实到位。

政府投资项目不得由施工单位垫资建设。

第二十三条　政府投资项目建设投资原则上不得超过经核定的投资概算。

因国家政策调整、价格上涨、地质条件发生重大变化等原因确需增加投资概算的，项目单位应当提出调整方案及资金来源，按照规定的程序报原初步设计审批部门或者投资概算核定部门核定；涉及预算调整或者调剂的，依照有关预算的法律、行政法规和国家有关规定办理。

第二十四条　政府投资项目应当按照国家有关规定合理确定并严格执行建设工期，任何单位和个人不得非法干预。

第二十五条　政府投资项目建成后，应当按照国家有关规定进行竣工验收，并在竣工验收合格后及时办理竣工财务决算。

政府投资项目结余的财政资金，应当按照国家有关规定缴回国库。

第二十六条　投资主管部门或者其他有关部门应当按照国家有关规定选择有代表性的已建成政府投资项目，委托中介服务机构对所选项目进行后评价。后评价应当根据项目建成后的实际效果，对项目审批和实施进行全面评价并提出明确意见。

第五章　监督管理

第二十七条　投资主管部门和依法对政府投资项目负有监督管理职责的其他部门应当采取在线监测、现场核查等方式，加强对政府投资项目实施情况的监督检查。

项目单位应当通过在线平台如实报送政府投资项目开工建设、建设进度、竣工的基本信息。

第二十八条　投资主管部门和依法对政府投资项目负有监督管理职责的其他部门应当建立政府投资项目信息共享机制，通过在线平台实现信息共享。

第二十九条　项目单位应当按照国家有关规定加强政府投资项目档案管理，将项目审批和实施过程中的有关文件、资料存档备查。

第三十条 政府投资年度计划、政府投资项目审批和实施以及监督检查的信息应当依法公开。

第三十一条 政府投资项目的绩效管理、建设工程质量管理、安全生产管理等事项，依照有关法律、行政法规和国家有关规定执行。

第六章 法 律 责 任

第三十二条 有下列情形之一的，责令改正，对负有责任的领导人员和直接责任人员依法给予处分：

（一）超越审批权限审批政府投资项目；

（二）对不符合规定的政府投资项目予以批准；

（三）未按照规定核定或者调整政府投资项目的投资概算；

（四）为不符合规定的项目安排投资补助、贷款贴息等政府投资资金；

（五）履行政府投资管理职责中其他玩忽职守、滥用职权、徇私舞弊的情形。

第三十三条 有下列情形之一的，依照有关预算的法律、行政法规和国家有关规定追究法律责任：

（一）政府及其有关部门违法违规举借债务筹措政府投资资金；

（二）未按照规定及时、足额办理政府投资资金拨付；

（三）转移、侵占、挪用政府投资资金。

第三十四条 项目单位有下列情形之一的，责令改正，根据具体情况，暂停、停止拨付资金或者收回已拨付的资金，暂停或者停止建设活动，对负有责任的领导人员和直接责任人员依法给予处分：

（一）未经批准或者不符合规定的建设条件开工建设政府投资项目；

（二）弄虚作假骗取政府投资项目审批或者投资补助、贷款贴息等政府投资资金；

（三）未经批准变更政府投资项目的建设地点或者对建设规模、建设内容等作较大变更；

（四）擅自增加投资概算；

（五）要求施工单位对政府投资项目垫资建设；

（六）无正当理由不实施或者不按照建设工期实施已批准的政府投资项目。

第三十五条 项目单位未按照规定将政府投资项目审批和实施过程中的有关文件、资料存档备查，或者转移、隐匿、篡改、毁弃项目有关文件、资料的，责令改正，对负有责任的领导人员和直接责任人员依法给予处分。

第三十六条 违反本条例规定，构成犯罪的，依法追究刑事责任。

第七章 附　　则

第三十七条 国防科技工业领域政府投资的管理办法,由国务院国防科技工业管理部门根据本条例规定的原则另行制定。

第三十八条 中国人民解放军和中国人民武装警察部队的固定资产投资管理,按照中央军事委员会的规定执行。

第三十九条 本条例自 2019 年 7 月 1 日起施行。